Herterich · Objektorientierte Leitstandsmodellierung

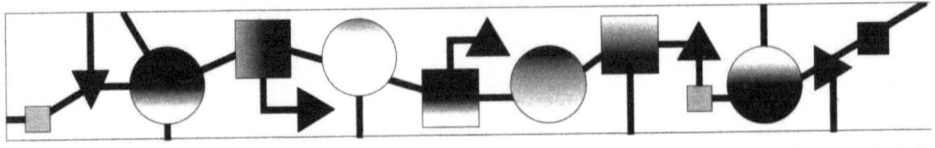

SCHRIFTEN ZUR EDV-ORIENTIERTEN BETRIEBSWIRTSCHAFT

HERAUSGEGEBEN VON PROF. DR. A.-W. SCHEER

Schriftenreihe der Zeitschrift

MANAGEMENT & COMPUTER
Zeitschrift für EDV-orientierte Betriebswirtschaft

In den „Schriften zur EDV-orientierten Betriebswirtschaft" werden Beiträge aus Wissenschaft und Praxis veröffentlicht, die sich durch ausgeprägten Anwendungsbezug und hohes fachliches Niveau auszeichnen.

Rudolf P. Herterich

Objektorientierte Leitstandsmodellierung

Konzept und Organisation

GABLER

Die Deutsche Bibliothek – CIP-Einheitsaufnahme

Herterich, Rudolf P.:
Objektorientierte Leitstandsmodellierung : Konzept und
Organisation / Rudolf P. Herterich. - Wiesbaden : Gabler, 1993
(Schriften zur EDV-orientierten Betriebswirtschaft)
Zugl.: Saarbrücken, Univ., Diss., 1992
ISBN 978-3-409-13165-0   ISBN 978-3-322-89674-2 (eBook)
DOI 10.1007/978-3-322-89674-2

Abonnenten von „Management & Computer – Zeitschrift für EDV-orientierte Betriebswirtschaft" erhalten auf die in den „Schriften zur EDV-orientierten Betriebswirtschaft" veröffentlichten Bücher 10% Rabatt.

Der Gabler Verlag ist ein Unternehmen der Verlagsgruppe Bertelsmann International.

© Betriebswirtschaftlicher Verlag Dr. Th. Gabler GmbH, Wiesbaden 1993
Softcover reprint of the hardcover 1st edition 1993

Lektorat: Brigitte Siegel

Das Werk einschließlich aller seiner Teile ist urheberrechtlich geschützt. Jede Verwertung außerhalb der engen Grenzen des Urheberrechtsgesetzes ist ohne Zustimmung des Verlages unzulässig und strafbar. Das gilt insbesondere für Vervielfältigungen, Übersetzungen, Mikroverfilmungen und die Einspeicherung und Verarbeitung in elektronischen Systemen.

Höchste inhaltliche und technische Qualität unserer Produkte ist unser Ziel. Bei der Produktion und Verbreitung unserer Bücher wollen wir die Umwelt schonen: Dieses Buch ist auf säurefreiem und chlorfrei gebleichtem Papier gedruckt. Die Einschweißfolie besteht aus Polyäthylen und damit aus organischen Grundstoffen, die weder bei der Herstellung noch bei der Verbrennung Schadstoffe freisetzen.

Die Wiedergabe von Gebrauchsnamen, Handelsnamen, Warenbezeichnungen usw. in diesem Werk berechtigt auch ohne besondere Kennzeichnung nicht zu der Annahme, daß solche Namen im Sinne der Warenzeichen- und Markenschutz-Gesetzgebung als frei zu betrachten wären und daher von jedermann benutzt werden dürften.

ISBN 978-3-409-13165-0

Geleitwort

Die Informationstechnik beeinflußt immer mehr Unternehmensstrukturen, Entscheidungsprozesse und Organisationsabläufe. Damit werden auch für Betriebswirte neue Aufgabengebiete erschlossen. Der Einsatz der Informationstechnik soll dabei nicht additiv zur klassischen Betriebswirtschaftslehre verstanden werden, indem z.B. untersucht wird, wie eine bestehende betriebswirtschaftliche Lösung durch Einsatz der Datenverarbeitung unterstützt werden kann. Vielmehr werden Informationstechnik und Betriebswirtschaft in der Fragestellung zusammengefaßt, wie die Informationstechnik betriebswirtschaftliche Problemstellungen im Sinne einer EDV-orientierten Betriebswirtschaftslehre verändert.

Eine wichtige Aufgabe ist dabei die Modellierung von Software. Das vorliegende Buch beschreibt einen Ansatz zur objektorientierten Modellierung von Leitständen unter besonderer Berücksichtigung, daß diese Systeme die Schnittstelle zwischen Wirtschaftsinformatik und Ingenieurwissenschaft im Rahmen der Fertigungsplanung und -steuerung bilden. Es hat sich herausgestellt, daß in diesem Bereich technische und betriebswirtschaftliche Datenverarbeitung zusammenlaufen. In Verbindung mit heterogenen organisatorischen Strukturen in der Produktion entstehen hohe Anforderungen an das Software-Design, die generelle wie spezielle Ansätze gleichermaßen berücksichtigen müssen.

August-Wilhelm Scheer

Vorwort

Die Praxis hat gezeigt, daß es schwer möglich ist Software zu entwickeln, die in einer Vielzahl von Unternehmen ohne spezifische Erweiterungen eingesetzt werden kann. Oft entfällt ein Großteil der Einführungskosten auf die Anpassungsprogrammierung, die ein Mehrfaches des Lizenzpreises erreichen kann. Aber auch für das Software-Haus steigt mit jeder kundenspezifischen Anpassung die Gefahr, bei einem Release-Wechsel diese nicht mehr handhaben zu können.

Den Hintergrund zu dieser Arbeit bildet also die Frage, wie sich der finanzielle Aufwand für Entwicklung, Anpassung und Einführung von Standard-Software reduzieren läßt, um damit die bestehenden Risiken zu minimieren.

Zur Rationalisierung der Software-Entwicklung wird der objektorientierte Lösungsansatz mit klar strukturierten, an der realen Welt ausgerichteten Klassen entwickelt. Ziel war die Erstellung eines allgemeingültigen Modells für die Fertigungsplanung und -steuerung, das weit über das heutige Verständnis von Leitständen hinausgeht. Die Idee bestand darin, eine Art "Shell" zu entwickeln, die analog zur Systematik in der Biologie anforderungsspezifisch gefüllt werden kann. Ob das vorgestellte Modell einen brauchbaren Ansatz für die Software-Entwicklung darstellt, wird die Praxis entscheiden.

Als Ingenieur und (zunächst) Nicht-Wirtschaftsinformatiker war es eine tiefgreifende Entscheidung an das Institut für Wirtschaftsinformatik an der Universität des Saarlandes zu wechseln. Dieser Wechsel wurde bisher noch nicht bereut, im Gegenteil. So gilt mein ganz besonderer Dank Herrn Prof. Dr. A.-W. Scheer für vier interessante und lehrreiche Jahre am seinem Institut. Nicht zu vergessen sind die Mitarbeiter des IWi´s, speziell das CIDAM-Team, vor allem aber die Zimmerkollegen Dr. W. Kraemer und Dr. M. Zell, denen ich mich fachlich und persönlich eng verbunden fühle.

Herr Prof. Dr. G. Schmidt übernahm freundlicherweise das Co-Referat, dafür meinen herzlichen Dank.

Frau Dagmar Reul Schneider unterstützte mich bei der Literaturrecherche, Jonas und Brigitte Neumann bei der Fahndung nach orthographischen und grammatikalischen Fehlern.

Bei allen persönlichen Interessen meiner Partnerin hatte die vorliegende Arbeit höchste Priorität, diese Einstellung von Frau Dr. Sabine Becker ist für mich nicht hoch genug zu bewerten. Weiterhin freut es mich, daß meine Eltern diese Etappe miterleben konnten. Das

Wichtigste in meinem Leben aber bleiben die endlosen Grundsatzdiskussionen mit meinem Vater auf stundenlangen Spaziergängen in der fränkischen Schweiz.

Rudi Herterich

Inhaltsverzeichnis

Einleitung   1

Teil I: Aspekte der Fertigungsorganisation   7

1. Organisatorische Gestaltung der dezentralen Fertigungsplanung und -steuerung   7
   1.1 Kybernetischer Ansatz zur Fertigungsorganisation   9
      1.1.1 Bildung von Regelkreisen   9
      1.1.2 Die Phasenstruktur des Planungsprozesses   13
      1.1.3 Der Planungsprozeß im Mehrgrößenregelsystem   18
   1.2 Aufbauorganisatorische Gestaltung von Fertigungsbereichen in der Produktion   19
      1.2.1 Prinzipien der Fertigung   19
      1.2.2 Dezentrale Fertigungsorganisation   21
         1.2.2.1 Objektorientierte Segmentierung   22
             1.2.2.1.1 Organisationsform "Fertigungsinsel"   22
             1.2.2.1.2 Organisationsform "Logistikinsel"   26
         1.2.2.2 Segmentierung nach verfahrensorientierten Aspekten   27
         1.2.2.3 Segmentierung nach fertigungstechnologischen Aspekten   29
         1.2.2.4 Organisationsform "teilautonomer Bereich"   32
         1.2.2.5 Die Fertigungshilfsmittelverwaltung als teilautonomer Bereich   33
   1.3 Ablauforganisatorische Gestaltung der Fertigung   35
      1.3.1 Koordination teilautonomer Bereiche   35
      1.3.2 Formen der Koordination teilautonomer Bereiche   38

2. EDV-Organisation in der Produktion   43

3. Die Wirkung indirekter Bereiche auf das Fach- und EDV-Konzept   49
   3.1 Funktionen der Qualitätssicherung in der Produktion   50
      3.1.1 Qualitätsregelkreise für teilautonome Bereiche   62
      3.1.2 Meßwertbehandlung und Prüfdatenauswertung im Leitstand   63
   3.2 Funktionen der Arbeitsvorbereitung in der Produktion   64
      3.2.1 Hauptfunktionen der Arbeitsplanung   66
      3.2.2 Arbeitsplanerstellung als Teilaufgabe des Leitstands   69
      3.2.3 Handhabung der Arbeitsplandaten   72

Teil II: Leitstandskonzept zur Planung und Steuerung teilautonomer Bereiche — 75

1. Leitstandskonzept teilautonomer Bereiche — 77
   1.1 Gestaltung von Planungsalgorithmen auf der Leitstandsebene — 77
      1.1.1 Zielkriterien für Planungsalgorithmen — 78
      1.1.2 Restriktionen auf der Ebene des teilautonomen Bereichs — 82
         1.1.2.1 Restriktionen aufgrund des Auftragsspektrums — 83
         1.1.2.2 Restriktionen aufgrund der Ist-Situation von Kapazitätseinheiten — 84
   1.2 Strategien zur Planung und Steuerung in teilautonomen Bereichen — 86

2. Konzept eines Leitstands für die Koordinationsebene — 94
   2.1 Gestaltung der Planungsalgorithmen auf der Koordinationsebene — 94
      2.1.1 Zielkriterien für Planungsalgorithmen auf der Koordinationsebene — 95
      2.1.2 Restriktionen auf der Koordinationsebene — 97
   2.2 Strategien zur Planung und Steuerung teilautonomer Bereiche — 98

3. Planung und Steuerung der Fertigungsaufträge — 104
   3.1 Planungszyklen in Leitständen — 104
      3.1.1 Das Prinzip der rollierenden Planung auf der PPS- und Koordinationsebene — 104
      3.1.2 Das Prinzip der schichtgenauen Planung auf der Koordinations- und Leitstandsebene — 106
   3.2 Ereignisorientierte Planung und Steuerung im dezentralen teilautonomen Bereich — 110
   3.3 Der dispositive Freiraum — 112
      3.3.1 Der dispositive Freiraum als Steuerungsstrategie — 114
      3.3.2 Einflußgrößen auf den dispositiven Freiraum — 118
      3.3.3 Steuerungstechnische Handhabung des dispositiven Freiraums — 123

Teil III: Modellierung des Fertigungsleitstands — 129

1. Bestehende Architekturkonzepte — 134

2. Darstellung der verwendeten Design-Methode — 136

3. Bildung von Moduln für den Fertigungsleitstand	139
3.1 Ressourcen-Modul	142
3.1.1 Strukturierung von Ressourcen	143
3.1.2 Funktionen des Ressourcen-Moduls	144
3.1.3 Klassen von Ressourcen	146
3.1.3.1 Mobile Ressourcen	146
3.1.3.1.1 Transportsysteme	146
3.1.3.1.2 Funktionen von Transportsystemen	151
3.1.3.1.3 Transportierte Ressourcen	152
3.1.3.1.3.1 Fertigungshilfsmittel	153
3.1.3.1.3.1.1 Werkzeuge	155
3.1.3.1.3.1.2 Vorrichtungen	159
3.1.3.1.3.2 Prüfmittel	163
3.1.3.1.4 Funktionen transportierter Ressourcen	164
3.1.3.2 Immobile Ressourcen	165
3.1.3.2.1 Anlagen teilautonomer Bereiche	165
3.1.3.2.2 Funktionen von Anlagenklassen teilautonomer Bereiche	170
3.1.3.2.3 Lager	170
3.1.3.2.4 Funktionen der Lagerklassen	172
3.1.3.3 Personal	173
3.1.3.3.1 Dispositive Aufgaben	173
3.1.3.3.2 Operative Aufgaben	174
3.1.3.3.3 Funktionen für Personalklassen	174
3.1.4 Ressourcenkonten	175
3.1.4.1 Das Kapazitätskonto einer Maschine	175
3.1.4.2 Stillstandszeitkonto für Maschinen	180
3.1.4.3 Zeitklassenkonto für Störungen	182
3.1.4.4 Fertigungshilfsmittelkonto	182
3.1.4.4.1 Werkzeugkonto	182
3.1.4.4.1.1 Reservierungskonto	182
3.1.4.4.1.2 Standzeitkonto	183
3.1.4.4.1.3 Verbrauchskonto	184
3.1.4.4.2 Vorrichtungskonto	185
3.1.4.5 Prüfmittelkonto	206
3.1.4.6 Lagerkonto	187
3.1.4.7 Personalkonto eines teilautonomen Bereichs	188

	3.1.4.7.1 Plantafel für Personal	189
	3.1.4.7.2 Arbeitsinhaltskonto für Personal	191
	3.1.4.7.3 Arbeitsprofil von Mitarbeitern	193
3.2	Auftragsmodul	194
	3.2.1 Strukturierung von Aufträgen	198
	3.2.2 Aufbau von Aufträgen	202
	3.2.3 Funktionen des Auftragsmoduls	202
	3.2.4 Analysekonten für Aufträge	205
	3.2.4.1 Konten zur statistischen Analyse bearbeiteter Aufträge	205
	3.2.4.1.1 Auftragshäufigkeitskonto	205
	3.2.4.1.2 Durchlaufzeitkonto für den Gesamtauftrag	207
	3.2.4.2 Konten aktueller Aufträge	212
	3.2.4.2.1 Konten für aktuell eingeplante Aufträge	212
	3.2.4.2.2 Handhabung des Zeitkontos für freigegebene Aufträge	215
3.3	Modul für Pläne und Listen	216
	3.3.1 Stücklisten	216
	3.3.1.1. Fertigungsstückliste	217
	3.3.1.2 Fertigungsbaukastenstückliste	218
	3.3.2 Pläne	219
	3.3.2.1 Strukturierung von Plänen	220
	3.3.2.2 Aufbau von Plänen	244
	3.3.3 Funktionen des Moduls für Pläne und Listen	226
3.4	Materialmodul	230
	3.4.1 Strukturierung von Material	231
	3.4.2 Funktionen des Materialmoduls	232
4. Integration der Leitstand-Moduln		233
4.1 Vorgänge in der Fertigung		236
4.2 Erstellung von Fertigungsbereichsaufträgen		241
4.3 Erstellung von Maschinen- und Vorrichtungsmontageaufträgen		245
Zusammenfassung		252
Literaturverzeichnis		

Abbildungsverzeichnis

Teil I: Aspekte der Fertigungsorganisation

Abb. I.1: Grundstruktur eines Regelkreises	11
Abb. I.2: Phasenstruktur des Planungsprozesses	14
Abb. I.3: Entscheidungsmodell von FRESE	16
Abb. I.4: Fertigungsprinzipien	20
Abb. I.5: Die Fertigungsinsel als Organisationsform der Fertigung	24
Abb. I.6: Beispiel einer Fertigungsinsel	25
Abb. I.7: Dezentralisierung der indirekten Bereiche der Produktion durch Logistikinseln	27
Abb. I.8: Komponenten und Schnittstellen eines flexiblen Fertigungssystems	31
Abb. I.9: Layout sowie Material- und Fertigungshilfsmittelflüsse in einem FFS	32
Abb. I.10: Fertigungshilfsmittelverwaltung als teilautonomer Bereich	34
Abb. I.11: Teilautonomie von Fertigungsbereichen	37
Abb. I.12: Fallbeispiele zur Koordination von Leitständen in teilautonomen Bereichen	39
Abb. I.13: Koordination indirekter und direkter Bereiche über eine Koordinationsebene	42
Abb. I.14: Gliederung der Produktion	45
Abb. I.15: Rechnerstruktur	46
Abb. I.16: Attribute eines QS-Programmplans	54
Abb. I.17: Prüfmerkmalsauswahl	57
Abb. I.18: Organisatorische Möglichkeiten der Qualitätsprüfung in der Fertigung	58
Abb. I.19: Funktionale Schnittstellen zur Qualitätssicherung	61
Abb. I.20: Qualitätsregelkreise	62
Abb. I.21: Funktionale Schnittstellen zur Arbeitsplanung	68

Teil II: Leitstandskonzept zur Planung und Steuerung teilautonomer Bereiche

Abb. II.1: Die Fertigungssteuerung in einer CIM-Umgebung	77
Abb. II.2: Ableitung von Zielkriterien der dezentralen Fertigungsplanung und -steuerung	81
Abb. II.3: Auftragsmix	89
Abb. II.4: Splitten und montagegerechtes Fertigen von Aufträgen	100
Abb. II.5: Montagegerechtes Splitten eines Auftrags mit Losgröße 1	102
Abb. II.6: Rollierende Planung	105
Abb. II.7: Schichtgenaue Planung	109
Abb. II.8: Der dispositive Freiraum auf unterschiedlichen organisatorischen Ebenen	114
Abb. II.9: Dispositiver Freiraum	116
Abb. II.10: Maschinenbezogener dispositiver Freiraum	117
Abb. II.11: Einflußfaktoren auf den dispositiven Freiraums	122
Abb. II.12: Dispositiver Freiraum vor Bearbeitungsbeginn	125
Abb. II.13: Erste korrigierte Planungsrückmeldung durch den Leitstand	126
Abb.II.14: Anmeldung der Bearbeitung an FFS	127
Abb.II.15: Abmeldung der Bearbeitung an FFS	128

Teil III: Modellierung des Fertigungsleitstands

Abb. III.1: Modellierungsproblematik	133
Abb. III.2: ARIS-Architektur	135
Abb. III.3: Objektorientierter Entwurf	136
Abb. III.4: Verwendete Notation zur objektorientierten Modellierung	138
Abb. III.5: Verwendete Notation für die Vorgangsbeschreibung	139
Abb. III.6: System der betrieblichen Produktionsfaktoren	140
Abb. III.7: Zusammenhang zwischen Aufträgen, Plänen, Ressourcen, Materialien	142
Abb. III.8: Klassen für Ressourcen auf der ersten Strukturebene	144
Abb. III.9: Grundfunktionen des Ressourcenmoduls	145
Abb. III.10: Klassen für Transportsysteme	148
Abb. III.11: Funktionen der Klassen von Transportsystemen	151
Abb. III.12: Klassen für transportierte Ressourcen	153
Abb. III.13: Objektflüsse für Fertigungsmittel und Material in der Produktion	157
Abb. III.14: Klassen für Vorrichtungen	160
Abb. III.15: Funktionen der Klassen 'transportierter Ressourcen'	164
Abb. III.16: Klassen für Anlagen eines teilautonomen Bereichs	166
Abb. III.17: Klassen für Mehrmaschinenanlagen	167
Abb. III.18: Klassen für Einzelmaschinen	168
Abb. III.19: Flexible Automatisierung	169
Abb. III.20: Klassen für Roboter	169
Abb. III.21: Klassen für Läger	171
Abb. III.22: Funktionen der Läger	172
Abb. III.23: Klassen für Personal	173
Abb. III.24: Funktionen für Personalklassen	175
Abb. III.25: Kapazitätskonto für eine Maschine über sechs Schichten	178
Abb. III.26: Kapazitätskonto für eine Maschine vor Neuaufwurf der Planung	179
Abb. III.27: Konto für Stillstandszeiten	181
Abb. III.28: Zeitklassenkonto für Störungen	183
Abb. III.29: Werkzeugkonten	185
Abb. III.30: Reservierungskonto für Vorrichtungen	186
Abb. III.31: Reservierungskonto für Meßmittel	186
Abb. III.32: Materialeingangslager mit Auftragsbezug	188
Abb. III.33: Plantafel für Personal	190
Abb. III.34: Arbeitsinhaltskonto	192
Abb. III.35: Leistungsprofile des Personals eines teilautonomen Bereichs	194
Abb. III.36: Aufträge als Auslöser von Vorgängen bzw. Aktivitäten	195
Abb. III.37: Zusammenhang zwischen Aufträgen	197
Abb. III.38: Klassen für Aufträge	201
Abb. III.39: Aufbau von Aufträgen	202
Abb. III.40a: Funktionen für Aufträge (Teil 1)	203
Abb. III.40b: Funktionen für Aufträge (Teil 2)	204
Abb. III.41: Bearbeitungshäufigkeit eines Auftragstyps bzw. Auftrags	206

Abb. III.42: Auswahlmenü für Durchlaufzeiten	208
Abb. III.43: Durchlaufzeitkonto	209
Abb. III.44: Menüfenster zur Auswahl der Bereichsdurchlaufzeit	210
Abb. III.45: Durchlaufzeitkonto nach Bereichen gegliedert	210
Abb. III.46: Zeitkonto für einen Auftrag bzw. Auftragstyp	211
Abb. III.47: Auftragskonto	213
Abb. III.48: Statusfenster	214
Abb. III.49: Merkmalsleiste für Fertigungsaufträge	214
Abb. III.50: Entstehung und Verwendung von Fertigungsstücklisten	218
Abb. III.51: Klassen für Stücklisten und Pläne	221
Abb. III.52: Setzen von Milestones	223
Abb. III.53: Aufbau unterschiedlicher Pläne für die Fertigung	225
Abb. III.54: Funktionen für Pläne	227
Abb. III.55: Verwaltung des Rumpfarbeitsplans	228
Abb. III.56: Verwaltung des detaillierten Arbeitsplans	229
Abb. III.57: Verwaltung der Fertigungsstückliste	230
Abb. III.58: Klassen des Materialmoduls	232
Abb. III.59: Funktionen für Materialien	233
Abb. III.60: Verbindung der Moduln	234
Abb. III.61: Ermittlung des teilautonomen Bereichs auf der Koordinationsebene	235
Abb. III.62: Benutzende Beziehungen von Teile-, Stücklisten- und Rumpfarbeitsplanklassen	236
Abb. III.63: Stückliste, Fertigungsstückliste, Rumpfarbeitsplan und Vorgänge	237
Abb. III.64: Objektflüsse teilautonomer Bereiche	239
Abb. III.65: Vorgänge innerhalb eines teilautonomen Bereichs	240
Abb. III.66: Kombination von Fertigungsauftrag und Rumpfarbeitsplan	242
Abb. III.67: Benutzende Beziehungen zur Erstellung von Fertigungsbereichsaufträgen	243
Abb. III.68: Vorgangskette "Fertigungsbereichsauftragsermittlung"	244
Abb. III.69: Objektdiagramm für die Erstellung des Fertigungsbereichsauftrags	245
Abb. III.70: Benutzende Beziehungen bei der Erstellung des Maschinenauftrags	246
Abb. III.71: Vorgangskette zur Erstellung von Maschinen- und Rüstaufträgen	247
Abb. III.72: Objektdiagramm für Maschinenaufträge	248
Abb. III.73: Vorgangskette zur Erstellung eines Vorrichtungsmontageauftrags	249
Abb. III.74: Objektdiagramm für die Erstellung des Vorrichtungsmontageauftrags	250
Abb. III.75 : Objektdiagramm für die Erstellung des Werkzeugmontageauftrags	251

Einleitung

Im Bereich der Produktion haben sich in den letzten Jahren durch technologische Veränderungen neue Anforderungen an die Produktionsplanung und -steuerung (PPS) ergeben [1]. Während bei den bisherigen PPS-Systemen die Fertigungssteuerung in Form von Batch-Läufen durchgeführt wurde, erzwingen die Forderungen des Marktes nach Flexibilität, kleinen Losgrößen, Variantenvielfalt sowie geringen Durchlaufzeiten, eine zeitlich nähere Disposition - bspw. durch ereignisorientierte Net-Change-Verfahren -, um der durch unvorhergesehene Störungen bedingten Planungsanfälligkeit zu begegnen. Es hat sich in der Vergangenheit gezeigt, daß zentral organisierte PPS-Systeme den beschriebenen Anforderungen nicht gerecht werden. Dies führte zu der Entwicklung von dezentralen, eigenständig arbeitenden, von der PPS abgekoppelten Planungs- und Steuerungssystemen für die Kapazitätsterminierung von Fertigungsaufträgen, die unter dem Namen "Leitstand" hinreichend bekannt sein dürften. Entsprechende Systeme bilden die logische und physische Schnittstelle zwischen CAX-Komponenten - also den technischen - und den betriebswirtschaftlichen Funktionen der PPS. Leitstände spielen dabei eine zentrale Rolle und nehmen inzwischen einen breiten Raum in der EDV-Landschaft eines Industriebetriebs ein [2]. In keinem anderen Sektor des Unternehmens treffen mehr heterogene Anforderungen an Verarbeitungsfunktionen und Datenhaltung zusammen als in der Fertigungsplanung und -steuerung.

Aus funktionaler Sicht wurden bisher überwiegend Aufgaben der Termin- und Kapazitätsplanung sowie der Kontrolle freigegebener und/oder sich in Bearbeitung befindlicher Fertigungsaufträge gesehen. Aus datentechnischer Sicht sind vor allem offene Standards Voraussetzung, um eine konfliktfreie Informationsübertragung zu gewährleisten. Durch relationale Datenbanken und standardisierte Abfragesprachen gestaltet sich die Datenintegration zunehmend unproblematischer.
Die Datenintegration [3] ist die wichtigste Forderung und kann durch ein entsprechendes Schnittstellenmanagement, das ereignisorientiert anfallenden Daten nach Dringlichkeit gewichtet und verarbeitet, gelöst werden. Gerade in der Fertigung ist aufgrund der zentralen Rolle des Leitstands mit hohen Datenmengen zu rechnen [4], die nach einem

---

[1] Vgl. Scheer, A.-W.: Neue Architekturen für PPS-Systeme, in: Scheer, A.-W. (Hrsg.) unter Mitarbeit von Kraemer, W. und Zell, M.: Fertigungssteuerung - Expertenwissen für die Praxis, München, Wien 1991, S. 13.
[2] Vgl. Schmidt, G.; Sokolowsky, P., Dilger, W.: Ein integriertes System zur PPS-CAM-Kopplung, in: Information Management (IM), 6(1991)4, S. 18f.
[3] Vgl. Scheer, A.-W.: CIM - Der computergesteuerte Industriebetrieb, 4. Auflage, Berlin et al. 1990, S. 2-18.
[4] Vgl. Virnich, M.: Betriebsdatenerfassung in Konstruktion und Arbeitsvorbereitung, Berlin 1988, S. 26.

problemgerechten Datenhandling verlangen [5].

Die Funktionalität von Leitständen beschränkte sich auf die Termin- und Kapazitätsplanung von Aufträgen und Ressourcen in der Fertigung [6]. Zukunftsweisend ist die Erweiterung der Funktionalität um Aufgaben, die zunächst auf höheren Entscheidungsebenen angesiedelt waren und nun in die Fertigungsplanung sowie -steuerung hineinwachsen. Die Flexibilisierung der Planung und Steuerung in der Fertigung erfordert auch Funktionen der Arbeitsvorbereitung, Qualitätssicherung und Materialwirtschaft, was die Komplexität entsprechender Systeme erhöht. Zunehmender Leistungsumfang kann die Benutzerfreundlichkeit reduzieren und damit Akzeptanzprobleme bei den Anwendern schaffen. Der Kunde verlangt nach funktional umfangreichen Applikationen um sicher zu gehen, alle auftretenden Anforderungen abzudecken, gerät aber damit in das Dilemma der Unbeherrschbarkeit und Unübersichtlichkeit des Systems.

Voraussetzung für die Realisierung erweiterter Planungs- und Steuerungskonzepte für die Fertigung sind neue Forschungsaspekte in der Informatik. Benutzerfreundlichkeit durch Dialogorientierung, also die komfortable Interaktion zwischen Mensch und Computer [7], sowie zwischen unterschiedlichen Computern, sind heute Grundvoraussetzungen [8]. Weiterhin muß der Leitstand als Entscheidungsunterstützungsinstrument für den Anwender nutzbar sein [9]. Nicht zuletzt sollte die verstärkte Berücksichtigung des Software-Designs die Basis für eine strukturierte Umsetzung bzw. Realisierung bilden, um die Kosten für Entwicklung, Pflege und Anpassung der Programme zu minimieren.

Um die Handhabung des Leitstands so einfach wie möglich zu gestalten, jedoch exakt die kundenspezifischen Anforderungen zu berücksichtigen, sind konfigurierbare Systeme

---

[5] Dieser Aspekt soll jedoch nicht Gegenstand dieser Arbeit sein. Es wird auf die Veröffentlichungen des Instituts für Wirtschaftsinformatik verwiesen. Vgl. Herterich, R.: Ein Lösungsansatz für das Datenmanagement in der Fertigung, in Scheer, A.-W. (Hrsg.) unter Mitarbeit von Kraemer, W. und Zell, M.: Fertigungssteuerung - Expertenwissen für die Praxis, München, Wien 1991, Seite 173-201. Ein komprimierter Auszug befindet sich in: CIM Management, 9(1993)1, S. 25-28. Vgl. Heß, H.: Koppelung von CIM-Komponenten - Ein europäisches Projekt, in: Handbuch der modernen Datenverarbeitung (HMD), 28(1991)157, S. 22-34. Vgl. Herterich R.; Heß. H.; Houy, Ch.; Klein, J.: Real CIM Data Structure, Deliverable 4.1.4 of CIDAM-Project 2527, Commission of the European Communities, Saarbrücken 1990. Vgl. Herterich, R.; Klein, J.: INMAS - Eine individuell konfigurierbare Schnittstelle, in: Information Management (IM), 5(1990)1, S. 16-26.
[6] Vgl. Hars, A.; Scheer, A.-W.: Entwicklungsstand von Leitständen, in: VDI-Z, 132(1990)3, S. 20-26.
[7] Vgl. Zell, M.; Scheer, A.-W.: Graphikunterstützte Simulation in der Fertigungssteuerung - Ein Ansatz zur strukturierten Informationsverarbeitung, in: Wirtschaftsinformatik, 32(1990)2, S. 168-175.
[8] Vgl. Scheer, A.-W.: Benutzergerechte Fertigungssteuerung, in: CIM Management, 5(1989)6, S. 72-78.
[9] Vgl. Farhoodi, F.: A knowledge-bases approach to dynamic job-shop scheduling, in: Int. J. Computer Integrated Manufacturing 3(1990)2, S. 84-95. Vgl. Schmidt, G.: CAM: Algorithmen und Decision Support für die Fertigungssteuerung, Berlin et al. 1989. Vgl. Mertens, P.; Hildebrand, J. N.; Kotschenreuther, W.: Verteiltes wissensbasiertes Problemlösen in Fertigungsbereichen, in: ZfB, 59(1989)8, S. 831-845. Vgl. Kanet, J.: Expert systems in production scheduling, European Journal of Operational Research, 29(1987)51-59. Schmidt, G.: Anwendungen wissensbasierter Systeme in der flexiblen Fertigung, in: CIM Management, 3(1987)1, S. 58-62.

dringend erforderlich. Der Anwender will kein Planungs- und Steuerungssystem, das eine Vielzahl nicht mehr überschaubarer Funktionen bietet, sondern er benötigt Software, mit der er seine ganz spezifische Fertigungssituation managen kann.

Damit steht der Wandel vom Verkäufermarkt zum Käufermarkt - im Investitionsgütersektor längst vollzogen - nun auch dem Software-Markt bevor. Software-Anbieter müssen zukünftig wesentlich stärker auf die Kundenwünsche eingehen. Es bedarf hierzu einer genauen Kenntnis der Programme, die sich nur durch einen strukturierten, an der realen Welt ausgerichteten Aufbau des Codes erreichen läßt. Die Software-Entwicklung benötigt Abstraktionsmechanismen zur Umsetzung betriebswirtschaftlich-technischer Konzeptionen in eine benutzernahe, aber doch formalisierte Sprache [10]. Der strukturierte Aufbau eines EDV-Konzepts [11] reduziert die Problemkomplexität, erhöht die Transparenz bezüglich der Software-Funktionalität und überbrückt die konzeptionelle Distanz zwischen "höheren" Anwendungs- und "niedrigen" Implementierungssprachen [12]. Die Umsetzung eines betriebswirtschaftlich-technischen Konzepts in eine strukturierte, formalisierte Sprache wird als Informationsmodellierung bezeichnet [13].

Damit ist die erste wichtige Anforderung an die Software-Entwicklung bereits formuliert: Es bedarf eines strukturierten und segmentierten Software-Designs.

Welche Konsequenzen ergeben sich für den Anwender, wenn konfigurierbare Programme mit erweiterten Funktionsumfang verfügbar sind? Mit Leitständen wird eine zunächst totgesagte, organisatorische Entscheidungsebene wiederbelebt, nämlich die der Meister und Vorarbeiter.

Die konsequente Einführung von Leitständen erfordert aufbau- und ablauforganisatorische Maßnahmen. Im Bereich der Fertigung ist ein Trend zur Dezentralisierung von Entscheidungen erkennbar, d.h. zur Bildung kleinerer Fertigungsbereiche, die weitgehend autonom arbeiten [14]. Für diese dezentralen, teilautonomen Fertigungsbereiche existieren eigene Regelkreise zur Planung und Steuerung des freigegebenen Auftragsspektrums [15].

---

[10] Vgl. Scheer, A.-W.: Modellierung betriebswirtschaftlicher Informationssysteme (Teil 1: Logisches Informationsmodell), in: Scheer, A.-W. (Hrsg.): Veröffentlichungen des Instituts für Wirtschaftsinformatik, Heft 67, Saarbrücken 1990, S. 1.

[11] Vgl. Scheer, A.-W.: Architektur integrierter Informationssysteme, Berlin et al. 1991, S. 16.

[12] Vgl. Kreutzer, W.: Grundkonzepte und Werkzeugsysteme objektorientierter Systementwicklung - Stand der Forschung und Anwendung-, in: Wirtschaftsinformatik, 32(1990)3, S. 212.

[13] Vgl. Scheer, A.-W.: Konzept für ein betriebswirtschaftliches Informationsmodell, in: ZfB, 60(1990)10, S. 1016.

[14] Vgl. Ruffing, Th.: Fertigungssteuerung bei Fertigungsinseln - Eine funktionale und datentechnische Informationsarchitektur, Köln 1991. Auch, M.: Das Projekt "Fertigungsinseln" nach zweijähriger Laufzeit - Stand, Ergebnisse, Ausblick - in: Ausschuß für wirtschaftliche Fertigung (AWF) (Hrsg.): Fertigungsinseln, AWF-Fachtagung, Bad Soden 1988, S. 315-336. Lentes, H.-P.: Fertigungsinsel - Ein Weg zur Verbesserung der Industriearbeit - in: Ausschuß für wirtschaftliche Fertigung (AWF) (Hrsg.): Fertigungsinseln, AWF-Fachtagung, Bad Soden 1988, S. 9-68.

[15] Vgl. Scheer, A.-W.; Herterich, R.; Zell, M.: Interaktive Fertigungssteuerung teilautonomer Bereiche, in:

Damit erfolgt aus organisatorischer Sicht eine Verlagerung von Entscheidungskompetenzen in die Werkstatt, wobei aus EDV-technischer Sicht der Leitstand Unterstützung zur Entscheidungsfindung bietet und alle dafür notwendigen Funktionen und Daten zur Verfügung stellen muß [16]. Aus der Anwendersicht sind also eine Reihe reorganisatorischer Maßnahmen notwendig, im moderne Leitstände effizient zu nutzen.

Zusammenfassend ist festzuhalten, daß aufgrund der Software-Entwicklung in der Produktion eine zunehmende Dezentralisierung von Planungs- und Steuerungsaufgaben zu beobachten ist. Leitstände sind ein erster Schritt in die entsprechende Richtung. Jedoch wird sich zukünftig die Funktionskomplexität dieser Systeme erhöhen. Zudem sind kundenspezifische Anpassungen zu berücksichtigen, die sich mit möglichst geringem Aufwand realisieren lassen sollten. Daraus ergibt sich letztendlich die Forderung nach einer möglichst optimalen Modellierung der zu entwickelnden Software.

Zielsetzung der Arbeit

Ziel der Arbeit ist die objektorientierte Modellierung eines Leitstands zur Planung, Steuerung und Kontrolle dezentraler, teilautonomer Fertigungsbereiche. Für die Entwicklung des Leitstandmodells muß bekannt sein, in welchen Unternehmen das System eingesetzt werden soll, da ein allgemeingültiger Ansatz nicht möglich ist. Das zu beschreibende Modell bezieht sich auf kleine und mittlere Industrieunternehmen mit überwiegend kundenspezifischer Einzelfertigung, die bereits flexibel automatisierte Fertigungseinrichtungen in der Produktion einsetzen. Da Industrieunternehmen heterogene Strukturen bezüglich Aufbau-, Ablauf-, Arbeitsorganisation und Fertigungstechnologie aufweisen, muß das Untersuchungsfeld weiter eingeschränkt werden. Nicht jede Fertigung ist aufbau- und ablauforganisatorisch gleich gegliedert, denn Erzeugnisspektrum, Erzeugnisstruktur, Fertigungsart und Fertigungsstruktur wirken sich auf die Organisation der Fertigung [17] und damit auf die Ausgestaltung der Leitstandtechnik aus. Es ist also im Rahmen dieser Arbeit zu klären, in welcher organisatorischen Struktur der Leitstand

---

Kurbel, K.; Mertens, P.; Scheer, A.-W. (Hrsg.): Interaktive betriebswirtschaftliche Informations- und Steuerungssysteme, Berlin, New York 1989, S. 45. Vgl. Herzog, H.-H.: Neue Arbeitsformen und die "Verdörflichung" der Fabrik, in: Technische Rundschau, 78(1989)47, S. 25.

[16] Die Informationsverarbeitung wiederum hat Auswirkungen auf die Ausprägungen hinsichtlich der Ablauf- und Aufbauorganisation. Vgl. Heilmann, H.: Zum Verhältnis von Organisation und Informationsverarbeitung: Schnittstellen und -mengen, in: Handbuch der modernen Datenverarbeitung (HMD), 28(1991)158, S. 3.

[17] Vgl. Schomburg, E.: Entwicklung eines betriebstypologischen Instrumentariums zur systematischen Ermittlung der Anforderungen an EDV-gestützte Produktionsplanungs- und -steuerungssysteme im Maschinenbau, Dissertation, RWTH Aachen 1980.

eingesetzt werden soll, um für diese Fertigungsstruktur ein entsprechendes Modell entwickeln zu können.

Ein weiteres wichtiges Gestaltungskriterium bei der Modellierung ist der logische und strukturierte Aufbau, um die "Wiederverwendbarkeit" und "Verständlichkeit" von Software-Code zu unterstützen. Sinnvoll ist die Verwendung naturwissenschaftlicher und ingenieurwissenschaftlicher Prinzipien zur Strukturierung und Segmentierung von Programmieraufgaben [18]. Die objektorientierte Modellierung bietet dazu gute Möglichkeiten, da Module, Klassen und Objekte der Realität nachempfunden werden können. Weiterhin lassen sich wesentliche Forderungen, wie hohes Abstraktionsniveau, Trennung von Schnittstellenspezifikation und Implementierung, Polymorphismus sowie Vererbungsmechanismen berücksichtigen.

Aufbau der Arbeit

Entsprechend der oben beschriebenen Zielsetzung gliedert sich die vorliegende Arbeit in drei Teile:

Teil I stellt organisatorische Ansätze zur Bildung von teilautonomen Bereichen und deren Koordination dar. Grundlage für die Beschreibung der dedizierten Fertigungsbereiche ist der kybernetische Ansatz zur Fertigungsorgansation (Kapitel 1.1) und die Phasenstruktur des Planungsprozesses. Aufgrund der Informationsautonomie der teilautonomen Bereiche bedarf es eines Regelkreismodells, das jeden einzelnen Fertigungsbereich als geschlossene Regelstrecke betrachtet.
Die Bildung von teilautonomen Bereichen kann nach unterschiedlichen Segmentierungs- und Strukturierungskriterien erfolgen, die in Kapitel 1.2 des Teil I beschrieben werden. Einen Schwerpunkt der Arbeit bildet der Aspekt der flexiblen Automatisierung, die katalytische Wirkung auf die Reorganisation der Fertigung hat. Damit eng verbunden sind neue Fertigungsplanungs- und -steuerungskonzepte, welche eine optimale Nutzung der Rationalisierungspotentiale neuer Technologien gewährleisten.
Teilautonomie impliziert Informationsautonomie, wodurch hohe Anforderungen an die Koordination gestellt werden. Die ablauforganisatorische Gestaltung der Fertigung ist in Kapitel 1.3 aufgezeigt.
Die Aufbauorganisation hat Auswirkungen auf die EDV-Organisation. Die der Planung,

---

[18] Vgl. Kreutzer, W.: Grundkonzepte und Werkzeugsysteme objektorientierter Systementwicklung - Stand der Forschung und Anwendung-, in: Wirtschaftsinformatik, 32(1990)3, S. 212.

Steuerung und Kontrolle zugrunde liegende EDV-Struktur teilautonomer Bereiche ist in Kapitel 2 dargestellt.

Die Übertragung von Entscheidungskompetenz in die Fertigung setzt voraus, daß der Leitstand auch über Funktionen verfügt, die zur Zeit noch nicht selbstverständlich in entsprechenden Systemen zu finden sind. Überwiegend handelt es sich dabei um Funktionen der Qualitätssicherung und Arbeitsvorbereitung. Die wichtigsten Methoden beschreibt Kapitel 3.

Die Modellierung eines Fertigungsleitstands setzt zunächst die Entwicklung eines entsprechenden betriebswirtschaftlich-technischen Konzepts voraus, welches im Teil II aufgezeigt wird. Da an die Koordination teilautonomer Bereiche zum Teil andere Anforderungen stellen, als an die Planung und Steuerung von Maschinen innerhalb eines Bereichs, wird zwischen Koordinationsleitstand- und Leitstandkonzept für teilautonome Bereiche unterschieden. Ein Schwerpunkt des Teils II liegt in der ereignisorientierten Planung und Steuerung von Fertigungsaufträgen. Dazu wird ein dispositiver Freiraum eingeführt, der den Fertigungsbereichen Entscheidungsspielraum bei der Disposition erlaubt.

Teil III beschreibt die objektorientierte Modellierung des Fertigungsleitstands. Basis der Strukturierung und Segmentierung bilden das Ressourcen-, Auftrags- und Material-Modul sowie ein Modul für Pläne und Listen. Das Ressourcen-Modul enthält mobile und immobile Ressourcen und das Personal. Im Auftrags-Modul sind Klassen zu allen in der Fertigung möglichen Aufträgen abgelegt. Das Material-Modul liefert Daten zu den in der Fertigung verwendeten Stoffen.

Da ein Fertigungsauftrag auf der Basis eines Arbeitsplans erstellt wird, sind im Modul für Pläne und Listen Methoden und Instanzen zur Erstellung sowie Verwaltung von Arbeitsplänen vorhanden. Stücklisten liefern in der Produktion Informationen über Teile und Baugruppen. Im Fertigungsleitstand haben Stücklisten jedoch ausschließlich informativen Charakter.

In Kapitel 4 des Teil III ist die Integration der vier Leitstand-Moduln anhand der Erstellung von Fertigungsbereichs- und Maschinenaufträgen beschrieben. Dabei wird besonderes auf die Vorgänge in der Fertigung geachtet, die möglichst synonym in dem Modell nachzubilden sind. Ist in den einzelnen Moduln die Klassenstruktur aufgezeigt, beschäftigt sich Kapitel 4 mit den benutzenden Beziehungen zwischen den Klassen.

Teil I: Aspekte der Fertigungsorganisation

1. Organisatorische Gestaltung der dezentralen Fertigungsplanung und -steuerung

Die organisatorische und EDV-technische Gestaltung der Werkstattsteuerung bzw. Fertigungssteuerung hat sich in den 80'er Jahren grundlegend geändert. Zu Beginn des Jahrzehnts war ein deutlicher Trend zur sogenannten zentralen Werkstattsteuerung zu beobachten, der vor allem durch die hohen Erwartungen an die EDV-Unterstützung hervorgerufen wurde [1]. Nachdem diese Erwartungen durch zentrale PPS-Systeme bei weitem nicht erfüllt wurden, ließen sich - wie eine Analyse von MANSKE u.a. [2] zeigt - zwei divergierende Managementpositionen feststellen. Die erste hoffte auf leistungsfähigere Computer und setzte auch weiterhin auf die zentralisierte Totalplanung [3], während die zweite für eine zentralisierte Planung mit Rahmendaten und dezentral verteilten Steuerungsfunktionen bzw. -kompetenzen eintrat [4]. Die Autoren kamen zu dem Ergebnis, daß das dezentrale Steuerungskonzept vor allem für kleine und mittlere Betriebe des Maschinenbaus besser geeignet ist [5]. Werden dem Personal in der Fertigung dispositive Freiräume zugestanden, geht das Aufgabenspektrum über rein steuernde Funktionen hinaus und setzt ein gewisses Maß an Entscheidungsautonomie voraus.

---

[1] Vgl. Eidenmüller, B: Die Produktion als Wettbewerbsfaktor: Herausforderung an das Produktionsmanagement, Zürich, Köln 1989, S. 174. Dangelmaier, Kühnle bezeichnen die Weiterentwicklung der EDV-Technik als entscheidenden Taktgeber für die Konzeption von Planungs- und Steuerungssystemen. Vgl. Dangelmaier, W.; Kühnle, H.: PPS im Wandel, in: CIM-Praxis, o.Jg.(1990)2, S. 46.

[2] Vgl. Manske, F.; Wobbe-Ohlenburg, W.; Mickler, O.: Rechnergestützte Systeme der Fertigungssteuerung in der Kleinserienfertigung, in: Bericht KfK-PFT 90 Kernforschungszentrum Karlsruhe, Karlsruhe 1984, S. 3f.

[3] Vgl. Strack M.: Optimale Produktionssteuerung. Organisation, Wirtschaftlichkeit und Einführung konventioneller und EDV-gestützter Leitstände, Köln 1986, S. 19ff. Vgl. Strack, M.: Vom konventionellen zum vollelektronischen Leitstand - die Werkstattsteuerung auf dem Weg zu CIM?, in: Scheer, A.-W. (Hrsg.): Leitstandskonzepte im Rahmen von PPS/CIM, Protokoll der ERFA-Tagung am 12.11.1987, S. 53-84. Ein praktisches Beispiel zentraler Werkstattsteuerung beschreibt Beier. In seinen Ausführungen spricht er den Meistern eindeutig die Kompetenz ab, planende Aufgaben zu übernehmen, da dies typische Arbeitsinhalte der Arbeitsplanung seien. Er erwähnt ausdrücklich die in der Fertigung auftretenden Akzeptanzprobleme bei den Meistern. Beier H. H.: Von der Werkstattsteuerung zur Fertigungsleittechnik, in: ZwF, 81(1986)6, S. 296.
Anzumerken bleibt, daß inzwischen Strack die Idee der dezentralen Werkstattsteuerung verfolgt: Vgl. Strack, M.: Elektronische Leitstände - Ein Thema für den Mittelstand?, in: Scheer, A.-W. (Hrsg.): CIM im Mittelstand, Berlin et al. 1989, S. 29-46.

[4] Vgl. bspw. Grossenbacher, J.-M.: Verteilung der EDV, 3. Auflage, Zürich 1985, S. 11ff. Vgl. Bühner, R.: Entwicklungslinien zukünftiger Fabrikorganisation jenseits von Taylor, in: VDI-Z, 128(1986)11, S. 535-539.

[5] Vgl. Manske, F.; Wobbe-Ohlenburg, W.: Fertigungssteuerung im Maschinenbau aus der Sicht von Unternehmensleitung und Werkstattpersonal, in: VDI-Z, 127(1985)12, S. 489ff.

Ein weiterer Trend zur Dezentralisierung der Fertigungsplanung und -steuerung deutete sich durch die Einführung der flexiblen Automatisierung an, da die in diesen Systemen auftretende Dynamik der Steuerungsprozesse aufgrund heterogener Fertigungsstrukturen die Schaffung von untergelagerten Regelkreisen erfordert, die sich nur über eine Dezentralisierung der PPS-Funktionen erreichen lassen [6]. Die dezentrale Fertigungssteuerung würde damit dem Konzept der Kooperation zwischen Mensch und Maschine/Computersystem gerecht [7]. Die Technik (Maschine, Roboter, Computer) handhabt eher die Routineaufgaben, während der Mensch die vorwiegend kreativen bzw. dispositiven Aufgaben übernimmt. Vor allem bei mit Werkstückspeichern aufgerüsteten BAZ, FFZ und FFS besteht aufgrund der hohen Flexibilität der Fertigungseinheit die Notwendigkeit, Planungs- und Steuerungsfunktionen auf die Maschinenebene zu übertragen, um ereignisorientiert auf Störungen reagieren zu können [8]. Dieser Trend hat sich weiter fortgesetzt, da zunehmend FFS in der Fertigung eingesetzt werden. Die Dezentralisierung von PPS-Funktionen auf unterschiedliche Rechner erhöht zudem die Ereignisorientierung [9]. Zusätzlich versucht man durch Expertensysteme auch dispositive Aufgaben in das Planungs- und Steuerungssystem zu integrieren. Dadurch verringert sich die Abhängigkeit zwischen Fachkompetenz des Mitarbeiters in der Fertigung und Planungsqualität. Ansätze hierzu beschreiben BAITELLA [10], DANGELMAIER u. a. [11], MERTENS [12], SCHEER [13] oder SCHMIDT [14].

---

[6] Vgl. Eversheim, W.; Schmitz-Mertens, H.-J.; Wiegershaus, U.: Organisatorische Integration flexibler Fertigungssysteme in konventionelle Werkstattstrukturen, in: VDI-Z, 131(1989)8, S. 76.
[7] Vgl. Dostal, W.: Personal für CIM, in: CIM-Management, 4(1988)1, S. 5.
[8] Vgl. Dangelmaier, W.; Kühnle, H.; Mussbach-Winter, U.: Einsatz von künstlicher Intelligenz bei der Produktionsplanung und -steuerung, in: CIM Management, 6(1990)1, S. 6. .
[9] Vgl. Scheer, A.-W.: Neue Architektur für EDV-Systeme zur Produktionsplanung und -steuerung, in: Scheer, A.-W. (Hrsg.): Veröffentlichungen des Instituts für Wirtschaftsinformatik, Heft 53, Saarbrücken 1986.
[10] Vgl. Baitella, R.: Flexibles Produktionsmanagement: Grundlagen eines Expertensystems für die Produktionsdiagnose mit PPS-Daten, Zürich 1987.
[11] Vgl. Dangelmaier, W.; Wiedenmann, H.: COMPASS - eine anwendungsgerechte Fertigungssteuerung, in: wt Werkstattstechnik, 81(1991)2, S. 111-114.
[12] Vgl. Mertens, P.; Helmer, J.; Rose, H.; Wedel, Th.: Ein Ansatz zu kooperierenden Expertensystemen bei der Produktionsplanung und -steuerung, in: Kurbel, K.; Mertens, P.; Scheer, A.-W. (Hrsg.): Interaktive betriebswirtschaftliche Informations- und Steuerungssysteme, Berlin, New York 1989, S. 13-40.
[13] Vgl. Scheer, A.-W.: Wirtschaftsinformatik. Informationssysteme im Industriebetrieb, 3. Auflage, Berlin et al. 1990, S. 192.
[14] Vgl. Schmidt, G.: CAM: Algorithmen und Decision Support für die Fertigungssteuerung, Berlin et al. 1989.

1.1 Kybernetischer Ansatz zur Fertigungsorganisation

Die Kybernetik befaßt sich mit dynamischen Systemen, die als Ganzheit selbstregulierend wirken, die dazu notwendigen komplexen Strukturen aufweisen und neben dem Systemaspekt auch Informations- und Regelungsaspekte beinhalten [15]. Auf die Produktion lassen sich die Erkenntnisse der technischen Regelungstheorie durch die Bildung von Regelkreisen übertragen [16]. Die Verlagerung von Entscheidungskompetenz bedingt mehrstufige Regelkreise für die Fertigungssteuerung, die sich weitestgehend selbständig regeln. Aus organisatorischer Sicht ist also die Bildung, Strukturierung und Segmentierung von Regelkreisen vorzunehmen. Dies bedeutet, daß (Regel-)Daten [17] und (Regel-)Funktionen [18] zu definieren sind. Dieser Ansatz wurde bereits von einer Reihe Autoren verfolgt [19]. Den Ansätzen ist gemein, daß Regelkreise nach funktionalen Kriterien der Organisation in der Produktion gebildet werden. So betrachten die Autoren die direkten Produktionsbereiche als Regelstrecke und die indirekten Produktionsbereiche als Regler [20]. Dieser Ansatz ist allerdings für die Funktions- und Datenintegration unzureichend.

1.1.1 Bildung von Regelkreisen

Die Notwendigkeit einer Regelung ergibt sich aus der Störanfälligkeit eines Prozesses [21]. Geht man von stochastischen Störungen in der Fertigung aus, die sich über einen Fertigungsbereich auch auf andere Bereiche bis hin zur Montage fortpflanzen können, entsteht, aufgrund der Unvollständigkeit von Informationen, Ungewißheit über den zukünftigen Zustand und das Verhalten des gesamten Fertigungsprozesses. Dieses Grundproblem der Regelung führt zur Interpretation der Fertigungssteuerung als Regelkreis

---

[15] Vgl. Beer, S.: Kybernetik und Management, Frankfurt 1962, S. 38.
[16] Vgl. Baitella, R.: Flexibles Produktionsmanagement: Grundlagen eines Expertensystems für die Produktionsdiagnose mit PPS-Daten, Zürich 1987, S. 25.
[17] Vgl. Köhl, E.: Datenverteilung - eine wesentliche Voraussetzung für robuste CIM-Systeme, in: CIM Management, 5(1989)6, S. 46-49.
[18] Vgl. Kemmner, A.: Beitrag zur Entwicklung eines Verfahrens zur anwenderorientierten Dezentralisierung von Produktionsplanungs- und -steuerungsfunktionen, Dissertation, RWTH Aachen 1990.
[19] Vgl. Förster, H.-U.: Integration von flexiblen Fertigungszellen in die PPS, Berlin et al. 1988. Vgl. Scheer, A.-W.: Wirtschaftsinformatik. Informationssysteme im Industriebetrieb, 3. Auflage, Berlin et al. 1990, S. 62. Vgl. Kurbel, K.; Meynert, J.: Materialwirtschaft, in: Geitner, U.-W.: CIM Handbuch, 2. Auflage, Braunschweig 1991, S. 85. Vgl. Baitella, R.: Flexibles Produktionsmanagement: Grundlagen eines Expertensystems für die Produktionsdiagnose mit PPS-Daten, Zürich 1987. Vgl. Förster, H.-U.; Hirt, K.: Entwicklung von Anforderungsprofilen flexibel automatisierter Fertigungskonzepte an die Produktionsplanung und -steuerung, DFG Schlußbericht zum Forschungsvorhaben Nr. S 134, S. 62. Vgl. Zäpfel, G.: Strategisches Produktionsmanagement, Berlin, New York 1989, S. 209ff.
[20] Vgl. Auge, J.: Qualitätsregelkreise mit Einbindung indirekter Produktionsbereiche, in: Qualität und Zuverlässigkeit (QZ), 34(1989)12, S. 639-643.
[21] Vgl. Börnecke, G.: Geregelter Materialfluß in diskreten Prozessen durch Überwindung der losweisen Fertigung, in: Wildemann, H. (Hrsg): Fabrikplanung, Frankfurt 1989, S. 88.

[22]. Unter einem Regelkreis, wie in Abbildung I.1[a] dargestellt, versteht man ein dynamisches, selbständig einem Gleichgewichtszustand zustrebendes System, auf das Störungen aus der Umgebung einwirken und das zur Aufhebung dieser Störungen eine kompensierende Rückkopplung enthält [23].

Abweichungen des Ist-Zustands (Regelgröße) vom Soll-Zustand (Führungsgröße) aufgrund von Störgrößen bilden quasi den Normalfall, wobei weder Art noch Zeitpunkt, Dauer oder Ausmaß des Auftretens der Störungen bekannt sind.

Übertragen auf die Planung und Steuerung teilautonomer Bereiche bedeutet dies, daß ein horizontal und vertikal vermaschtes, zeitdiskretes Mehrgrößen-Regelsystem entsteht, das dynamisch auf Störungen reagiert [24]. Ein solches Regelkreis-System kann aufgrund seiner Komplexität und Rechenintensität nur über eine dezentral verteilte Rechnerarchitektur sinnvoll realisiert werden.

Im Gegensatz zum einfachen, kaskadisch angeordneten Mehrgrößenregel-System für die Werkstattsteuerung von FÖRSTER [25], existieren in dem in Abbildung I.1[b] dargestellten

---

[22] Vgl. Grossenbacher, J.-M.: Verteilung der EDV, 3. Auflage, Zürich 1985, S. 42.

[23] Vgl. DIN 19226, Regelungstechnik und Steuerungstechnik, Begriffe und Benennungen, Berlin, Köln 1968, S. 3. Föllinger, O.: Regelungstechnik, 3. Auflage, Berlin, Frankfurt 1980, S. 37ff.

[24] Vgl. Förster, H.-U.: Integration von flexiblen Fertigungszellen in die PPS, Berlin et al. 1988, S. 72. Ein Mehrgrößenregelungs-System liegt dann vor, wenn an einer Regelstrecke oder an mehreren Regelstrecken gleichzeitig mehrere Regelaufgaben und damit auch mehrere Stell- und Regelgrößen vorliegen. Stellgrößen sind die Arbeitsanweisung, Personal-, Maschinen-, Fertigungshilfsmittel- und die Materialzuteilung. Als Regelgrößen werden Fertigungsfortschritt, Personalsituation, Zustand der Maschinen, Zustand der Fertigungshilfsmittel und der Werkstattbestand aufgeführt. Die kaskadisch angeordneten Regler umfassen die Funktionen Durchlaufterminierung und Kapazitätsbedarfsermittlung (Regler 1), Kapazitätsabstimmung und Reihenfolgeplanung (Regler 2) sowie die Auftragsveranlassung (Regler 3).

[25] Das Regelkreis-Modell wird für die Werkstattsteuerung beschrieben. Diese kann aber nicht als eine geschlossene Regelstrecke aufgefaßt werden, wie Förster selbst schreibt (Vgl. Förster, H.-U.: Integration von flexiblen Fertigungszellen in die PPS, Berlin et al. 1988, S. 120). Die Abgrenzung des Systems von der Umgebung durch gedachte Hüllflächen, die als Parameter auf der Basis der Grunddaten (Förster nennt Arbeitsplatz- und Arbeitsplandaten) in das Regelkreissystem eingehen, erscheint im Rahmen der Werkstattsteuerung als problematisch (ebenda, S. 72).
Weiterhin kann die physikalische Struktur der Regelstrecke nicht in allen Details über ein längeres Zeitintervall als konstant angenommen werden, da stochastisch verteilte Störungen auftreten, die zu tiefgreifenden Kapazitätsänderungen führen können. Störungen sind Parameter, die auf die Regelstrecke wirken. Zudem können zwischen den Parametern des Reglers und der Regelstrecke Interdependenzen auftreten, die komplexe Zusammenhänge bewirken. Die Grenze zwischen Parametern des Reglers und parametrisierten Störgrößen der Regelstrecke ist unscharf und läßt die Definition bestimmter Hüllflächen für die Regelstrecke auf der Basis des aktuellen Ist-Zustands über ein längeres Zeitintervall nicht zu. Bspw. durch Überstunden des Personals ergeben sich eher variable Ausgangsgrößen zwischen einer einzelnen Maschinenkapaziät (enthalten in den Arbeitsplatzdaten) und deren tatsächlicher Maschinenverfügbarkeit, so daß sich praktisch nur für definierte Zeitintervalle (t -> 0), bzw. über das Zeitintervall zwischen zwei Ereignissen in der Fertigung, maximal für eine einzelne Schicht, konstante Größen bestimmen lassen.
Die Idee der Mehrgrößenregelung ist vor allem unter dem Aspekt der flexiblen Automatisierung zu begrüßen, jedoch sollte das System weiter gefaßt werden und nicht auf der Theorie der Sukzessivplanung (bedingt durch die hierarchisch aufgebauten Regelfunktionen, wie sie in der vorangegangenen Fußnote beschrieben wurden) aufbauen.

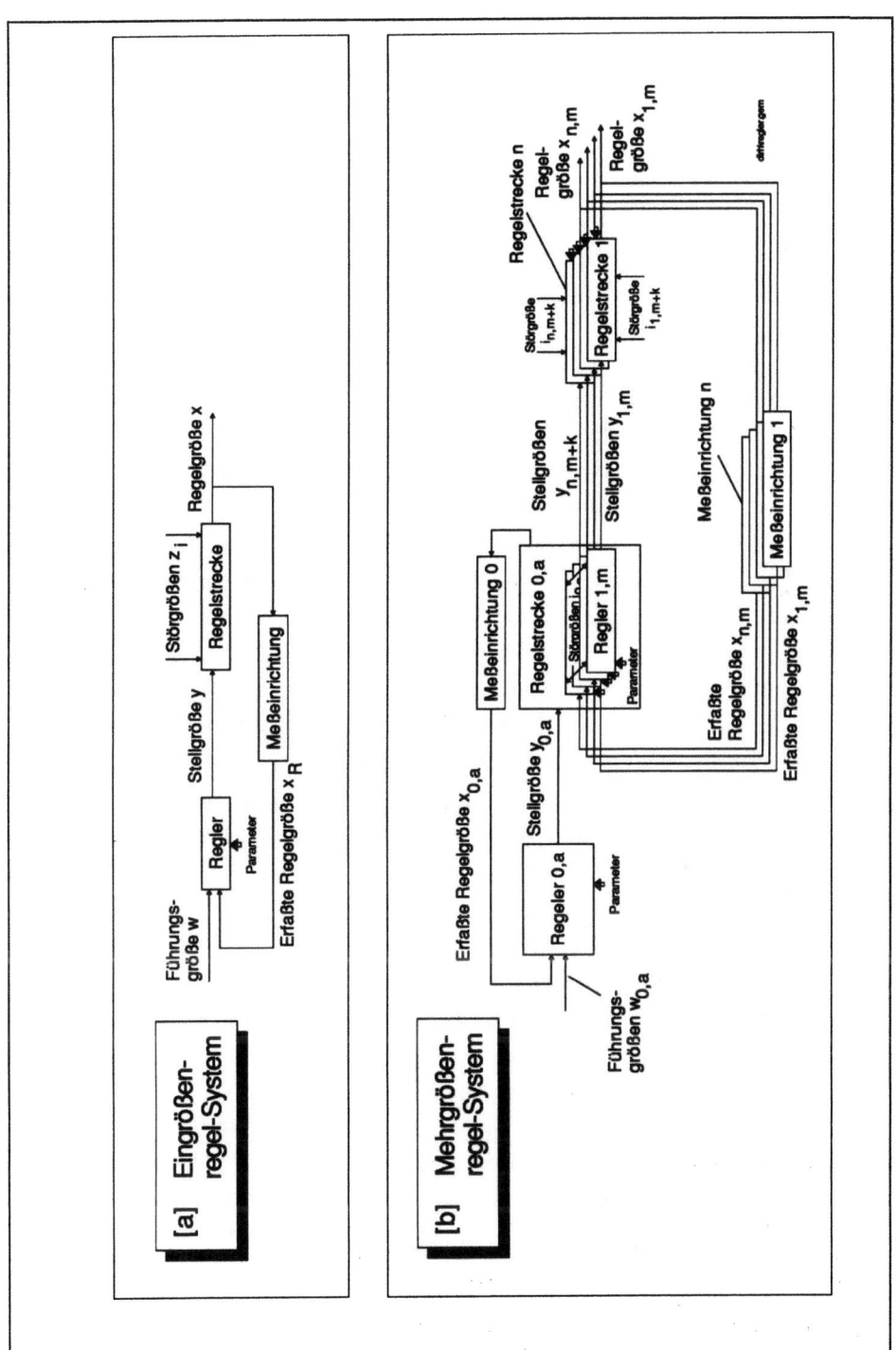

Abb. I.1: Grundstruktur eines Regelkreises

Modell zwei vertikal, hierarchisch angeordnete Regelkreise bzw. Regelkreis-Systeme (0 und 1), sowie 1 bis n horizontale Regelkreise. Die Regelstrecke des Regelkreis-Systems 0 stellt die Summe aller Regler der Regelkreise 1 bis n dar und regelt Störgrößen, die sich aus Interdependenzen zwischen den Regelkreis-Systemen ergeben [26].

Die Regelkreise 1 bis n arbeiten selbständig und unabhängig voneinander, solange keine Störgöße $i_{0,a}$ (z.B. die Verletzung eines Endtermins des teilautonomen Bereichs) auftritt. Es bedarf also zunächst keines Eingriffs durch das Regelkreis-System 0, wenn auftretende Störungen $i_{1,m}$ innerhalb eines Regelkreises (zum Beispiel Werkzeugbruch) durch das entsprechende Regelkreis-System - hier Regelkreis 1 - selbständig reguliert werden können. Dementsprechend muß das Regelkreis-System 0 die Störung Terminverletzung durch Werkzeugbruch nicht interpretieren können und damit regelnd eingreifen, solange die Stellgröße $y_{0,a}$ des Regelkreissystems 0 (bspw. der Endtermin eines Bereichsauftrags) nicht verletzt wird. Meßeinrichtung des Regelkreis-Systems 0 könnte bspw. ein Koordinationsleitstand (siehe Kapitel 1.3.1 und 1.3.2) sein. Die Dekomposition von Daten [27], wie sie bei kaskadischen Regelkreisen notwendig ist, ist durch die Bildung vorgegebener Regelkreise fest definiert und erhöht die Stabilität des Gesamtsystems.

Die Führungsgröße $w_{0,a}$ ist das von der PPS grob terminierte und zur Bearbeitung an den Koordinationsleitstand freigegebene Auftragsspektrum. Dieser nimmt eine Kapazitätsterminierung für die einzelnen Fertigungsbereiche auf mittlerer Aggregationsstufe vor. Jeder Fertigungsbereich stellt für den Koordinationsleitstand eine in sich geschlossene Kapazitätseinheit dar. Wie noch näher beschrieben wird, kann die Kapazitätseinheit entweder nur einen Arbeitsgang, eine Arbeitsgangfolge oder die Komplettbearbeitung eines Teils durchführen.

Die Kapazitätsterminierung innerhalb eines Fertigungsbereichs stellt wiederum eine eigene, in sich geschlossene Regelstrecke dar und entspricht den einzelnen Regelkreis-Systemen.

Jeder teilautonome Bereich definiert seine eigene Bearbeitungsreihenfolge an den Maschinen und kann somit als eigene Regelstrecke interpretiert werden. Ein Eingriff durch die Koordinationsebene erfolgt nur bei offensichtlicher Verletzung einer Stellgröße $y_{0,a}$, bspw. einer eingetretenen oder sicher absehbaren Terminverletzung.

Der Ansatz strukturierter und segmentierter Regelkreise beruht auf der Idee, der Simultanplanung näherzukommen. Prinzipbedingt liegt zwar immer noch eine

---

[26] Gegenüber der Kaskadenregelung ergibt sich somit der Unterschied, daß die Führungsgröße $w_{0,a}$ ungleich der Stellgröße $y_{0,b}$ ist und daß im Rahmen der Disaggregation von Produktionsprogrammdaten bis hin zu detaillierten Informationen der Maschinensteuerung zwar Abhängigkeiten existieren, diese aber nicht direkt miteinander korrelieren müssen. Die Entkopplung erfolgt über den dispositiven Freiraum, der in Kapitel 3.3 des Teils II näher beschrieben ist.

[27] Vgl. Köhl, E.: Entwicklung und Erprobung eines Instrumentariums zur Gestaltung der Datenintegration bei CIM, Berlin et al. 1990.

Sukzessivplanung vor, aber durch die Entkopplung der einzelnen Regelkreissysteme entstehen unterschiedliche Zeitintervalle für Stellgrößen, die quasisimultan arbeiten können. Wie ein horizontal und vertikal vermaschtes, zeitdiskretes Mehrgrößen-Regelsystem arbeiten kann, wird im Rahmen des dispositiven Freiraums in Teil II Kapitel 3.3 gezeigt.

1.1.2 Die Phasenstruktur des Planungsprozesses

Die betriebliche Planung läßt sich als "systematisches, zukunftsbezogenes Durchdenken und Festlegen von Zielen, Maßnahmen, Mitteln und Wegen zur künftigen Zielerreichung definieren; sie ist ein systematisch-methodischer Prozeß der Erkenntnis und Lösung von Zukunftsproblemen" [28]. Somit nimmt die Planung zukünftiges Handeln durch Abwägen verschiedener Handlungsalternativen und Entscheidung für den günstigsten Weg vorweg [29]. Die in einem Entscheidungsprozeß ablaufenden Tätigkeiten vollziehen sich in einzelnen Phasen oder Stufen [30]. KILGER bildet in Anlehnung an WILD eine Phasenstruktur des Planungsprozesses und unterteilt in Zielbildung, Problemerkennung, Planung, Entscheidung, Durchsetzung,: Realisation und Kontrolle [31]. Auf allen Ebenen der Phasenstruktur bedarf es der Informationsgewinnung und Informationsspeicherung (Abbildung I.2). Die einzelnen Ebenen sind "feed forward" und "feed back" miteinander im Sinne von Regelkreisen verbunden. Zur Gliederung eines Entscheidungsprozesses erweist sich die zeitliche Abfolge als ungenügendes Kriterium [32], da der reale zeitliche Verlauf durch Schleifen zwischen den einzelnen Phasen verändert werden kann [33].

---

[28] Wild, J.: Grundlagen der Unternehmensplanung, 3. Auflage, Opladen 1981, S. 13.
[29] Vgl. Wöhe, G.: Einführung in die Allgemeine Betriebswirtschaftslehre, 17. Auflage, München 1990, S. 138.
[30] Vgl. Heinen, E.: Grundlagen betriebswirtschaftlicher Entscheidungen. Das Zielsystem der Unternehmung, 2. Auflage, Wiesbaden 1971, S. 20.
[31] Vgl. Kilger, W.: Industriebetriebslehre, Band 1, Wiesbaden 1986, S. 102.
[32] Anderer Ansicht ist Scheibler, A.: Betriebswirtschaftliche Entscheidungen in Theorie und Praxis, Wiesbaden 1974, S. 18ff. Er erachtet den Begriff "Phase" als zu vage und teilt demzufolge den Entscheidungsprozeß in die vier Stufen Motivsuche, Ziel-, Handlungs- und Ergebnisstufe ein. Diese Stufen sollen nun in genannter Reihenfolge zeitlich und sachlich zwingend aufeinander folgen. Des weiteren sollen daraus organisatorische Konsequenzen gezogen werden.
[33] Vgl. Szyperski, N.; Winand, U.: Entscheidungstheorie. Eine Einführung unter besonderer Berücksichtigung spieltheoretischer Konzepte, Stuttgart 1974, S. 8.

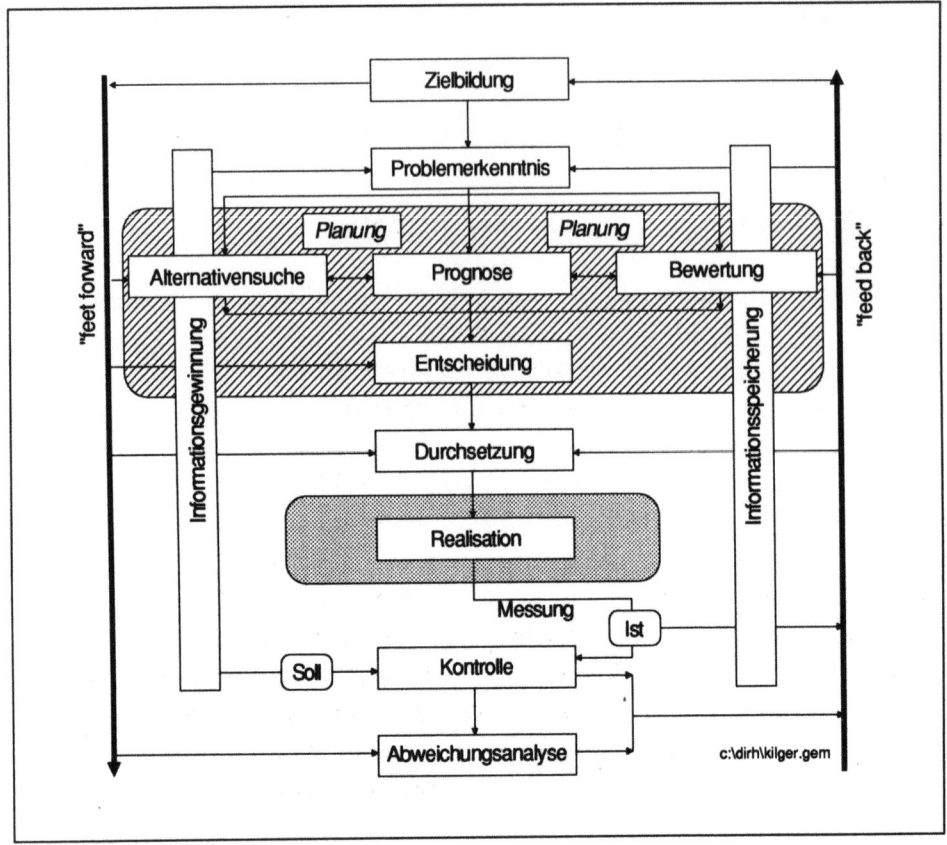

Abb. I.2: Phasenstruktur des Planungsprozesses

Die Zielbildung oder Zielfindung beschreibt die Menge aller vom Entscheidungsträger angestrebten Endzustände [34], bzw. bildet die Grundlage für die Entscheidungsregeln, in denen die Präferenzen des Entscheidungsträgers zum Ausdruck kommen [35].

In der Regel wird nicht nur die Realisierung eines Zieles, sondern die einer geordneten Gesamtheit von Einzelzielen, eines sogenannten Zielsystems angestrebt [36]. Dabei können zwischen den einzelnen Zielen horizontale oder vertikale Beziehungen bestehen [37].

---

[34] Die Beschreibung aller möglichen Endzustände in der Entscheidungssituation bezeichnet man auch als "Sachziel". Vgl. Frese, E.: Grundlagen der Organisation, 4. Auflage, Wiesbaden 1988, S. 175.

[35] Die Grundlage für die Formulierung von Auswahlregeln, in der die Präferenzstruktur der Entscheidungseinheit für alternative Endzustände ihren Ausdruck findet, stellt das Formalziel dar. Vgl. Frese, E.: Grundlagen der Organisation, 4. Auflage, Wiesbaden 1988, S. 175.

[36] Vgl. Bidlingmaier, J.; Schneider, D.: Ziele, Zielsysteme und Zielkonflikte, in: Grochla, E. (Hrsg.): Betriebswirtschaftslehre, Teil I, Stuttgart 1978, S. 55. Vgl. Scheibler, A.: Zielsysteme und Zielstrategien der Unternehmensführung, Wiesbaden 1974, S. 100. Vgl. Kern, W.: Ziele und Zielsysteme in Betriebswirtschaften II, in: WISU 1972, S. 360f.

[37] Vgl. Bidlingmaier, J.; Schneider, D.: Ziele, Zielsysteme und Zielkonflikte, in: Grochla, E. (Hrsg.): Betriebswirtschaftslehre, Teil I, Stuttgart 1978, S. 55.

Horizontale Beziehungen führen gegebenenfalls zu

- Zielneutralität (zwischen den Zielen besteht keine Interdependenz),
- Zielkomplementarität (die Verfolgung eines Ziels bewirkt die Erreichung eines weiteren Ziels),
- Zielkonkurrenz (die Erfüllung eines Ziels mindert den Erreichungsgrad eines zweiten Ziels) und
- Zielantinomie (die Erfüllung eines Ziels schließt die Erreichung eines zweiten aus).

Bei vertikalen Zielbeziehungen erfolgt eine Ordnung der Ziele in einer Zielpyramide [38]. Mit zunehmender Strukturierung nimmt die Detaillierung der Ziele zu und damit die Zielkomplexität ab.

Die Aufgabe der Planung besteht im Festlegen von Aktionsparametern, also dem Treffen von Entscheidungen, die auf der Grundlage erwarteter Plandaten zu einer optimalen Zielerreichung führen [39]. Die Planung besteht aus Alternativensuche, Prognose und Bewertung der Alternativen bzw. Prognosen. Die Prognose der planungsrelevanten Daten erfordert vor allem Maßnahmen und Verfahren der Informationsgewinnung, wobei die Güte der Planung mit der Qualität der Daten zunimmt [40]. Die Qualität der Daten ergibt sich wiederum aus der detaillierten Kontrolle der Realisation und der Durchführung entsprechender Abweichungsanalysen.

Die Hauptaufgabe der Entscheidung als informationsverarbeitender Prozeß ist darin zu sehen, aus der Menge möglicher Alternativen die zu realisierende auszuwählen [41]. FRESE unterteilt vereinfachend den Entscheidungsprozeß in die Phasen "Informationsgewinnung" und "Informationsverarbeitung" [42]. Kombiniert man die Planunsstruktur von WILD/KILGER mit dem Entscheidungsmodell von FRESE, so läßt sich in beiden Modellen eine Abhängigkeit der Phasen Informationsgewinnung und Planung bzw. Informationsverarbeitung erkennen. Die Informationsgewinnung, also die Gewinnung von Daten, bildet damit die Basis für den Entscheidungs- bzw. Planungsprozeß.

KILGER unterscheidet planungsrelevante Daten nach den Merkmalen des Entstehungsortes, der zeitlichen Veränderung, dem Sicherheitsgrad und dem Einfluß auf den Handlungsspielraum der Planung [43]. Damit liegt der Schluß nahe, Daten so zu segmentieren, daß sich auf einer organisatotischen Ebene mehrere eigenständige

---

[38] Vgl. Kern, W.: Ziele und Zielsysteme in Betriebswirtschaften II, in: WISU 1972, S. 360f.
[39] Vgl. Kilger, W.: Industriebetriebslehre, Band 1, Wiesbaden 1986, S. 102.
[40] Vgl. Kilger, W.: Industriebetriebslehre, Band 1, Wiesbaden 1986, S. 102.
[41] Vgl. Diederich, H.: Allgemeine Betriebswirtschaftslehre, 6. Auflage, Stuttgart, Berlin, Köln 1989, S. 38.
[42] Vgl. Frese, E.: Grundlagen der Organisation, 4. Auflage, Wiesbaden 1988, S. 173.
[43] Vgl. Kilger, W.: Industriebetriebslehre, Band 1, Wiesbaden 1986, S. 102ff.

Entscheidungseinheiten bilden lassen.

Unter dem Organisationsaspekt der dezentralen Fertigungssteuerung kommt der Formulierung von Entscheidungskompetenzen und der Kommunikation zwischen den Entscheidungsträgern eine wichtige Bedeutung zu. "Jede Organisation, d.h. jedes zielgerichtete Handlungssystem mit interpersoneller Arbeitsteilung, sieht sich mit dem Problem konfrontiert, die in arbeitsteiligen Systemen unvermeidlichen Interdependenzen durch Koordinationsmaßnahmen zu berücksichtigen" [44]. Die Koordination dient also der Abstimmung von Entscheidungen.

Zur Koordination von Entscheidungen schlägt FRESE eine Segmentierung und Strukturierung nach Feld-, Handlungs- und Zielkomponente vor [45]. Das entsprechende Entscheidungsmodell ist in Abbildung I.3 dargestellt.

Die Feldkomponente wird nach den Einflußmöglichkeiten des Entscheidungsträgers in "Ressourcen" und "Umwelt" gegliedert. Während der Disponent die Möglichkeit hat über Ressourcen frei zu verfügen, umfaßt die Umwelt den Feldbereich, auf den der Entscheidungsträger keinen Einfluß ausüben kann.

Dabei lassen sich interne und externe Umweltzustände unterscheiden. Zur internen Umwelt zählen alle innerhalb des Unternehmens liegenden, aber vom Entscheidungsträger nicht beeinflußbaren Größen. Externe Umweltzustände befinden sich dagegen außerhalb des Dispositionsbereichs der Gesamtorganisation. Dieser Ansatz deckt sich mit den "internen" und "externen" Daten bei KILGER [46].

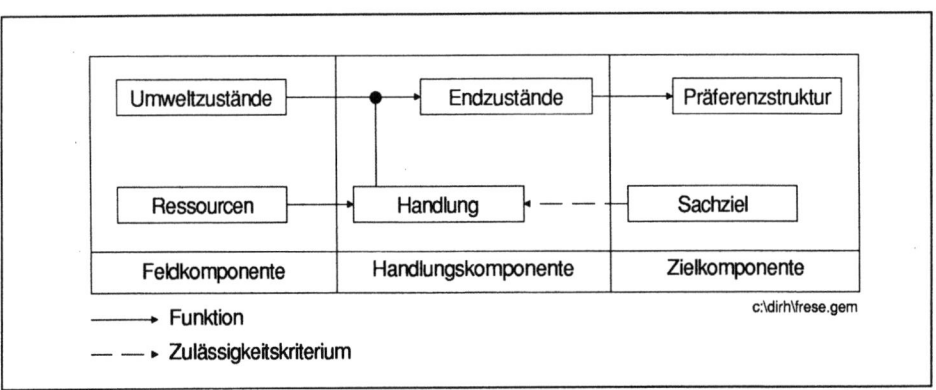

Abb. I.3: Entscheidungsmodell von FRESE

---

[44] Vgl. Frese, E.: Grundlagen der Organisation, 4. Auflage, Wiesbaden 1988, S. 615.
[45] Vgl. Frese, E.: Grundlagen der Organisation, 4. Auflage, Wiesbaden 1988, S. 176.
[46] Vgl. Kilger, W.: Industriebetriebslehre, Band 1, Wiesbaden 1986, S. 102.

Bezüglich der Zielkomponente unterscheidet FRESE zwischen Sach- und Formalzielen. Mit Hilfe eines Sachziels beschreibt der Entscheidungsträger die Menge aller von ihm angestrebten Endzustände und grenzt die bei der Entscheidung zu berücksichtigende Handlungsmenge ab.

Das Formalziel bildet die Grundlage für die Entscheidungsregeln, in denen die Präferenzen des Entscheidungsträgers zum Ausdruck kommen. Die sich so ergebende Präferenzstruktur ermöglicht es dem Entscheidungsträger aus der Vielzahl der Handlungsalternativen, die sich unter Berücksichtigung der Ressourcen, des Sachziels und der Umweltzustände ergeben, diejenige Handlung auszuwählen, die - unter Einhaltung des Sachziels - dem Formalziel am nächsten kommt.

Im Rahmen der Handlungskomponente kann der Handelnde durch eine Handlung einen gegebenen Zustand der Realität (Ausgangszustand) in einen veränderten Zustand (Endzustand) überführen. Jede Handlung bedeutet einen "Akt der Kombination von Ressourcen", bzw. "eine Verfügung über Ressourcen" [47]. Daraus ergibt sich, daß bestimmte Handlungsalternativen aufgrund der gegebenen Ressourcensituation nicht durchführbar sind, was die möglichen Handlungsalternativen einschränkt. Die Menge der möglichen Handlungen ist also eine Funktion der verfügbaren Ressourcen.

Die im Entscheidungsmodell zu berücksichtigende Handlungsmenge wird - wie bereits erwähnt - durch das vorgegebene Sachziel eingeschränkt. Das Sachziel ist somit ein "Zulässigkeitskriterium" für die Menge der möglichen Handlungen. Dennoch führen nicht alle noch relevanten Handlungen zu einem mit dem Sachziel übereinstimmenden Endzustand, da es Handlungen gibt, bei deren Ausführung ein bestimmter Umweltzustand einen vom Sachziel abweichenden Endzustand erzeugt.

Neu gegenüber dem "klassischen" Entscheidungsmodell ist, daß die Abhängigkeit der Handlungen von den verfügbaren Ressourcen und von der Struktur des vorgegebenen Sachzieles berücksichtigt wird. Die Berücksichtigung dieser Relationen kann zu einer eindeutigen Abgrenzung der Entscheidungskompetenzen führen sowie einer anschaulichen Darstellung und Erklärung aufbauorganisatorischer Konzepte dienen. Im Modell von FRESE stellt die Handlung den zentralen Aspekt organisatorischer Strukturierungs- und Segmentierungsansätze dar. Der eigentlichen Handlung geht die Entscheidung voraus.

Die Segmentierung eines Entscheidungskomplexes kann analog der Feld-, Handlungs- und Zielkomponente vorgenommen werden. Die feldorientierte Aufteilung des Entscheidungskomplexes "Fertigung" führt zur Abgrenzung von Teilentscheidungen nach vorhandenen Ressourcen (Menschen, Maschinen, Computern usw.). Bei der handlungsorientierten Segmentierung erfolgt die Zerlegung einer gegebenen

---

[47] Vgl. Frese, E.: Grundlagen der Organisation, 4. Auflage, Wiesbaden 1988, S. 175.

Handlungsmenge nach dem Kriterium der Gleichartigkeit in Handlungsklassen, bspw. Bohren, Fräsen, Drehen. Die sachzielorientierte Segmentierung richtet sich an der Zerlegung einer Menge angestrebter Handlungsergebnisse (Endzustände) in Teilergebnisse, z.B. der Bildung von Teilefamilien für Fertigungsinseln, aus.

Im Rahmen der Strukturierung wird der Kompetenzspielraum, also die Entscheidungsautonomie einer Entscheidungseinheit festgelegt und mit zunehmender Prozeßnähe weiter eingeschränkt (siehe Teil II Kapitel 3.3).

1.1.3 Der Planungsprozeß im Mehrgrößenregelsystem

Der Planungs- oder Entscheidungsprozeß läßt sich als kybernetisches Modell in Form von Regelkreisen darstellen. In Verbindung mit der Koordination von Entscheidungen nach FRESE ergeben sich daraus organisatorische Aspekte für der Bildung von Regelkreisen in der Fertigung. Die Entwicklung des nicht kaskadischen Mehrgrößenregelsystems für die Fertigungsplanung und -steuerung in zwei (oder mehreren) unabhängigen, hierarchisch angeordneten Regelkreisen mit unterschiedlichen Regelstrecken, Stell- und Störgrößen stellt den Strukturierungsaspekt dar. Die Segmentierung horizontaler Entscheidungsprozesse läßt sich nach feld-, handlungs- und zielorientierten Kriterien vornehmen. Je nach Strukturierungs- bzw. Segmentierungskriterien ergeben sich unterschiedliche Stell- und Regelgrößen, die die Formulierung unabhängiger Regelsysteme zulassen. Dabei können innerhalb der horizontal und vertikal angeordneten Regelkreise die gleichen Funktionen zur Informationsverarbeitung angewendet werden. Trotzdem fällt jeder Bereich unterschiedliche Entscheidungen, da aufgrund der Segmentierung und Strukturierung von Daten nach organisatorischen oder technischen Kriterien eine jeweils andere Entscheidungsbasis bilden.

In der Beschreibung des Leitstandkonzepts und der Unterteilung in Koordinationsleitstand sowie Leitstand des teilautonomen Bereichs ist die oben beschriebene Strukturierung explizit enthalten. Die Darstellung entspricht den vorgestellten Regelkreis-Systemen und der Phasenstruktur des Planungs- bzw. Entscheidungsprozesses. Für jeden Leitstand werden aus diesem Grunde im Teil II der Arbeit zunächst die Ziele dargestellt, danach die auf den Handlungsspielraum der Planung Einfluß nehmenden Restriktionen beschrieben und zuletzt die möglichen Strategien - in der Phasenstruktur entspricht dies den Handlungsalternativen - aufgezeigt.

1.2 Aufbauorganisatorische Gestaltung von Fertigungsbereichen in der Produktion

1.2.1 Prinzipien der Fertigung

Die klassischen Fertigungsprinzipien lassen sich wie folgt darstellen (Abbildung I.4):

- Werkstattfertigung,
- Gruppenfertigung,
- Fließfertigung.

Das Prinzip der **Werkstattfertigung** ist das Zusammenstellen von Maschinen mit gleichen Bearbeitungsverfahren (z.B. Drehen oder Fräsen). Der Vorteil liegt in der hohen Flexibilität, da ein großes Teilespektrum mit geringen Auftragsstückzahlen sowie stark differierenden Bearbeitungszeiten und großen Losfrequenzen gefertigt werden kann. Aufgrund des großen Spezialistentums lassen sich hohe Anforderungen an die verfahrensbedingten Arbeitsinhalte stellen. Diese Form der Segmentierung ist in der Regel auf die kostengünstigste Fertigung von Losen ausgelegt [48]. Die Werkstattfertigung entspricht am ehesten einer Unterteilung nach der Handlungskomponente in dem Entscheidungsmodell von FRESE (siehe Kapitel 1.1.2).

Ein wesentlicher Nachteil sind die langen Durchlaufzeiten (Liege- und Transportzeit zwischen den unterschiedlichen Fertigungsbereichen), die die Effizienz erheblich vermindern. Organisationsstrukturen, die sich nach dem Prinzip der Werkstattfertigung segmentieren, sind vor allem bei konventionellen Fertigungstechniken relevant.

Bei dem **Gruppenprinzip** ergeben sich Fertigungseinheiten, die nach bestimmten Teilefamilien gebildet werden. Die Segmentierung erfolgt also nach Verfahrenskombinationen für ein definiertes Teilespektrum und stellt damit eine organisatorische Unterteilung nach der Zielkomponente dar. Das zu fertigende Teil entspricht dem Sachziel [49]. Aufgrund der werkstückorientierten Gruppierung von Maschinen reduzieren sich Liege- bzw. Transportzeiten und damit primär auch die Durchlaufzeiten. Flexibel automatisierte Fertigungseinrichtungen arbeiten direkt (FFS) oder indirekt (BAZ, FFZ) aufgrund der "Komplettbearbeitung" eines Werkstücks nach dem Gruppenprinzip. Es ist jedoch zu beachten, daß es sich bei diesen flexiblen Fertigungseinrichtungen nicht um Organisationsformen handelt. Bekannteste

---

[48] Wildemann, H.: Fabrik in der Fabrik durch Fertigungssegmentierung, in: Wildemann, H. (Hrsg): Fabrikplanung, Frankfurt 1989, S. 38.
[49] Vgl. Frese, E.: Grundlagen der Organisation, 4. Auflage, Wiesbaden 1988, S. 207.

Organisationsform zum Gruppenprinzip ist die Fertigungsinsel.

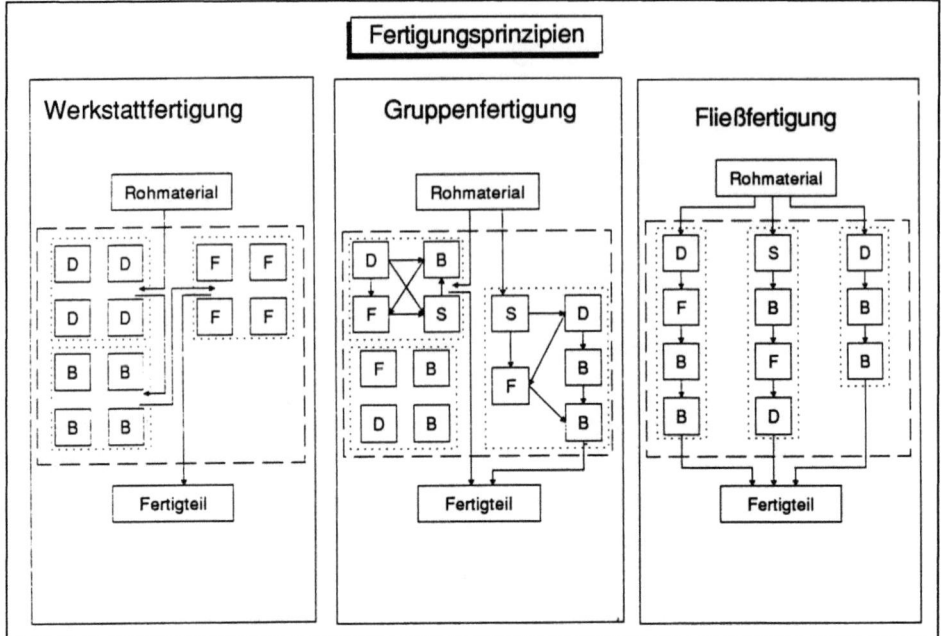

Abb. I.4: Fertigungsprinzipien

Nachteile entstehen durch den erhöhten Koordinationsaufwand, da sich oft Teilefamilien nicht komplett in einem Fertigungsbereich bearbeiten lassen, sondern für einen oder mehrere Arbeitsgänge ausgelagert werden müssen.

Das Prinzip der **Fließfertigung**, als stark produkt- bzw. sachzielbezogene Segmentierung des Fertigungsbereichs, bietet erhebliche Vorteile, wenn die gesamten oder einzelnen Abschnitte der Arbeitsvorgangsfolge immer wieder gleich oder zumindest ähnlich sind [50]. Die Arbeitsfolge muß nicht starr sein, ein Überspringen oder Rückspringen in der Maschinenreihe ist möglich. Im Gegensatz zu Transferstraßen (getaktet und innenverkettet) eignet sich die Fließfertigung für kleine und mittlere Serien. Nachteile ergeben sich vor allem, wenn starke Unterschiede in den Bearbeitungszeiten der Teile auftreten.

Die Prinzipien der Werkstatt- und Fließfertigung werden häufig mit Organisationsformen der zentralen Fertigungssteuerung in Verbindung gebracht, jedoch ist diese Verbindung keineswegs zwingend.

---

[50]   Vgl. Eversheim, W.: Organisation in der Produktionstechnik, Band 4, Fertigung und Montage, 2. Auflage, Düsseldorf 1989, S. 26.

1.2.2 Dezentrale Fertigungsorganisation

Unter dezentraler Fertigungsorganisation ist die Übertragung und Verteilung von Entscheidungskompetenz in den leistungserstellenden Prozeß, die Fertigung, zu verstehen. Die Strukturierung schränkt den Entscheidungsspielraum top down mit jeder weiteren organisatorischen Ebene ein. Die Segmentierung verteilt Entscheidungskompetenzen auf einer bestimmten Ebene nach unterschiedlichen Kriterien. Bedarf es bei der Entscheidungsfindung der Informationsgewinnung und -verarbeitung, so kann für EDV-gestützte Informationssysteme in datenorientierte [51] und funktionsorientierte Verfahren [52] zur Dezentralisierung unterschieden werden [53].

Für die Bildung dezentraler Organisationsbereiche der Fertigung ist weiterhin der Segmentierungsaspekt relevant, wenn man davon ausgeht, daß die Fertigung an sich bereits eine bestimmte organisatorische Ebene im Unternehmen darstellt. KOSIOL [54] gliedert die Aufgaben der Leistungserstellung nach fünf Merkmalen [55]:

- nach dem Verrichtungsvorgang (Handlungskomponente),
- nach Objekten (Zielkomponente/Sachziel),
- nach den zur Verrichtung notwendigen Arbeiten und Hilfsmitteln (Feldkomponente/Ressourcen),
- nach dem räumlichen Bezug (Feldkomponente),
- nach dem zeitlichen Bezug.

Für die organisatorische Gestaltung der Fertigung sind vor allem die Gliederung des Leistungsprozesses nach Verrichtungen bzw. der dazu notwendigen Arbeiten und Hilfsmittel sowie nach Objekten wichtig.

Für die konzeptionelle Berücksichtigung organisatorischer Aspekte ist die Strukturierung und Segmentierung nach Objekten, Verrichtungen und den notwendigen Hilfsmitteln bzw. Ressourcen interessant. Letztere werden nach fertigungstechnologischen Aspekten unterteilt.

---

[51] Vgl. Scheer, A.-W.: Neue Konzepte durch organisatorische Dezentralisierung; Dezentrale Produktionsplanung und -steuerung, in: Computer Magazin, 17(1988)4, S. 45. Scheer, A.-W.: Entwurf eines Unternehmensdatenmodells, in: Information Management (IM), 3(1988)1, S. 14.
[52] Vgl. Heinrich, L. J.; Roithmayer, F.: Die Bestimmung des optimalen Distributionsgrades von Informationssystemen - Entscheidungsmodell und Fallstudie, in: Handbuch der modernen Datenverarbeitung (HMD), 22(1985)121, S. 29 - 45.
[53] Vgl. Kemmner, A.: Beitrag zur Entwicklung eines Verfahrens zur anwenderorientierten Dezentralisierung von Produktionsplanungs- und -steuerungsfunktionen, Dissertation, RWTH Aachen 1990.
[54] Kosiol, E.: Aufgabenanalyse in: Grochla, E. (Hrsg.): Handwörterbuch der Organisation, 1. Auflage, Stuttgart 1969, Sp. 203ff.
[55] In Klammern ist jeweils die Beziehung zu dem Entscheidungsmodell von FRESE hergestellt.

1.2.2.1 Objektorientierte Segmentierung

Die objektorientierte Segmentierung erfolgt unter dem Aspekt, Betriebsmittel so zusammenzufassen, daß ein bestimmtes Teil, eine Teilefamilie, eine Baugruppe oder ein Produkt komplett erstellt werden kann. Die organisatorische Aufteilung orientiert sich an dem Sachziel des Entscheidungsmodells nach FRESE.

1.2.2.1.1 Organisationsform "Fertigungsinsel"

Die Organisationsform zeichnet sich durch den Verzicht auf eine zu starre Arbeitsteilung, durch weitgehende Selbststeuerung der Arbeits- und Kooperationsprozesse und demzufolge einer Erweiterung des Dispositionsspielraums für den einzelnen Mitarbeiter aus [56]. Der Hang zur Dezentralisierung von Entscheidungen in der Produktion wird durch Fertigungsinseln verstärkt.

"Die Fertigungsinsel hat die Aufgabe, aus gegebenem Ausgangsmaterial Produktteile oder Endteile möglichst komplett zu fertigen. Die notwendigen Betriebsmittel sind räumlich und organisatorisch in der Fertigungsinsel zusammengefaßt. Das Tätigkeitsfeld der dort beschäftigten Gruppe trägt folgende Kennzeichen:

- die weitgehende Selbststeuerung der Arbeits- und Kooperationsprozesse verbunden mit Planungs-, Entscheidungs- und Kontrollfunktionen innerhalb vorgegebener Rahmenbedingungen und
- den Verzicht auf eine zu starre Arbeitsteilung und demzufolge eine Erweiterung des Dispositionsspielraums für den einzelnen [57]."

Das bedeutet, die Werkstücke werden vollständig nach dem Merkmal gleicher oder ähnlich zu bearbeitender Objekte (Teilefamilien) in unterschiedlichen Arbeitsvorgangsfolgen gefertigt, wobei dispositive und kontrollierende Aufgaben in die Arbeitsgruppe integriert sind [58]. Die Teilautonomie in der Fertigungsinsel führt zur Reduzierung des

---

[56] Vgl. o.V.: Flexible Fertigungsorganisation am Beispiel von Fertigungsinseln, Ausschuß für wirtschaftliche Fertigung (AWF) (Hrsg.), Eschborn 1984, S. 5; Die grundsätzlichen Ideen des AWF-Projekts wurden von REFA übernommen. Vgl. REFA (Hrsg.): Planung und Gestaltung komplexer Produktionssysteme, München 1987, S. 55.
[57] Vgl o.V.: Flexible Fertigungsorganisation am Beispiel von Fertigungsinseln, Ausschuß für wirtschaftliche Fertigung (AWF) (Hrsg.), Eschborn 1984, S. 5; Ähnlich auch: REFA (Hrsg.): Planung und Gestaltung komplexer Produktionssysteme, München 1987, S. 55.
[58] Vgl. Möring, H.: Fertigungsorganisation und Wirtschaftlichkeit einer Fertigungsinsel, in: Zeitschrift für betriebswirtschaftliche Forschung und Praxis, 37(1985)1, S. 83-101.

Planungsaufwands in der PPS [59]. Innerhalb der Insel besteht keine Verkettungseinrichtung. Die Charakterisierung der Organisationsform "Fertigungsinsel" zeigt Abbildung I.5.

Größte Schwierigkeiten bereitet neben der Reorganisation der Fertigung, die Bildung von Teilefamilien. So ist eine Komplettbearbeitung innerhalb der Fertigungsinsel oft nicht möglich; z.B. müssen die Teile zum Härten aus der Fertigungsinsel gegeben werden, bevor ein weiterer Arbeitsgang durchgeführt werden kann. Damit sind die Teile der direkten Dispositionsautonomie der Fertigungsinsel entzogen. Der Härteofen kann das restriktive Element der gesamten Fertigungsinselplanung darstellen, wodurch sich die angestrebte Entscheidungsautonomie letztlich aufhebt. Läßt sich jedoch für ein definiertes Teilespektrum eine Komplettbearbeitung realisieren, so stellt die "Fertigungsinsel" eine rationelle Organisationsform mit großer Zukunft dar.

Die FFZ eignet sich für den Einsatz als Leitmaschine in der Organisationsform "Fertigungsinsel", weil die Möglichkeit zum weitgehenden Automatikbetrieb der FFZ dem Fertigungsinsel-Personal Freiraum für weitere Tätigkeiten gibt. Die Kombination einer teuren FFZ zur Komplettbearbeitung von Werkstücken mit einfachen Nebenmaschinen zur Vor- und Folgebearbeitung - zumeist nur in geringem Umfang - ermöglichen mit vertretbaren Investitionskosten eine wirksame Durchlaufzeitverkürzung.

Ein praktisches Beispiel der Fertigungsinsel mit flexibel automatisierten Fertigungseinrichtungen zeigt Abbildung I.6.

---

[59] Habich, M.: Koordination autonomer Fertigungsinseln durch ein adaptiertes PPS-Konzept, in: ZwF, 84(1989)2, S. 74-77.

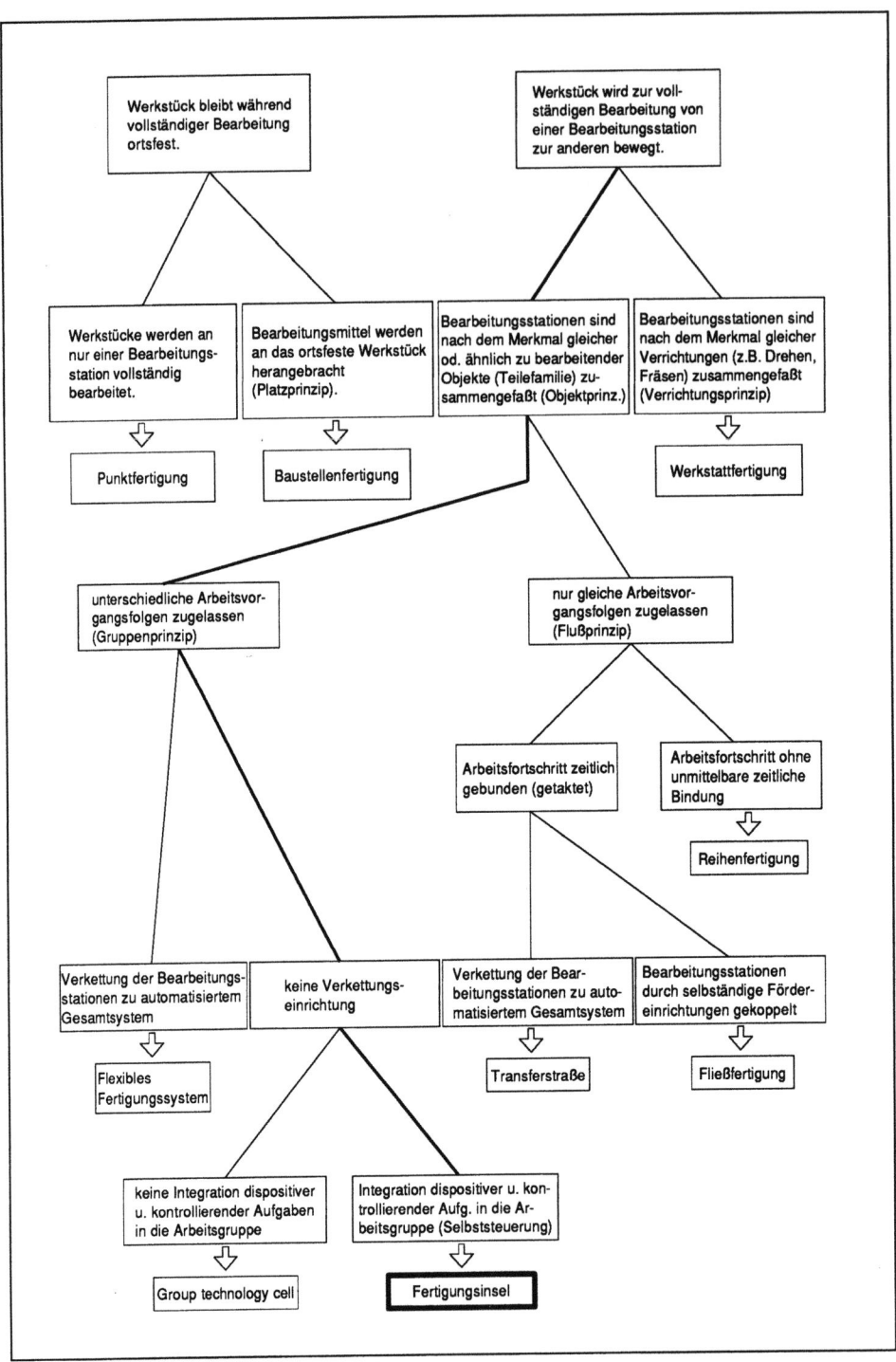

Abb. I.5: Die Fertigungsinsel als Organisationsform der Fertigung

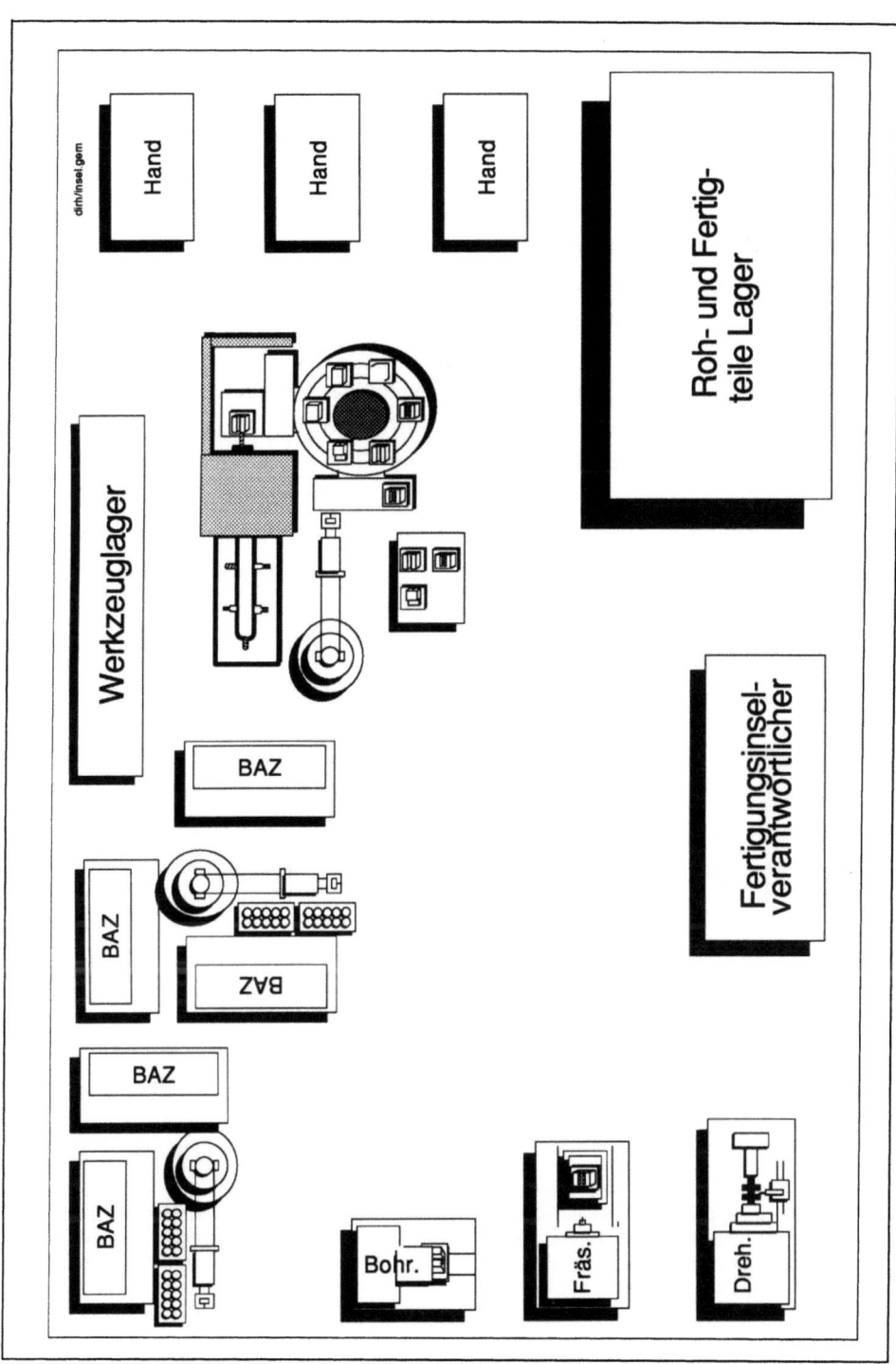

Abb. I.6: Beispiel einer Fertigungsinsel

1.2.2.1.2 Organisationsform "Logistikinsel"

Ausgelöst durch die Bildung von Fertigungsinseln und die fertigungstechnologischen Entwicklungen der flexiblen Automatisierung, gekoppelt mit neuen arbeitsorganisatorischen Konzepten, die vor allem auf Job Enrichment und Job Enlargement der Mitarbeiter in der Fertigung ausgerichtet sind, ist zwischenzeitlich eine neue organisatorische Entwicklung zu beobachten, die produktbezogene Logistikinsel. Diese Organisationsform geht über die Bildung von Fertigungsinseln hinaus und erlaubt die autonome Entwicklung, Disposition und Fertigung eines bestimmten Produkts [60]. Sie enthält also alle Funktionen der Produktion und ist mit der Spartenorganisation vergleichbar [61]. Dies bedeutet, wie in Abbildung I.7 dargestellt, eine weitere Dezentralisierung aller indirekten Bereiche (Produktentwicklung, Konstruktion, Arbeitsvorbereitung, NC-Programmierung, Qualitätssicherung) und der PPS, vor allem im Hinblick auf materialwirtschaftliche Funktionen. EDV-technische Unterstützung findet dieses Konzept auch durch die Forderung nach integrierten Leitständen, deren Funktionalität über eine einfache Termin- und Kapazitätsplanung hinausgehen muß. Die Logistikinsel ist also überwiegend eine organisatorische Gestaltungsform für den Bereich der Produktion, auch wenn betriebswirtschaftliche Funktionen integriert sind. Sie führt zu einer Reduktion der Komplexität durch die produktbezogene Strukturierung und Segmentierung der gesammten Produktion.

Dies hat letztlich zur Folge, daß innerhalb einer Logistikinsel hohe Interdependenzen gegeben sind, während zwischen den einzelnen produktbezogenen Inseln lediglich lockere Kopplungen bestehen [62]. Das Organisationskonzept "Logistikinsel" widerspricht nicht der Bildung teilautonomer Bereiche, sondern kann additiv in entsprechende Organisationsstrukturen eingebunden werden.

---

[60] Vgl. Scheer, A.-W.: Neue Architekturen für Anwendungssoftware, in : Scheer, A.-W.: Anwendungssoftware der 90er Jahre, AWF-IWi-Fachtagung für die Produktion, Saarbrücken 1991, S. 7. In der Praxis wurden bereits solche organisatorischen Konzepte teilweise eingeführt: Vgl. Heiermann, K.: CIM als unternehmerische Entscheidung in einem mittelständischen Betrieb, in: Scheer, A.-W.(Hrsg.): CIM im Mittelstand, Fachtagung, Berlin et al. 1990, S. 19-64.

[61] Vgl. Mertens, P.: Divisionalisierung, in: Neue Betriebswirtschaft und Betriebliche Datenverarbeitung, 22(1969)1, S. 1.

[62] Vgl. Scheer, A.-W.: Anforderungen an neue PPS-Architekturen, in : Scheer, A.-W.: PPS-Software der 90er Jahre, AWF-IWi-Fachtagung für die Produktion, Saarbrücken 1992, S. 13.

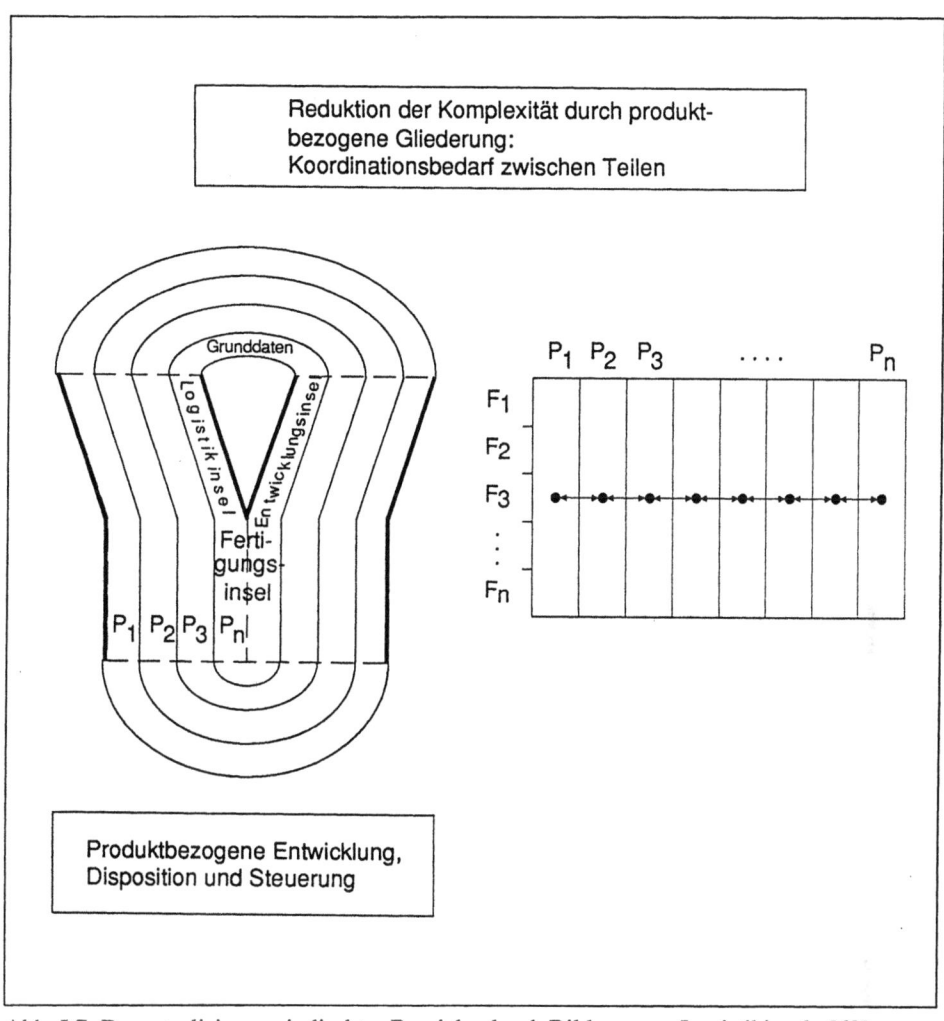

Abb. I.7: Dezentralisierung indirekter Bereiche durch Bildung von Logistikinseln [63]

1.2.2.2 Segmentierung nach verfahrensorientierten Aspekten

Die Segmentierung der Fertigung nach verfahrensorientierten Aspekten führt zu einer organisatorischen Gliederung nach dem Werkstattprinzip. Die Betriebsmittel werden nach gleichen oder ähnlichen Funktionen räumlich und organisatorisch zusammengefaßt. Je nach Flexibilität des Maschinentyps ergeben sich unterschiedliche Anforderungen an die

---

[63] Vgl. Scheer, A.-W.: Neue Architekturen für Anwendungssoftware, in : Scheer, A.-W.: Anwendungssoftware der 90er Jahre, AWF-IWi-Fachtagung für die Produktion, Saarbrücken 1991, S. 7.

Fertigungssteuerung [64].

Durch die zunehmende Verbreitung von BAZ, FFZ und FFS verliert das Prinzip der verrichtungsorientierten, spanabhebenden Werkstattfertigung in der Einzelfertigung zunehmend an Bedeutung, da die genannten Maschinen in der Lage sind, unterschiedliche Bearbeitungsverfahren nacheinander, ohne Maschinenwechsel durchzuführen. Die innerbetriebliche Entscheidung zugunsten einer flexibel automatisierten Teilefertigung führt damit zwangsläufig zu einer objekt- bzw. werkstückorientierten, unterschiedliche Arbeitsgangfolgen zulassenden Aufbauorganisation.

Es wird aber auch in Zukunft in der Einzel- und Kleinserienfertigung Bereiche geben, die organisatorisch nach Bearbeitungsverfahren segmentiert sind; man denke vor allem an Gießerei, Härterei, Brennerei usw.

Konventionelle Maschine:

Bei konventionellen Maschinen (Bohren, Fräsen, Drehen, usw.) wird der Fertigungsprozeß in direkter Verbindung mit dem Werker vorgenommen. Der Maschinenbediener steuert - per Hand - den Vorschub des Werkzeuges. Er ist während des gesamten Bearbeitungsprozesses an der Maschine tätig. Nach der Bearbeitung eines Loses rüstet er die Maschine für den nachfolgenden Auftrag um. Während dieser Zeit steht die Maschine still. Entsprechend ergibt sich die Belegungszeit nach REFA [65] aus der Betriebsmittel-Rüstzeit plus der Betriebsmittel-Ausführungszeit. Dieser Maschinentyp eignet sich in Verbindung mit flexibleren Fertigungseinrichtungen als Ausweichmaschine bei Störungen oder Kapazitätsengpässen.

Drehzelle:

Drehzellen basieren entweder auf einer Senkrechtdrehmaschine oder einer Universaldrehmaschine.

Universaldrehmaschinen besitzen die Möglichkeit zum

- beschränkt automatischen Auftragswechsel oder
- automatischen Auftragswechsel.

Der beschränkt automatische Auftragswechsel ergibt sich aufgrund eines manuellen

---

[64] Vgl. Förster, H.-U.; Hirt, K.: Entwicklungen von Anforderungsprofilen flexibel automatisierter Fertigungskonzepte an die Produktionsplanung und -steuerung, Abschlußbericht zum Forschungsvorhaben der DFG, Nr. S 134, S. 65ff. Vgl. Förster, H.-U.: Integration von flexiblen Fertigungszellen in die PPS, Berlin et al. 1988.

[65] Vgl. REFA (Hrsg.): Methodenlehre des Arbeitsstudiums, Teil 1: Grundlagen u. Teil 2: Datenermittlung, München 1984, 1972, S. 43.

Spannbacken- und Greiferwechsels, wodurch die Flexibilität der Drehzelle deutlich verringert wird.

1.2.2.3 Segmentierung nach fertigungstechnologischen Aspekten

Jüngere Untersuchungen haben gezeigt, daß die flexible Automatisierung sich wesentlich auf die Gestaltung der Fertigungsorganisation auswirkt [66]. Es werden zwar auch in der Zukunft konventionelle Maschinen in der Fertigung eingesetzt, jedoch in geringerem Maße. Bei der Bildung dezentraler Organisationseinheiten in heterogenen Fertigungsstrukturen werden unterschiedliche Fertigungsmittel so zusammengestellt, daß sie eine weitestgehende Komplettbearbeitung von Teilen zulassen, um so den Materialtransport und damit den Koordinationsaufwand zwischen den Bereichen zu minimieren. Im folgenden werden unterschiedliche Maschinentypen beschrieben, die sich aufgrund ihrer Flexibilität als zentrale Maschinen eines teilautonomen Bereichs eignen.

Bearbeitungszentrum:

Das Bearbeitungszentrum ist die typischste aller NC-Werkzeugmaschinen. Die wichtigsten Kennzeichen sind [67]:

- Bearbeitung prismatischer Werkstücke auf 4 oder 5 Seiten in einer Aufspannung,
- Durchführung aller Zerspanungsarten (Planfräsen, Bohren, Ausdrehen, Reiben, Gewindeschneiden),
- Vorhandensein eines Werkzeugspeichers zum automatischen Werkzeugwechsel,
- Werkstückwechseleinrichtung.

Durch die automatische Werkstückwechseleinrichtung verringern sich die Nebenzeiten für das Ausrichten, Spannen, Be- und Entladen der Werkstücke. Das Nachrüsten von Werkzeugen, z.B. in ein maschinennahes Werkzeugmagazin, kann ebenfalls hauptzeitparallel erfolgen. Dadurch werden die Rüstzeiten erheblich gesenkt. Der Maschinenbediener ist durch die NC-Steuerung nicht mehr direkt an den Fertigungsprozeß gebunden, sondern kann das Bearbeitungszentrum für den nächsten Auftrag rüsten.

---

[66] Vgl. Förster, H.-U.; Hirt, K.: Entwicklungen von Anforderungsprofilen flexibel automatisierter Fertigungskonzepte an die Produktionsplanung und -steuerung, Abschlußbericht zum Forschungsvorhaben der DFG, Nr. S 134, S. 65ff. Vgl. Förster, H.-U.: Integration von flexiblen Fertigungszellen in die PPS, Berlin et al. 1988. Vgl. Hirt, K.: PPS beim Einsatz flexibler Fertigungssysteme, Berlin et al. 1990.
[67] Vgl. Kief, H.B.: NC-Handbuch, Michelstadt, Stockheim 1984, S. 280.

Flexible Fertigungszelle:

Die flexible Fertigungszelle (FFZ) ist eine Bearbeitungseinheit, die aus automatisch arbeitenden Teilsystemen für die Funktionen der

- Werkstückbearbeitung,
- Werkstückspeicherung,
- Werkstückhandhabung,
- Werkzeugspeicherung sowie
- Ver- und Entsorgung

aufgebaut ist. Es können Werkstücke aus einer oder mehreren Formenklassen gefertigt werden [68]. Die flexible Fertigungszelle ist damit imstande, an mehr als zwei Werkstücken bzw. an Werkstücken auf mehr als zwei Werkstückträgern mehr als einen Arbeitsgang auszuführen [69]. Zielsetzung flexibler Fertigungszellen ist die Automatisierung aller Arbeitsabläufe. Eine flexible Fertigungszelle eignet sich somit für [70]:

- einstufige Bearbeitung unterschiedlicher Werkstücke im Auftragsmix,
- hauptzeitparalleles Rüsten,
- bedienerarmen oder bedienerlosen Automatikbetrieb.

Flexibles Fertigungssystem:

Flexible Fertigungssysteme bestehen aus einer Gruppe unabhängig voneinander arbeitender, numerisch gesteuerter Werkzeugmaschinen, die über ein gemeinsames Werkstücktransportsystem und ein zentrales Steuerungssystem miteinander verbunden sind [71]. Die einzelnen Bearbeitungsstationen sind ungetaktet miteinander verkettet [72]. Es besteht somit die Möglichkeit zu

---

[68] Vgl. Klaus, R.: Erfahrungen beim Einsatz mit Fertigungszellen, in: Werkstatt und Betrieb, 115(1982)9, S. 595f.
[69] Vgl. Warnecke, H.-J.; Steinhilper, R.; Schütz, W.: Flexibel automatisierte Teilefertigung in mittelständischen Unternehmen, VDI-Z 124(1982)17, S. 611f.
[70] Vgl. Mertins, K.: Steuerung rechnergeführter Fertigungssysteme, München, Wien 1985, S. 23ff.
[71] In der Literatur existieren ein Reihe von Definitionen für flexible Fertigungssysteme, stellvertretend sei auf folgende hingewiesen: Vgl. Kief, H.B.: NC-Handbuch, Michelstadt/Stockheim 1984, S. 417. Vgl. Groover, M. P.; Zimmer, E. F.: CAD/CAM: Computer Aided Design and Manufacturing, Prentice-Hall, Englewood Cliffs 1984.
[72] Vgl. Eversheim, W.; Schmidt, H.: Werkzeugmaschinen in flexiblen Fertigungssystemen, in: Der Betriebsberater, o.Jg.(1988)7-8, S 11f.

- einer ein- oder mehrstufigen Bearbeitung unterschiedlicher Werkstücke im Auftragsmix,
- hauptzeitparallelem Rüsten an zentralen Rüstplätzen,
- einem automatischen, systemintern gesteuerten Werkstück-/Werkzeugtransport und
- einem bedienerarmen und/oder bedienerlosen Betrieb.

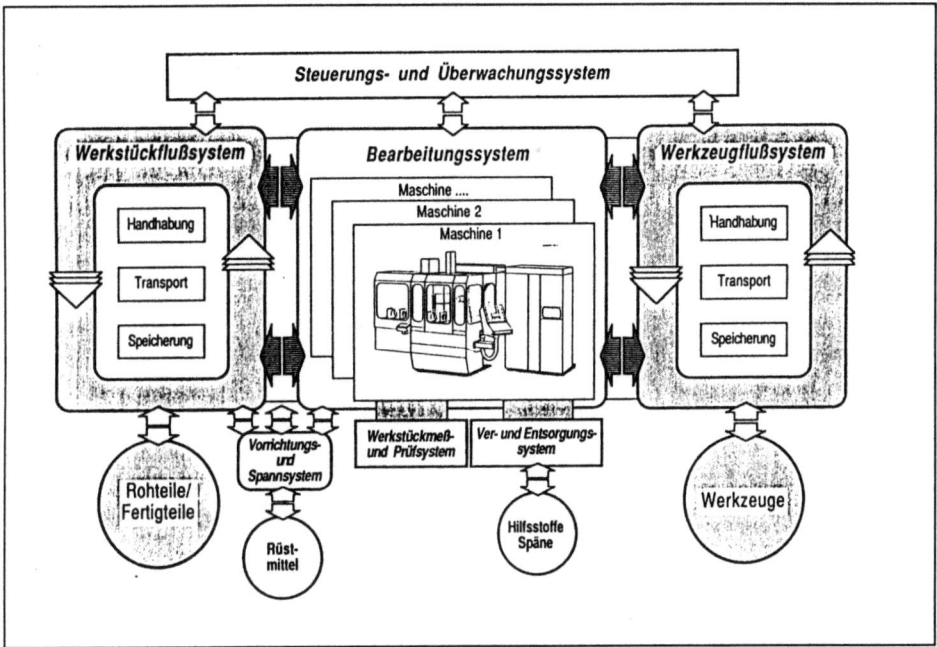

Abb. I.8: Komponenten und Schnittstellen eines flexiblen Fertigungssystems [73]

Dabei wird die Bearbeitung der unterschiedlichen Werkstücke nicht durch Rüstvorgänge unterbrochen, so daß diese in beliebiger Reihenfolge gefertigt werden können [74].
Die Bearbeitung wird von mehreren unterschiedlichen (sich ergänzenden) oder gleichartigen (sich ersetzenden) NC-Maschinen durchgeführt. Abbildung I.9 zeigt das Layout sowie Material- und Fertigungshilfsmittelflüsse eines FFS. Es kann entweder ein zentraler Speicher alle Maschinen mit Werkzeugen versorgen, oder aber jede Maschine greift auf ihren eigenen Werkzeugspeicher zurück. Letzter Fall bedeutet gegebenenfalls einen Mehraufwand beim Rüsten der Fertigungseinrichtung.
Wichtigste Eigenschaft von FFS ist, ein großes Teilespektrum auf dem System bearbeiten zu

---

[73] Wiegershaus, U.: Methoden zur Planung von FFS, in: Flexible Fertigungssysteme im Brennpunkt integrierter Produktionstechnik, Seminar des Laboratoriums für Werkzeugmaschinen und Betriebslehre (WZL), Februar 1990.
[74] Vgl. Weck, M.: Werkzeugmaschinen, Band 3, Automatisierungs- und Steuerungstechnik, Düsseldorf 1983, S. 253.

können.

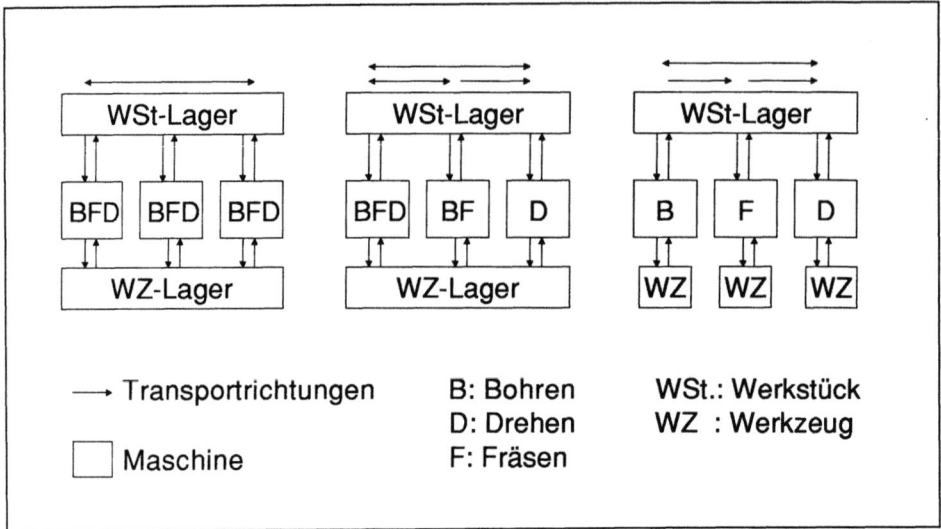

Abb I.9: Layout sowie Material- und Fertigungshilfsmittelflüsse in einem FFS

Ein flexibles Fertigungssystem ist nicht auf Mindestlosgrößen angewiesen, sondern verarbeitet auch Einzelstücke in beliebiger Reihenfolge. Damit ist das FFS die flexibelste Form einer automatisierten Fertigung.

Als dezentraler teilautonomer Bereich kann schon eine einzelne flexibel automatisierte Maschine (z.B. FFZ) verstanden werden, wenn sie die Möglichkeit zum Auftragsmix und damit einen gewissen Grad an Dispositionsspielraum besitzt. Je nach Flexibilität und Anzahl der Maschinen gewinnt die dezentrale Fertigungsplanung und -steuerung bei solchen Systemen zunehmend an Komplexität.

Dispositives Ziel des teilautonomen Bereichs ist die Termin- und Kapazitätsfeinplanung von Maschinenaufträgen. Der Maschinenbediener erhält damit die Möglichkeit, die Reihenfolge der Maschinenaufträge selbst zu bestimmen.

Der dezentrale, teilautonome Bereich bietet flexible organisatorische Gestaltungsmöglichkeiten im Rahmen der flexiblen Automatisierung, die allerdings in einem entsprechenden Planungs-, Steuerungs- und Kontrollsystem abbildbar sein müssen.

1.2.2.4 Organisationsform "teilautonomer Bereich"

Die Organisation der Fertigungsinsel eignet sich nur dann, wenn eine Teilefamilie auch tatsächlich komplett bearbeitet werden kann und nicht für einen Arbeitsgang die Fertigungsinsel verlassen muß. Die objektbezogene Segmentierung ist also nur unter bestimmten, teilespezifischen Voraussetzungen möglich.

Eine verfahrensorientierte Segmentierung der Fertigung ist immer dann von Bedeutung, wenn Durchlaufzeit und Materialkosten eine untergeordnete Rolle spielen, dafür aber eine extrem hohe Flexiblität gefordert wird.

Die Segmentierung nach fertigungstechnologischen Gesichtspunkten kann sowohl zur Werkstattorganisation als auch zur Fertigungsinsel führen. Die flexible Automatisierung tendiert allerdings durch die Möglichkeit, mehrere Bearbeitungsschritte an einer Maschine durchzuführen, eher zur Organisationsform der Fertigungsinsel.

Lassen sich keine homogenen Fertigungsbereiche bilden, bietet sich die Organisationsform "dezentraler, teilautonomer Bereich" an. Als dezentraler teilautonomer Bereich kann schon eine einzelne flexibel automatisierte Maschine (z.B. FFZ) verstanden werden, wenn sie die Möglichkeit zum Auftragsmix und damit einen gewissen Grad an Dispositionsspielraum besitzt. In der Regel werden aber mehrere Betriebsmittel nach bestimmen unternehmens-, bzw. fertigungsspezifischen Zielkriterien zusammengestellt.

Die Bildung teilautonomer Bereiche basiert nicht wie bei Fertigungsinseln auf der Idee, objektorientiert zu fertigen, sondern kann aufgrund fertigungstechnischer, personeller, aufbau- und ablauforganisatorischer Merkmale der Produktion gebildet werden. So können durchaus auch weiterhin verfahrensorientierte Bereiche existieren, wenn es sinnvoll ist, fertigungstechnisches Know-how zu bündeln, denn die Ausbildung der Facharbeiter erfolgt verfahrensorientiert und eine für die objektorientierte Fertigungsorganisation notwendige verfahrensübergreifende Ausbildung der freiwilligen Zusatzqualifikation unterliegt.

1.2.2.5 Die Fertigungshilfsmittelverwaltung als teilautonomer Bereich

Werkzeuge verursachen in der Produktion durchschnittliche Kosten in Höhe von 0,7% bis 2% des Gesamtumsatzes [75] und stellen damit einen nicht unerheblichen Kostenfaktor dar. Zudem werden während der Lebensdauer einer Maschine im Durchschnitt Werkzeuge, deren Kosten ein Drittel des Anschaffungswertes der Maschine betragen, verbraucht [76]. Um die Anzahl redundanter Werkzeuge so gering wie möglich zu halten, ist es sinnvoll, diese zentral zu verwalten. Dadurch läßt sich der Kostenaufwand für Fertigungshilfsmittel

---

[75] Vgl. Eversheim, W.: Organisation in der Produktionstechnik, Band 4, Fertigung und Montage, 2. Auflage, Düsseldorf 1989, S. 82f.

[76] Vgl. Kölling, H.-D.: Prozeßoptimierung und Leistungssteigerung bei Schaftfräsen, Dissertation RWTH Aachen 1986. Hoof, M.: Analyse und Optimierung des Bohrprozesses, Dissertation, RWTH Aachen 1986. Zitiert bei Eversheim, W.: Organisation in der Produktionstechnik, Band 4, Fertigung und Montage, Düsseldorf 1989, S. 81.

minimieren.

Durch die flexible Automatisierung nimmt auch die Kostenintensität für Vorrichtungen zu. Baukasten-, Spezial-Baukasten-, Standard- und Gruppenvorrichtungen müssen für Aufträge gerüstet werden. Dazu ist also auch bspw. die Disposition der Personalkapazität erforderlich. Werkzeuge bedürfen ähnlich wie bei Maschinen der Wartung, Instandhaltung und Voreinstellung. Auch bei diesen Ressourcen ist eine detaillierte Planung und Steuerung erforderlich.

Typische Aufgaben eines teilautonomen Bereichs zur Verwaltung der Fertigungshilfsmittel ist das Einlagern, Kommissionieren, Auslagern, Warten, Montieren, Rüsten, Abrüsten und die Beschaffung von Werkzeugen sowie Vorrichtungen. Der Fertigungshilfsmittelfluß ist in Abbildung I.10 aufgezeigt. Auf der Koordinationsebene müssen allerdings Prioritäten gesetzt werden, welche Kapazitäten zunächst zu verplanen sind. So ist es sinnvoll, daß zunächst die fertigenden Bereiche geplant werden, bevor die Terminierung der Werkzeuge erfolgt.

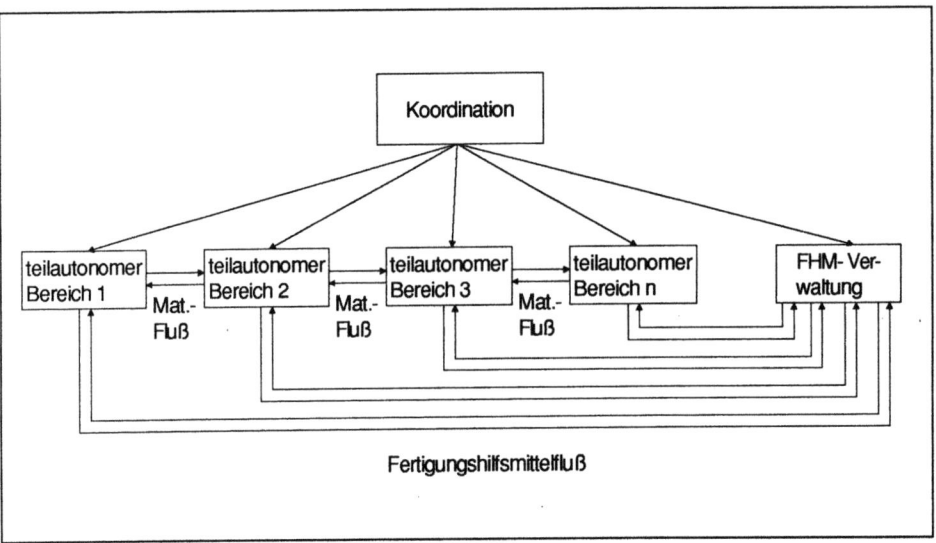

Abb. I.10: Fertigungshilfsmittelverwaltung als teilautonomer Bereich

1.3 Ablauforganisatorische Gestaltung der Fertigung

Unter Ablauforganisation versteht man die strukturierende Gestaltung des Arbeitsprozesses [77]. Die organisatorischen Elemente der Fertigung (direkte, indirekte, begleitende Bereiche usw.) sind hinsichtlich des zeitlichen Ablaufs und der räumlichen Ordnung so zu gestalten, daß alle auszuführenden Arbeitsgänge möglichst lückenlos aufeinander abgestimmt sind. Die Grenzen zwischen Aufbau- und Ablauforganisation sind nicht klar definiert [78]. Im Rahmen der Fertigungsorganisation wird unter der Ablauforganisation die Kapazitätsterminierung, Reihenfolgeplanung und Arbeitsverteilung von Fertigungsaufträgen auf die Werkstattbereiche verstanden. Bei der Beschreibung der Ablauforganisation ist von einer bestehenden Aufbauorganisation auszugehen, für die entsprechende Abläufe zur Planung und Steuerung beschrieben werden. Dieser Ansatz ist nicht zwingend, es könnte auch umgekehrt verfahren werden [79].

Bei der Darstellung der Koordination teilautonomer Bereiche werden unterschiedliche Szenarien beschrieben, wie Fertigungsaufträge durch mehrere Werkstattbereiche gesteuert werden könnten.

1.3.1 Koordination teilautonomer Bereiche

Besitzen Fertigungsbereiche Entscheidungs- und Informationsautonomie, dann kommt der Koordination eine wichtige Aufgabe zu. Je nach Segmentierungskriterien besteht unterschiedlicher Koordiantionsbedarf. Bei objektorientierten Segmentierungskriterien besteht Koordinationsbedarf zwischen Teilen bzw. Produkten oder Produktgruppen, bei verfahrensorientierter Segmentierung müssen unterschiedliche Fertigungsverfahren so koordiniert werden, daß ein optimaler Materialfluß gesichert ist.

HABICH [80] beschreibt den Koordinationsbedarf mit folgenden Schwerpunkten:

- Für die Durchlaufterminierung müssen auftragsbezogene, terminlich vernetzte Auftragsterminpläne erstellt werden, die auf der Inselebene und nicht auf der Einzel-Arbeitssystemebene enden.
- Das Kapazitätsangebot auf der Koordinationsebene definiert sich aus der Inselkapazität und Inselbelastung.

---

[77] Vgl. Wöhe, G.: Einführung in die allgemeine Betriebswirtschaftslehre, 17. Auflage, München 1990, S. 194f.
[78] Vgl. Ahlert, D.; Franz, K.-P.; Kaefer, W.: Grundlagen und Grundbegriffe der Betriebswirtschaftslehre, Düsseldorf 1982, S. 110.
[79] Vgl. Wöhe, G.: Einführung in die allgemeine Betriebswirtschaftslehre, 17. Auflage, München 1990, S. 196.
[80] Vgl. Habich, M.: Handlungssynchronisation autonomer, dezentraler Dispositionszentren in flexiblen Fertigungsstrukturen, Dissertation, Ruhr-Universität Bochum 1990, S. 56ff.

- Dezentrale Entscheidungen, die von den Vorgaben abweichen, sind der zentralen Auftragsplanung mitzuteilen.
- Durch Störungen abweichende Terminvorgaben müssen an die Folgebereiche weitergeben werden, damit diese auf der Basis aktueller Termine einen Neuaufwurf der Planung vornehmen können.
- Die Auftragsfreigabe an die teilautonomen Fertigungsbereiche muß kapazitätsorientiert erfolgen.

Die Verlagerung von Entscheidungsautonomie in die Werkstatt verlangt die konsequente Planung, Steuerung und Kontrolle freigegebener Fertigungsaufträge innerhalb der festgelegten Sollgrößen. Dabei ist es fraglich, ob PPS-Systeme solche Aufgaben problemorientiert abdecken können [81]. Leitstände sind auf die mittelfristige Planung und Steuerung von Fertigungsbereichen ausgelegt, werden aber häufig nicht den vielschichtigen Anforderungen der Prozeßsteuerung im Rahmen der flexiblen Fertigung gerecht [82]. Die Feinststeuerung von Maschinen erfolgt dann zum Beispiel durch speziell für diese Anforderungen entwickelte Software-Tools, bspw. Prozeßsteuerungsleitständen [83]. Dispositionsaufgaben müssen also auf unterschiedliche Ebenen verteilt werden. Jede Ebene führt die Planung und Steuerung auf der Basis der spezifisch vorhandenen Daten und Funktionen mit einem definierten Zeithorizont durch. Das Konzept der Koordination zeigt Abbildung I.11. Der teilautonome Bereich wird als eigenständige organisatorische Einheit behandelt, der Material und Informationen selbständig verarbeiten kann.

Dazu bedarf es der Informationsautonomie, d.h. nur bestimmte Daten müssen von dem Fertigungsbereich an die Koordinationsebene weitergegeben werden. Dabei ist jedoch noch nicht geklärt, wie der Informationsaustausch zwischen den Bereichen zu erfolgen hat. Das folgende Kapitel zeigt die Möglichkeiten der Koordination teilautonomer Bereiche auf und beschreibt den organisatorischen Ansatz, auf dessen Basis ein Leitstandkonzept entwickelt werden soll.

---

[81] Eine Expertise über auf dem Markt befindliche Leitstände, die im Auftrag des Instituts für Sozialwissenschaftliche Forschung e.V. (ISF) in München erstellt wurde, ist bei Hars, A.; Scheer, A.-W.: Entwicklungsstand von Leitständen, in: VDI-Z, 132(1990)3, S. 20-26 und bei Behr, M. v.; Köhler, Ch. (Hrsg.): Werkstattoffene CIM-Konzepte - Alternativen für CAD/CAM und Fertigungssteuerung, KfK-PFT, Karlsruhe 1990, zu finden.
[82] Vgl. Ferstl, O.K.; Sinz, E.J.; Steckhan, H.: Terminplanungssystem für Flexible Fertigungssysteme (FFS), in: CIM Management, 5(1989)2, S. 22.
[83] Im Rahmen des ESPRIT-Projektes 2527 "CIM System with Distributed Database and Configurable Modules (CIDAM)" wird in "Workpackage 1" ein "Multifunction Short Term Scheduler and Shop Floor Supervising-System" entwickelt. Inputmaterial ist dazu das von Mannesmann Demag Fördertechnik (MDF) in Wetter entwickelte Prozeßsteuerungssystem "DEMAKOS". Vgl. dazu auch Hertel, U.: Object Oriented Realization of a CIM-System for Shop Floor and Production Monitoring and Short Term Scheduling, in: Faria, L.; Puymbroeck, W. van (Hrsg.), Computer Integrated Manufacturing, Berlin et al. 1990, S. 299-309.

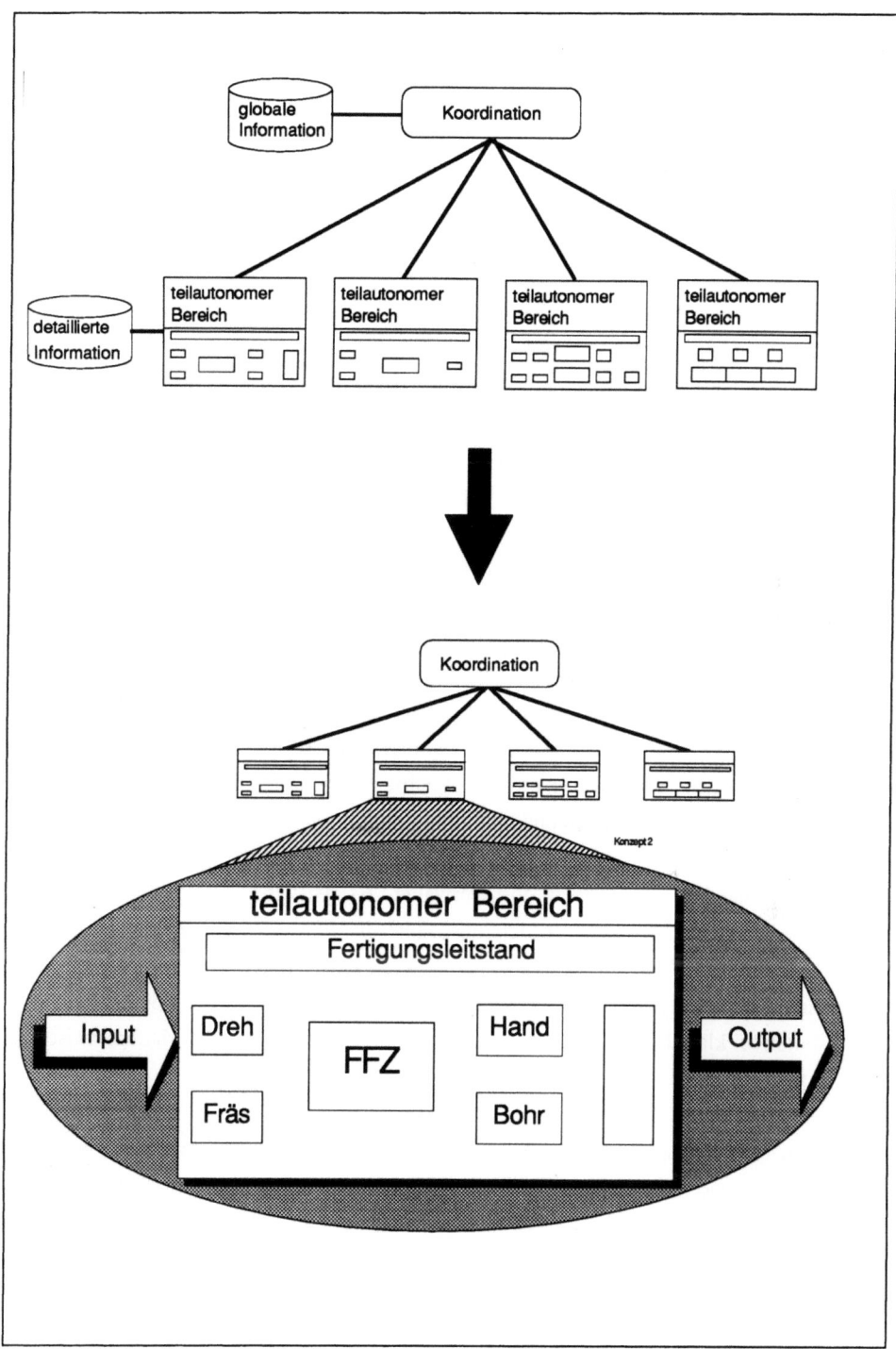

Abb. I.11: Teilautonomie von Fertigungsbereichen

1.3.2 Formen der Koordination teilautonomer Bereiche

Aufgaben der Koordination können entweder an bestehende Entscheidungsebenen übertragen werden oder in der Produktion wird eine zusätzliche organisatorische Ebene eingeführt, die nur koordinierende Aufgaben zu erfüllen hat. Die prinzipiellen Möglichkeiten der Koordination beschreiben die in Abbildung I.12 dargestellten Fallbeispiele.

Das erste Fallbeispiel zeigt die Koordination der teilautonomen Bereiche mittels der Kapazitätsterminierung durch das PPS-System. Die PPS betrachtet die einzelnen Bereiche als geschlossene Kapazitätseinheiten, die bspw. global mit Hilfe der Rumpfarbeitspläne geplant, gesteuert und kontrolliert werden. Die Steuerung des Materialflusses bzw. die Feinterminierung innerhalb dieses Bereichs ist für die PPS nicht relevant, sondern nur die Steuerung des gesamten Fertigungsauftrags zwischen den einzelnen Bereichen. Die Rückmeldung einer Bearbeitung im Rahmen des Rumpfarbeitsplans eines Fertigungsauftrags erfolgt direkt an die Auftragsfreigabe bzw. Termin- und Kapazitätsplanung des PPS-Systems. Daraufhin wird auf der PPS-Ebene der Auftrag zur Folgebearbeitung an den nächsten Bereich weitergegeben. Die einzelnen Leitstände kommunizieren nicht untereinander, sondern nur über das PPS-System.

Aufgrund der geringen Ereignisorientierung bestehender PPS-Systeme bei der Steuerung von Fertigungsaufträgen eignet sich diese Koordinationsform nur für die Disposition weniger Fertigungsbereiche, wobei diese möglichst eine Komplettbearbeitung von Teilen innerhalb des Bereichs vornehmen und eine Auslagerung von einzelnen Arbeitsgängen nicht erforderlich ist. Alle zur Fertigung notwendigen Mittel und Hilfsmittel sind in den einzelnen Bereichen vorhanden und werden dort verwaltet. Es existieren also bspw. dezentrale bereichseigene Werkzeug- und Vorrichtungsläger, die von dem teilautonomen Bereich eigenständig verwaltet werden. Der Fertigungsbereich stellt damit für das PPS-System eine geschlossene Kapazitätseinheit dar. Diese organisatorische Gestaltung der Koordination läßt sich also nur bei klar abgrenzbarem Teilespektrum und unkritischem Materialfluß zwischen Fertigungsbereichen und Montage realisieren.

Im zweiten Fallbeispiel wird zwischen PPS und teilautonome Bereiche eine Koordinationsebene eingeschaltet. Das PPS-System gibt auf der Basis von Fertigungsstücklisten oder Rumpfarbeitsplänen Fertigungsaufträge mit Rahmendaten an den Koordinationsleitstand frei, organisiert die Materialbereitstellung zum frühest möglichen Starttermin und erhält die Rückmeldung des komplett bearbeiteten Fertigungs- oder Montageauftrags. Eine Termin- und Kapazitätsplanung im PPS-System wird nur noch zur Grobterminierung im Rahmen des Liefertermins und in kritischen Einzelfällen

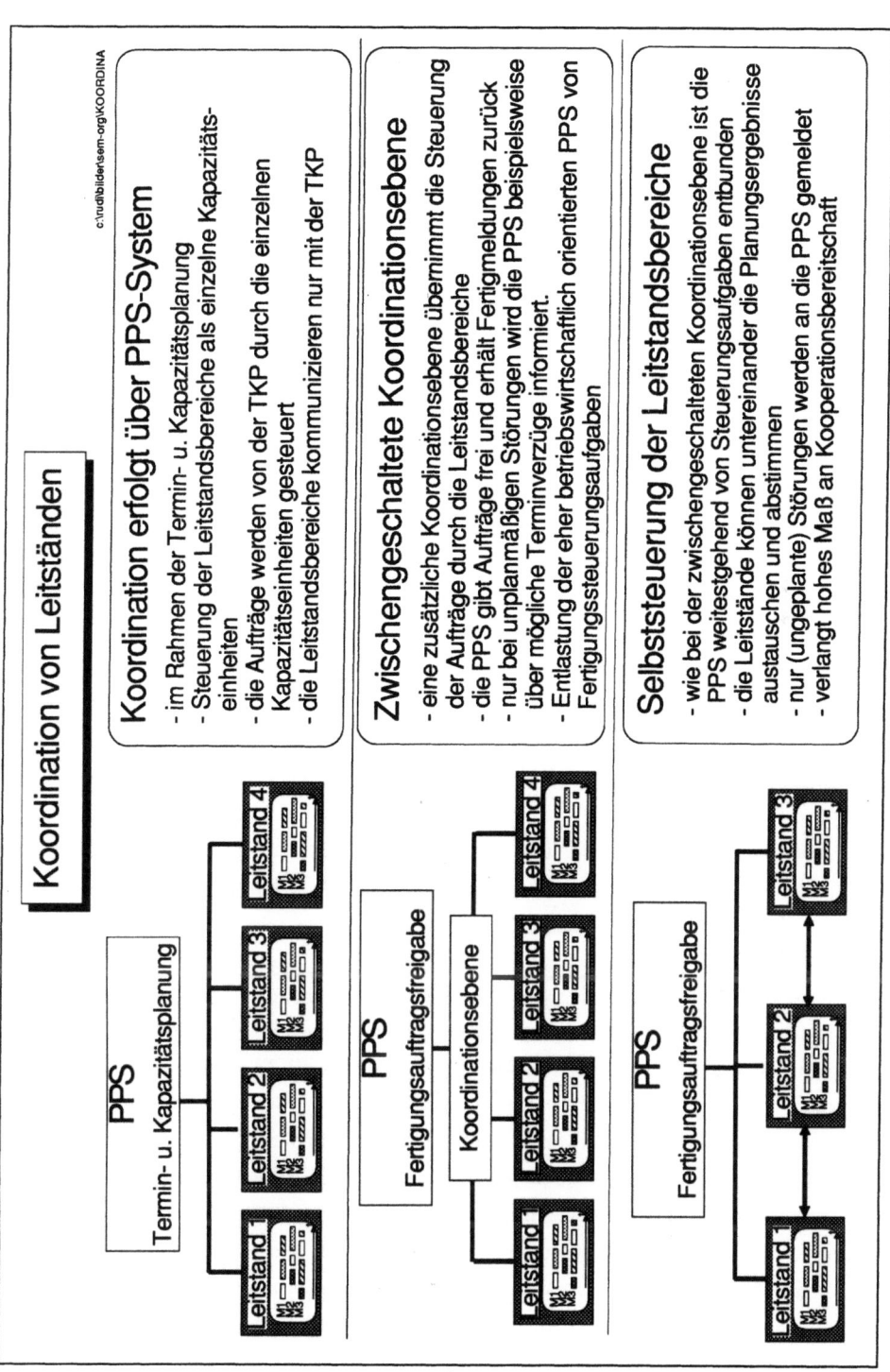

Abbildung I.12: Fallbeispiele zur Koordination von Leitständen in teilautonomen Bereichen

vorgenommen, wenn die Einhaltung des Endtermins eines Komplettauftrags aufgrund von außergewöhnlichen Störungen nicht mehr gewährleistet ist. Die Koordinationsebene disponiert die freigegebenen Aufträge für die einzelnen teilautonomen Bereiche und überwacht den Arbeitsfortschritt. Eine Rückmeldung an die PPS nach der abgeschlossenen Bearbeitung in einem einzelnen Bereich erfolgt nicht, wodurch das PPS-System weitestgehend von den Fertigungssteuerungsaufgaben entkoppelt ist.

Der Koordinationsleitstand ist über alle durchgeführten Planungen der teilautonomen Bereiche informiert, hat also die Möglichkeit, die Plantafeln aufzurufen, besitzt aber nur begrenzt die Möglichkeit und Befugnis, direkt korrigierend in die Planungsvorgaben des Fertigungsbereichs einzugreifen. Alle Planungsneuaufwürfe der Bereiche sind an den Koordinationsleitstand zu melden, der wiederum die geänderten Zeiten und Mengen an die nachfolgend betroffenen Bereiche weiterleitet.

Die Zwischenschaltung der Koordinationsebene erscheint vor allem bei heterogenen Materialflüssen sinnvoll, wenn also keine Komplettbearbeitung des Teils innerhalb eines Bereichs durchgeführt werden kann, sondern bestimmte Arbeitsgänge auszulagern sind. Dabei können mehrere Bereiche ein gleiches oder ähnliches Teilespektrum fertigen, sich also gegenseitig ergänzen bzw. ersetzen. Weiterhin bieten sich bspw. aufgrund der Verwendung von gleichen Vorrichtungen und Werkzeugen in mehreren Fertigungseinheiten zentrale Werkzeug- und Vorrichtungsläger an, die analog zu den Fertigungsbereichen vom Koordinationsleitstand geplant und gesteuert werden. Der Koordinationsleitstand ist damit eine organisatorisch und EDV-technisch zwischengeschaltete Ebene, die rein dispositive bzw. koordinierende Aufgaben übernimmt und im Bereich der Arbeitsvorbereitung angesiedelt sein könnte, wenn deren Tätigkeiten sehr eng auf die Fertigung ausgerichtet sind.

Das dritte Fallbeispiel beschreibt die Selbstkoordination der unterschiedlichen Leitstandsbereiche. Das PPS-System gibt entsprechend der groben Termin- und Kapazitätsplanung auf der Basis von Rumpfarbeitsplänen die Fertigungsaufträge frei. Die Steuerung der Aufträge durch die unterschiedlichen Bereiche ist Aufgabe der entsprechenden Bereichsverantwortlichen. Auf der Grundlage des vom PPS-System vorgegebenen Zeitintervalls nimmt jeder Disponent des teilautonomen Bereichs eine Feinterminierung vor. Das Ergebnis der Planung eines Bereichs muß den anderen betroffenen Bereichen mitgeteilt werden. Über die dort festgelegten Planungsvorgaben des anderen Bereichs kann sich der Disponent informieren, allerdings ohne die Möglichkeit, diese zu ändern. Der verbindliche Fertigungsendtermin wird vom vorgelagerten Bereich an den darauffolgenden weitergemeldet, woraufhin dieser seine Dispositionen vornehmen kann. Dabei müssen aufgrund der fehlenden Koordination mittels der PPS Materialflüsse zwischen den Bereichen von den Leitständen selbsttätig gesteuert werden. Diese Art der Koordination bedingt analog zu dem ersten Fallbeispiel eine möglichst klare Zuordnung des Teilespektrums zu den einzelnen Bereichen mit möglichst wenig auszulagernden Arbeitsgängen. Die gesamte Fertigung muß klar strukturiert sein, es dürfen nicht zu viele teilautonome Bereiche existieren, da sonst die Überschaubarkeit zu Lasten der Koordination abnimmt. Eine solche organisatorische Gestaltung der Leitstände setzt die enge Zusammenarbeit zwischen den Disponenten einzelner Bereiche voraus und verlangt das Verständnis für globale Fertigungszusammenhänge des entsprechenden Verantwortlichen. Die Selbststeuerung der Leitstände bietet sich bei kleinen oder mittelständischen Unternehmen an, die aufgrund begrenzter Personalressourcen eine Koordinationsleitstandebene nicht realisieren können, deren verantwortliche Meister und Disponenten aber aufgrund der überschaubaren Fertigung Koordinationsverantwortung übernehmen können und wollen.

Die organisatorische Gestaltung der Koordination zwischen teilautonomen Fertigungsbereichen hängt also sehr stark von der Größe des Produktionsbereichs, der Mitarbeiterqualifikation, vor allem von Meistern, Vorarbeitern und dem Personal der indirekten Bereiche, dem Auftragsspektrum, den verfügbaren Ressourcen sowie fertigungsspezifischen Aspekten wie Komplettbearbeitung von Teilen und Baugruppen in einem organisatorisch abgegrenzten Bereich ab.

Die Beschreibung des zweiten Fallbeispiels zeigt, daß durch die Entkopplung der Termin- und Kapazitätsplanung auch materialwirtschaftliche Funktionen auf die Koordinationsebene ausgelagert und im Leitstand bereitzustellen sind. In Fallbeispiel 3 sind diese Funktionen sogar auf der Leitstandsebene notwendig, denn es ist davon auszugehen, daß in der Fertigung Materialläger existieren, die bisher vom PPS-System nur grob geschätzt wurden. Durch den Leitstand lassen sich diese Läger detailliert berücksichtigen.

Die Koordinationsebene sollte von den aufbauorganisatorischen Gegebenheiten der Produktion unabhängig sein. Abbildung I.13 zeigt im oberen Teil die Einrichtung einer Koordinationsebene zwischen direkten und indirekten Bereichen, wobei die indirekten Bereiche funktional und die Fertigungsbereiche objektorientiert gegliedert sind. Der untere Teil beschreibt die objektorientierte Gliederung sowohl der Fertigungs- als auch der indirekten Bereiche, so wie sie bei der Logistikinsel angestrebt wird. Für Betriebe mit entsprechendem Produktspektrum ergeben sich bei der organisatorischen Gliederung nach objektorientierten Kriterien erhebliche Rationalisierungspotentiale [84].

---

[84] Vgl. Heiermann, K.: CIM als unternehmerische Entscheidung in einem mittelständischen Betrieb, in: Scheer, A.-W.(Hrsg.): CIM im Mittelstand, Fachtagung, Berlin et al. 1990, S. 19-64.

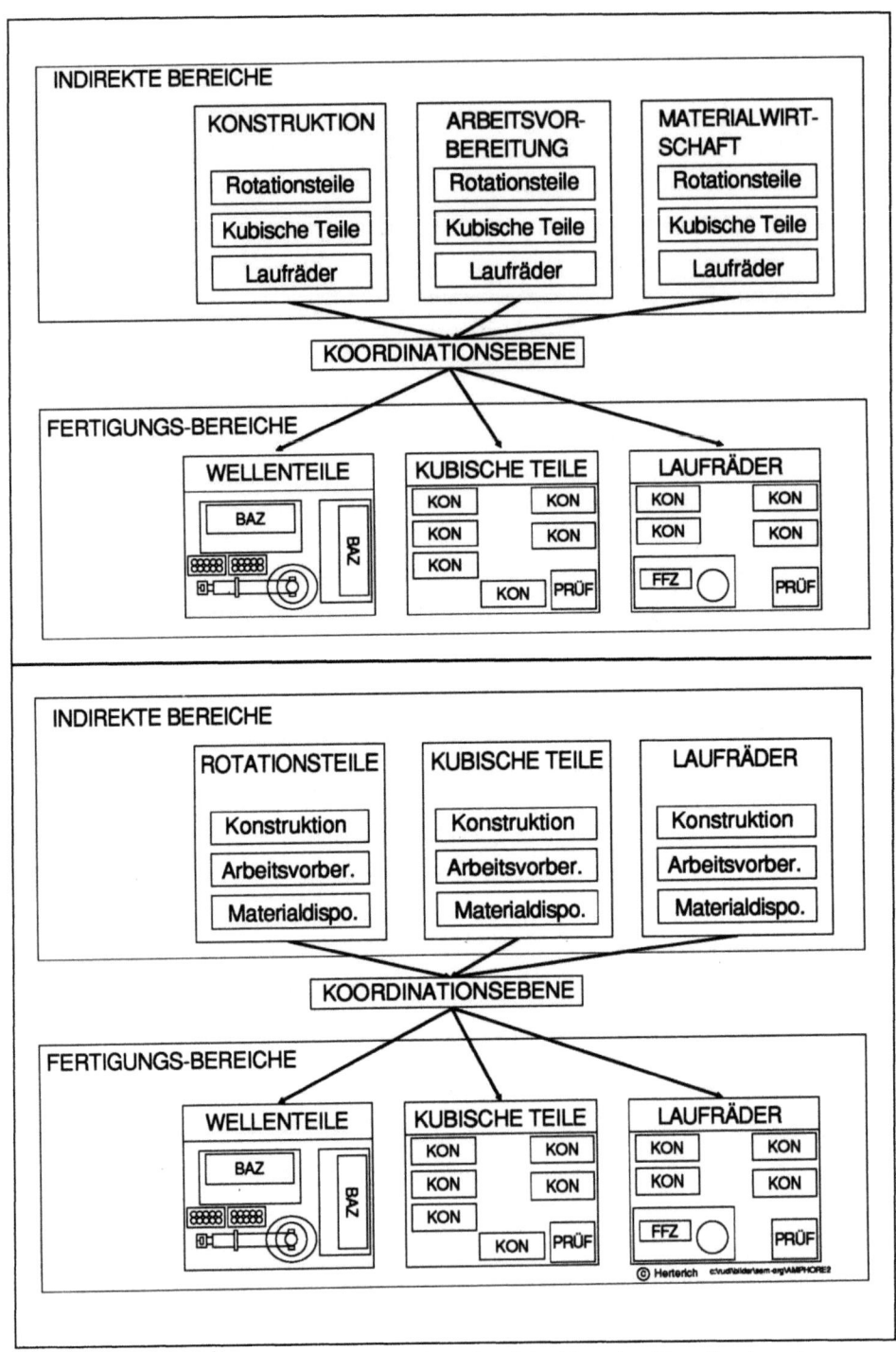

Abb. I.13: Koordination indirekter und direkter Bereiche über eine Koordinationsebene

2. EDV-Organisation in der Produktion

Bei der Beschreibung, Konzeption sowie Modellierung des Aufbaus eines dezentralen Rechnerverbundsystems für Leitstände in der Produktion zur Fertigungsplanung und -steuerung sind vor allem folgende Fragen wichtig:

- wer speichert wo welche Daten und darf diese verändern und
- wie detailliert und zeitgenau wird die Planung auf den einzelnen organisatorischen Ebenen durchgeführt?

Daraus ergeben sich zwei elementare Gestaltungskriterien bei der Konzeption der EDV-Organisation:

- Gestaltung, Modellierung und Verteilung von Funktionen auf die unterschiedlichen Fertigungsbereiche der Produktion [85].
- Modellierung und Zuordung von Daten auf die Rechner in den einzelnen Bereichen im CIM-Verbund [86].

Dem kybernetischen Ansatz und dem Phasenmodell der Planung folgend, bedingt dies die Segmentierung und Strukturierung von Entscheidungsautonomie auf unterschiedliche Ebenen und auf einer Ebene in unterschiedliche Bereiche. Entscheidungsautonomie verlangt im Gegenzug auch Informationsautonomie, d.h., daß einzelne Bereiche Daten nicht an andere weitergeben müssen. Die Folge sind Entscheidungen unter Unsicherheit bei horizontal und vertikal angeordneten Organisationseinheiten, welche den Koordinationsaufwand zwischen den direkten und indirekten Bereichen der Fertigung

---

[85] Vgl. Rockart, J. F.; Bullen, C. V.; Leventer, J. S.: Centralization versus Decentralization of Information Systems, Massachusetts Institute of Technology: Working Paper, Boston 1977, S. 1-53. Vgl. Kretzschmar, M; Mertens, P.: Verfahren zur Zentralisierungs-Dezentralisierungsentscheidung in der betrieblichen Datenverarbeitung, in: Informatik Spektrum, 4(1982)5, S. 1-20. Vgl. Heinrich, L. J.; Roithmayr, F.: Die Bestimmung des optimalen Distributionsgrades von Informationssystemen - Ein Entscheidungsmodell und Fallstudie, in: Handbuch der modernen Datenverarbeitung (HMD), 22(1985)121, S. 29-45. Heinrich, L. J.; Lamprecht, M.: Fallstudie Zentralisierung/Dezentralisierung, in: Information Management (IM), 1(1986)1, S. 16-20.

[86] Vgl. Scheer, A.-W.: CIM - eine Herausforderung für den Mittelstand, in: Scheer, A.-W. (Hrsg.): Computer Integrated Manufacturing, Berlin et al. 1988, S. 1-16. Scheer, A.-W.: Neue Architektur für EDV-Systeme zur Produktionsplanung und -steuerung, in: Scheer, A.-W. (Hrsg.): Veröffentlichungen des Instituts für Wirtschaftsinformatik, Heft 53, Saarbrücken 1986. Vgl. Burgard, E.; Nissing, T.: Dezentrale Produktionsplanung und -steuerung, in: CIM Management, 3(1987)1, S. 26-34. Vgl. Köhl, E.: Datenverteilung - eine wesentliche Voraussetzung für robuste CIM-Systeme, in: CIM Management, 5(1989)6, S. 46-49. Vgl. Köhl, E.: Entwicklung und Erprobung eines Instrumentariums zur Gestaltung der Datenintegration bei CIM, Berlin et al. 1990. Vgl. Nissing, T.: Beitrag zur Entwicklung eines dezentralen Produktionsplanungs- und -steuerungssystems auf der Basis verteilter Datenbestände, Dissertation, RWTH Aachen 1982.

deutlich erhöhen [87]. Betrachtet man die Organisationsstruktur als ein Instrument zur problemgerechten Handhabung von Entscheidungsinterdependenzen, und läßt sich der Entscheidungsprozeß global auf die Informationsgewinnung und -verarbeitung reduzieren, dann bedarf es der Aggregation bzw. Disaggregation von EDV-gestützten Funktionen und Daten sowie deren Zuordnung zu den einzelnen Bereichen der Produktion.

Aufgrund der Vielzahl von Zielen, Restriktionen und Strategien, die unterschiedliche, oft sehr heterogene Zustände in der Fertigung bei der Planung und Steuerung berücksichtigen müssen, ergibt sich die Notwendigkeit der organisatorischen Strukturierung und Segmentierung des gesamten Problemfelds "Fertigung" in kleine überschaubare Einheiten. Dies bedingt eine horizontale und vertikale Aufteilung von Entscheidungsautonomie und damit letztlich auch die Verteilung von Rechnerkapazität, um "vor Ort" entsprechend kurzfristig auf Ereignisse reagieren zu können.

Unterstellt man weiterhin ein nicht kaskadisch angeordnetes Mehrgrößenregel-System, dann sind bestimmte Funktionen auf unterschiedlichen organisatorischen Ebenen und auf einer Ebene in unterschiedlichen Segmenten präsent. Sieht man einmal von der möglichen Begrenzung der Handlungsmenge in unterschiedlichen Bereichen ab, dann erfolgt die Segmentierung auf einer Ebene der Fertigung überwiegend nach der Feldkomponente (Ressourcen) und/oder der Zielkomponente (Sachziel). Bei der funktionalen Gestaltung des Leitstandskonzepts ergeben sich daher klar definierte Fertigungsbereiche. Dazu gehört nicht nur die Termin- und Kapazitätsplanung sowie die Feinterminierung, sondern auch die Bereitstellung von Personal, Material, Werkzeugen und Vorrichtungen, NC-Programmen sowie gegebenenfalls Spann- und Prüfmitteln [88].

Bei der Gestaltung der Datenstrukturen besteht eine ähnliche Problematik. Für unterschiedliche organisatorische Segmente in der Fertigung existieren die gleichen Datenstrukturen. Jedoch unterscheiden sich die Dateninhalte. Greift jeder Bereich auf unterschiedliche Dateninhalte zurück, ist damit eine organisatorische Abgrenzung im Sinne der Vermeidung von Entscheidungsinterdependenzen erreicht. Das Füllen vorgegebener Datenstrukturen bedarf also der stärkeren Berücksichtigung organisatorischer Aspekte und muß auf die spezifischen Anforderungen des Leitstandskunden konfigurierbar sein.

Die Fertigungsplanung und -steuerung dedizierter teilautonomer Bereiche kann nicht isoliert von den indirekt vorgelagerten Bereichen wie Konstruktion, Arbeitsvorbereitung, NC-Programmierung und Qualitätsplanung, bzw. den begleitenden und nachgelagerten

---

[87]   Vgl. Frese, E.: Grundlagen der Organisation, 4. Auflage, Wiesbaden 1988, S. 175.
[88]   Vgl. Scheer, A.-W.: Y-CIM-Informations Management, in: CIM Management, 5(1989)5, S. 61.

indirekten Bereichen betrachtet werden (siehe Abbildung I.14), da ansonsten die Gefahr aufbau- und ablauforganisatorischer Brüche bezüglich der Daten und Funktionen besteht.

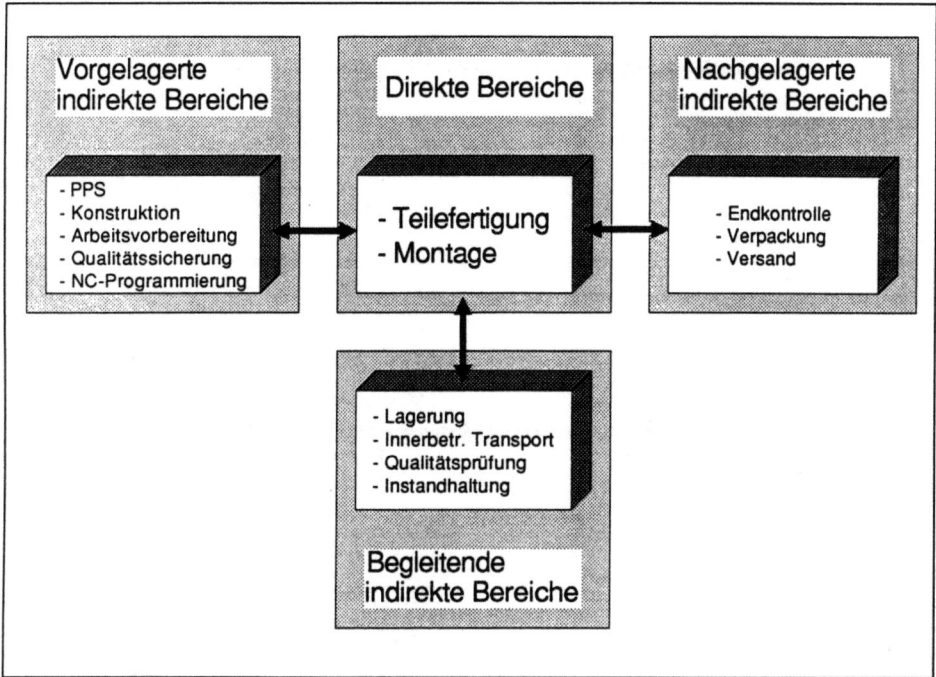

Abb. I.14: Gliederung der Produktion

Der organisatorisch funktionale Ablauf der EDV-gestützten Planung und Steuerung der Produktion erfolgt aufgrund der komplexen Zusammenhänge nicht zentral, sondern sinnvollerweise in einem Rechnerverbundsystem. Es bieten sich fünf verschiedene Rechnerebenen an [89]:

- Betriebsebene,
- Koordinationsleitebene,
- Leitebene des teilautonomen Bereichs,
- Zellen- bzw. Systemebene
- Maschinenebene oder Prozeßebene.

Demnach ergibt sich eine Rechnerstruktur gemäß Abbildung I.15:

---

[89] Vgl. Rühle, W.: Datenkommunikation. in: Industrieanzeiger, 79/80 (1985), S. 30ff. Vgl. Hammer, H.: Hierarchie im Rechnerverbund, in: FB/IE, (1986)5, S. 247ff. Vgl. Scheer, A.-W.: CIM - Der computergesteuerte Industriebetrieb. 4. Auflage, Berlin et al. 1990, S. 75ff.

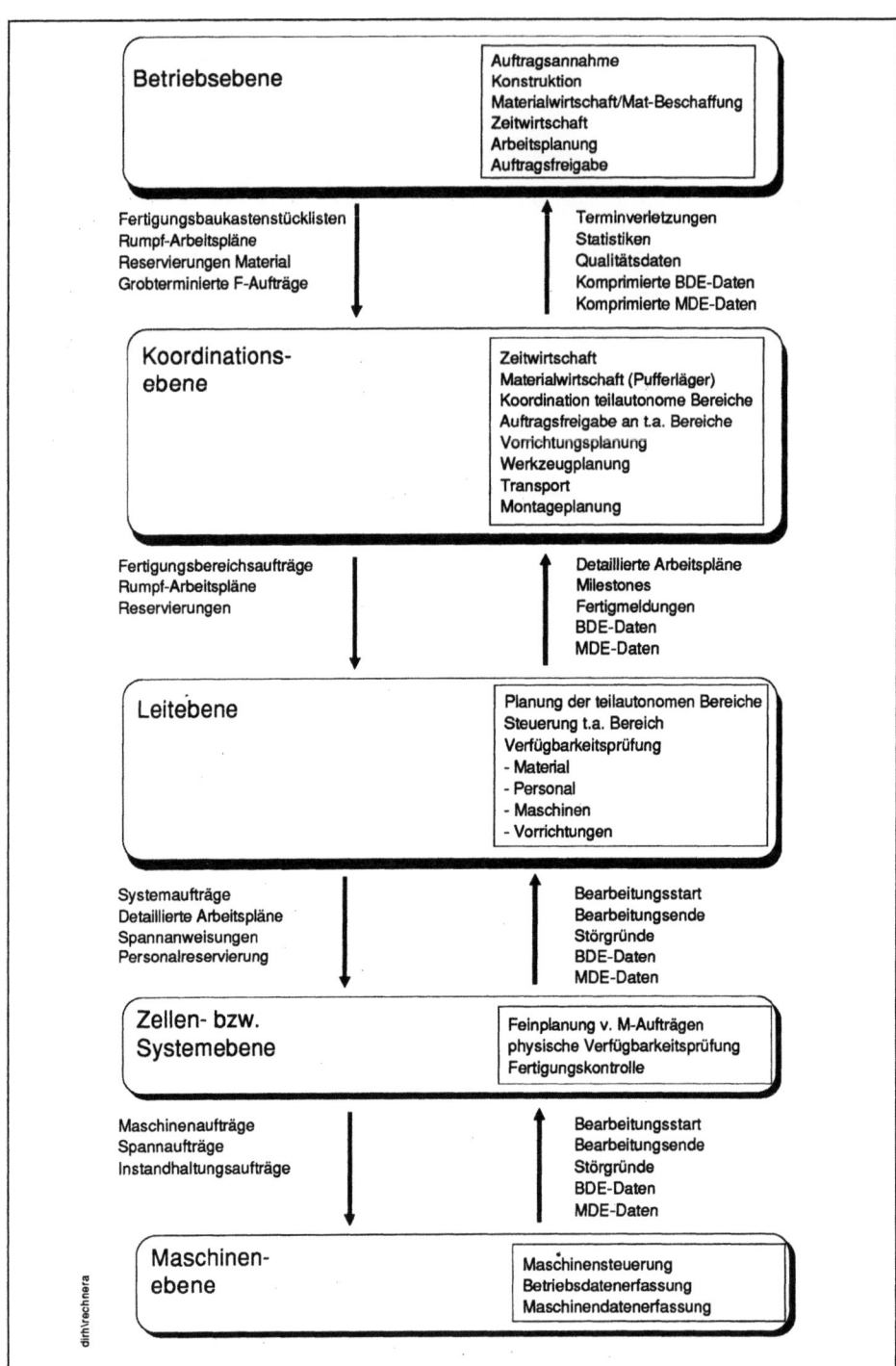

Abb. I.15: Rechnerstruktur

Bei der Verteilung von PPS-Funktionen und -Daten ist von folgenden Voraussetzungen auszugehen:

- Bestimmte Funktionen werden nicht streng auf Rechnerebenen verteilt, sondern sind auf mehreren Ebenen und in mehreren Bereichen einer Ebene vorhanden. Dabei können gleiche Funktionen in unterschiedlicher Qualität auf unterschiedlichen Rechnerebenen vorliegen.
- Die Planungs- und Steuerungsgenauigkeit ergibt sich vor allem aus der Qualität und dem Detaillierungsgrad der auf der Rechnerebene zur Verfügung stehenden Daten.
- Bereichsspezifische Daten werden physisch auf entsprechenden Bereichsrechnern gehalten, um zeitliche Restriktionen beim Zugriff auf entfernt liegenden Rechnerknoten zu vermeiden. Ausgewählte, meist aggregierte Daten des Bereichs sind auch auf der nächst höheren Rechnerebene zur Verfügung zu stellen. Dabei sind bewußt kontrollierte Datenredundanzen in Kauf zunehmen. Mit entsprechenden Tools lassen sich diese Datenredundanzen konsistent verwalten [90].
- Mit zunehmender Prozeßnähe nimmt die Menge und die Aktualität der Daten zu.
- Die Hierarchisierung erlaubt eine Deaggregation von Daten und Funktionen und schränkt den Lösungsraum mit zunehmender Planungstiefe ein. Dies führt in Verbindung mit der Dekomposition zu einer verringerten Lösungskomplexität.
- Die Dekomposition von Daten und Funktionen mit horizontalem Informationsaustausch führt zu überschaubaren Problembereichen, die sich gegebenenfalls mit an das spezifische Problem angepaßten mathematischen oder heuristischen Verfahren lösen lassen.
- Mit zunehmender Prozeßnähe erhöhen sich die zeitlichen Anforderungen an die Entscheidungsfindung. Aufgrund großer Datenbestände in Kombination mit der Instabilität von Systemzuständen nimmt mit zunehmender Prozeßnähe die Algorithmierbarkeit ab
- Die vertikale und horizontale Anordnung von Rechnern verteilt die oft hohen Performance-Anforderungen auf verschiedene Computer, was den Entscheidungsfindungsprozeß zeitlich optimiert.
- Je nach aufbauorganisatorischer Gestaltung der Fertigung müssen auf der Koordinations-, Leit- und Maschinenebene horizontale und vertikale Schnittstellen zu den Werkzeugverwaltungs-, NC-Programmier-, Transport-, Qualitäts- und Logistik-Systemen, zu CNC/DNC-Maschinen, BDE-Terminals und sonstigen Meßeinrichtungen existieren. Die entsprechenden Datenflüsse und

---

[90] Vgl. Herterich, R.; Application of the Interface Management System INMAS, in: Scheer, A.-W. (Hrsg.): Implementing CIM, Proceedings to ESPRIT-Workshop, Saarbrücken 1990, S. 243-261.

Datenbeziehungen müssen detailliert bekannt sein [91]. Dies setzt weiterhin eine genau definierte Schnittstellenorganisation voraus [92].

- Der sich aus dem Fertigungsprozeß ergebende Datenaustausch erfolgt innerhalb des horizontal aufgebauten Rechnerverbunds, um bspw. Störungen auf gleicher Ebene zu eliminieren. Erst wenn eine Lösung der aufgetretenen Probleme auf dieser Hierarchiestufe nicht möglich ist, wird die nächst höhere Rechnerebene aktiviert.

Auf der Maschinenebene fallen während des Fertigung Daten (z.B. Steuerungsdaten der Bahnachsen) an, die nur dort benötigt werden. Eine Weitergabe solcher Daten an die Leitstandsebene des teilautonomen Bereichs ist nicht erforderlich.

Auf der Leitstandsebene werden nur Daten der Maschinenebene gespeichert, die der Disponent zur Planung, Steuerung und Kontrolle der Maschinen innerhalb eines teilautonomen Bereichs braucht.

Vergleichbar verhält es sich zwischen Leitstands- und Koordinationsebene. Nicht alle Leitstandsdaten werden an den Koordinationsleitstand weitergegeben, sondern nur diejenigen, die das System zur Koordination der unterschiedlichen teilautonomen Bereiche benötigt.

Fertigungsaufträge werden nicht einzeln vom PPS-System (Betriebsebene) durch den Fertigungsbereich gesteuert, sondern als sogenanntes, mit einem festgelegten Terminrahmen versehenes Auftragsbündel. Die Feinsteuerung der Arbeitsgänge erfolgt auf der Leitebene des teilautonomen Bereichs. Aus der oben dargestellten Bildung einer Rechnerhierarchie folgt letztlich, daß Daten in verschiedenen Aggregationsstufen auf den Hierarchieebenen gespeichert und verwaltet werden. Mit zunehmendem Planungsfortschritt verfeinert sich die Datenqualität und damit die Planungsgenauigkeit. Im Gegenzug nimmt mit zunehmendem Planungsfortschritt der Planungshorizont ab.

Analog zu den Daten verhält es sich mit der Verteilung von Funktionen zur Planung, Steuerung und Kontrolle der Fertigungsaufträge. Die Entscheidungsautonomie der teilautonomen Bereiche impliziert nicht nur die Reihenfolgewahl bei der Abarbeitung des Auftragsspektrums, sondern auch die Möglichkeit zur Alternativenwahl der zunächst im Arbeitsplan vorgegebenen Arbeitsgangfolge und Maschinenbelegung. Dies bedingt flexible Alternativarbeitspläne oder variable Arbeitsplanstrukturen, die anforderungsgerecht im teilautonomen Bereich erstellt werden müssen. Gleiches gilt weiterhin für die Qualitätsplanerstellung im Rahmen der Qualitätsprüfung. Daraus ergeben sich Redundanzen bei den Funktionen der unterschiedlichen teilautonomen Bereiche.

---

[91] Eine entsprechende Vorgehensweise zur Definition der Datenbeziehungen ist bei Herterich, R.; Heß, H.; Klein, J.; Deliverable 4.1.4, Saarbrücken 1990, beschrieben.
[92] Vgl. Scholz, B.: CIM-Schnittstellen, München 1988.

3. Die Wirkung indirekter Bereiche auf das Fach- und EDV-Konzept

Heute verfügbare Leitstandsysteme dienen der Kapazitätsterminierung eines oder mehrerer Fertigungsbereiche, wobei auf der Grundlage detaillierter Arbeitspläne, welche aus der Arbeitsvorbereitung stammen, die Planung vorgenommen wird. Funktionen der Arbeitsplanung, Instandhaltung oder Qualitätssicherung sind in den Systemen nicht oder nur in sehr geringem Umfang integriert, obwohl aufgrund der Fehlermöglichkeiten in der Fertigung gerade diese Funktionen für kurzfristige Planungs- und Steuerungsmaßnahmen notwendig sind. Dies hat zur Folge, daß schnell einzuleitende Umplanungen häufig manuell, am Leitstand vorbei, erfolgen. Die Nachteile sind Informationsverluste aufgrund nicht aktueller Plandaten im Leitstand, aber auch planerische Know-how-Verluste, da der Disponent sein Wissen nicht im Leitstand abbildet, sondern "im Kopf" behält.

Die dezentrale Planung, Steuerung und Kontrolle setzt voraus, daß Entscheidungsautonomie dediziert in die Fertigung übertragen wird. Besitzt der Disponent in der Fertigung die Möglichkeit, die Kapazitätsterminierung mit Auftrags-, Arbeitsgangreihenfolgen, Alternativbearbeitungen, freier Maschinen-, Werkzeug- sowie Vorrichtungswahl selbst zu bestimmen, und soll er alle dispositiven Schritte EDV-gestützt vornehmen, dann muß der Leitstand entsprechende Funktionen, Daten sowie die Möglichkeit einer einfachen Kommunikation mit dem Rechner zur Verfügung stellen [93]. Damit werden typische Funktionen der Arbeitsvorbereitung in die Fertigung verlegt. Dieser Ansatz ist keineswegs neu, der Meister oder Disponent war in der konventionellen, nicht EDV-gestützten Fertigung berechtigt, in einem festgelegten Rahmen planerisch tätig zu sein. Bisherige EDV-Systeme in den fertigungsnahen Bereichen waren allerdings nicht in der Lage, dies zu berücksichtigen. Andererseits ist zu bedenken, daß die Erstellung von NC-Programmen in der Werkstatt letztlich nichts anderes als die Generierung eines maschinenlesbaren Arbeitsplans darstellt.

Analog zu der Arbeitsplanung verhält es sich mit den Funktionen der Qualitätssicherung. Auch in diesem funktionalen Bereich können bestimmte Aufgaben dezentral verteilt werden.

Ein Teil der Instandhaltungsmaßnahmen muß von den Mitarbeitern vor Ort durchgeführt werden können, denn oft handelt es sich bei technischen Störungen an Maschinen um einfach zu behebende Fehler. Um Stillstandszeiten bei BAZ, FFZ oder FFS zu minimieren, sollte der Leitstand Funktionen und Informationen über Instandhaltungsaufgaben enthalten.

---

[93]   Vgl. Ahlmann, H-J.: Fertigungsinseln - eine alternative Produktionsstruktur, in: Werkstatt und Betrieb, 113(1980)10, S. 641-648.

3.1 Funktionen der Qualitätssicherung in der Produktion

Die Qualität als wichtiger Wettbewerbsfaktor der deutschen Wirtschaft ("Made in Germany") wird immer dann angesprochen, wenn es um die Erfüllung oder Nichterfüllung von Anforderungen an die Beschaffenheit von materiellen oder immateriellen Produkten, aber auch Tätigkeiten von Personen oder Organisationen geht [94]. Bei den Bemühungen um Marktanteile entwickelt sich die Qualität zur schärfsten Wettbewerbswaffe für Unternehmen [95]. Die Erhaltung einer bestimmten Qualität ist Aufgabe der Qualitätssicherung; mit der Erreichung einer strategisch festgelegten Qualität befaßt sich die Qualitätsverbesserung [96]. Sowohl Qualitätssicherung als auch Qualitätsverbesserung sind nach DIN 820 Teil 1 Zentralziele der Normung. Unter Normung versteht man die Vereinheitlichung von materiellen und immateriellen Gegenständen zum Nutzen der Allgemeinheit [97]. Entsprechend umfangreich sind die Ergebnisse der Normarbeit; so bestehen ca. 25 000 nationale DIN-Normen und -Norm-Entwürfe, ca. 10 000 internationale und mehr als 1 000 europäische Normen und Normentwürfe. Sieht man diese als Basis der zu erreichenden Qualität in der Fertigung an, spielen sie funktional insofern eine Rolle, als sie einerseits bestimmte Prüfungsverfahren bedingen, die sich aus einer geforderten Norm ergeben, andererseits sich restriktiv auf bestimmte Fertigungsverfahren oder Arbeitsgangfolgen auswirken. Auch aus datentechnischer Sicht erfordern Normen vor allem in den die Qualität planenden Bereichen, bspw. der Konstruktion, aufgrund des großen Datenumfangs einen hohen Pflegeaufwand.

Die angestrebte Produktqualität bewegt sich im "Kraftfeld" der technisch/organisatorisch möglichen Qualität und dem dabei entstehenden finanziellen Aufwand. Eine Null-Fehler-Lage nach der Montage aufgrund einer 100%-Prüfung in der Fertigung ist erstrebenswert, aber nicht unbedingt wirtschaftlich. Was nutzt ein qualitativ hochwertiges Produkt, wenn es zu teuer ist?

Dennoch, aufgrund des deutlichen Trends zu kleineren Losgrößen erhöht sich die

---

[94] Die Definition von Qualität in ihrer allgemeinsten Form wird in DIN 55350 beschrieben: "Qualität ist die Beschaffenheit einer Einheit bezüglich ihrer Eignung, die Qualitätsanforderungen zu erfüllen", o.V.: DIN 55350 Teil 11: Begriffe der Qualitätssicherung und Statistik, Grundbegriffe der Qualitätssicherung, Berlin 1987.

[95] Vgl. die Ergebnisse der PIMS-Studie bei Meyer, J.: Qualität als strategische Wettbewerbswaffe, Strategische Planung, Band 3, Heidelberg 1987.

[96] Die Qualitätsverbesserung befaßt sich mit Überlegungen bezüglich der personenbezogenen Qualitäts-Förderung (bspw. durch Schulungen, Aus- und Weiterbildung, Qualitätsverantwortung, Mitarbeitermotivation), verfahrensbezogenen Qualitätsförderung (z.B. durch Auditierung oder Überprüfung der QS-Methoden) und einrichtungsbezogenen Qualitätsförderung (Q-Zirkel, Verbesserungs-,Vorschlagswesen, Arbeitsgruppen). Ziel ist die Verbesserung der Qualitätsfähigkeit, vgl. o.V.: DIN 55350 Teil 11: Begriffe der Qualitätssicherung und Statistik, Grundbegriffe der Qualitätssicherung, Berlin 1987. Die Qualitätsverbesserung ist eine Aufgabe des Qualitätsmanagement.

[97] Vgl. o.V.: DIN 820 Teil 1: Normarbeit, Grundsätze, Berlin 1988.

Prüffrequenz und damit der organisatorische Aufwand der Qualitätssicherung. Prinzipiell gewinnt die Qualitätssicherung durch die Verschiebung zum Kundenmarkt in der Fertigung an Bedeutung.

Eine allgemeingültige organisatorische Einordnung der Qualitätssicherung ist nicht möglich, weil sie in allen Unternehmensbereichen von der Entwicklung bzw. Konstruktion sowie der Arbeitsvorbereitung, bei der Beschaffung und Fertigung bis hin zur Montage-Endprüfung eine wichtige Rolle spielt [98]. Aus diesem Grunde kann die Qualitätssicherung nicht einem bestimmten Unternehmensbereich zugeordnet werden, sondern ihre Strukturierung muß funktional unabhängig von den Unternehmensbereichen erfolgen:

- Qualitätsmanagement,
- Qualitätsplanung,
- Qualitätsprüfung und
- Qualitätslenkung [99].

Aufgaben des **Qualitätsmanagements** sind vor allem präventive Maßnahmen, die dem Erreichen oder der Erhaltung eines bestimmten Qualitätsstandards dienen, also die Qualitätsverbesserung und Qualitätsförderung. Dazu gehört die Wissensakquisition aller produkt- und marktspezifisch notwendigen Qualitätsmerkmale und die sich daraus ergebenden dispositiven aber auch operativen Konsequenzen an die Qualitätsplanung, -lenkung und -prüfung. Neben den üblichen Managementtechniken erscheinen vor allem die Produktzirkel zur Erreichung oder Erhaltung eines bestimmten Qualitätsstandards wichtig

---

[98] Allerdings ist eine grundsätzliche Verlagerung des Schwerpunkts bei den Anstrengungen zur Sicherung der Qualität festzustellen. Wegen der hohen Qualitätskosten für Ausschuß und Nacharbeit (es ist zu bedenken, daß Ausschuß Fertigungs- und Materialkosten nach sich zieht, Nacharbeit zumindest Fertigungskapazität beansprucht, die bspw. auf Bearbeitungszentren, FFZ oder FFS sehr kostenintensiv ist) hat sich das Qualitätswesen grundsätzlich gewandelt. Von einer Sortierung der Gut- und Schlecht-Teile zu Beginn des Jahrhunderts wurden in den 30er Jahren überwiegend statistische Verfahren zur Prozeßüberwachung und -regelung sowie zur Stichprobenprüfung entwickelt. Heute stehen vor allem Verfahren zur Fehlerverhütung in den planerischen Bereichen (z.B. Konstruktions- oder Prozeß-FMEA [Fehler-Möglichkeits-und-Einfluß-Analyse]) im Vordergrund. Qualitätsmängel haben ihre Ursache oft bereits in der Produktplanungs- und -entwicklungsphase, wobei diese Fehler ausgesprochen schwierig zu beheben sind, wenn das Teil bereits gefertigt ist. Oft bemerkt erst der Kunde den spezifischen Qualitätsmangel; eine effektive Fehleranalyse ist dann nicht mehr möglich. Die Bedeutung der frühzeitigen Qualitätssicherung zur Fehlerverhütung in Entwicklung und Konstruktion beschreibt bspw. Rommerskirch, W.: Qualitätssicherung in der Produktplanungs- und -entwicklungsphase, in: Qualität und Zuverlässigkeit (QZ), 36(1991)1, S. 20-23. Einen Überblick über die geschichtliche Entwicklung der Qualitätssicherung bietet Lerner, F.: Geschichte der Qualitätssicherung, in: Masing, W. (Hrsg.): Handbuch der Qualitätssicherung, München, Wien 1988, S. 19-32.

[99] Vgl. Geiger, W.: Begriffe, in: Masing, W. (Hrsg.): Handbuch der Qualitätssicherung, München, Wien 1988, S.37.

[100]. Durch die starke nationale und internationale Ausweitung des Warenaustauschs gewinnt die Zertifizierung [101], Auditierung [102] und Nachweisführung von Produkten, Dienstleistungen und Qualitätssicherungssystemen als additive Aufgabe des Qualitätsmanagements zunehmend an Bedeutung. Weiterhin ist das Qualitätsmanagement für die Planung, Auswahl und Einführung von Qualitätssicherungssystemen verantwortlich [103].

---

[100] Vgl. Bungard, W.; Wiendieck, G.: Zur Effizienz von Qualitätszirkeln, in: Bungard, W.; Wiendieck, G. (Hrsg.): Qualitätszirkel als Instrument zeitgemäßer Betriebsführung, Landsberg 1986, S. 281-305. Vgl. weiterhin auch Eyer, E.; Kraemer, W.: Qualitätsmanagement: Erfolgreich durch Produktzirkel, in: CIM Management, 5(1989)4, S. 16-19. Gleichbleibende Qualität und Güte eines Produkts setzt kontinuierliche Bemühungen voraus, die aktuelle Ist-Situation zu verbessern. Grundlage dieser Qualitätsstrategie ist das "Total Quality Management" (TQM). Wichtigste Größe bei TQM ist die Akzeptanz der Mitarbeiter, über die tägliche Routine hinaus die Qualität zu steigern. Vgl. zu dieser Thematik Zink, K. J.: Qualitätszirkel, Total Quality Management: Die Neue Qualitäts-Philosophie?, in: Gablers Magazin, 2(1988)3, S. 28-29. Schlonski, A.; Schmidt, K.: TQM - eine strategische Unternehmensphilosophie, in: Qualität und Zuverlässigkeit (QZ), 35(1990)9, S. 489-452. Vgl. Diemer v., R.: Mitarbeiter-Motivation bei der Einführung neuer Q-Techniken, in: Qualität und Zuverlässigkeit (QZ), 36(1991)6, S. 328-329.

[101] Die Zertifizierung dient der Glaubwürdigkeit von Aussagen bezüglich der Qualität eines Anbieters. Aufgrund großer Produktvielfalt, komplexer Produkte, höherer Innovationsgeschwindigkeit und kürzerer Produktlebenszyklen versuchen sich Kunden mittels eines Zertifikats - als einheitliches, international anerkanntes Instrument - Sicherheit bezüglich ihrer Kaufentscheidung zu verschaffen. Die Begutachtung erfolgt durch eine neutrale Zertifikatsstelle. Der Vorteil liegt nicht nur in der Vertrauensbildung, sondern auch in der Werbewirkung ("mit Zertifikat"), der Möglichkeit, den Qualitätsstandard objektiv einzuschätzen und daraus Rückschlüsse für die Produktion zu ziehen, aber auch in der Nutzung eines gewissen Rationalisierungspotentials, da Mehrfachprüfungen (z.B. für unterschiedliche Kunden) vermieden werden. Vgl. Schwerdtner, H.: Qualitätssicherungsvereinbarungen - Meilensteine zur Wettbewerbssicherung durch Vertrauensbildung - Ein Beispiel aus der IC-Fertigung und -Verarbeitung, in: Qualität und Zuverlässigkeit (QZ), 36(1991)5, S. 267-269. Vgl. Baier, H.: Aufbau und Zertifizierung eines Qualitätssicherungssystems, in: Qualität und Zuverlässigkeit (QZ), 36(1991)6, S. 325-327.

[102] Das Qualitätsaudit ist die "Beurteilung der Wirksamkeit des Qualitätssystems oder seiner Elemente durch eine unabhängige systematische Untersuchung", o.V.: Begriffe der Qualitätssicherung und Statistik, DIN 55350, Teil 11, Berlin 1987. Der Unterschied zwischen dem Zertifikat und dem Audit besteht darin, daß die Bestätigung der (positiven) Ergebnisse (Beurteilung) beim Zertifikat entfällt. Man unterscheidet zwischen Verfahrensaudit (untersucht und beurteilt die Einhaltung und Zweckmäßigkeit bestimmter Verfahren für ein bestimmtes Produkt sowie die Qualifikation der Mitarbeiter), Systemaudit (untersucht und beurteilt die Bestandteile eines Qualitätssicherungssystems) und Produktaudit (untersucht und beurteilt Endprodukte und Teile). Weiterführende Informationen zu "Qualitätsaudit" und "Zertifizierung" finden sich bei Hansen, W.: Zertifizierung von Produkten und Dienstleistungen - Zertifizierung und Qualitätssicherungssysteme, DIN-Mitteilungen, 68(1989)4, S. 205-207. Vgl. o.V.: Leitfaden zur Auswahl und Anwendung der Normen zu Qualitätsmanagement, Elementen eines Qualitätssicherungssystems und zu Qualitätssicherungs-Nachweisstufen DIN-ISO 9000, Berlin 1987. Swann, R. C. G.: Lieferanten-Audit als Element der vorbeugenden Qualitätssicherung, in: Qualität und Zuverlässigkeit (QZ), 36(1991)11, S. 631-634.

[103] Vgl. zu dem hier nicht behandelten, aber im Rahmen des Qualitätsmanagement wichtigem Aspekt der Beschreibung von QS-Systemen, bspw. die vier Schritte zur Planung eines entsprechenden Systems, Oehmke, F.: Qualitätssicherungssysteme systematisch planen, in: Qualität und Zuverlässigkeit (QZ), 36(1991)2, S. 77-81. Hölterhoff, K.; Oehmke, F.; Zeller, P.: Systematische Auswahl von CAQ-Systemen. Integriertes Produktions- und Qualitätsmanagement, 6. Qualitätsleiterforum, Berlin 1988, S. 609-638.

Die langfristigen Aufgaben der **Qualitätsplanung** sind die Methodenplanung und die Planung der Hilfsmittel, die gegebenenfalls parallel mit der Produktentwicklung erstellt werden müssen, sowie die Nachweisführung [104]. Vor allem unter sicherheitstechnischen Aspekten hinsichtlich Gesundheit und Leben von Menschen spielt letztere eine entscheidende Rolle. Die Nachweisführung faßt aus diesem Grunde alle Tätigkeiten und Daten zusammen, mit denen der Nachweis für die erfüllten Qualitätsanforderungen erbracht wurde.

Wichtiger als die ausschließlich langfristigen Qualitätsplanungsaufgaben, die zumeist einen Teil der Entwicklung darstellen, sind die

- Beschaffungssicherung,
- Zuverlässigkeitssicherung,
- QS-Programmplanung sowie die
- globale Auswahl, Festlegung, Klassifizierung und Gewichtung der Qualitätsmerkmale.

Die **Beschaffungssicherung** streift die Probleme der Qualitätssicherung in der Fertigung nur peripher und ist an dieser Stelle nicht relevant. Die **Zuverlässigkeit** als wichtiges Qualitätsmerkmal [105] beschreibt die Beschaffenheit eines Produkts bei bestimmten Anwendungsbedingungen über seinen gesamten Nutzungszeitraum. Auf der Basis von Informationen aus der Entwicklung, Qualitätssicherung, Produktion, Fertigung, Montage, sowie des Vertriebs werden Zuverlässigkeitstests und -analysen durchgeführt. Dieses Aufgabenfeld ist aus der Sicht der Datenintegration unter dem CIM-Aspekt interessant. Verdichtete und aufbereitete Daten müssen anforderungsgerecht der Zuverlässigkeitssicherung zur Verfügung gestellt werden.

Die **QS-Programmplanung** legt alle Maßnahmen fest, die zur Erfüllung der produktspezifischen Qualitätsanforderungen notwendig sind. Dies beginnt bei der Angebotserstellung nach der Kundenanfrage für Teile oder Enderzeugnisse mit hohem Sicherheitsbedarf und setzt sich durch alle funktionalen Bereiche der Produktion fort, wobei mit jedem Entwicklungs- bzw. Fertigungsschritt der qualitativ-inhaltliche Detaillierungsgrad des QS-Programmplans weiter zunimmt. Ergänzend bspw. zum Arbeitsplan, kann ein QS-Programmplan erstellt werden, der schon während der Produktentwicklung Termine speziell für QS-Maßnahmen dokumentiert und Organisationseinheiten festschreibt, die bei der

---

[104] Zu den Grundlagen der Qualitätsplanung vgl. Geiger, W: Qualitätslehre. Einführung, Systematik, Terminologie, Braunschweig 1986.
[105] Vgl. Deixler, A.: Zuverlässigkeitsplanung, in: Masing, W. (Hrsg.): Handbuch der Qualitätssicherung, München, Wien 1988.

späteren Prüfung beteiligt sind. Die Attribute eines QS-Programmplans sind in Abbildung I.16 dargestellt.

Erstelldatum:	Zeich.Nr.:	Rohform: Rundstahl Abmessung: ⌀ 60		Ersteller:	
Bearbeiter:	Normblatt:	Rohgewicht:		Freigabe:	
AuftragsNr.:	Werkstoff:	Fertiggewicht:		Blattnummer:	
Nr.:	Aktionsbeschreibung	Dokument	Verantwortlicher	Termin	Ergebnis
10	Zuverlässigkeitsanalysen				
20	Überprüfen der Zeichnungen				
30	Beschaffungssicherung, Erstplanmuster				
40	Erstellung der Erstmusterprüfung				
50	Erstellung des Fertigungsprüfplans				
60	:				

Abb. I.16: Attribute eines QS-Programmplans

Die globale **Auswahl, Festlegung, Klassifizierung** und **Gewichtung** sowohl der Qualitätsmerkmale als auch ihrer Sollwerte und -toleranzen (also die angestrebte oder einzuhaltende Qualität von Produkten) sind langfristige Qualitätsziele. Die strategischen Zielsetzungen berücksichtigen neben Qualitätsfaktoren aus Fertigung (Maschinenfähigkeit, Wartungsstatistiken) und Montage (Endprüfung) auch die Lieferqualität (Qualitätsanforderungen an die Zulieferer).

Die **Prüfplanung**, [106] als wichtigste Teilaufgabe der "**Qualitätsprüfung**", ist die Basis der Qualitätssicherung und muß die technischen sowie organisatorischen Voraussetzungen schaffen, um Qualitätsprüfungen durchführen zu können. Sie entspricht logisch weitestgehend den Aufgaben der Arbeitsplanerstellung [107]. Der Prüfplan ist letztlich der Beweis und die Kontrolle aller Anstrengungen in der Fertigung, eine vorgegebene Qualität erreicht zu haben. Analog zum Arbeitsplan enthält er neben organisatorischen Informationen alle zur Durchführung der Prüfung notwendigen Schritte.
Die wichtigsten Funktionen der Prüfplanung sind

---

[106] Die Definition für Prüfplanung nach DGQ lautet: "Planung der Qualitätsprüfung", vgl. o.V.: DGQ, Begriffe im Bereich der Qualitätssicherung, Deutsche Gesellschaft für Qualität e.V. (DGQ) Schriftenreihe 11 - 04, 4. Auflage, Berlin 1987.
[107] Eversheim, W.; Auge, J.: Planungshilfsmittel für die Qualitätssicherung, in: Industrieanzeiger, o.Jg.(1986)72.

- die Auswahl der Prüfmerkmale
- die Bestimmung der Prüfmethode und des Prüfmittels,
- die Festlegung des Prüfumfangs,
- die Festlegung des Prüfzeitpunkts,
- die Auswahl des Prüforts,
- die Zusammenstellung von Prüftexten,
- die Vorgabe der Ergebnisbehandlung [108].

Als integrierende Funktionseinheit zwischen den eher managementorientierten Aufgaben der QS-Programmplanung und der Qualitätsprüfung vor Ort in der Fertigung ergibt sich für die Prüfplanung ein weites Aufgabenspektrum [109].

Der Prüfplan beinhaltet alle Anweisungen, die zur vorzunehmenden Qualitätsprüfung benötigt werden. Wichtigstes Attribut des Prüfplans ist das **Prüfmerkmal** (gleichzusetzen mit dem Qualitätsmerkmal) mit seiner entsprechend festgelegten Merkmalsausprägung, welches als Ist-Wert zur Überwachung und Korrektur bei der Produktentstehung dient. Unter einem Merkmal bzw. der Merkmalsausprägung als Bestandteil der Qualitätsforderung sind festgelegte Zielgrößen (z.B. die konstruktiv vorgegebenen Maße oder die Oberflächenbeschaffenheit eines Teils => Rauhigkeit) zu verstehen, die zum Messen und Vergleichen des geforderten Anspruchniveaus erforderlich sind [110]. Nicht alle von der Konstruktion vorgegebenen Merkmale müssen auch tatsächlich geprüft werden. Die vom Vertrieb geforderte und in der Konstruktion festgelegte Qualität eines Teils oder Produkts führt zu der Erkenntnis, welche Merkmale bezüglich Geometrie, Funktion, physikalisch-chemischer Eigenschaften geprüft werden müssen. Die Bestimmung und Festschreibung aller Prüfmerkmale ist eine typische Aufgabe der Entwicklung oder Konstruktion. Die

---

[108] Vgl. Melchior, K.-W.; Kring, J. R.: Prüfplanung, in: Masing, W. (Hrsg.): Handbuch der Qualitätssicherung, München, Wien 1988, S. 485. Weiterhin befindet sich eine funktionale Gliederung von Aufgaben der Prüfplanerstellung bei Eversheim, W.: Aufgaben und Bedeutung der Prüfplanung, Unterlagen zum Seminar: Prüfplanung, Grundlagen für eine wirkungsvolle Qualitätsprüfung, Aachen 1986. Eversheim, W.; Zeller, P.; Kloten, B.: Integration der Prüfplanerstellung in CAD-Systeme. in: Qualität und Zuverlässigkeit (QZ), 36(1991)6, S. 291-296.
[109] Aufgabe der Mitarbeiter ist nicht nur die in dieser Arbeit beschriebene Prüfplanerstellung, sondern auch die Maschinenabnahme (Genauigkeitsanforderungen), die Qualitätskostenplanung, die Planung bzw. Validierung der Prüfmethoden, die Meß- und Prüfmittel-Beschaffung und -Überwachung sowie die Beratung der Entwicklung, Konstruktion, Fertigung und Montage, aber auch die Beratung der Meßmittelhersteller bezüglich der Qualitätsanforderungen. Weiterhin stehen die Prüfplaner bezüglich der Abstimmung von Kundenwünschen in engem Kontakt mit dem Vertrieb, woraus sich z.B. die Auswahl der Prüfmerkmale ergibt.
[110] Vgl. zur rechnergestützten Auswahl von Prüfmerkmalen Reles, T.: Rechnergestützte Auswahl von Prüfmerkmalen im Rahmen der Prüfplanung für die mechanische Fertigung, Dissertation, RWTH Aachen 1985.

Auswahl der Prüfmerkmale übernimmt die Prüfplanung. Qualitätsmerkmale sind meist in technischen Unterlagen, Zeichnungen oder Stücklisten enthalten.

Aus den konstruktiv vorgegebenen Merkmalen und ihren Ausprägungen wählt der Prüfplaner diejenigen aus, für die eine Prüfnotwendigkeit besteht und hält sie in entsprechenden Tabellen oder Listen fest. Restriktiv oder additiv wirken auf die Merkmalsauswahl z.B. auch fertigungstechnische Größen, wie die unzureichende Fertigungssicherheit von Maschinen oder die fertigungstechnisch vorgegebene Arbeitsvorgangsfolge [111]. Die Anzahl der zu prüfenden Merkmale hängt entscheidend von der Wiederholhäufigkeit eines Teils ab. So arbeiten die NC-Programme in der automatisierten Serienproduktion meist fehlerfrei; bei Einfahraufträgen oder selten gefertigten Einzelteilen sind oft Fehler in den Programmen, die zu Unsicherheiten bezüglich der Qualität führen. Nicht zu unterschätzen ist auch die mangelnde Routine der Werker bei manuellen Tätigkeiten, die häufige Kontrollmessungen notwendig werden lassen.

Nach Auswahl der zu prüfenden Merkmale mit den entsprechenden Ausprägungen erfolgt die Festschreibung der Prüfmethode und damit des Prüfmittels. Technische Eignung, Verfügbarkeit, Zustand, minimaler und maximaler Meßbereich sowie die Meßunsicherheit von Prüfmitteln zur Dokumentation und Reproduzierbarkeit der Meßergebnisse sind wichtige Kriterien bei der **Prüfmittelauswahl**. Sie berücksichtigt eine Reihe unterschiedlicher Einflußfaktoren aus Entwicklung, Konstruktion, Vertrieb, Arbeitsvorbereitung und Fertigung. Die wichtigsten Bereiche sind in Abbildung I.17 dargestellt.

Unter Berücksichtigung moderner Qualitätsmanagement-Methoden (Qualität zu produzieren, nicht zu prüfen) ermitteln viele Werker in der Fertigung die erreichte Qualität selbständig an der Maschine. Damit sind die Prüfmittel und Prüfmethoden durch die Maschinenwahl (spezielle Prüfwerkzeuge für Messungen in der Fertigungseinrichtung sowie nach dem Arbeitsgang außerhalb der Maschine) bereits festgelegt oder zumindest stark eingeschränkt. Etwas flexibler gestaltet sich die Prüfmittelauswahl in Fertigungsinseln. Analog zur Arbeitsplanung ist es nicht unbedingt notwendig, das Prüfmittel in der Prüfplanung fest vorzugeben, wenn alternative Prüfmethoden (Handmessung, Prüfautomat) bestehen und diese den von der Prüfplanung geforderten Qualitätsmerkmalsausprägungen Rechnung tragen. Es ist aufgrund der zunehmenden Qualifikationsanforderungen an das Personal durchaus denkbar und sinnvoll, daß der teilautonome Bereich für die Prüfmethode

---

[111] Bspw. kann nach dem Plandrehen einer Welle diese zunächst auf Maßigkeit geprüft werden, bevor das Teil in einem nachfolgenden Arbeitsschritt aufwendig poliert wird. So kann es aus Kosten-, Kapazitäts- oder Zeitgründen sinnvoll sein, zwischen zwei wichtigen Arbeitsvorgangsschritten ein entsprechendes Merkmal zu prüfen.

und damit für den Nachweis der geforderten Qualität selbst verantwortlich ist.

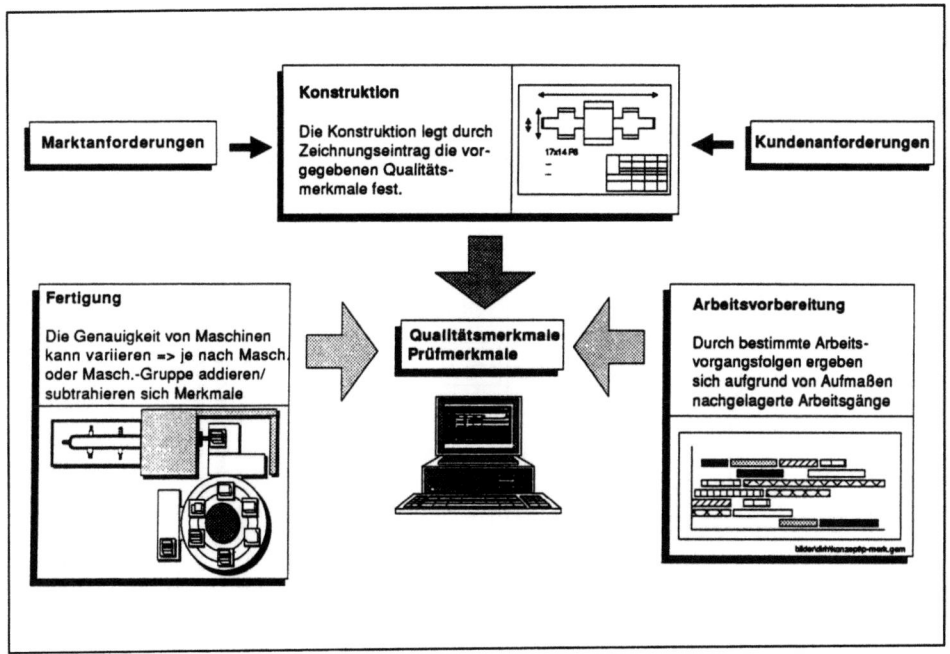

Abb. I.17: Prüfmerkmalsauswahl

Bei der **Prüfumfangsbestimmung** wird die notwendige Anzahl zu prüfender Teile ermittelt. Optimal für die Qualitätssicherung ist eine 100%-Prüfung, die jedoch verfahrensbedingt einen hohen Aufwand verursacht. Bei der Einzel- und Kleinserienfertigung bzw. bei kritischen oder kostenintensiven Serienteilen sind 100%-Prüfungen zweckmäßig und erforderlich. Bei größeren Losen reichen Stichproben aus. Die Prüfhäufigkeit hängt von einer Reihe von Faktoren (bspw. Produktsicherheit, Wertzuwachs pro Arbeitsgang, Losgröße, Fertigungsverfahren, Fertigungssicherheit, Fertigungstoleranz, Trendentwicklungen bei Meßwerten von Prüfmerkmalen und Abweichungen vom Mittelwert) ab, die individuell ausgewählt werden müssen.

Abbildung I.18 stellt unterschiedliche Möglichkeiten bei der aufbau- und ablauforganisatorischen Gestaltung der Qualitätsprüfung dar.

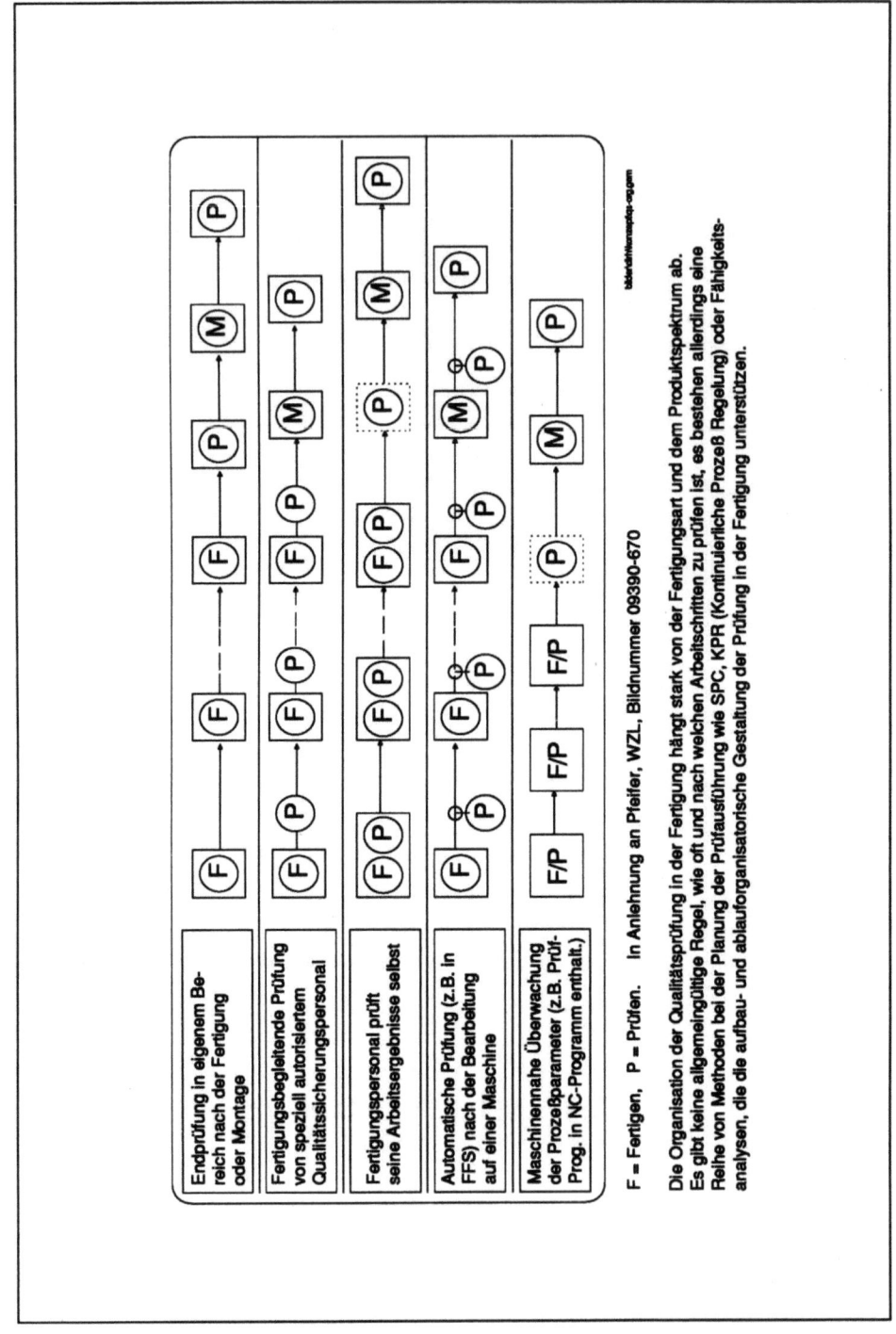

Abb. I.18: Organisatorische Möglichkeiten der Qualitätsprüfung in der Fertigung

Bekannteste Steuerungsstrategie der Stichprobenprüfung ist die mit der sogenannten Fähigkeitsuntersuchung (Prozeßfähigkeit, Maschinenfähigkeit) eng verbundene statistische Prozeßregelung SPC (Statistical Process Control) [112]. SPC hat das Ziel, die Qualitätsfähigkeit zu erhalten, bzw. solche Einflüsse, durch die Toleranzgrenzen überschritten werden könnten, sofort zu erkennen [113]. Nach Analyse der Werkstückcharakteristika sowie Fertigungsprozeßmethodik und Kalibrierung (Werkstück, Maschine) eines definierten Fertigungsprozesses erfolgt die Qualitätskontrolle und -steuerung über sogenannte Qualitätsregelkarten. Es entstehen prozeßnahe Regelkreise in der Fertigung, die aufgrund statistisch vorgegebener Kenngrößen eine schnelle Prüfergebnisanalyse zulassen und damit kurzfristige Rückkopplungen auf die Regelstrecke (bspw. Maschine oder Fertigungsbereich) ermöglichen. Ziel ist es den Prüfungsaufwand durch detaillierte Analysen aller relevanten Einflußfaktoren auf die Fertigung zu minimieren.

Die **Festlegung des Prüfzeitpunkts** und des **Prüforts** hängt eng mit dem Prüfumfang zusammen und erfolgt im Zusammenhang mit der Prozeßfähigkeitsermittlung bzw. SPC-Analyse. Auch hier ist vor allem die Prozeßfähigkeit von Mensch, Maschine, Material, Methode und Umwelt entscheidend [114]. In Anbetracht kurzer Regelstrecken mit möglichst geringen Totzeiten besteht das Bedürfnis nach vielen Prüfpunkten. Diesem Bedürfnis stehen naturgemäß die Prüfkosten entgegen.

Das Zusammenstellen der **Prüftexte** kann manuell durch den verantwortlichen Mitarbeiter oder automatisch durch einen Rechner nach der Auswahl eines Prüfmittels oder Prüfverfahrens erfolgen. In der Regel handelt es sich dabei um Standardtexte, die dem Prüfer als Handlungsanleitung dienen.

Die Vorgabe der **Ergebnisbehandlung** schreibt fest, wie die Ergebnisse aufbereitet und in welchen Tabellen diese abgelegt werden. Sie spielt zur Laufzeit der Qualitätssicherungsmaßnahmen in der Fertigung trotz stabiler Qualitätsanforderungen über längere Zeiträume insofern eine entscheidende Rolle, als daß man auch in den

---

[112] Vgl. o.V.: DIN 4009, Qualitätsregelkarten, Berlin 1984. Vgl. weiterhin Bernecker, K.: Anleitung zur Qualitätsregelkarte und zur Fehlersammelkarte, DGQ Schrift Nr. 18-18, Frankfurt 1981. Vgl. Kochendörfer, H.: Rechnergestützte, statistische Prozeßregelung, in: Qualität und Zuverlässigkeit (QZ), 31(1985)11, S. 473-476.
[113] Vgl. Kamiske, G.F.: Qualität und Produktivität, in: ZwF, 85(1990)1, S. 7.
[114] Vgl. Eversheim, W.; Auge, J.; Zeller, P.; Schulz, J.; Schilling, B.: Integrierte rechnergestützte Qualitätssicherung in einem mittelständischen Unternehmen, in: Qualität und Zuverlässigkeit (QZ), 33(1988)10, S. 549-553.

teilautonomen Bereichen Qualitätsdaten aufbereiten muß, um z.B. über Maschinenzustände, Werkzeuge und Vorrichtungen oder Trendentwicklungen während des Fertigungsprozesses informiert zu sein.

Zur Planungszeit ist diese Aufgabe auch für die indirekten Bereiche von besonderer Bedeutung. So dienen die Qualitätsmeßwerte der Ermittlung der Schwachstellen, bzw. der Schwachstellenanalyse zur Ermittlung von Fehlerquellen, der Ursachenanalyse (z.B. Fehlerbaumanalyse) oder der Spezifizierung der Qualitätskosten für Nacharbeit, Ausschuß, Gewährleistung/Kundendienst und anderes mehr. Es ist einleuchtend, daß das Qualitätsmanagement bestimmte Prüfergebnisse benötigt, um auf der Basis dieser Auswertungen Qualitätsverbesserungsmaßnahmen einzuleiten. Die Ergebnisbehandlung muß sowohl den Anforderungen der Produktdokumentation als auch der Qualitätssteuerung in der Fertigung gerecht zu werden.

Die wichtigsten Funktionen der Qualitätssicherung und deren Verteilung bzw. Bedeutung für weitere Funktionsbereiche der Organisation ist in Abbildung I.19 dargestellt.

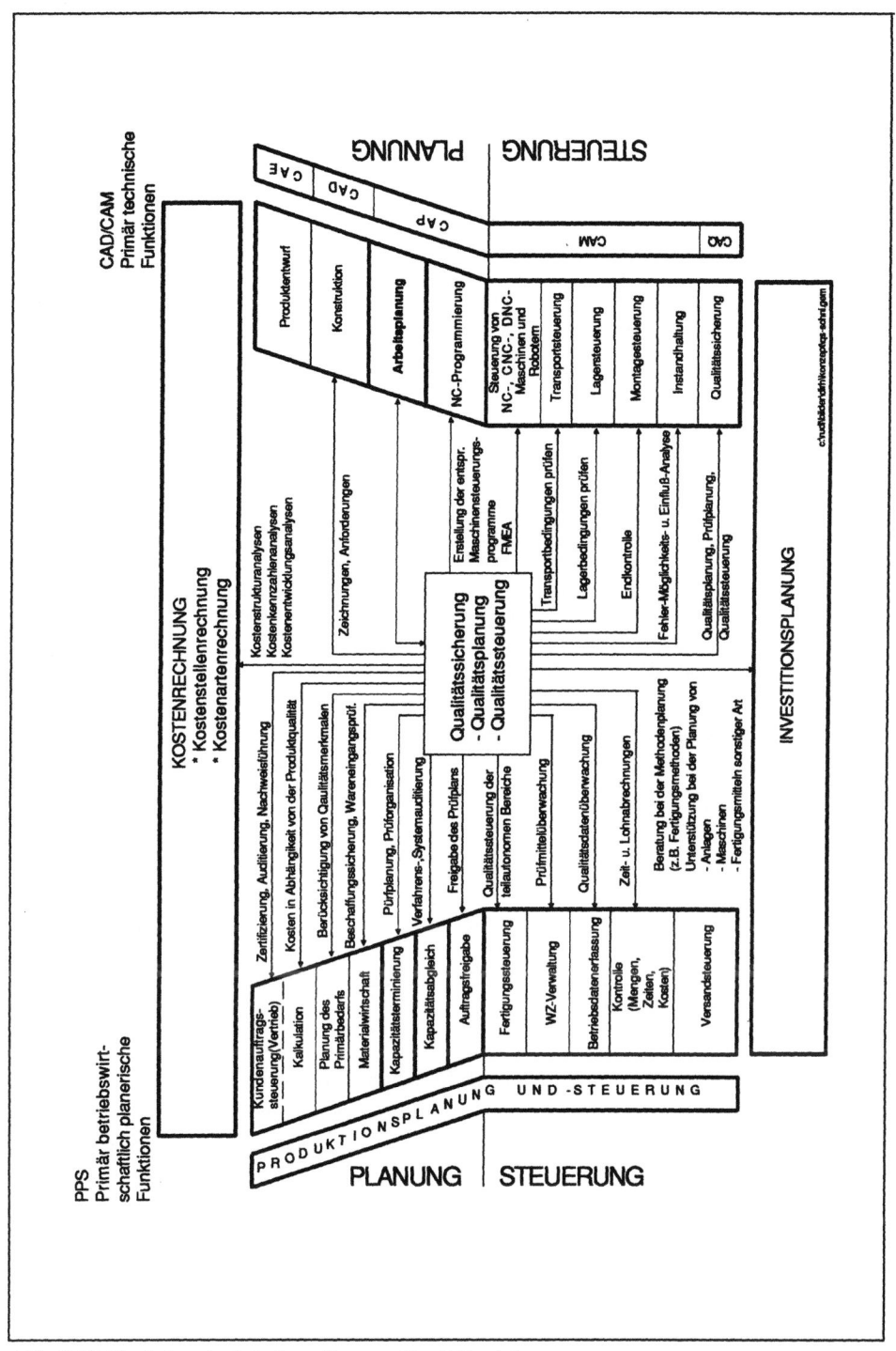

Abb. I.19: Funktionale Schnittstellen zur Qualitätssicherung

3.1.1 Qualitätsregelkreise für teilautonome Bereiche

Um bereits während der Fertigung eine optimale Qualität der Teile zu garantieren, bedarf es im Rahmen der **Qualitätslenkung** der Bildung von unterschiedlichen Qualitätsregelkreisen, die mit vertretbarem Aufwand die Totzeiten minimieren und damit Ausschuß weitestgehend vermeiden. Grundsätzlich sollten nur Gutteile den Fertigungsbereich verlassen, damit die Eingangsqualität im Nachfolgebereich sichergestellt und der Koordinationsaufwand für die Nacharbeit oder das Einsteuern von ausschußbedingten Neuteilen so gering wie möglich ist. Dies läßt sich durch mehrstufige Qualitätsregelkreise über kritische Maschinen, einen gesamten Bereich, als auch über alle Fertigungs- und Montagebereiche hinweg erreichen (Abbildung I.20).

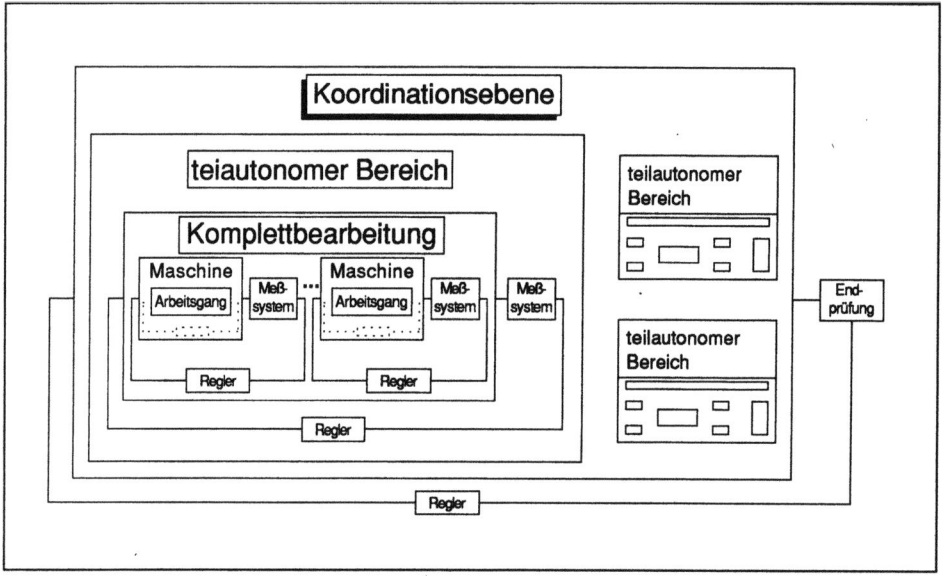

Abb. I.20: Qualitätsregelkreise

Der Regelkreis innerhalb der Maschine bringt zum Ausdruck, daß nach bestimmten Arbeitsgängen von der Maschine Messungen vorgenommen werden, die bspw. Korrekturen der Einstelldaten bei Werkzeugen zur Folge haben. Entsprechende Messungen können z.B. bei BAZ erfolgen, da dort unterschiedliche Arbeitsgänge auf der gleichen Maschine bearbeitet werden und nach bestimmten Arbeitsschritten eine Qualitätsprüfung sinnvoll ist. Messungen im Bearbeitungsraum der Maschine werden im NC-Programm als Satz abgelegt und entsprechen vom Ablauf her der Bearbeitung mit einem Werkzeug. Nach der Komplettbearbeitung an einer oder mehreren Maschine(n) können noch einmal bestimmte Prüfmerkmale aufgenommen werden, damit notwendig werdende Nacharbeiten an der

Maschine direkt eingeschleust werden können.

Da Teile oder Lose den teilautonomen Bereich nicht verlassen sollten, ohne daß die geforderten Qualitätsansprüche sichergestellt sind, ist es sinnvoll, nach der Abarbeitung aller Fertigungsschritte innerhalb eines Bereichs entsprechende Merkmale im Rahmen einer "Endkontrolle" zu prüfen. Diese Notwendigkeit wird über den Regelkreis des teilautonomen Bereichs ausgedrückt. Eine weitere Qualitätsprüfung ergibt sich nach der Fertigstellung des Teils, der Baugruppe oder des Endprodukts über alle teilautonomen Bereiche.

Durch die Bildung dedizierter, prozeßnaher Qualitätsregelkreise wird eine lückenlose Qualitätsprüfung sichergestellt und die Fehlerentdeckung zeitlich optimiert.

3.1.2 Meßwertbehandlung und Prüfdatenauswertung im Leitstand

Aufgrund möglicher Regreßansprüche des Kunden muß die Qualität vor allem in der Einzelfertigung weitestgehend lückenlos nachweisbar sein, also gegebenenfalls eine 100%-Prüfung durchgeführt werden. Im Rahmen der Termin- und Kapazitätsplanung ist es erforderlich, die Prüfarbeitsgänge in die Terminierung mit aufzunehmen, um Nacharbeit und Neubearbeitung bei Ausschuß entsprechend einplanen zu können. Weiterhin sollten vom Leitstand Trends erkannt und entsprechende Maßnahmen eingeleitet werden. Dies setzt die Berücksichtigung bestimmter Funktionen und Daten der Qualitätssicherung im Leitstand voraus, um gegebenenfalls schnell auf Störungen im Fertigungsprozeß reagieren zu können. Die Einführung eines zusätzlichen QS-Systems hätte neben höheren Kosten den entscheidenden Nachteil, daß bestimmte Informationen möglicherweise mit zu großem Zeitverzug an den Leitstand gemeldet würden.

Zunächst einmal dient die QS-Funktionalität im Leitstand vor allem der Sicherung qualitativer Anforderungen an die zu fertigenden Teile. Es ist aber auch denkbar, daß Leitstandsfunktionen für die Ermittlung der Prozeß- oder Maschinenfähigkeit existieren.

Stichprobenprüfungen können mittels der SPC bzw. der statistischen Prozeßlenkung durchgeführt werden. Ziel der SPC ist es, auf der Basis von Stichproben gesicherte Aussagen über die Qualität eines Prozesses (Prozeßfähigkeit) oder einer Maschine (Maschinenfähigkeit) zu bekommen. Aufgrund der Teilautonomie der Bereiche muß im Rahmen der Maschinenwahl die Prozeßfähigkeit bzw. die Maschinenfähigkeit für das zu bearbeitende Teilespektrum bekannt sein. Die Aufgabe des teilautonomen Bereichs ist es, die Prozeß- und Maschinenfähigkeit für einen bestimmten Auftrag zu ermitteln und auf der Grundlage der von der Konstruktion vorgegebenen Sollmaße und Toleranzen den Prozeßmittelwert, die unteren und oberen Warn- sowie Eingriffsgrenzen festzulegen. Die Aufnahme der Werte erfolgt in sogenannten Regelkarten, wobei aufgrund der

Rechnerunterstützung häufig Mittelwert und Standardabweichung aufgenommen werden.
Die Funktionalität der SPC kann aber nicht nur für die Beseitigung systematischer Störeinflüsse eingesetzt werden, sondern auch zur Beobachtung der zufälligen Störgrößen eines beherrschten Prozesses, das sogenannte Continous Process Monitoring (CPM) sowie die Continous Process Control oder Prozeßsteuerung.

Kann der Leitstand Prozeßfähigkeiten aufnehmen oder zumindest verwalten, dann stellt sich die Frage nach den Korrekturmaßnahmen, die bei Abweichungen einzuleiten sind. So müssen möglicherweise Aufträge umgeplant und Instandhaltungsmaßnahmen eingeleitet werden. Die Instandhaltung ist also sehr eng mit der Qualitätssicherung verbunden.

3.2 Funktionen der Arbeitsvorbereitung in der Produktion

Flexible Automatisierung, stärkere Kundenorientierung, steigende Komplexität der Produkte und damit steigende Kosten setzen voraus, daß die Arbeitsvorbereitung als Schnittstelle zwischen Konstruktion, Fertigung und Montage sowie im Rahmen der technischen Auftragsabwicklung den Wertschöpfungsprozeß plant, steuert und verwaltet. Damit bestehen Schnittstellen zu den betriebswirtschaftlichen Bereichen des Vertriebs, der Material- und Zeitwirtschaft, dem Controlling, der Kostenrechnung oder der Investitionsrechnung. In Verbindung mit Reorganisationsmaßnahmen in der Fertigung hin zu dezentralen, teilautonomen Bereichen verändern sich die Schwerpunktaktivitäten der Arbeitsvorbereitung von überwiegend die Fertigung planenden Funktionen zu beratenden Tätigkeiten in allen direkten und indirekten Bereichen. In der Vergangenheit war die Arbeitsplanung - als Teilgebiet der Arbeitsvorbereitung und als zentrale Einheit der Fertigungsorganisation - überwiegend für die Termin- und Kapazitätsplanung (TKP) von Fertigungs- und Montageaufträgen verantwortlich. Durch die stärkere EDV-Durchdringung in der Fertigung und Arbeitsplanung [115] verlagerten sich die Funktionen der kurzfristigen TKP zunehmend in die Werkstätten selbst.

Aus der Sicht der Produktion kommen der Arbeitsvorbereitung damit zwei wesentliche Aufgaben zu:

-   Die Ausarbeitung aller zur Fertigung/Montage eines Erzeugnisses notwendigen Arbeitspapiere, vor allem des Arbeits- und Montageplans, aber auch der Fertigungsstückliste, Montagestückliste, des NC-Programms und Prüfplans.

---

[115] Vgl. Hebbeler, M. B.; Klaas, K.-J.: Rechnergestützte Generierung von Arbeitsplänen, in: Geitner, U. W. (Hrsg.): CIM-Handbuch, 2. Auflage, Braunschweig 1991, S. 288.

- Aufgrund der hohen Sachkenntnis bezüglich des Fertigungsablaufs und der Zustände in der Fertigung kommen der Abteilung beratende bzw. gestaltende Aufgaben in allen Bereichen der Produktion zu.

Die Inhalte der Arbeitsvorbereitung teilen sich in Arbeitsplanung und Arbeitssteuerung. "Die Arbeitsplanung umfaßt alle einmalig auftretenden Planungsmaßnahmen, wie die fertigungs- und ablaufgerechte Gestaltung der Arbeitsverfahren, -methoden und -bedingungen sowie die Bereitstellung der Menschen und Betriebsmittel" [116]. Die Aufgaben lassen sich in langfristige, mittelfristige und kurzfristige Planungsaufgaben gliedern. Langfristige Planungsaufgaben sind die Investitionsplanung von Anlagen, die Methodenplanung, also das Entwickeln von Fertigungs- und Planungsmethoden, aber auch die langfristige Materialplanung, wie die Materialsortenplanung (Bestimmung der Halbzeug- und Hilfsstoffarten) oder die Materialmengenplanung (Bestimmung der Rohteilmasse, -gewichte und -mengen).

Mittelfristige Planungsaufgaben schließen alle Tätigkeiten der Planungsvorbereitung, wie die Beratung der Konstruktion (Stichwort: fertigungsgerechte Konstruktion), die Kostenplanung, die Vorkalkulation, die Wirtschaftlichkeitsrechnung und die Qualitätssicherung ein.

Die kurzfristigen, überwiegend auftragsbezogenen Planungsaufgaben bestehen aus der Angebotserstellung, Zeichnungsprüfung, Stücklistenprüfung und -bearbeitung (Erstellen von Fertigungs- und Montagestücklisten), der Arbeitsplanerstellung, der NC-Programmierung und der Fertigungsmittel-, Fertigungshilfsmittel- und Sonderfertigungsmittelplanung. Im Rahmen der Planung und Steuerung von teilautonomen Bereichen sind vor allem Teilfunktionen der zuletzt genannten Aufgaben von Bedeutung, da diese in die Fertigung übertragen werden können.

Die Arbeitssteuerung als zweite Teilaufgabe der Arbeitsvorbereitung beinhaltet die Materialdisposition, die Termin- und Kapazitätsplanung sowie die Werkstattsteuerung [117]. Dies sind nahezu "klassische" Leitstandsfunktionen.

---

[116] AWF (Hrsg.): Handbuch der Arbeitsvorbereitung, Teil 1, Berlin et al. 1968, S. 6. REFA (Hrsg.): Methodenlehre des Arbeitsstudiums, Teil 1: Grundlagen, München 1984, S.75. Es existieren noch eine Reihe weiterer Definitionen, z.B. die des VDI (Verein Deutscher Ingenieure), der in der Arbeitsplanung "alle einmalig auftretenden Planungsmaßnahmen" zusammenfaßt, "um den Arbeitsablauf festzulegen und alle Maßnahmen, welche die Durchführung des Arbeitsablaufes ermöglichen". VDI (Hrsg.): Lexikon der Produktionsplanung und -steuerung - Begriffszusammenhänge und Begriffsdefinitionen - T77, Düsseldorf 1983, S. 112. Die verschiedenen Definitionen der Arbeitsplanung zeichnen sich meistens durch eine divergierende Anzahl von Funktionen und unterschiedlichen Benennungen aus. Vgl. Hackstein, R.: Produktionsplanung und -steuerung (PPS). Ein Handbuch für die Betriebspraxis, 2. Auflage, Düsseldorf 1989, S. 3.

[117] Vgl. Eversheim, W.: Organisation in der Produktionstechnik, Band 3, Arbeitsvorbereitung, Düsseldorf 1989, S. 8.

3.2.1 Hauptfunktionen der Arbeitsplanung

Die folgenden Funktionen sind typische Aufgaben der Arbeitsplanung, wobei besonderes Augenmerk auf die Verwendbarkeit in Koordinationsleitständen und Leitständen der teilautonomen Bereiche gerichtet wird.

Angebotsbearbeitung

Die Angebotsbearbeitung ist im allgemeinen Maschinenbau, Anlagenbau oder Werkzeugmaschinenbau oft eine Funktion der Arbeitsvorbereitung und deshalb an dieser Stelle aus Gründen der Vollständigkeit aufgeführt. Für die Leitstandtechnologie ist die Angebotsbearbeitung aufgrund der starken Kundenorientierung ohne Bedeutung.

Zeichnungsprüfung

Die Zeichnungsprüfung dient der Vollständigkeitsprüfung sowie der Konstruktionsbetreuung und -beratung, z.B., ob Norm- oder Standardteile verwendet wurden. Sie bestimmt gegebenenfalls die Rohteilarten, prüft, ob diese den technologischen Anforderungen genügen. Weiterhin ergeben sich aus der Zeichnungsprüfung Hinweise zur fertigungsgerechten Konstruktion, bspw. bei der Berücksichtigung von speziellen Halterungen am zu fertigenden Teil zur Verbesserung und Rationalisierung von Spannvorgängen.
Auch diese Aufgaben orientieren sich stark an der Konstruktion und sind für die Leitstandtechnologie nur von geringer Relevanz.

Stücklistenprüfung und -bearbeitung

Diese Funktion dient zunächst der Vollständigkeitskontrolle der aus der Konstruktion stammenden Stücklisten. Weiterhin müssen die Stücklisten um technologische und betriebsbezogene Daten erweitert werden, um bspw. Fertigungs- und Montagestücklisten zu erstellen. Je nach Dezentralisierungsgrad der Produktion ist es denkbar, daß ein teilautonomer Bereich auf der Basis einfacher Stücklisten eine Fertigungsstückliste bzw. einen Arbeitsplan selbständig erstellen kann.

Materialplanung

Diese Funktion wird gegebenenfalls iterativ in Zusammenarbeit mit der Konstruktion ausgeführt und legt die Rohteilart und -abmessungen fest. Dabei spielen technologische Kriterien wie Werkstoffzusammensetzung und -gefüge sowie Gestalt, Form, Dimension, Oberfläche, Rauhtiefe, usw. eine wichtige Rolle. Neben den technologischen Kriterien bedarf es auch der Berücksichtigung wirtschaftlicher Aspekte, bspw. der Beschaffungskosten für Material und Vorrichtungen, sowie den Bearbeitungskosten in der

Fertigung. Weiterhin müssen Beschaffungszeiten für Material, Vorrichtung und die Herstellungszeit Berücksichtigung finden.

Die Materialplanung bestimmt also die Halbzeug- und Hilfsstoffarten (Materialsortenplanung) und legt im Rahmen der Materialmengenplanung die Rohteilmasse, -gewichte sowie -mengen fest. Die Leitstände haben keinen direkten Einfluß auf die Materialplanung.

Planungsvorbereitung

Vor der Erstellung eines Arbeitsplans ist zu prüfen, ob alle Eingangsdokumente vollständig sind; gegebenenfalls sind fehlende Dokumente zu beschaffen. Die Planungsvorbereitung bildet die Schnittstelle zu allen indirekten Bereichen der Produktion und ist für die Leitstandtechnik insofern von Bedeutung, da in der Fertigung alle Unterlagen auf Vollständigkeit zu prüfen sind.

Bei der elektronischen Übergabe aller wichtigen Informationen kann der Leitstand bei der Auftragsfreigabe die Vollständigkeit der Fertigungsunterlagen automatisch überprüfen.

Arbeitsplanerstellung

Die Arbeitsplanerstellung bildet die wichtigste und komplexeste Funktion der Arbeitsplanung, ist allerdings auch für die Planung innerhalb der teilautonomen Bereiche von Bedeutung, denn diese können Alternativarbeitspläne ohne Feedback zur Arbeitsvorbereitung erstellen und verwalten. Gerade Teilfunktionen der Arbeitsplanerstellung müssen also auch in einem Leitstand verfügbar sein.

Ein Arbeitsplan baut sich grundsätzlich immer gleich auf: Er besteht aus organisatorischen Daten, den sogenannten Arbeitsplankopfdaten, sachabhängigen Daten und arbeitsvorgangsabhängigen Daten [118].

Ausgangsteilbestimmung

Das Ausgangsteil wird in der Regel in Zusammenarbeit mit der Konstruktion ermittelt. Liegen mehrere alternativ zu verwendende Materialien vor, so legt die Arbeitsplanung das wirtschaftlich günstigste Ausgangsteil fest. Für die teilautonomen Bereiche ist das Ausgangsteil ein fixes Datum und damit nicht änderbar, so daß diese Funktion für den Leitstand nicht relevant ist.

Die wichtigsten Funktionen der Arbeitsplanung und deren Verteilung bzw. Bedeutung für weitere Funktionsbereiche der Organisation ist in Abbildung I.21 dargestellt.

---

[118] Vgl. Otto, H.-G.: Der Arbeitsplan als Datenträger für die Produktion, in: Industrial Engineering, 2(1972)1, S. 315.

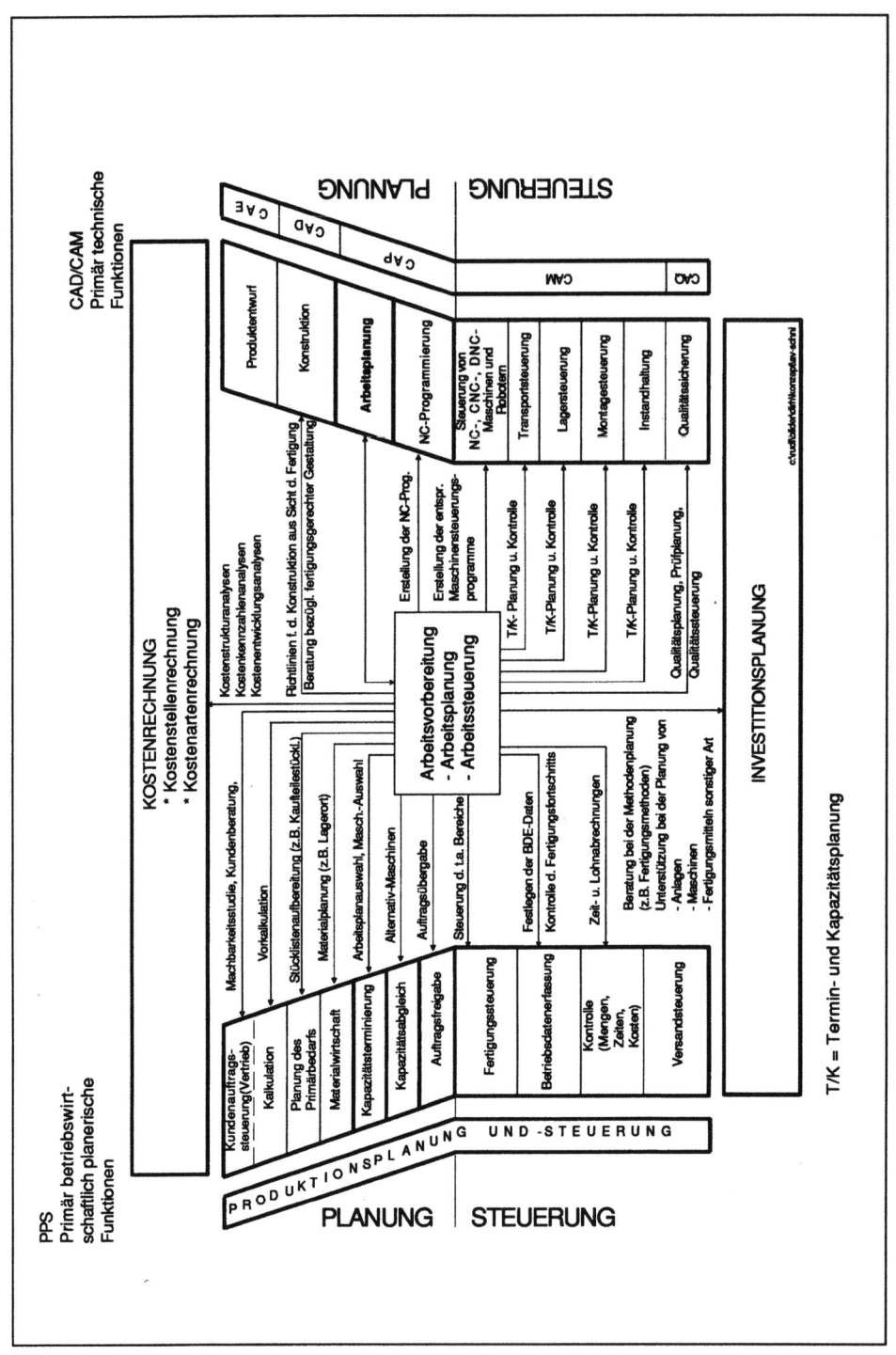

Abb. I.21: Funktionale Schnittstellen zur Arbeitsplanung

3.2.2 Arbeitsplanerstellung als Teilaufgabe des Leitstands

Arbeitsvorgangsfolgebestimmung

Die Arbeitsvorgangsfolgebestimmung fixiert die schrittweise vorzunehmende Reihenfolge der Bearbeitung vom Rohstoff bis zum Fertigzustand des Teils. Da für die Arbeitsvorgänge in der Regel verschiedene Vorgangsfolgen existieren, die bei Berücksichtigung situationsbedingter Zielkriterien in der Fertigung zu unterschiedlichen Lösungen führen, bietet sich diese Funktion für den Leitstand an. Voraussetzung dafür ist, daß die Arbeitsplanung die Arbeitsvorgangsfolge flexibel gestaltet und mehrere Alternativen zuläßt, die entweder der entsprechende Verantwortliche des teilautonomen Bereichs aufgrund eines Alternativenvergleichs selbst auswählt oder die er selbständig entwickeln kann. Dabei ist die Berücksichtigung unterschiedlicher Aggregationsstufen bei der Arbeitsvorgangsfolgebestimmung notwendig, um Entscheidungsautonomie sicherzustellen, wobei der Entscheidungsprozeß in allen Stufen gleich abläuft:

Die Bestimmung der Arbeitsvorgangsfolge ist auf der Ebene der zentralen Arbeitsplanung nach wirtschaftlichen, technischen, ablauforganisatorischen Kriterien oder nach der zu fertigenden Qualität ausgerichtet. Der Ablauf bei der Entscheidungsfindung startet mit der Ermittlung aller technisch möglichen Verfahren zur Fertigung eines Teils. Danach werden die möglichen Verfahren auf die erreichbare Qualität geprüft. Für die aufgrund der Restriktionen zulässigen Bearbeitungsverfahren werden alle technologisch möglichen Arbeitsvorgangsfolgen ermittelt und schließlich die wirtschaftlich günstigste ausgewählt. Beurteilungskriterien für die Wirtschaftlichkeit auf der Ebene der zentralen Arbeitsplanung sind Bearbeitungsdauer, Rüstaufwände, Maschinenstundensätze, Personalaufwände, Werkzeugeinsätze usw. Zur Ermittlung der einzusetzenden Bearbeitungsverfahren können Relativkostenkataloge verwendet werden. Ergebnis der Analyse ist das Wissen, daß bspw. für ein bestimmtes Teil Drehen günstiger ist als Schleifen. Die ermittelten Vorgangsfolgen dienen als Richtwerte der teilautonomen Bereiche, die das Teil fertigen sollen.

Welche Arbeitsfolge die wirtschaftlich günstigste ist, entscheidet sich gegebenenfalls zu einem sehr späten Zeitpunkt, da häufig aktuelle Kapazitätszustände in den teilautonomen Bereichen zum Zeitpunkt der Arbeitsplanerstellung noch nicht bekannt sind, diese aber möglicherweise entscheidenden Einfluß auf die Durchlaufzeit und damit die Fertigungskosten eines Teils haben können. Der Disponent in der Fertigung bestimmt auf der Basis der gegebenen Vorschläge aus der zentralen Arbeitsplanung in einem zweiten Schritt die detaillierte Arbeitsvorgangsfolge unter spezieller Berücksichtigung der verfügbaren Kapazitäten und deren aktueller Ist-Situation. Zur Beurteilung der einzusetzenden Fertigungsverfahren kann er sich bspw. der Ergebnisse aus der SPC bedienen.

Fertigungsmittelauswahl

Zu jedem ermittelten Arbeitsgang müssen die entsprechenden Fertigungsmittel bzw. Fertigungshilfsmittel bestimmt werden.

Die zentrale Arbeitsvorbereitung ermittelt je nach organisatorischer Gestaltung der Fertigung die teilautonomen Bereiche, die ein Teil zu durchlaufen hat. Existiert eine Gliederung nach dem Werkstattprinzip ist die Auswahl der Bereiche relativ unproblematisch, bei mehreren sich ersetzenden Fertigungsinseln gestaltet sich die Auswahl schwieriger, da alle technischen Daten, wie Größe des Arbeitsraums, Vorschubgeschwindigkeiten, Toleranzen der Maschinen usw. berücksichtigt werden müssen.

Maschinenauswahl

Entscheidungsautonomie in der Fertigung bedeutet auch die freie Wahl der Maschinen. Diese Funktion stellt somit eine typische Aufgabe der Leitstände in der Fertigung dar. Die Arbeitsvorbereitung legt den teilautonomen Bereich fest, in dem das Werkstück zu fertigen ist. Die Zuordnung der Werkstücke zu Maschinen im Fertigungsbereich verfolgt das Ziel, die Ressourcen optimal zu nutzen [119]. Die Maschinenauswahl richtet sich nach technischen und wirtschaftlichen Auswahlkriterien. Technische Kriterien sind Maschinenraum, Maschinenleistungsdaten, Losgrößenbereich, Werkstoff und Qualitätsforderung. Wirtschaftliche Kriterien sind die optimale Durchlaufzeit und maximale Kapazitätsauslastung. Dazu müssen entsprechende Maschinen- und Werkstückinformationen im Leitstand vorhanden sein.

Auswahl der Werkzeuge und Vorrichtungen

Steigende Fertigungshilfsmittelkosten führen zu einer Zentralisierung der Werkzeuge und Vorrichtungen. Gerade für BAZ, FFZ und FFS müssen die Fertigungshilfsmittel in die Planung und Steuerung miteinbezogen werden. Bei der Fertigung mit Standardwerkzeugen ist der entsprechende Werkzeugtyp von der Arbeitsvorbereitung festzulegen. Die genaue Bestimmung des einzusetzenden Werkzeugs wird auf der Koordinationsebene oder im Fertigungsbereich vorgenommen. Dazu müssen entsprechende Informationen, wie Verfügbarkeit oder Reststandzeit, auf der Leitstandsebene vorhanden sein.

Vorgabezeitbestimmung

Die zeitlichen Vorgaben im Arbeitsplan sind Soll-Zeiten, die als Basis für die Terminierung,

---

[119] Vgl. Eversheim, W.: Organisation in der Produktionstechnik, Band 3, Arbeitsvorbereitung, Düsseldorf 1989, S. 38.

Kapazitätsplanung, Kostenberechnung, Angebotskalkulation, Investitionsplanung, Personalbeschaffung sowie Entlohnung dienen und damit einerseits eine wichtige Größe bei der Ermittlung des unternehmerischen Erfolgs darstellen, andererseits die Grundlage ablauforganisatorischer Zusammenhänge in der Fertigung bilden. Besonders für die Einzel- und Kleinserienfertigung ist die Bestimmung der Vorgabezeit von großer Bedeutung.

Die zu ermittelnden Zeiten lassen sich grob in Rüstzeit und Bearbeitungszeit je Einheit unterteilen. Die Rüstzeit gliedert sich wiederum in Rüstgrundzeit (Vorbereitung des Betriebsmittels, Werkzeug-, Vorrichtungsbeschaffung mit entsprechendem Auf- bzw. Abrüsten), Rüstverteilzeit (Anlaufzeit der Maschine) und Rüsterholzeit (Zeit für das Erholen des Menschens). Die Bearbeitungszeit je Einheit teilt sich in Grundzeit (Bearbeitung an der Maschine), Verteilzeit (unregelmäßig auftretende Zeiten, z.B. Vorbereiten der Maschine zu Schichtbeginn oder nach einer Störung) und Erholungszeit des Mitarbeiters [120]. Zur Ermittlung der entsprechenden Zeiten gibt es unterschiedliche Informationsquellen, wie maschinenspezifische Tabellen (Nomogramme, Richtwerttabellen) und Verfahren, bspw. Berechnungsformeln, Schätzen, Vergleich mit vorhandenen Planungsergebnissen oder Zuschlagsverfahren.

Durch den Einsatz von NC-Maschinen läßt sich die Soll-Bearbeitungszeit relativ genau bestimmen. Aus dem NC-Programm können alle Informationen wie Werkzeugvorschub, Spindeldrehzahl oder Leistung der Maschine entnommen und über alle NC-Sätze aufsummiert werden.

Dagegen ist die Ermittlung der Rüstzeiten wesentlich schwieriger, da diese Aufgaben überwiegend durch den Menschen vorgenommen werden. Zwar kann das Rüsten häufig durch einen Roboter übernommen werden, allerdings muß dieser auch gerüstet werden. Weiterhin sind zunehmend NC-Programmiertätigkeiten zu berücksichtigen. Die Rüstzeiten verlieren jedoch bei der Durchlaufterminierung des Auftrags und der Kapazitätsplanung der Maschinen mehr und mehr an Bedeutung, da das Rüsten in der Regel hauptzeitparallel durchgeführt wird. Allerdings kann sich diese Tätigkeit des Mitarbeiters vor allem bei Mehrmaschinenbedienung, zum kapazitativen Engpaß entwickeln. MTM (Methods-Time-Measurement)- oder WF (Work-Factor)-Verfahren, die jeden Arbeitsablauf in seine Teilvorgänge zerlegen, verlieren damit zunehmend an Bedeutung [121].

Auf der Basis der Vorgabezeiten läßt sich auch der Lohn des einzelnen Mitarbeiters bestimmen. Im Rahmen der flexiblen Automatisierung ist jedoch ein Wandel vom Akkordlohn hin zu Zeit- und Prämienlohn zu beobachten, da kapitalintensive

---

[120] Vgl. Eversheim, W.: Organisation in der Produktionstechnik, Band 3, Arbeitsvorbereitung, Düsseldorf 1989, S. 45.
[121] Vgl. REFA (Hrsg.): Methodenlehre des Arbeitsstudiums, Teil 1: Grundlagen u. Teil 2: Datenermittlung, München 1984, u. 1978. Vgl. Fricke, W.; Wollenberg, R.: Ermittlung von Zeiten, in: Geitner, U. W. (Hrsg.): CIM-Handbuch, 2. Auflage, Braunschweig 1991, S. 296.

Fertigungsmittel und hochwertige Werkstoffe sowie die Produktqualität oft wichtiger sind, als ein hoher Durchsatz an Teilen.

Für die Organisationsform "teilautonomer Bereich" stellt sich die Frage, wie detailliert Vorgabezeiten in der Arbeitsplanung zu erstellen sind. Aufgrund der Entscheidungs- bzw. Informationsautonomie des Bereichs und der relativen Abnahme der Hauptzeiten gegenüber der Summe an Rüst-, Verteil- und Nebenzeiten ist es nicht sinnvoll, detaillierte Zeiten an die AV zurückzumelden, da diese sehr stark von dem eingeplanten Auftragsspektrum abhängen. Zudem können die Bereiche den detaillierten Arbeitsplan selbständig auswählen, wodurch eine genaue Vorgabezeit ad absurdum geführt wird. Dennoch müssen Richtzeiten ermittelt werden, die eine Kundenauftragsterminierung ermöglichen. Diese sollten bei Wiederholteilen auf der Basis der zurückgemeldeten Zeiten erfolgen, bei Neuteilen entweder durch Ähnlichkeitssuche oder, wenn dies nicht möglich ist, auf der Basis der erstellten NC-Programm-Informationen mit entsprechenden Zeitzuschlägen (dispositiver Freiraum, siehe Kapitel 3.3 des Teils II).

Im teilautonomen Bereich müssen die grob ermittelten Rahmenzeiten des Standard- oder Rumpfarbeitsplans detailliert ermittelt werden, was bedeutet, daß entsprechende Funktionen und Daten vorhanden sein müssen. Der Leitstand muß also auch über entsprechende CAP-Funktionen der Vorgabezeitbestimmung verfügen.

3.2.3 Handhabung der Arbeitsplandaten

Aufgrund seiner Bedeutung ist der Arbeitsplan ein Instrument der organisatorischen Gestaltung der Fertigung. Je detaillierter die Informationen im Arbeitsplan von der Arbeitsvorbereitung vorgegeben werden, umso weniger Freiheitsgrade bestehen für die teilautonomen Bereiche bei der Realisation des Teils. Ziel von Dezentralisierungsmaßnahmen ist die Verlagerung von Entscheidungsautonomie in den Werkstattbereich und damit die Gestaltung von Freiräumen bei der Auftragsbearbeitung. Von der Gestaltung des Arbeitsplans hängt es also entscheidend ab, inwieweit Freiräume in der Fertigung überhaupt gegeben sind. Andererseits ist zu bedenken, daß einfache Rumpf- und Standardarbeitspläne in den Fertigungsbereichen mit den notwendigen Informationen ausgestattet werden müssen. Voraussetzung dafür ist das Vorhandensein entsprechender EDV-gestützter Funktionen und Daten, mit denen sich der Rumpf- oder Standardarbeitsplan vervollständigen läßt. Je weniger Informationen der Arbeitsplan enthält, umso umfangreicher ist dessen Aufbereitung in den teilautonomen Bereichen. Bei der Arbeitsplanerstellung sind jeweils mehrere Szenarien denkbar:

1. Der in der zentralen Arbeitsplanung erstellte Rumpfarbeitsplan enthält alle

Kopfinformationen, wie Benennung, Zeichnungsnummer, Gültigkeitsbereich, Termin, Teile- und Ident-Nr. sowie die Rohteildaten (Werkstoff, Materialbeschreibung, Rohmaß, Rohgewicht). Auf Verfahrensvorgaben oder eine Verfahrensfolge wird weitgehend verzichtet, aufgeführt ist nur die Reihenfolge der elementaren Arbeitsvorgänge (Bohren, Drehen, Fräsen) und damit möglicherweise die Reihenfolge der teilautonomen Bereiche, die zur Fertigstellung eines Teils durchlaufen werden müssen. Einzelne Maschinen sind dabei ebenso wenig spezifiziert, wie Vorgabezeiten für Rüsten, Bearbeiten usw. Eine Festlegung von Vorrichtungen und Werkzeugen sowie der Schnittdaten wird nicht vorgenommen. Dieses Szenario setzt eine Verlagerung von entsprechendem Know-how sowie von elementaren Arbeitsvorbereitungsfunktionen und damit letztlich auch von Entscheidungsautonomie voraus. Je nach aktueller Ist-Situation in der Fertigung werden kurzfristig Maschinengruppen, Vorrichtungen sowie Werkzeuge ausgewählt. Eine dreigeteilte Arbeitsplanung (zentraler Bereich, Koordinationsebene, teilautonomer Bereich) ist durchaus denkbar, denn die lang- und mittelfristigen Funktionen können sehr gut von der zentralen Arbeitsplanung aus in enger Zusammenarbeit mit der Konstruktion erfolgen. Weiterhin besteht die Möglichkeit, auf dieser höheren Ebene alle wichtigen strategischen Aufgaben, wie die Projektierung und Investitionsplanung neuer Fertigungsanlagen, ohne das zeitkritische Tagesgeschäft durchzuführen, während die kurzfristigen Aufgaben fertigungsnah auf der Koordinationsebene bzw. im teilautonomen Bereich oder in der Fertigungsinsel durchgeführt werden.

2. Die Arbeitsvorbereitung legt einen Standardarbeitsplan fest, der alle wichtigen Arbeitsplaninformationen, wie Arbeitsvorgangsfolge, Maschinengruppe bzw. teilautonomer Bereich, Standardwerkzeuge und -vorrichtungen mit entsprechenden Schnittdaten und Maschineneinstellungen sowie Vorgabezeiten als Richtgrößen enthält. Die Koordinationsebene bzw. der teilautonome Bereich kann diesen Standardarbeitsplan übernehmen, entsprechend der aktuellen Ist-Situation anpassen oder verändern und gegebenenfalls als Alternativarbeitsplan speichern. Der Vorteil dieses Szenarios liegt in den unproblematischen Reorganisationsmaßnahmen, denn die Mitarbeiter der Arbeitsplanung behalten ihre ursprünglichen Aufgaben. Die Standardarbeitspläne können als Inputdaten bei der Termin- und Kapazitätsplanung, bei der Werkstattsteuerung auf der Koordinationsebene und von einem PPS-System genutzt werden; sie sind somit flexibel einsetzbar. Ist eine Selbstkoordination der teilautonomen Bereiche vorgesehen, so ist auch dies auf der Grundlage des Standardarbeitsplans möglich, er stellt dann alle wichtigen Informationen bei der

Kapazitätsterminierung der Fertigungsbereiche, die ein Auftrag durchlaufen muß, zur Verfügung.

Weiterhin vereinfacht sich aufgrund detaillierter Informationen im Standardarbeitsplan die Vorkalkulation, die Prozeßkostenrechnung und der Soll-/Ist-Kostenvergleich. Andererseits lassen sich durch ein fertigungsnahes Kostenmanagement, z.B. mit einem wissensbasierten Controlling-Leitstand, auch diese Funktionen in die Fertigung verlagern [122].

In Verbindung mit definierten Rückmeldeinformationen aus der Fertigung kann der Standardarbeitsplan mit zunehmender Wiederholhäufigkeit des Teils verfeinert werden.

3. Erfolgt die Koordination und Ablauforganisation der teilautonomen Bereiche zentral über die PPS (siehe Teil I Kapitel 1.3.2), bietet sich die zentrale Erstellung, Pflege und Verwaltung aller Arbeitspläne in der Arbeitsplanung an. Dies setzt entweder eine homogene Fertigung oder wenige, überschaubare Fertigungbereiche voraus, die überwiegend zentral gesteuert werden. Die Entscheidungsautonomie der teilautonomen Bereiche ist durch die feste Vorgabe des Arbeitsplans weitestgehend eingeschränkt und reduziert sich überwiegend auf die Maschinenauftragsreihenfolge, wenn ein dispositiver Freiraum gegeben sein soll.

Mit dem entsprechenden Fertigungsauftrag aus dem Vertrieb wird auch ein bestimmter Arbeitsplan festgelegt, der detailliert alle für die Fertigung relevanten Informationen enthält. Der Vorteil liegt in der genauen Spezifizierung der einzelnen Arbeitsschritte und damit der Kosten, der Vorgabezeiten, des Personal-, Werkzeug-, Vorrichtungs- und Maschineneinsatzes. Diese organisatorische Variante läßt allerdings keine Fertigungsalternativen zu; vor allem bei der flexiblen Automatisierung der Fertigung ist diese Vorgehensweise zu starr.

---

[122] Vgl. Kraemer, W.: Ausgewählte Aspekte zum Stand der EDV-Unterstützung für das Kostenmanagement: Modellierung benutzerindividueller Auswertungssichten in einem Controlling-Leitstand, in: Scheer, A.-W. (Hrsg.): Veröffentlichungen des Instituts für Wirtschaftsinformatik, Heft 77, Saarbrücken 1991.

Teil II: Leitstandskonzept zur Planung und Steuerung teilautonomer Bereiche

Aufbauend auf der in Teil I beschriebenen organisatorischen Gestaltung der Produktion soll in diesem Abschnitt die Konzeption zur Koordination unterschiedlicher teilautonomer Bereiche sowie die Planung, Steuerung und Kontrolle innerhalb eines teilautonomen Bereichs dargestellt werden. Für diese Aufgaben bieten sich Leitstände, als von der PPS unabhängige, dezentrale Systeme an. Unabhängig von der organisatorischen Einbindung von Leitständen beschreiben mehrere Autoren den Leitstand als ein rechnergestütztes Entscheidungsunterstützungssystem für die interaktive Fertigungssteuerung und -überwachung [1]. Als Basis können folgende Funktionen kondensiert werden:

- Grunddatenverwaltung,
- Auftrags- und Arbeitsgangverwaltung,
- Verfügbarkeitsprüfung,
- Zuteilung und Bereitstellung von Ressourcen,
- optimierte Reihenfolgeplanung,
- Steuerung der Fertigungseinrichtungen und Bereitstellungssysteme,
- Überwachung und Beauskunftung,
- BDE/MDE-Verarbeitung und Prozeßkontrolle,
- Controlling, Statistik und Dokumentation,
- Verteilung sowie Koordination bei verteilten Systemen und
- Schnittstellenrealisierung zur Leitstandsintegration.

Der Leitstand dient der Feinterminierung und als integrierende Verbindung zwischen PPS (Grobplanung) und Ausführung in der Fertigung [2]. SCHEER beschreibt den Leitstand als Software-Baustein zur Dezentralisierung im Rahmen einer bereichsweisen und einer abgestuften Leitstandsorganisation [3]. Leitstände sind ein Instrument zur Verlagerung von Entscheidungsautonomie in die Fertigungsbereiche. Die Effizienz hängt allerdings sehr stark von der aufbau- und ablauforganisatorischen Einbindung ab [4].

---

[1] Vgl. Frenzel, B.; Schmidt, G.: IFPS: Ein Konzept zur intelligenten Fertigungsplanung und Steuerung von flexiblen Fertigungssystemen, in: Angewandte Informatik, (1987)11, S. 458-464. Vgl. Schmidt, G.; Frenzel, B.: Anforderungen an Leitstände für die flexible Fertigung, in: CIM Management, 6(1990)4, S. 34. Kurbel, K.; Meynert, J.: Flexibilität in der Fertigungssteuerung durch Einsatz eines elektronischen Leitstands, in: ZwF, 82(1988)12, S. 571-585.

[2] Vgl. Siebert, V.; Stein, H.: Der CIM-Leitstand, in: CIM Management, 5(1989)2, S. 29.

[3] Vgl. Scheer, A.-W.: Wirtschaftsinformatik. Informationssysteme im Industriebetrieb, 3. Auflage, Berlin et al. 1990, S. 231f. Hars, A.; Scheer, A.-W.: Entwicklungsstand von Leitständen, in: VDI-Z, 132(1990)3, S. 20-26.

[4] Vgl. Kurbel, K.; Meynert, J.: Engpaßorientierte Auftragsterminierung und Kapazitätsdisposition, in:

Bei der Koordination von teilautonomen Fertigungsbereichen ist die Montage als eigenständige organisatorische Einheit in die Konzeption mit eingeschlossen. Die sogenannte montagesynchrone Fertigung [5] ist ein Beispiel für die konzeptionelle Gestaltung bei der Einführung einer Koordinationsebene. Diese organisatorische Gestaltungsmaßnahme erweitert die möglichen Planungsstrategien auf der Koordinationsebene erheblich und ist vor allem unter dem Aspekt der "Just in Time"-Fertigung notwendig.

Im Gegensatz zur "Werkstattsteuerung" [6] existiert für die "Fertigungssteuerung" keine allgemeingültige Definition, so daß die Schlagworte nicht synonym gebraucht werden können. Zudem sind die Begriffe "Werkstattsteuerung" und "Fertigungssteuerung" zu eng gefaßt und beinhalten nicht explizit den Planungs- bzw. Dispositionsaspekt, der eine Voraussetzung für die Teilautonomie von Bereichen darstellt.

Da Leitstände aufgrund der Termin- und Kapazitätsplanung eindeutig dispositive Aufgaben beinhalten, wird der Begriff "Leitstand" mit Planung, Steuerung und Kontrolle der Fertigung synonym verwendet.

Im Rahmen der Daten- und Funktionsintegration, müssen auch Funktionen der indirekten Bereiche, wie Materialwirtschaft, Arbeitsvorbereitung, Qualitätssicherung und Instandhaltung, in dem Konzept zur Planung, Steuerung und Kontrolle der teilautonomen Bereiche Berücksichtigung finden.

Bisherige analytische Verfahren und heuristische Ansätze zur Fertigungsplanung und -steuerung behandeln hauptsächlich die Konstruktion von Lösungen der Termin- sowie Kapazitätsplanung und setzen voraus, daß die der Planung zugrunde liegenden Probleme schon hinreichend formuliert wurden [7]. Das dargestellte Konzept soll allerdings vor allem organisatorische und technische Annahmen bezüglich der individuellen Sichtweisen eines Anwenders darstellen und, darauf aufbauend, zu berücksichtigende Ziele und Restriktionen beschreiben. Dafür ist die ausschließliche Betrachtung von Fertigungsinseln zu eng.

Kurbel, K.; Mertens, P.; Scheer, A.-W. (Hrsg.): Interaktive betriebswirtschaftliche Informations- und Steuerungssysteme, Berlin, New York 1989, S. 85.

[5] Vgl. Eversheim, W.: Organisation in der Produktionstechnik, Band 4, Fertigung und Montage, 2. Auflage, Düsseldorf 1989, S. 267ff.

[6] Vgl. Hackstein, R.: Produktionsplanung und -steuerung (PPS). Ein Handbuch für die Betriebspraxis, 2. Auflage, Düsseldorf 1989, S. 27.

[7] Schmidt, G.: CAM: Algorithmen und Decision Support für die Fertigungssteuerung, Berlin et al. 1989, S. 89.

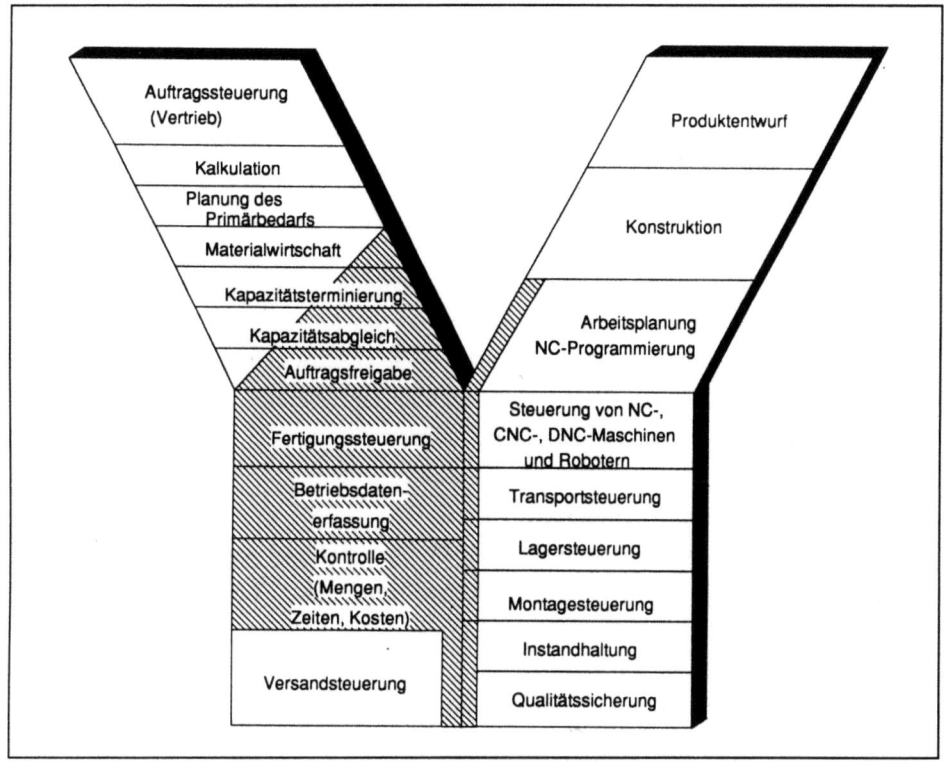

Abb. II.1: Die Fertigungssteuerung in einer CIM-Umgebung [8]

1. Leitstandskonzept teilautonomer Bereiche

1.1 Gestaltung von Planungsalgorithmen auf der Leitstandsebene

Ein Fertigungssteuerungssystem muß die vom Unternehmen verfolgten Ziele im Fertigungsbereich berücksichtigen. Zur Erreichung dieser Ziele im Rahmen des Planungs- und Steuerungsprozesses werden Strategien zur Verfügung gestellt, denen unterschiedliche Planungsalgorithmen zugrunde liegen. Die Algorithmen sind in ihrer Anwendbarkeit aufgrund organisatorischer und technologischer Randbedingungen beschränkt.

---

[8] Kruppke, H.: Problematik bei der organisatorischen und technischen Integration von Fertigungsleitständen in die Unternehmenspraxis, in: Scheer, A.-W. (Hrsg.) unter Mitarbeit von Kraemer, W. und Zell, M.: Fertigungssteuerung - Expertenwissen für die Praxis, München, Wien 1991, S. 276.

1.1.1 Zielkriterien für Planungsalgorithmen

Es können unterschiedliche Zielkriterien festgelegt werden, wobei zu beachten ist, daß zwischen den einzelnen Zielsetzungen Interdependenzen bzw. Widersprüche existieren können.

- **Minimierung der Fertigungskosten**

    Das Oberziel einer wirtschaftlichen Fertigung ist die Minimierung der Fertigungskosten unter Berücksichtigung der im folgenden genannten Unterziele. Dieses Ziel beinhaltet letztlich summarisch alle anderen untergeordneten Ziele, auch wenn teilweise Zielkonflikte, bspw. bei der Minimierung der Durchlaufzeit und Maximierung der Kapazitätsauslastung, auftreten können.

- **Minimierung der Durchlaufzeit**

    Die Durchlaufzeit eines Auftrags besteht in der Regel aus vier Komponenten: Bearbeitungszeit, Transportzeit, Kontrollzeit und Liegezeit [9]. Kurze Durchlaufzeiten implizieren jedoch hohe Kapazitätsbestände.

- **Maximierung der Kapazitätsauslastung**

    Das konkurrierende Ziel zur Durchlaufzeitminimierung ist die Maximierung der Kapazitätsauslastung. Vor allem bei kostenintensiven Betriebsmitteln muß auf eine optimale kapazitative Auslastung geachtet werden.

- **Maximierung der Termintreue**

    Das Ziel der Termintreue erfordert hohe Material- und Kapazitätsbestände, was den beiden oben genannten Zielen "Minimierung der Durchlaufzeit" und "Maximierung der Kapazitätsauslastung" diametral entgegensteht.

- **Minimierung des Personaleinsatzes**

    Die Minimierung des Personaleinsatzes ist vor allem für die flexible Automatisierung von Bedeutung. Mehrmaschinenbedienerkonzepte, bedienerarme Nachtschicht, hohe Rüstaufwände und nicht zuletzt dispositive und kontrollierende Aufgaben fordern eine explizite Berücksichtigung des Personaleinsatzes, um eine effektive Einbindung in den Leistungsprozeß zu gewährleisten.

    Grundsätzlich handelt es sich bei diesem Kriterium um eine ausgesprochen schwer quantifizierbare Größe, da sich der dispositive und kontrollierende Arbeitsinhalt

---

[9] Vgl. Warnecke, H.-J.: Gesetzmäßigkeiten in der Produktion, in: Wildemann, H. (Hrsg): Fabrikplanung, Frankfurt 1989, S. 108.

selbst eines Maschinenbedieners an der FFS nur schwer abschätzen läßt. Erheblich schwieriger wird die Bestimmung des Personaleinsatzes bei Meistern und Disponenten, vor allem dann, wenn durch Job-Enrichment und Job-Enlargement das Spektrum der Arbeitsinhalte weit gestreut ist.

- **Minimierung von Rüstzeiten**

  Die Minimierung von Rüstzeiten ist insbesondere unter dem Gesichtspunkt der Sicherung der Personalverfügbarkeit im Rahmen der Mehrmaschinenbedienung von Bedeutung. Aber auch in Verbindung mit der Optimierung des Fertigungshilfsmitteleinsatzes muß der Aufwand für das Rüsten von Baukastenvorrichtungen oder Gruppenvorrichtungen so gering wie möglich gehalten werden. Dazu ist es erforderlich, möglichst Mehrfachzuordnungen von Aufträgen zu Vorrichtungen vorzunehmen.

- **Gleichmäßige Maschinenauslastung**

  Neben dem Effekt kürzerer Durchlaufzeiten bei gleichmäßiger Maschinenauslastung ist dieses Ziel vor allem bei FFS sinnvoll, da aufgrund gleicher Auslastung der Verschleiß bei sich ersetzenden Maschinen den Personalaufwand für Wartungsarbeiten optimiert. Eine gleichmäßige Maschinenauslastung kann zu einer großen Anzahl von Teilebewegungen zwischen den Maschinen führen.

- **Minimierung der Transportvorgänge**

  Die Minimierung der Transportvorgänge ist bei FFS ein Ziel, um Nebenzeiten zu reduzieren. Bei sich ersetzenden Maschinen ist dieses Ziel von untergeordneter Bedeutung, kann jedoch gegebenenfalls zu einer ungleichmäßigen Maschinenauslastung führen und ist deshalb der gleichmäßigen Maschinenauslastung unterzuordnen.

- **Optimierung des Fertigungshilfsmitteleinsatzes**

  Ca. 16% der betriebsbedingten Nutzungsverluste an flexiblen Fertigungseinrichtungen werden durch Vorrichtungen hervorgerufen [10]. Durch Verfahrenskombinationen an einzelnen Maschinen, Mehrteileaufspannungen und Auftragsmix entwickelte sich die Ressource "Vorrichtungen" zu einem beachtenswerten Kostenfaktor und muß ähnlich der Maschine direkt in die Planung des Leitstands miteinbezogen werden können. Ähnliches gilt für die Werkzeuge, bspw. von Bohrbildern, und für die Prüfmittel.

---

[10]   Vgl. Granow, R.: Rationalisierungspotential Betriebsmanagement, in: ZwF, 84(1989)6, S. 316.

- **Minimierung bzw. Optimierung des Instandhaltungsaufwands**

  Die Wartung und Instandhaltung von flexibel automatisierten Maschinen führt zu Kapazitätsverlusten in der Fertigung, die automatisch zu längeren Durchlaufzeiten führen und damit die Opportunitätskosten erhöhen. Wartung und Instandhaltung müssen analog zu den Fertigungs-, Einfahr- oder Eilaufträgen planbar sein.

- **Optimierung der Qualitätssicherung**

  Es zeigt sich zunehmend, daß die Prüfung der zu fertigenden Qualität Aufgabe des dezentralen Bereichs ist ("jeder prüft seine Qualität selbst"), d.h., daß fertigungsgerecht Prüfarbeitsgänge (möglicherweise nach jedem Fertigungsarbeitsgang) zusätzlich in die Planungsalgorithmen mitaufgenommen werden müssen. Weiterhin bedarf es der Möglichkeit der automatischen oder manuellen Einplanung eines Arbeitsgangs oder mehrerer Arbeitsgänge für Nacharbeit bei Nichteinhaltung von Toleranzen, oder der Berücksichtigung für die Bearbeitung von Neuteilen eines Auftrags bei Ausschuß. Aus diesem Grunde müssen bspw. Reparaturarbeitspläne existieren.

Obwohl sich generell die Zielsetzungen bei der Fertigungssteuerung auf das Oberziel einer kostengünstigen Fertigung zurückführen lassen, sind jedoch für den Fertigungssteuerer bei der Beurteilung operativer Strategien zunächst eher mengen- bzw. losgrößen-, reihenfolge-, zeit- und kapazitätsorientierte Kenngrößen von Bedeutung. Eine mögliche Hierarchie von Zielkriterien zur dezentralen Fertigungssteuerung ist aus Abbildung II.2 ersichtlich.

Dem Ziel der Kostenminimierung wird das Ziel optimaler Fertigungsqualität gegenübergestellt, da in einem teilautonomen Bereich zunächst Qualität und Kosten miteinander verbunden sind und sich der Nutzen nur sehr schwer quantifizieren läßt. Für die einzelne Fertigungseinheit ist demnach die Qualitätsprüfung grundsätzlich ein Mehraufwand. Gesamtheitlich über alle Produktionsbereiche kann die dezentrale Qualitätssicherung jedoch durchaus zur Verringerung der Kosten beitragen, da Qualitätsmängel früh erkannt werden und bei entsprechender Korrektur im Online-Betrieb die Totzeit des Regelmechanismus entsprechend gering gehalten werden kann, während bei der zentralen Qualitätssicherung Mängel erst vor oder nach der Montage erkannt und spezifiziert werden können. Ziel der Qualitätsoptimierung kann der einzelne Auftrag sein, wenn z.B. für einen bestimmten Kunden hohe Qualitätsanforderungen gestellt werden. Es können aber auch alle Aufträge angesprochen werden, wenn grundsätzlich ein hoher Qualitätsstandard angestrebt wird. Merkmal der Qualitätsoptimierung kann die Fertigungsgenauigkeit der Maschinen sein. So

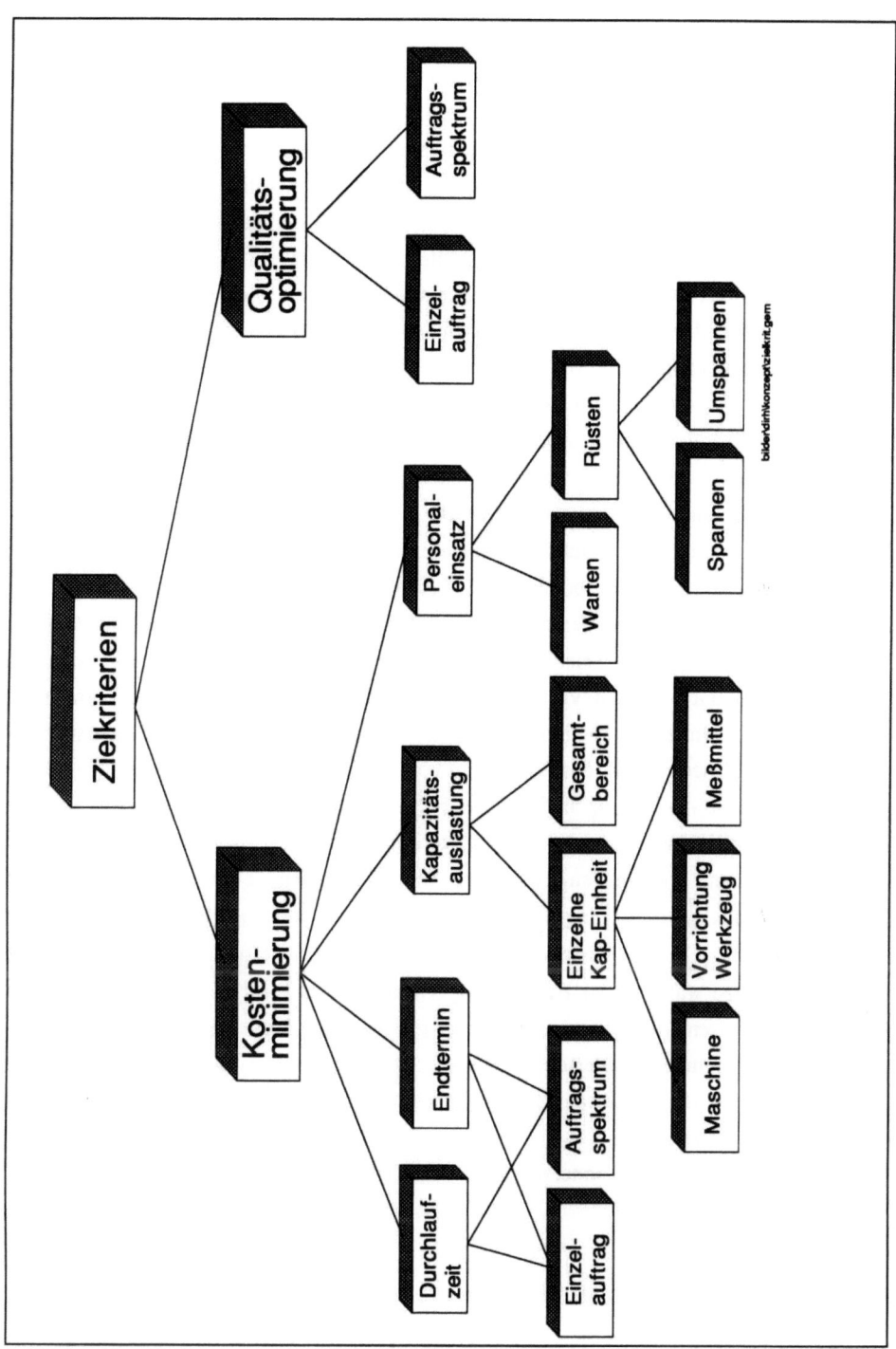

Abb. II.2: Ableitung von Zielkriterien der dezentralen Fertigungsplanung und -steuerung

sind in der Praxis oft Fertigungseinheiten zu finden, die nur Schruppbearbeitungen vornehmen, die Feinbearbeitung findet dann auf einer anderen Maschine statt. Aber auch die Maßigkeit von Vorrichtungen und Werkzeugen, die Genauigkeit verwendender Meßmittel sowie die anzuwendende Meßmethode sind zu berücksichtigen.

Für die Kostenminimierung lassen sich hauptsächlich die Beurteilungskriterien Durchlaufzeiten, Endtermine, Kapazitätsauslastung und Personaleinsatz spezifizieren und weiter verfeinern. Bezüglich der Durchlaufzeiten kann einerseits eine Gesamtbetrachtung des einzuplanenden Auftragsspektrums durchgeführt werden, also die Minimierung der gesamten Durchlaufzeiten. Andererseits kann die Minimierung der Durchlaufzeit eines einzelnen Auftrages angestrebt werden, bspw. die Durchlaufzeit der Eilaufträge.

Ähnliches gilt für die Endtermine, so kann eine Vermeidung bzw. Minimierung der gesamten Terminabweichungen angestrebt werden; die Zielsetzung kann aber auch darin bestehen, zunächst einmal die Termineinhaltung für Eilaufträge, Einfahraufträge oder Aufträge mit hohen Konventionalstrafen zu gewährleisten. Bei der Auslastung von Kapazitätseinheiten ist die bereichsbezogene maximale oder gleichmäßige Auslastung eine mögliche Zielsetzung. Der Disponent muß sich aber auch auf die maximale Auslastung einer Engpaßmaschine unter Vernachlässigung kapazitätsmäßig weniger kostenintensiver Maschinen oder Fertigungseinrichtungen konzentrieren können. Dabei kann es sich um Maschinen, aber auch nur um Vorrichtungen oder Werkzeuge handeln. Die Minimierung der Rüstzeiten als Subziel der Minimierung des Personaleinsatzes bezieht sich einerseits auf das Rüsten der Maschine, z.B. das Einbringen von Werkzeugen, andererseits auf das Rüsten und Umrüsten von Vorrichtungen. So ist bei Folgeaufträgen darauf zu achten, daß sich der Rüstaufwand für Baukastenvorrichtungen so gering wie möglich gestaltet und die Aufträge mit den gleichen Werkzeugen bearbeitet werden können. Dazu sind überwiegend Informationen aus der Fertigungshilfsmittel-Konstruktion notwendig. So lassen sich vor allem Engpässe beim Personaleinsatz und damit Personalkosten vermeiden. Umspannvorgänge während der Bearbeitung erfordern, trotz einer Hauptzeit von wenigen Sekunden, die Präsenz des Maschinenbedieners vor und nach dem eigentlichen Arbeitsgang. Dadurch wird unnötig Personalkapazität gebunden. Drastische Folgen haben Umspannungen in der Nachtschicht, da diese möglichst bedienerarm oder bedienerlos gefahren werden sollte.

Das Zusammenspiel der unterschiedlichen Zielsetzungen bildet die individuelle Zielpräferenz des Anwenders.

1.1.2 Restriktionen auf der Ebene des teilautonomen Bereichs

Die Restriktionen bzw. Randbedingungen (im Regelkreissystem entspricht diese den

Parametern) bei der Fertigungsplanung und -steuerung ergeben sich sowohl aus dem Auftragsspektrum der für den teilautonomen Bereich freigegebenen Fertigungsaufträge als auch aus der aktuellen Ist-Situation der Kapazitätseinheiten, dem Schichtenmodell und dem verfügbaren Personal. Dabei werden zunächst Synergie-Effekte im Durchlauf von Aufträgen durch mehrere Bereiche als Planungsaufgabe der Koordinationsebene verstanden und im dedizierten Fertigungsbereich nicht berücksichtigt. Wie bei der Gestaltung der dezentralen Fertigungsplanung und -steuerung bereits erläutert, versucht jeder teilautonome Fertigungsbereich im Rahmen der durch die Auftragsfreigabe auf der Koordinationsebene festgelegten Planungsvorgaben sein spezifisches Optimum zu erreichen.

1.1.2.1 Restriktionen aufgrund des Auftragsspektrums

Der Status und der Typ eines Auftrags sowie das freigegebene Auftragsspektrum haben entscheidenden Einfluß auf die Gestaltung der Planungsstrategien. Aus diesem Grunde werden die Rahmenbedingungen, die sich aufgrund des Auftragsspektrums ergeben, dargestellt.

- **Endtermin**

  Der Endtermin, zu dem ein Teil fertiggestellt werden muß, ist für den teilautonomen Bereich ein Datum, das nicht überschritten werden darf. Er stellt die absolute "Deadline" dar. Aufgrund des noch näher auszuführenden dispositiven Freiraums besteht allerdings die Möglichkeit, Auftragsreihenfolgen zu verschieben und Teile bspw. früher fertigzustellen.

- **Eilaufträge**

  Eilaufträge werden häufig ohne eine vorherige Einplanung durch das PPS-System in die Fertigungssteuerung übernommen. Damit sind eine Vielzahl negativer Einflüße verbunden, da bereits eingeplante und mit einem festen Endtermin versehene Fertigungsaufträge zurückgestellt werden müssen und ein Neuaufwurf des aktuellen Plans erforderlich ist.
  Weitere Folgen sind erhöhter Rüstaufwand, mangelnde Verfügbarkeit von Fertigungshilfsmitteln für bereits eingeplante Aufträge und die Notwendigkeit der zusätzlichen Einplanung, Steuerung und Kontrolle des Eilauftrags in der Fertigung.

- **Einfahraufträge**

  Einfahraufträge sind Fertigungsaufträge, die erstmalig auf einer NC-Maschine gefertigt werden und für die bisher noch kein NC-Programm existierte. Vor allem bei der automatischen Bearbeitung von Fertigungsaufträgen muß vorausgesetzt werden, daß sämtliche Komponenten (z.B. NC-Programme, Vorrichtungen, Werkzeuge und Meßmittel) der Maschine für das Werkstück "eingefahren" sind.

Da das NC-Programm möglicherweise Fehler aufweist, muß zumindest der Maschinenbediener die Bearbeitung überwachen und gegebenenfalls in den Bearbeitungsprozeß eingreifen.

Je nach Spezialisierung der Mitarbeiter in der Fertigung sind beim Einfahren eines Auftrags Programmierer, Meister, Einrichter und Werkzeugvoreinsteller anwesend [11]. Somit erfordern Einfahraufträge in der Regel einen hohen Personaleinsatz.

Die Anzahl der Einfahraufträge wirkt sich auch auf die Fertigungssteuerungsfunktion "Verfügbarkeitsprüfung" (vor allem von Personal und Betriebsmitteln) aus, da nicht in jeder Schicht ein Programmierer, Einrichter oder Werkzeugvoreinsteller anwesend ist. Das System darf also Einfahraufträge nur in Schichten einplanen, in denen das benötigte Personal auch zur Verfügung steht.

1.1.2.2 Restriktionen aufgrund der Ist-Situation von Kapazitätseinheiten

Je nach Zustand der Ressourcen in einem teilautonomen Bereich ergeben sich unterschiedliche Möglichkeiten, ein freigegebenes Auftragsspektrum auf die Maschinen zu verteilen. Dabei ist die aktuelle Ist-Situation der Kapazitätseinheiten und die allgemeine Umweltsituation zu berücksichtigen.

Aktuelle Ist-Situation der Kapazitätseinheiten

Maschinen

Für die Einplanung von Fertigungsaufträgen müssen dem System und damit dem Disponenten die aktuellen Zustandsdaten (Bearbeitung, Stillstand, Störung, Toleranzen usw.) der einzelnen Fertigungseinheiten zur Verfügung stehen. Vom aktuellen Zustand der Maschinen hängt entscheidend der Fertigungsplan des teilautonomen Bereichs ab.

Transportsystem

Zu einem möglichen Engpaß bei FFS kann das Transportsystem werden, wenn im Rahmen einer gleichmäßigen Kapazitätsauslastung die Materialhandhabungs-vor-

---

[11] Vgl. Cziudaj, M.; Pfennig, V.: Arbeitsorganisation an NC-Maschinen. in: FIR-Mitteilungen Nr. 44, Aachen 1982, S. 9ff.

gänge zunehmen. Grundsätzlich sollte der Transport aufgrund der bei der Planung des FFS vorgenommenen Systeminitialisierung keinen Engpaß darstellen.

Vorrichtungen

Aufgrund der hohen Kosten bei Vorrichtungen ist die Anschaffung nicht in beliebiger Anzahl möglich. Das bedeutet, daß ein teilautonomer Bereich in der Regel nicht über beliebig viele Vorrichtungen verfügen kann, und diese somit zur restriktiven Größe bei der Einplanung eines Auftragsspektrums werden können.

Bei Baukastenvorrichtungen ergeben sich zudem Synergie-Effekte zur Personalkapazität, da die Vorrichtungen möglicherweise erst gerüstet werden müssen.

Werkzeuge

Ähnlich wie bei den Vorrichtungen verhält es sich mit den Werkzeugen, auch sie sind meist teuer und nicht in beliebiger Stückzahl verfügbar. Die Werkzeugspeicher an den Maschinen besitzen nur eine begrenzte Anzahl an Steckplätzen, so daß die Werkzeuge die Maschinenkapazität beeinträchtigen können. Entschärfen läßt sich das Problem durch eine hauptzeitparallele Zuteilung von Werkzeugen während des Bearbeitungsprozesses. Auch bei FFS mit dahintergeschaltetem, zentralem Werkzeugspeicher können Engpässe im Auftragsmix auftreten, wenn mehrere Aufträge auf unterschiedlichen Maschinen die gleichen Werkzeuge benötigen. Weiterhin bildet bei ihnen der Verschleiß, also die Reststandzeit, eine Restriktion bei der Einplanung von Maschinenaufträgen. Überschreitet die Bearbeitungszeit die Reststandzeit des Werkzeugs, muß ein Schwesterwerkzeug, soweit vorhanden, eingeplant oder ein anderer unkritischer Auftrag vorgezogen werden.

Werden Werkzeuge nicht komplett sondern in Komponenten gelagert, bedarf es der auftragsspezifischen Montage, was Personalkapazität erfordert.

Viele Planungs- und Steuerungsalgorithmen sowie heuristische Verfahren gehen davon aus, daß Werkzeuge, Vorrichtungen und Transportsysteme keine Engpässe darstellen [12].

Zustände der Umwelt

- **Schichtmodell**

    Voraussetzung für die Ermittlung der zur Verfügung stehenden Kapazität ist die Anzahl verfügbarer Schichten. Hinzu kommen Pausen, Feiertage oder Wochenend-

---

[12] Vgl. Schmidt, G.: CAM: Algorithmen und Decision Support für die Fertigungssteuerung, Berlin et al. 1989, S. 105.

schichten, wobei besonders letztere im Rahmen der Diskussion um die flexible Automatisierung eine wichtige Rolle spielen. Das Schichtmodell wirkt sich auf die Einfahraufträge, aber auch auf die Eilaufträge aus. Weiterhin ist zu beachten, daß Rüstzeiten nicht in die Pausen fallen, da sonst die Bearbeitungszeit eines Auftrags unnötig verlängert wird. Gegebenenfalls ist also ein anderer Auftrag vorzuziehen.

- **Personalverfügbarkeit**

  Bei FFS oder Fertigungsinsel wird immer wieder die Notwendigkeit zur Teamarbeit und Job-Rotation hervorgehoben [13], d. h., daß die in etwa gleich qualifizierten Mitarbeiter eines teilautonomen Bereichs alle anfallenden Aufgaben übernehmen können. Dadurch erhöht sich die Flexibilität des Personaleinsatzes und verringert somit das Zuordnungsproblem von Arbeitsinhalten, dennoch bedarf es aber einer genauen Berücksichtigung von operativen Aufgaben bei der Planung, da hoher Rüstaufwand die Personalkapazität vor allem in der Spätschicht reduziert. Aber auch in der Frühschicht können Engpäße beim Abrüsten des Nachtprogramms und durch die Notwendigkeit überproportionaler Personalpräsenz bei Einfahraufträgen auftreten.

1.2 Strategien zur Planung und Steuerung in teilautonomen Bereichen

Mit Hilfe der Strategien hat der verantwortliche Disponent des teilautonomen Bereichs die Möglichkeit, Aufträge in den Fertigungsbereich auf einzelne Maschinen einzuplanen. Ein teilautonomer Bereich kann je nach Maschinenanzahl und fertigungstechnologischer Heterogenität noch weiter strukturiert werden. Es existieren spezielle Planungs- und Steuerungssysteme für FFS, die speziell auf die Routen- und Maschinenwahl verketteter, ungetakteter Fertigungseinrichtungen ausgelegt sind und damit die Problemstruktur sowie den Problemlösungsbereich des Leitstands weiter einschränken. Dies erleichtert die Anwendung exakter mathematischer Verfahren. Durch die weitere Strukturierung verringert sich vor allem der Planungshorizont, da auf aktuelle Statusmeldungen einzelner Maschinen aus dem FFS und der zukünfig zu erwartenden Systementwicklung kurzfristig reagiert werden kann. Mit dieser organisatorischen Variante läßt sich z.B. die Routenwahl und die Bestimmung der Maschine im FFS, die ein Werkstück fertigen soll, so lange wie möglich offen halten. Die aufgeführten Strategien beinhalten jedoch konzeptionell auch die Anforderung zur Planung und Steuerung von flexibel automatisierten

---

[13] Vgl. Autorenkollektiv: Flexible Fertigung, in: VDI-Gemeinschaftsausschuß CIM, VDI-Gesellschaft Produktionstechnik (ADB) (Hrsg.): Rechnerintegrierte Konstruktion und Produktion Band 4, Düsseldorf 1990, S. 54.

Fertigungseinrichtungen.

- **Berücksichtigung von Prioritäten**
  Prioritätsregeln sind in diesem Zusammenhang Vereinbarungen über die Reihenfolge der Durchführung verschiedener Aufträge [14] in einem teilautonomen Bereich oder auf einer Maschine.

  Bei der Handhabung von Prioritätsregeln werden die freigegebenen Aufträge in eine Warteschlange eingestellt und der nächste zu bearbeitende Auftrag mit der höchsten Priorität aus der aktuellen Warteschlange ausgewählt.

  Die Festlegung der Priorität eines Auftrags kann zunächst durch die übergeordnete Produktionsplanung und -steuerung erfolgen (Warteschlange vor einem teilautonomen Bereich), die bei der Prioritätsbildung alle Ressourcen der Fertigung berücksichtigt und nur bekannte Informationen zu Beginn der Planungsperiode anwendet. Die Priorität wird mit dem Rumpfarbeitsplan des Auftrags an das Fertigungssteuerungssystem gegeben. Der teilautonome Bereich wiederum ist in der Lage, weitere Prioritätsregeln anzuwenden (Warteschlange vor einzelnen Maschinen bzw. Maschinengruppen) [15]. Bei der Bestimmung der Prioritätsindices sollten im Rahmen der ereignisgesteuerten Planung und Steuerung im teilautonomen Bereich dynamische Regeln angewendet werden, die zu jedem Berechnungszeitpunkt aktuelle Informationen aus der BDE verwenden.

Bei der Betrachtung der Durchlaufzeit und der Terminabweichung zeigten Untersuchungen verschiedener Autoren Vorteile bei der Anwendung der KOZ-Regel [16]. Die Wirkung von Prioritätsregeln auf den Abgang und die gewichtete mittlere Durchlaufzeit von Aufträgen führte zu dem Ergebnis, daß die FIFO-Regel eindeutig die beste ist. Bei ihrer Anwendung ergibt sich zwar kein signifikanter Unterschied gegenüber der KOZ-Regel bezüglich des Abgangs von Aufträgen, aber sie weist die geringste Streuung der Durchlaufzeit und

---

[14] Vgl. Zäpfel, G.: Produktionswirtschaft, Berlin, New-York 1982, S. 273. Der Autor beschreibt ausführlich die bekanntesten elementaren Prioritätsregeln.

[15] Vgl. Schmidt, G.: CAM: Algorithmen und Decision Support für die Fertigungssteuerung, Berlin et al. 1989, S. 74.

[16] Umfassende Untersuchungen bezüglich Durchlaufzeit und Terminabweichungen bei der Anwendung elementarer und kombinierter Prioritätsregeln von Conway zeigten, daß die KOZ-Regel Vorteile gegenüber allen anderen Regeln aufweist. Vgl. Conway, R. W.: An Experimental Investigation of Priority Assignment in a Job Shop. The Rand Corporation, Memorandum RM 3789 PR, Santa Monica 1964. Hollier und Gräßler bestätigen die Ergebnisse von Conway, finden allerdings größere Streuungen bei den Durchlaufzeiten. Vgl. Hollier, R. H.: A Simulation Study of Sequencing in Batch Produktion. in: Operational Research Quarterly, o.Jg.(1968)19. Auch bei Berr und Papendieck führt die KOZ-Regel neben zwei Wertregeln zu den besten Ergebnissen. Vgl. Berr, U.; Papendieck, A. J.: Produktionsreihenfolgen und Losgrößen der Serienfertigung in einem Werkstattmodell, in: Werkstattstechnik, 60(1970)4, S. 191ff.

Terminabweichung auf, da sowohl die gewichtete mittlere Durchlaufzeit als auch deren Streuung nicht von der Bestandshöhe beeinflußt werden [17].

- **Vorwärtsterminierung**

  Ausgehend vom Starttermin werden bei der Vorwärtsterminierung alle Anfangstermine für die Arbeitsgänge und der Endtermin des Auftrags ermittelt.

- **Rückwärtsterminierung**

  Ausgehend vom Endtermin des Auftrags werden bei der Rückwärtsterminierung alle Endtermine für die Arbeitsgänge und der Starttermin des Auftrags ermittelt.

  Bei der Vorwärts- und Rückwärtsterminierung sind zusätzlich zum Starttermin (Endtermin) folgende Zeiten relevant:
  - Vorgabe- oder Durchführungszeit für die einzelnen Arbeitsschritte,
  - Zwischenzeiten (auch Übergangszeiten genannt) und
  - Zusatzzeiten [18].

- **Arbeitsgang-Splitting**

  Existieren für einen Werkstattauftrag alternative Arbeitspläne oder kann ein Arbeitsgang an mehreren Maschinen ausgeführt werden, so läßt sich ein Los auf mehrere Bearbeitungseinheiten verteilen.

  Geteilte Arbeitsgänge erhalten eine Splittnummer.

Kapazitätsorientiertes Arbeitsgang-Splitting

Beim kapazitätsorientierten Arbeitsgang-Splitting richtet sich die Größe des zu teilenden Loses nach der freien Kapazität einer Bearbeitungseinheit, um bspw. ein FFS optimal mit Maschinenaufträgen auszulasten. Zur Ermittlung der verfügbaren Restkapazität dienen die Kapazitätskonten für Betriebsmittel, welche in Kapitel 3.1.4 des Teils III näher beschrieben sind.

Durchlaufzeitoptimales Arbeitsgang-Splitting

Vor allem für Eilaufträge gilt die Maßgabe, diese so schnell wie möglich durch die Fertigung zu steuern. Handelt es sich dabei um mehrere Teile, so kann der gesamte Fertigungsauftrag gesplittet und in mehreren kleineren Losen parallel bearbeitet werden. Dadurch reduziert sich die Liegezeit vor und nach der Bearbeitung und

---

[17] Wiendahl, H.-P.; Lüssenhop, Th.: Wirkungen von Prioritätsregeln - Eine kritische Betrachtung -, in: VDI-Z, 131(1989)1, S. 36-41.
[18] Vgl. REFA (Hrsg.): Methodenlehre des Arbeitsstudiums, Teil 2: Datenermittlung, München 1972, S. 119.

damit auch die Durchlaufzeit der einzelnen Werkstücke.

- **Auftrags-Mix**

  Bei dem Auftragsmix oder der Simultanfertigung werden verschiedene Aufträge parallel auf der gleichen Maschine eingelastet bzw. zur Bearbeitung freigegeben. Dadurch läßt sich der Endtermin nicht mehr - wie sonst üblich - aus dem Starttermin und der Belegungszeit berechnen. Ein Auftragsmix kann z.B. dann sinnvoll sein, wenn Werkstücke zweier Baugruppen eines Fertigteils auf derselben Maschine gefertigt werden. Aufgrund des hauptzeitparallelen Rüstens bei FFZ und FFS kann damit der Auftragsmix eine sinnvolle Strategie zur Durchlaufzeitminimierung sein.

  Weiterhin eignet sich der Auftragsmix dann, wenn an einem BAZ oder einer FFZ mit nur jeweils einer Spannvorrichtung je Werkstücktyp gearbeitet wird. Die Maschinenauftragsfertigung erfolgt dann alternierend; während ein Auftrag sich in Bearbeitung befindet, wird der andere gespannt.

  Abbildung II.3 zeigt die Unterschiede bei konventioneller Fertigung und beim Auftragsmix für flexibel automatisierte Fertigungskonzepte.

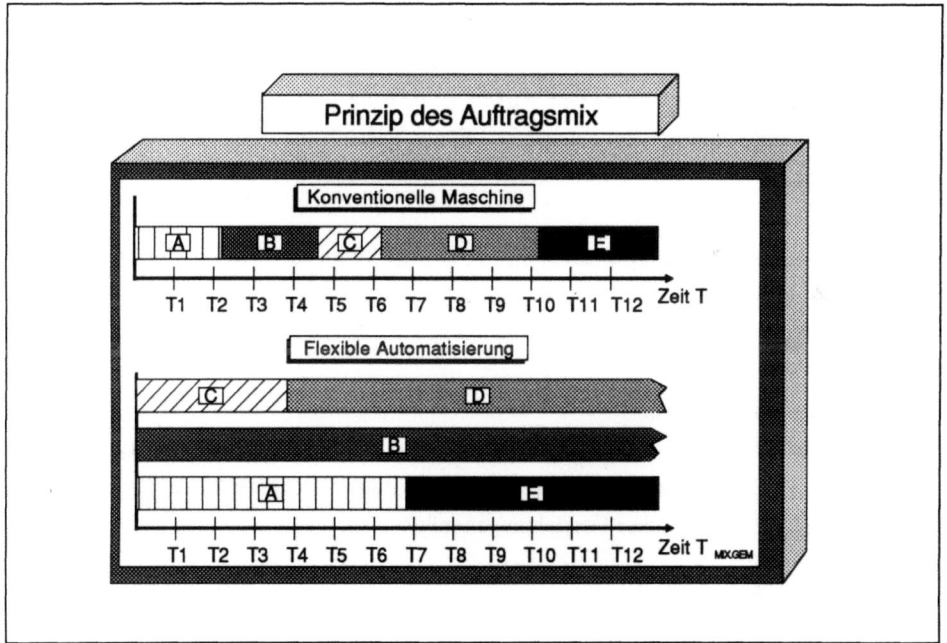

Abb. II.3: Auftragsmix

- **Kombination Auftragsmix und Lossplitting**

  Bei FFS mit sich ergänzenden und ersetzenden Maschinen bietet sich als

Einschleusungsstrategie eine Kombination von Auftragsmix und Lossplitting an, um eine gleichmäßige Auslastung der Maschinen und eine Minimierung der Warteschlangen im Werkstückspeicher vor den Maschinen zu gewährleisten. Dabei ist darauf zu achten, daß die im Mix gefahrenen Aufträge nicht in bestimmten Zeitintervallen die gleichen Kapazitätseinheiten beanspruchen. Restriktive Größen dieser Strategie sind neben den Maschinen das Personal bezüglich der Rüst- und Spannaufgaben, die Spannplätze, die Vorrichtungen, das Transportsystem und die Speicher für Werkzeuge sowie Werkstücke.

Diese Strategie setzt voraus, daß zu Beginn einer Schicht mehrere Aufträge freigegeben sind und im Laufe der Schicht neu ankommende Aufträge vor dem FFS gelagert werden können.

Bei der Kombination von Auftragsmix und Lossplitting sind Aspekte der gleichmäßigen Maschinenauslastung, des Personals und aller Fertigungshilfsmittel zu berücksichtigen. Daraus ergeben sich wiederum die Planungsalternativen. Die erste geht von einem bestimmten, fest definierten Auftragsspektrum aus und ermittelt die optimale Maschinenauslastung unter Berücksichtigung der Routenwahl. Die zweite Planungsalternative sucht aus dem Auftragsspektrum die Aufträge heraus, die zu einer optimalen Ressourcenbelegung führen. Erstrebenswert ist dabei die Kombination beider Strategien mit der Option zur kurzfristigen Maschinenbelegung. Restriktiv auf diese Strategien wirken jedoch die von dem PPS-System oder der Koordinationsebene freigegebenen Fertigungsaufträge an die teilautonomen Bereiche.

Das Splitten eines Auftrags führt grundsätzlich zur Bildung von Unteraufträgen, die vom Leitstand zu verwalten sind. D.h., die komplizierten Auftragsstrukturen müssen vom Fertigungsleitsystem bewältigt werden.

- **Arbeitsgang-Raffung**

    Bei der Arbeitsgang-Raffung werden Arbeitsgänge von verschiedenen Aufträgen zu einem Los zusammengefaßt, wenn dies aufgrund gleicher Rüstvorgänge, gleicher Werkzeuge oder gleicher Vorrichtungen möglich ist.

- **Auftrags-Raffung**

    Bei der Auftragsraffung erfolgt im Gegensatz zur Arbeitsgangraffung nicht die Zusammenfassung von Losen, sondern die Zusammenlegung von ganzen Maschinenaufträgen und Reihenfolgen unter dem Aspekt gleicher Vorrichtungen und Werkzeuge, aber nicht gleicher Arbeitsgänge. Diese Strategie dient vor allem der

Rüstzeitminimierung, bspw. bei Baukasten- oder Spezialvorrichtungen.

- **Nachtprogramm**

    Bei flexiblen Fertigungszellen oder flexiblen Fertigungssystemen ist es möglich und ein häufig angestrebtes Ziel, die Fertigungseinrichtung im Abschaltbetrieb während einer bedienerarmen oder bedienerlosen Schicht zu fahren. Ist in bedienten Schichten die Kapazitätsauslastung noch relativ genau bestimmbar - sieht man einmal von unvorhergesehenen Störungen ab -, so läßt sich die Nutzungsdauer von flexiblen Fertigungszellen und -systemen im Abschaltbetrieb nur schwer abschätzen. Die Nutzungsdauer ist abhängig von dem störungsfreien Betrieb, den verfügbaren Kapazitäten von Personal, Vorrichtungen, Werkzeugen sowie Werkzeugspeichern und vom Werkstückspeicher, dem Arbeitsvorrat im Maschinenspeicher und dem störungsfreien Betrieb während der Bearbeitung.

    Meist wird jedoch nicht der mögliche Arbeitsvorrat im Werkstückspeicher abgearbeitet, wie eine Untersuchung bei flexiblen Fertigungszellen ergab [19], sondern die Maschine schaltet schon vorher aufgrund einer Störung ab.

    Deshalb sollten in der bedienerarmen oder bedienerlosen Schicht nur Werkstücke aus zerspanunkritischen Werkstoffen bearbeitet werden. Dazu ist ein entsprechender Vermerk im Arbeitsplan erforderlich. Weiterhin sind im Nachtprogramm keine Aufträge einzuplanen, die besondere Rüstvorgänge (Umspannen während der Bearbeitung) erfordern.

    Der Algorithmus muß zunächst nach zerspanunkritischen Werkstoffen, nach eventuellen Vermerken im NC-Programm (NC-Kopfinformation) auf Nachtprogrammtauglichkeit (fehlende Umspannvorgänge, reduzierte Zerspangeschwindigkeit) suchen, die verfügbare Kapazität des Werkstückspeichers, der Werkzeuge und Vorrichtungen überprüfen und die Rüstaufwände mit der Personalverfügbarkeit abgleichen.

- **Engpaßplanung**

    Die Engpaßplanung geht davon aus, daß in bestimmten Situationen Kapazitätsengpässe auftreten können [20]. Dieses Kriterium ist vor allem bei der flexiblen Automatisierung von Bedeutung. Flexible Fertigungszellen und -systeme zeichnen sich durch eine hohe Flexiblität aus, die aber nur dann sinnvoll genutzt

---

[19] Vgl. Förster, H.-U.; Hirt, K.: Entwicklung von Anforderungsprofilen flexibel automatisierter Fertigungskonzepte an die Produktionsplanung und -steuerung. Schlußbericht zum Forschungsvorhaben der DFG, Nr. S 134, Aachen 1987, S. 69ff.

[20] Vgl. Kurbel, K.; Meynert, J.: Engpaßorientierte Auftragsterminierung und Kapazitätsdisposition, in: Kurbel, K.; Mertens, P.; Scheer, A.-W. (Hrsg.): Interaktive betriebswirtschaftliche Informations- und Steuerungssysteme, Berlin, New York 1989, S. 77.

werden kann, wenn auch die Flexibilität des technischen Umfeldes gegeben ist. Zudem sind die Kosten für diese Fertigungseinrichtungen sehr hoch, so daß auf eine möglichst vollständige Auslastung der Kapazität geachtet werden muß.

Im Rahmen der Planung können unterschiedliche Engpäße auftreten, zunächst kann ein BAZ, FFZ oder FFS, letzteres ist als Gesamtsystem zu betrachen, einen Engpaß darstellen. Für ein FFS wiederum stellt eine Spezialmaschine oder eine ergänzende Maschine innerhalb des geschlossenen Systems einen möglichen Engpaß dar. Auch die Fertigungshilfsmittel, wie z.B. kostenintensive Spezialvorrichtungen oder -werkzeuge, können zu Engpäßen bei der Planung führen. Durch das Nachtprogramm oder schichtbezogene Einfahraufträge, die über längere Zeit in dem System gespeichert werden, bildet der Werkstückspeicher restriktive Größen bei der Kapazitätsterminierung. Das Personal hat vor allem in der Spätschicht die Aufgaben, das Nachtprogramm zu rüsten und bis zum Ende der Schicht in den Werkstückspeicher einzubringen, so daß die Kapazität der Mitarbeiter ebenfalls besonders zu berücksichtigen ist. Der Planungsalgorithmus geht dabei von der restriktiven Größe (Werkzeugmaschine, Werkstückspeicher, Werkzeugspeicher, Transportgerät oder Personal) aus; die vorgelagerten Komponenten werden rückwärts-, die nachgelagerten Komponenten vorwärtsterminiert.

- Engpaß Maschine
  Wird eine FFZ oder ein FFS als Leitmaschine oder Leitsystem in einem teilautonomen Bereich eingesetzt und handelt es sich bei den übrigen Maschinen um wirtschaftlich abgeschriebene, wenig kostenintensive Ressourcen, ist zunächst das FFS oder die FFZ optimal auszulasten.

- Engpaß Werkstückspeicher
  Je nach Art der Disposition können Engpässe bei den Werkstückspeichern von flexiblen Fertigungszellen und -systemen auftreten. Diese müssen bei der Planung mit berücksichtigt werden.

- Engpaß Werkzeug/Werkzeugspeicher
  Mangelnde Verfügbarkeit von Werkzeugen oder von der Aufnahmekapazität begrenzte Werkzeugspeicher müssen direkt berücksichtigt und analog zur Maschine feinterminiert werden.

- Engpaß Transportgerät
  Bei flexiblen Fertigungssystemen muß das Werkstück zu der entsprechenden

Maschine gefahren und nach der Bearbeitung wieder abgeholt werden. Bei mehreren Maschinen im System und kurzen Bearbeitungszeiten kann sich das Transportgerät als Engpaß herausstellen. Damit wird die Belegungszeit an der Maschine verlängert, bzw. im ungünstigsten Fall die Maschine blockiert. Gegebenenfalls ergibt sich daraus eine Minimierung der Verfahrwege.

- Engpaß Personal

    Ein weiteres Merkmal der flexiblen Automatisierung ist das hauptzeitparallele Rüsten, d.h. ein großer Teil der Rüstaufgaben kann bereits erfolgen, während die Bearbeitungseinheit noch den vorherigen Auftrag bearbeitet. Das führt jedoch zu neuen Anforderungen an die Verfügbarkeitsprüfung des Personals, vor allem dann, wenn ein Mitarbeiter mehrere Maschinen bedient.

    Das Fertigungssteuerungssystem muß also die personelle Kapazität mit berücksichtigen, um unnötige Stillstände der Maschine auszuschließen. Beim Personal reicht die Aufsummierung der Rüst-, Spann-, Wartungs- und Kontrollzeiten über eine oder mehrere Maschinen. Gegebenenfalls ist die Personalverfügbarkeit zu erweitern.

- **Mehrteileaufspannung**

Oft können mehrere Werkstücke auf einer Vorrichtung montiert werden. Dies ist bei der Losbildung zu berücksichtigen. Für einen Maschinenauftrag sollte deshalb immer ein ganzzahliges Vielfaches der Anzahl Werkstücke je Werkstückträger eingeplant werden, um zeitraubende Luftschnitte zu vermeiden. Falls z.B. auf einem Spannwürfel vier Werkstücke montiert werden können, sollte die einzuplanende Losgröße ein ganzzahliges Vielfaches von vier betragen.

Auftragsbezogene Fertigungsmittelplanung

Werkzeuge und Vorrichtungen müssen häufig auftragsspezifisch montiert werden, erfordern also Personalkapazität. Maschinenaufträge sind demnach so zusammenzustellen, daß sie die gleichen Werkzeuge und Vorrichtungen verwenden. Dadurch verringert sich der Aufwand für Auf- und Abrüsten, den Transport und die Einlagerung. Durch entsprechende Strategien ist es gegebenenfalls möglich, Werkzeuge und Vorrichtungen resident an einer Maschine zu halten.

2. Konzept eines Leitstands für die Koordinationsebene

Die Koordinationsebene hat die Aufgabe, das durch die PPS freigegebene Fertigungsauftragsspektrum auf unterschiedliche teilautonome Bereiche zu verteilen. Für den Koordinationsleitstand sind die Fertigungsbereiche geschlossene Einheiten, die definierte Aktivitäten bereitstellen und über eine bestimmte Kapazität verfügen. Da Teile oft nicht komplett in einem teilautonomen Bereich bearbeitet werden können, übernimmt der Leitstand der Koordinationsebene die Planung und Steuerung des Materialflusses zwischen den Fertigungseinheiten.

2.1 Gestaltung der Planungsalgorithmen auf der Koordinationsebene

Aufgabe der Koordinationsebene ist die konfliktfreie Zuordnung von Fertigungsaufträgen an die teilautonomen Bereiche sowie die Kontrolle des Arbeitsfortschritts innerhalb eines Bereichs und zwischen den Bereichen. Grundsätzlich sollten die innerhalb eines teilautonomen Bereichs bereitgestellten Ressourcen bestimmten fertigungstechnologischen Anforderungen, wie der Komplettbearbeitung von Teilefamilien (objektorientiert) oder dem Zusammenfassen gleicher Maschinen (verfahrensorientiert), genügen. Durch den Einsatz von FFZ und FFS mit der Möglichkeit, unterschiedliche Bearbeitungsverfahren durchzuführen, verschiebt sich die Präferenz bei der Layoutplanung von teilautonomen Bereichen in Richtung der Objektorientierung. Dabei ist mittels Teileflußanalysen und Komplettbearbeitungsanalysen die Strukturierung des Teilespektrums in einzelne Teilefamilien und eine möglichst überschneidungsfreie Zuordnung der Betriebsmittel zu Gruppen erforderlich [21].

Aufgabe der Koordinationsebene ist es nun, die von der PPS freigegebenen Fertigungsaufträge so zu verteilen, daß eine Mindestauslastung der Betriebsmittel (bspw.

---

[21] Teilefluß- und Komplettbearbeitungsanalysen wurden zunächst manuell, später EDV-gestützt vorgenommen. Vgl. Burbridge, J.-L.: Production flow analysis, Journal of institution of production engineers 42(1963)12, S. 742-752. Burkhard, M.: Beitrag zur Ermittlung ablauforientierter Fertigungsstrukturen in der Einzel- und Kleinserienfertigung, Dissertation, Universität Dortmund 1984. In jüngerer Zeit spielte die Bildung von Teilefamilien vor allem im BMFT-Projekt "Integrierte Fertigung von Teilefamilien" eine wichtige Rolle. Vgl. o. V.: Fertigungsinseln, in: Ausschuß für wirtschaftliche Fertigung (AWF) (Hrsg.), Tagungsbände des AWF, Eschborn 1987, 1988, 1989. Im Rahmen des BMFT-Projekts wurde für die erforderlichen Analyse- und Bewertungsschritte der Teilefamilienbildung am Lehrstuhl für Fertigungsvorbereitung der Universität Dortmund das System REPLAB-2 Rechnergestützte Planung ablauforientierter Fertigungsstrukturen entwickelt. Vgl. Göttker, A.: Untersuchung rechnergestützter Verfahren zur Teilefamilienbildung, Dissertation, Universität Dortmund 1990.

80%) sowie eine möglichst große Geschlossenheit bezüglich der Fertigungsarbeitsgänge in den einzelnen, bzw. zwischen den teilautonomen Bereichen sichergestellt ist. Aufgrund sich gegenseitig ersetzender Bereiche und eines stochastisch wechselnden Auftragsspektrums ist es erforderlich, auf der Basis der freigegebenen Aufträge ähnliche Teilefamilien zu bilden, die dann den entsprechenden Bereichen zugeordnet werden.

Sollten zentrale Vorrichtungs- und Werkzeugspeicher existieren, ist die Vorrichtungs- und Werkzeugbelegung ebenfalls vom Koordinationsleitstand vorzunehmen. Bei Terminverletzungen in den teilautonomen Bereichen sind entsprechende Strategien anzuwenden, die möglicherweise eine Endterminverletzung verhindern (z.B. die Umplanung des Auftrags in einen anderen Bereich).

Die Koordinationsebene fordert alle zur Bearbeitung notwendigen Informationen vom CAD-, NC-Programmier-, CAP- und CAQ-System an. Weiterhin besteht eine enge Verbindung zur Termin- und Kapazitätsplanung und Auftragsfreigabe der PPS sowie zu den materialwirtschaftlichen Funktionen zur Bereitstellung von Teilen an die einzelnen Bereiche. Rückmeldungen an die PPS erfolgen im Rahmen der Fertigstellung und bei voraussehbaren Endterminverletzungen zu einem möglichst frühen Zeitpunkt sowie bei Nichtverfügbarkeit von Material.

2.1.1 Zielkriterien für Planungsalgorithmen auf der Koordinationsebene

Analog zur Ebene der teilautonomen Bereiche verfolgt der Koordinationsleitstand unterschiedliche Ziele, die sich jedoch nicht mit denen der untergeordneten teilautonomen Bereiche decken müssen.

- **Montageorientierte Fertigungsplanung und -steuerung**
  Grundsätzliche Aufgabe der Koordinationsebene ist die bedarfsorientierte Bereitstellung von Fertigteilen und Baugruppen für die Montage. Dieser Bereich wird analog zu den teilautonomen Fertigungsbereichen geplant und gesteuert. Je nach Kapitalbindung des Materials und Wertzuwachs durch die Fertigung sind unterschiedliche Strategien möglich.

- **Gleiches Arbeitsvolumen aller teilautonomen Bereiche**
  Um die gesamte Fertigung von Aufträgen zu optimieren, ist darauf zu achten, daß über alle teilautonomen Bereiche ein - relativ zur verfügbaren Kapazität - in etwa gleiches Auftragsvolumen gegeben ist.

- **Homogenität des Auftragsspektrums**

  Die Homogenität des Auftragsspektrums bedingt die Fertigung ähnlicher Teile oder Teilefamilien innerhalb eines Bereichs. Dadurch reduziert sich der Aufwand auf der Koordinationsebene für die Kapazitätsterminierung der zentral gelagert und verwalteten Werkzeuge, Vorrichtungen und NC-Programme, sowie deren Bereitstellung an die einzelnen Bereiche. Innerhalb eines Bereichs verringern sich die Rüstaufwände für Maschinen sowie Vorrichtungen, die Personaleinsatzplanung und damit letztlich auch die Anforderungen an die dispositiven Aufgaben des Bereichsverantwortlichen. Je ähnlicher sich das Auftragsspektrum innerhalb eines teilautonomen Bereichs gestaltet, desto höher ist die Wahrscheinlichkeit einer konfliktfreien Fertigung aufgrund hoher Verfügbarkeiten des Personals, der Fertigungsmittel und Fertigungshilfsmittel sowie der zunehmenden Routine der Mitarbeiter. Dies wirkt sich auch auf die gefertigte Qualität aus, da abgesicherte Produktentscheidungen durch wiederholte Anwendung getroffen werden [22]. Dieses Ziel konkurriert sowohl mit der optimalen Kapazitätsauslastung, da ein ähnliches Teilespektrum die Belastung bestimmter Maschinen im FFS oder im teilautonomen Bereich erhöhen kann, als auch mit dem Ziel der Bildung eines gleichen Arbeitsvolumens über alle teilautonomen Bereiche [23].

  Beschränkt sich innerhalb eines teilautonomen Bereichs die Fertigung nur auf ein Teil oder eine Teileart, reduziert sich die Entscheidungsautonomie lediglich auf die Qualitätskontrolle und den kurzfristigen Kapazitätsabgleich. Dieses Zielkriterium der Koordinationsebene hat also auch Folgen für die Zielbildung auf der Leitstandsebene [24]. Diese Synergie sollte dann berücksichtigt werden, wenn es sich z.B. um einen teilautonomen Bereich mit geringer Flexibilität der Fertigungshilfsmittel handelt. Andererseits schränkt dieses Ziel den Dispositionsspielraum hoch flexibilisierter Fertigungseinrichtungen ein.

- **Optimierung der Kapazitätsbelastung teilautonomer Bereiche**

  Neben der gleichmäßigen Auslastung aller teilautonomen Bereiche sollten die einzelnen Bereiche nicht kapazitativ über- oder unterproportional mit

---

[22] Vgl. Nedeß, Ch.; Herrmann, B.: Entwicklung eines expertensystemgestützten merkmalbasierten Suchverfahrens am Beispiel der Dichtungsauswahl, in: Zahn, E. (Hrsg.): Organisationsstrategie und Produktion, Forschungsbericht 2 der Hochschulgruppe Arbeits- und Betriebsorganisation HAB e.V., München 1990, S. 311.

[23] Hauptkriterium bei der Bildung von Teilefamilien ist die Sicherung einer Mindestauslastung der erforderlichen Betriebsmittel. Vgl. Arning, A.: Die wirtschaftliche Bewertung der Zentrenfertigung, Wiesbaden 1987, S. 23.

[24] Vgl. Glaser, H.: Verfahren zur Fertigungssteuerung in alternativen PPS-Systemen - Eine kritische Analyse, in: Scheer, A.-W. (Hrsg.) unter Mitarbeit von Kraemer, W. und Zell, M.: Fertigungssteuerung - Expertenwissen für die Praxis, München, Wien 1991, S. 35.

Fertigungsaufträgen belastet werden, da dies bspw. automatisch bestimmte Steuerungsstrategien erzwingt [25]. Gleiches gilt für leere Warteschlangen in einem teilautonomen Bereich; das Leerlaufen eines Puffers erzwingt dann z.B. die Prioritätsregel FIFO.

- **Minimierung der Zwischenlagerbestände**
  Ein wichtiges Subziel bezüglich der Verkürzung von Durchlaufzeiten ist die Minimierung der Zwischenlagerbestände. Die Koordination einzelner teilautonomer Bereiche ist so vorzunehmen, daß ein Los, Teillos oder Auftrag sofort nach Bearbeitungsabschluß an den nachgelagerten Bereich freigegeben und der Materialtransport veranlaßt wird.

- **Minimierung der Terminabweichungen für eine Just-in-Time-Fertigung**
  Just-in-Time bedeutet die Forderung Material und Informationen zum richtigen Zeitpunkt, in richtiger Qualität und Menge an den richtigen Ort zu liefern [26]. Auch wenn Endtermine nicht gefährdet sind, muß die Koordinationsebene darauf achten, daß die festgelegten Endtermine einzelner teilautonome Bereiche eingehalten werden, um Verzögerungen und mögliche Engpäße in der Montage zu vermeiden. Dazu ist es notwendig, daß die einzelnen Bearbeitungsschritte in den teilautonomen Bereichen an die Koordinationsebene gemeldet werden.

2.1.2 Restriktionen auf der Koordinationsebene

Der Koordinationsleitstand hat die Aufgabe Fertigungsaufträge in die teilautonomen Bereiche einzuplanen. Der teilautonome Fertigungsbereich stellt für ihn eine Art "Black Box" dar, woraus sich unterschiedliche Restriktionen ableiten lassen.

- **Freigegebenes Auftragsspektrum**
  Grundsätzlich bildet das freigegebene Auftragsspektrum eine restriktive Größe bei der Verteilung von Fertigungsaufträgen auf die teilautonomen Bereiche. Bestimmte Auftragstypen wie Einfahr- und Eilaufträge schränken den Entscheidungsspielraum

---

[25] Vgl. Wiendahl, H.-P.; Lüssenhop, Th.: Wirkung von Prioritätsregeln - Eine kritische Betrachtung, in: VDI-Z, 131(1989)1, S. 39. Simulationsuntersuchungen haben gezeigt, daß mit zunehmendem Einlastungsprozentsatz in ein Arbeitssystem die Standardabweichungen der gewichteten Durchlaufzeit für die meisten Prioritätsregeln zunehmen. Dies kann zur Folge haben, daß die Verteilung der Terminabweichungen für Aufträge bei der Anwendung von Prioritätsregeln zunimmt und bestimmte Aufträge zu Eilaufträgen werden, die dann mehr oder weniger manuell zu planen und zu steuern sind.

[26] Wildemann, H.: Fabrik in der Fabrik durch Fertigungssegmentierung, in: Wildemann, H. (Hrsg): Fabrikplanung, Frankfurt 1989, S. 148.

des Disponenten deutlich ein. Weiterhin läßt sich je nach freigegebenem Auftragsspektrum eine gleichmäßige Kapazitätsauslastung der einzelnen teilautonomen Bereiche möglicherweise nicht realisieren. Es vom Auftragsspektrum ab, inwieweit Teilefamilien gebildet werden können, die komplett als Auftragspool in einem Fertigungsbereich bearbeitet werden. Damit scheidet der Einsatz bestimmter Planungs- und Steuerungsstrategien auf der Koordinationsebene aus.

- **Betriebsmittelgruppe des teilautonomen Bereichs**

    Die innerhalb eines teilautonomen Bereichs vorhandenen Ressourcen bilden weitgehend eine fixe Größe bei der Zuordnung von Fertigungsaufträgen. Bereiche können sich gegenseitig ersetzen oder ergänzen. Je besser sich diese gegeneinander abgrenzen lassen und je häufiger Komplettbearbeitungen durchgeführt werden können, umso geringer ist das Zuordnungs- bzw. Koordinationsproblem.

- **Werkzeuge, Meßmittel und Vorrichtungen**

    Die Koordinationsebene ist gegebenenfalls für die Verwaltung der Werkzeuge, Meßmittel und Vorrichtungen zuständig und muß diese bei der Auftragsfreigabe den einzelnen Bereichen zur Verfügung stellen. Dabei können Probleme bezüglich der Kapazitätsterminierung von Fertigungshilfsmitteln und ihrer Zuordnung zu den unterschiedlichen Bereichen auftreten.

2.2 Strategien zur Planung und Steuerung teilautonomer Bereiche

Die einzelnen Strategien sollen an einer beispielhaften Fertigung mit fünf unterschiedlichen Fertigungsbereichen dargestellt werden. Zwei der fünf Bereiche können rotationssymmetrische Teile bearbeiten, zwei weitere fertigen kubische Teile, der fünfte Bereich dient der Zahnradfertigung. Die Terminierung in Abbildung II.4 oben links zeigt die konventionelle Sukzessivplanung der Fertigung und Montage. Zunächst werden alle Einzelteile in den entsprechenden Bereichen gefertigt und dann als geschlossener Auftrag an die Montage weitergereicht. Diese konventionelle Terminierungsmethode stellt für die Beschreibung der Strategien zur Planung und Steuerung teilautonomer Bereiche mittels eines Koordinationsleitstands den "worst case" dar.

- **Splitten eines einzelnen Fertigungsauftrags**

    Analog zum Splitten eines Arbeitsgangs innerhalb des teilautonomen Bereichs können Fertigungsaufträge nach unterschiedlichen Kriterien auf verschiedene, sich ersetzende Bereiche (soweit vorhanden) verteilt werden. In Kombination mit anderen Strategien ergeben sich dadurch wesentlich kürzere Durchlaufzeiten für einzelne Teile oder gesamte Aufträge.

In der Abbildung II.4 ist oben rechts das Splitten eines Loses für Wellen und Gehäusedeckel und die Einplanung in die jeweiligen sich ersetzenden Bereiche dargestellt. Gegenüber der Sukzessivplanung ergibt sich daraus für Wellen und Gehäusedeckel eine deutliche Durchlaufzeitverkürzung.

- **Splitten eines einzelnen Fertigungsauftrags durch Losbegrenzung**
  Bestehen Fertigungsaufträge mit hohen Losgrößen und existieren mehrere, sich ersetzende, teilautonome Bereiche, ist es sinnvoll, für diese die Arbeitsinhalte, also die maximale Losgröße, zu beschränken. Durch große Lose können "Verstopfungen" des teilautonomen Bereichs auftreten, die sich durch Gleichverteilung eines Auftrags beheben lassen. Untersuchungen haben gezeigt, daß durch die definierte Losbildung eine Bestandssenkung und damit eine Durchlaufzeitverkürzung von bis zu 20% erreicht werden kann [27].

- **Montagegerechte Fertigung eines einzelnen Auftrags**
  Im Rahmen der montagegerechten Einplanung eines Auftrags werden Einzelteile und Baugruppen eines Loses so terminiert, daß diese immer zum Zeitpunkt des anstehenden Montagearbeitsgangs des Endprodukts angeliefert werden. Dazu ist das Einbeziehen der Montagebereiche in die Disposition auf der Koordinationsebene Voraussetzung. Bei Anwendung der Strategie erreicht man im ungünstigsten Fall durch die bedarfsorientierte Einplanung die Reduzierung von Teilebeständen in der Fertigung und Montage bzw. eine Verkürzung der Durchlaufzeit für diese Teile; im günstigsten Fall ergibt sich eine geringere Durchlaufzeit des Gesamtauftrags.
  Im dargestellten Beispiel (siehe Abbildung II.4) werden für Fertigung und Montage eines Getriebes Zahnräder, Wellen und Gehäusedeckel benötigt. Durch die fertigungsübergreifende Disposition auf der Koordinationsebene (Abbildung II.4 unten links) erfolgt die rückwärtsterminierte Einplanung des Gehäusedeckels erst zu

---

[27] Vgl. Lorenz, W.: Entwicklung eines arbeitsstundenorientierten Warteschlangenmodells zur Prozeßabbildung der Werkstattfertigung, Dissertation, Universität Hannover, Düsseldorf 1984. Die Untersuchungen begrenzen die Arbeitsstundeninhalte der einzelnen Lose auf 40 Stunden. Aus dem gesamten Auftragsspektrum wurden nur 5% der Lose geteilt. Die Ergebnisse beziehen sich auf eine Abfertigung von 3.200 Aufträgen mit etwa 15.000 Arbeitsvorgängen über einen Zeitraum von 16 Wochen und wurden sowohl mit Hilfe der deterministischen als auch der stochastischen Simulation nachgewiesen. Interessanter Nebeneffekt ist, daß beide Simulationsmethoden annähernd gleiche Ergebnisse liefern, wobei gegenüber der bisher praktizierten deterministischen Simulation nur mit etwa 3-10% der Rechenzeit bei erheblich geringerem Speicherbedarf zu rechnen ist. Vgl. Wiendahl, H.-P.; Lorenz, W.: Simulation von Fertigungsabläufen, in: VDI-Z, 129(1987)12, S. 44f.

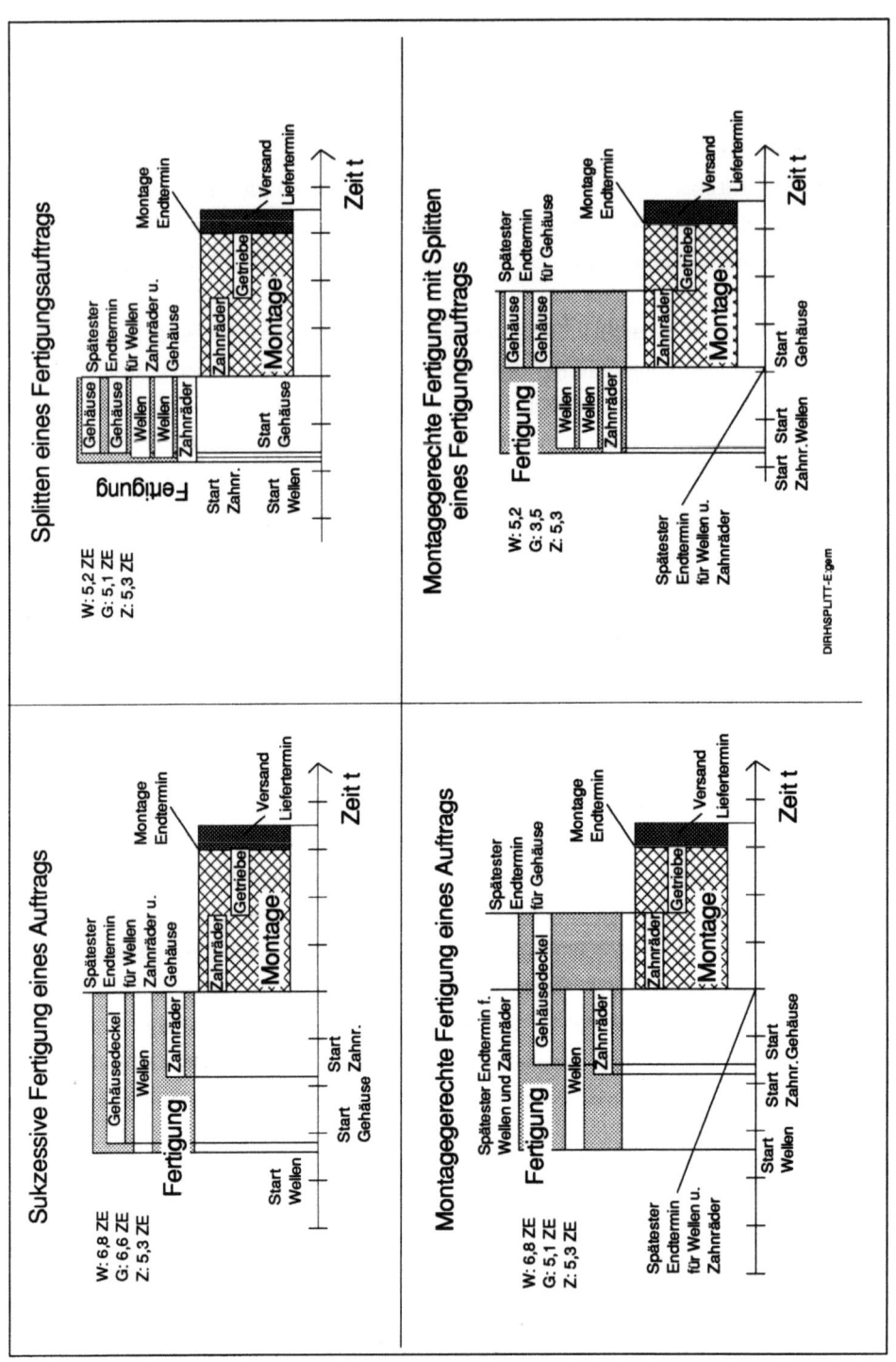

Abb. II.4: Splitten und montagegerechtes Fertigen von Aufträgen

- 100 -

dem Zeitpunkt, zu dem dieser in der Montage auch tatsächlich benötigt wird. Aufgrund der Anwendung dieser Strategie ändert sich im Beispiel nicht die Gesamtdurchlaufzeit des Auftrags, da der kritische Pfad bei der Terminierung über die Zahnradfertigung und -montage läuft. Bei angestrebter "Just-in-Time"-Fertigung verkürzt sich allerdings die Durchlaufzeit für den Gehäusedeckel, woraus bei entsprechender materialwirtschaftlicher Disposition ein positiver Effekt auf das Umlaufvermögen ausgeübt wird. Liefe der kritische Pfad über den Gehäusedeckel, würde sich natürlich die Gesamtdurchlaufzeit des Auftrags verkürzen.

- **Montagegerechtes Splitten eines Auftrags**

  Diese Strategie entsteht durch die Kombination der Strategien "Auftragssplitten" und "montagegerechte Fertigung". Dabei erfolgt das Splitten der Lose nach den speziellen Bedürfnissen in der Montage. Dies erweist sich immer dann als sinnvoll, wenn Teile mit hoher Kapitalbindung existieren und erst zu einem späteren Zeitpunkt in der Montage benötigt werden.

  In Abbildung II.4 (unten rechts) zeigt sich die synergetische Wirkung dieser Kombination durch die Verkürzung der Durchlaufzeit des Gehäusedeckels. Für die Wellenteile wird kein weiterer Rationalisierungseffekt gegenüber dem einfachen Auftragssplitten erzielt, da diese Teile zum Montagebeginn benötigt werden.

- **Montagegerechtes Splitten eines Auftrags mit Losgröße 1**

  Die aufwendigste Form von Splittvorgängen auf der Koordinationsebene ist die Aufteilung des Gesamtauftrags in einzelne Fertigungsaufträge mit Losgröße 1 bei gleichzeitiger Berücksichtigung der Montagearbeitsschritte. Diese kombinierte Strategie ist immer dann anzuwenden, wenn es sich um kapitalintensive Aufträge handelt und die Möglichkeit zur Staffelung des Liefertermins an den Kunden besteht. Ausgehend vom Endtermin des ersten Erzeugnisses nach der Montage werden zunächst die Montagearbeitsgänge rückwärtsterminiert. Die ermittelten Starttermine der Montagearbeitsgänge stellen die spätest möglichen Endtermine für die Fertigung dar. Die entsprechenden Bearbeitungsschritte in den teilautonomen Bereichen werden rückwärtsterminiert. Bei den weiter zu fertigenden Endprodukten wird in gleicher Weise verfahren. Geht in jedes Enderzeugnis nur ein Teil ein, wird in Losgröße 1 gefertigt. Bei dieser Vorgehensweise bedarf es eines sehr hohen Koordinationsaufwandes, da viele unterschiedliche Ereignisse bei der Fertigung und Montage eines Auftrags auftreten können. Für mehrere Aufträge erhöht sich der Planungs-, Steuerungs- und Kontrollaufwand auf der Koordinationsebene erheblich, so daß es eines speziellen Handlings bei der Steuerung von Ereignissen bedarf.

Auftretende Ereignisse

E 1: Start Z 1	E 6: Ende W 2	E 9: Ende W 3
E 2: Start W 1	Ende Z 2	Ende Z 3
E 3: Ende Z 1	Start Montage W2/Z2	Start Montage W3/Z3
Ende W 1	Start G 2	Start G 3
Start Montage W1/Z1	Start Z 3	L 2: Liefertermin für E 2
Start G 1	E 7: Start W 3	E 10: Ende Montage W3/Z3
Start Z 2	L 1: Liefertermin für E 1	Ende G 3
E 4: Start W 2	E 8: Ende Montage W2/Z2	Start Montage WZ3/G3
E 5: Ende G 1	Ende G 2	L 3: Liefertermin für E 3
Ende Montage W1/Z1	Start Montage WZ2/G2	
Start Montage WZ1/G1		

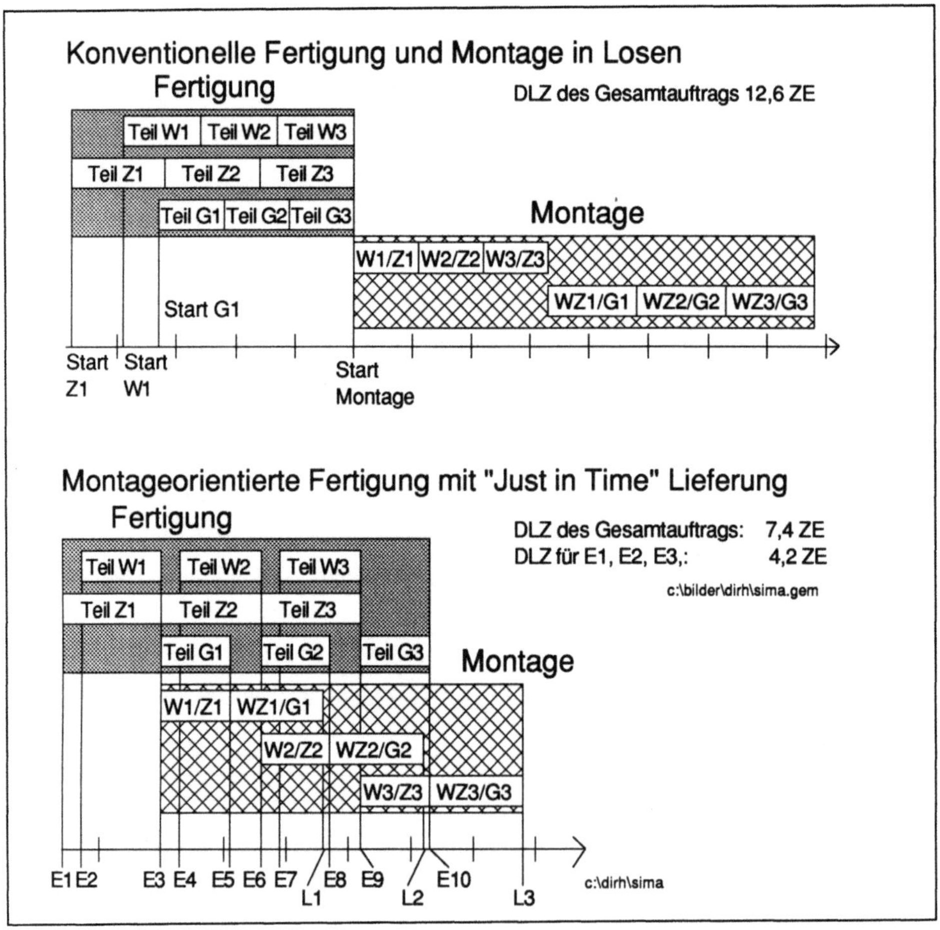

Abb. II.5: Montagegerechtes Splitten eines Auftrags mit Losgröße 1

- **Engpaßplanung eines teilautonomen Bereichs**

  Zur Erreichung einer hohen Produktionskontinuität können aufgrund des wechselnden Auftragsspektrums Engpässe bei den teilautonomen Bereichen auftreten. Diese müssen zunächst erkannt und möglichst eliminiert werden. Einen Algorithmus für die Planung und Steuerung sogenannter Arbeitsplatzkomplexe (vergleichbar mit teilautonomen Bereichen) wird bei FRIEDRICH/ZAKRZEWSKI/MUSHACK [28] beschrieben.

- **Ähnlichkeitssuche bei Aufträgen**

  Die Ähnlichkeitssuche für ein freigegebenes Auftragsspektrum bezieht sich auf die Verwendung gleicher Werkzeuge, Vorrichtungen und NC-Programme. Inputdaten für die Ähnlichkeitssuche sind Stücklisten, Rumpf-Arbeitspläne, Prüfpläne, gegebenenfalls Konstruktions- und Vorrichtungszeichnungen. Durch die Ähnlichkeitssuche von Aufträgen ergeben sich Rationalisierungseffekte bei der Verfügbarkeitsprüfung und Kapazitätsbelegung von Fertigungs- und Fertigungshilfsmitteln. Weiterhin ist aufgrund ähnlicher Bearbeitungsschritte in den teilautonomen Bereichen mit erhöhter Routine der Mitarbeiter zu rechnen, was sich positiv auf die gefertigte Qualität und auf die Dispositionsergebnisse innerhalb eines Bereichs auswirkt.

  Für die Fertigungsmittel ergibt sich insofern eine problemlosere Planung und Steuerung, da Werkzeuge und Vorrichtungen gegebenenfalls für die Dauer einer Planperiode im teilautonomen Bereich verbleiben können. Gegenüber einer fertigungsauftragsbezogenen Reservierung von Fertigungsmitteln vermindert sich dadurch der Aufwand für Lagerbewegungen, Transport, Montage und Rüsten bei gleichbleibend geringem Werkzeug- und Vorrichtungsbestand.

- **Wiederholhäufigkeit eines Auftrags**

  Der Koordinationsleitstand wird versuchen, den Auftrag in den Bereich einzuplanen, in dem die größte Routine bei der Bearbeitung besteht. Aufgrund der bestehenden Erfahrung kann der zu fertigende Auftrag dort am schnellsten bearbeitet wird. Diese Strategie bedarf eines Wiederholhäufigkeitskontos (Teil III, Kapitel 3.2.4.1.1).

---

[28] Vgl. Friedrich, L.; Zakrzewski, H.; Mushack, B.: System und Modell einer bestandsgeregelten Fertigungssteuerung, in: Scheer, A.-W. (Hrsg.): Anwendungssoftware der 90er Jahre, AWF-IWi-Fachtagung für die Produktion, Saarbrücken 1991. Im Mittelpunkt der Betrachtungen stehen Störungen in der Fertigung, die sich über mehrere teilautonome Bereiche fortpflanzen können und Stauungen vor bzw. Leerlaufen von Puffern in den nachfolgenden Bereichen hervorrufen. Die Philosophie des Systems zur Beherrschung von Störungen geht davon aus, daß diese durch Puffer unvollendeter Erzeugnisse (UE) zu kompensieren sind. Maßstab für die Bestimmung der optimalen Puffergröße an UE-Beständen bildet das Minimum aller anfallenden Kosten. Dies setzt die detaillierte Erfassung aller quantitativen und qualitativen Kostengrößen in einer Fertigung voraus.

- **Kürzeste Durchlaufzeit**
  Der Auftrag wird in den Bereich eingeplant, der die kürzeste Durchlaufzeit verspricht. Zu den Kriterien, die eine möglichst kurze Durchlaufzeit versprechen, gehören der Auslastungsgrad eines Bereichs, die Möglichkeit zur Komplettbearbeitung sowie die Wiederholhäufigkeit.

3. Planung und Steuerung der Fertigungsaufträge

Dem Ansatz KILGER/WILD's aus Kapitel 1.1.2 des Teil I folgend ist nun für den Planungsprozeß auf der Koordinationsleitstandebene und der Leitstandebene des teilautonomen Bereichs die zeitliche Folge von Planungszyklen zu beschreiben. Vor allem unter dem Aspekt der Regelkreisbildung bedarf es der Definition von Zeitintervallen, in denen die physikalische Struktur der Regelstrecke als konstant angenommen werden kann.

3.1 Planungszyklen in Leitständen

Durch die Strukturierung von Leitständen in der Koordinationsebene und der Ebene der teilautonomen Bereiche entstehen hierarchische Regelkreise mit unterschiedlichen Planungszyklen. Mit zunehmender Prozeßnähe müssen die Planungszyklen für Termine und Kapazitäten auf den unterschiedlichen Ebenen kürzer werden. Auf der Koordinationsebene genügt gegebenenfalls ein Planungszyklus über drei Schichten, da innerhalb eines teilautonomen Bereichs auftretende Ereignisse nicht zwangsläufig zu zeitkritischen Entscheidungen bzw. Umplanungen in den Folgebereichen führen. Eine Maschinenstörung innerhalb eines teilautonomen Bereichs kann dagegen eine sofortige Umplanungsmaßnahme erfordern.

3.1.1 Das Prinzip der rollierenden Planung auf der PPS- und Koordinationsebene

Herkömmliche PPS-Systeme führen zumeist eine zyklische Planung durch, d.h. das Wochenprogramm wird am Ende der Vorwoche festgelegt und in der darauffolgenden Woche abgearbeitet. Die Anzahl der zu bearbeitenden Aufträge nimmt mit jedem Wochentag ab, was den Dispositionshorizont verringert. Dies hat folgende Nachteile:

- Das PPS-System reagiert überhaupt nicht oder nur sehr langsam auf aktuelle Ereignisse in der Fertigung. Schon nach kurzer Zeit ist dadurch die Planvorgabe

freigegebener Aufträge aufgrund geänderter Ressourcenangebote nicht mehr aktuell.
- Durch das sich verringernde Auftragsspektrum und den abnehmenden Zeithorizont wird für den teilautonomen Bereich mit jeder weiteren Schicht die zukunftsorientierte Planung eingeschränkt, was sich negativ auf die Personaleinsatzplanung, Kapazitätsbelegung, Instandhaltung und Qualitätssicherung auswirken kann, da sich erst mit der Freigabe des neuen, zukünftigen Auftragsspektrums Präventivmaßnahmen in der Fertigung planen lassen.

Besser erscheint eine rollierende Planung, wobei das PPS-System mehrmals je Woche, entweder ereignisorientiert oder in definierten Zeitintervallen, einen Planungshorizont von z.B. einer Woche festlegt und freigibt, der bei jedem Neuaufwurf auf der Basis aktueller Rückmeldungen fortgeschrieben wird [29].

In gleicher Weise wird auf der Koordinationsebene verfahren. Abgearbeitete Aufträge oder Arbeitsgänge berücksichtigt der Koordinationsleitstand bei dem Neuaufwurf der Kapazitätsterminierung nicht mehr. Dafür werden die aktuellen Start- bzw. Endtermine bei der Planung berücksichtigt. Der Ablauf einer rollierenden Planung mit der täglichen Freigabe eines Auftragsspektrums von einer Woche geht aus Abbildung II.6 hervor:

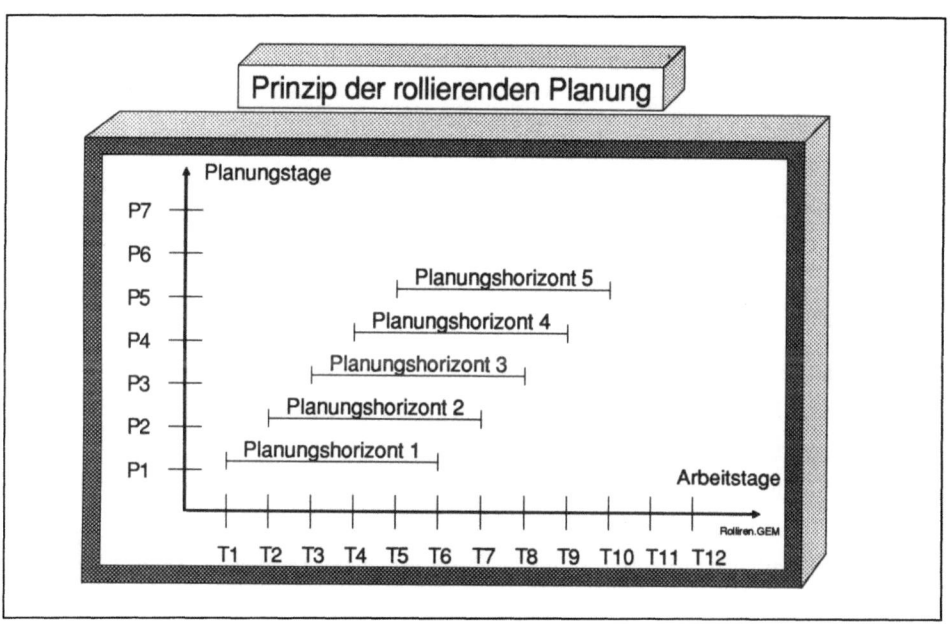

Abb. II.6: Rollierende Planung

---

[29] Vgl. Mertins, K.: Steuerung rechnergeführter Fertigungssysteme, München, Wien 1985, S. 99. Vgl. Wiendahl, H.-P.: Belastungsorientierte Fertigungssteuerung, Wien 1987, S. 297.

3.1.2 Das Prinzip der schichtgenauen Planung auf der Koordinations- und Leitstandebene

Der Forderung nach einer schichtgenauen Planung von Förster/Hirt [30] bei flexiblen Fertigungszellen folgend, um z.B. die personalintensive Frühschicht bzw. personalarme Nachtschicht optimal zu nutzen, ist jede Schicht einzeln zu planen, zu steuern und zu kontrollieren. Die schichtgenaue Planung bildet den dispositiven Rahmen für die ereignisorientierte Planung und Steuerung, die letztlich auf aktuell eintretende Ereignisse in den einzelnen Schichten der Fertigung reagiert.

Durch die hohen Investitionskosten bei flexiblen Fertigungszellen und flexiblen Fertigungssystemen ist man bemüht, eine möglichst optimale kapazitative Auslastung der entsprechenden Maschinen zu erreichen, was z.B. durch einen 3-Schichtbetrieb möglich ist. Ein Hauptziel flexibler Automatisierungskonzepte ist die Nutzung der Maschinen im Abschaltbetrieb in der personalarmen (meistens 3.) Schicht. Das Problem besteht darin, daß sich die tatsächliche Nutzung der verfügbaren Kapazität in der personalarmen Schicht nicht wie bei konventionellen Maschinen exakt bestimmen läßt. Planungsungenauigkeiten ergeben sich häufig aus technischen, aber auch organisatorischen Störungen, die zum Stillstand der Maschinen führen, wodurch sich die Nutzungsdauer erheblich vermindert. Störungen, die zum Abschalten der Maschinen führen, können schon nach sehr kurzer Bearbeitungszeit oder erst gegen Ende der personalarmen Schicht auftreten. Die Zahl der in dieser Schicht bearbeiteten Maschinenaufträge ist also mehr oder weniger zufällig und nur sehr schwer bestimmbar. Daraus ergeben sich Anforderungen an das Planungs- und Steuerungssystem, die nachfolgend erläutert werden.

Das Konzept sieht folgende Aufteilung vor:

- **Frühschicht:**

    In der Frühschicht werden alle personalintensiven Aufträge eingeplant. Dazu gehören in erster Linie alle Einfahraufträge, aber auch Eilaufträge.

    Einfahraufträge, die in dieser Schicht begonnen, aber nicht beendet wurden, werden im Werkstückspeicher "geparkt" und am nächsten Morgen mit demselben Personal weiterbearbeitet. Eilaufträge sind dagegen schichtübergreifend (1. und 2. Schicht) disponierbar.

    Aufgrund des hohen Personaleinsatzes in der Frühschicht ist damit zu rechnen, daß auftretende Störungen kurzfristig behoben werden können. Damit erhöht sich die

---

[30] Vgl. Vgl. Förster, H.-U.; Hirt, K.: Entwicklung von Anforderungsprofilen flexibel automatisierter Fertigungskonzepte an die Produktionsplanung und -steuerung. Schlußbericht zum Forschungsvorhaben der DFG, Nr. S 134, Aachen 1987, S. 74.

Wahrscheinlichkeit, Planungsvorgaben durch den Leitstand auf der operativen Ebene tatsächlich einzuhalten. Planungsungenauigkeiten ergeben sich vor allem aufgrund der stochastischen Verteilung des Zeitaufwands für Einfahraufträge.

- **Spätschicht:**

In dieser Schicht werden alle sonstigen Aufträge eingeplant, sowie das zu einem bestimmten Termin nicht bearbeitete Nachtprogramm. Berücksichtigung finden in der Spätschicht Fertigungsaufträge mit hoher Wiederholhäufigkeit und/oder hoher Losgröße. Beide Kriterien sollen die Ausfallsicherheit erhöhen bzw. den Personaleinsatz vermindern. Wiederholteile zeichnen sich bspw. durch einen geringeren Aufwand bei der Auftragsbereitstellung und Verfügbarkeitsprüfung aus. Die Losgröße wiederum bestimmt entscheidend die Intensität der Bereitstellungsfrequenz von Fertigungshilfsmitteln und die Belegungszeit an der Maschine; beides wirkt sich letztlich auf die Personalintensität im Fertigungsbereich aus.

- **Nachtschicht:**

In der Nachtschicht lassen sich alle bearbeitungsunkritischen, nachtprogrammtauglichen Aufträge einplanen.

Zunächst müssen Aufträge, die sich im Nachtprogramm bearbeiten lassen, im Arbeitsplan gekennzeichnet sein. Nachtprogrammtauglich sind aus fertigungstechnologischer Sicht alle Aufträge, die sich durch gutes Zerspanverhalten, weiche Werkstoffe, problemloses Handling bei der Bearbeitung (z.B. Bearbeitung in einer Aufspannung) und hohe Wiederholhäufigkeit auszeichnen. Aus betriebswirtschaftlicher Sicht ist darauf zu achten, daß die zusätzlichen Materialkosten der nicht bearbeiteten Nachtprogrammaufträge, die Opportunitätskosten für den Stillstand der Maschine in der dritten Schicht nicht übersteigen, da ansonsten die Fertigung in der Nachtschicht unwirtschaftlich ist.

Die kapazitive Belastung der Maschinen in der Nachtschicht sollte über den tatsächlichen Zeitrahmen von bspw. 8 Stunden hinausgehen, da in der Frühschicht zunächst die bearbeiteten Maschinenaufträge abgerüstet werden müssen, bzw. um Fehlerdiagnosen, die zum Maschinenstillstand in der Nachtschicht geführt haben, erstellen zu können. Weiterhin sind die technisch bedingten Anlaufphasen der Maschinen zu berücksichtigen. Durch die Nachtschicht können sich aufgrund der hohen Personalintensität für Rüst- und Abrüstaufgaben in der davor liegenden Spätschicht sowie in der darauffolgenden Frühschicht Kapazitätsengpässe bei Werkern, Maschinenbedienern und Meistern ergeben und damit möglicherweise organisatorische Stillstandszeiten der Maschinen bedingen.

Im Idealfall werden alle Aufträge in der Nachtschicht bearbeitet, so daß die Maschine zu Beginn der Frühschicht noch fertig und während dieser Zeit Abrüstarbeitsgänge der in der Nacht gefertigten Aufträge ohne Maschinenstillstand vorgenommen werden können.

Läßt sich die Planung des Nachtprogramms unabhängig von den bedienten Schichten durchführen und existiert ein Auftragspool "Nachtprogramm" mit entsprechendem dispositivem Spielraum, wirken sich die Planungsfehler, die sich aus dem Abschaltbetrieb ergeben, geringer auf die bedienten Schichten aus. Aufträge, die aufgrund eines vorzeitigen Abschaltens der Maschine noch nicht bearbeitet wurden, lassen sich erneut in der kommenden Nachtschicht einplanen. Dies ist solange möglich, bis ein definierter "spätester Starttermin" eines Auftrags für das Nachtprogramm überschritten wird. Der "späteste Starttermin" (Nachtprogramm) ist so festgelegt, daß noch genügend Zeit besteht, den Auftrag in einer der beiden personalintensiven Schichten zu bearbeiten. Folgende Termine müssen dabei beachtet werden:

Fall 1:
$$T_e - T_a - (T_b + T_t + T_l) > 0$$
und $$T_e - T_a - (T_b + T_t + T_l) > T_{pr} - T_a$$

Fall 2:
$$T_e - T_a - (T_b + T_t + T_l) > 0$$
und $$T_e - T_a - (T_b + T_t + T_l) < T_{pr} - T_a$$

Fall 3:
$$T_e - T_a - (T_b + T_t + T_l) < 0$$

mit:
T_e: Endtermin des Auftrags
T_a: Aktueller Betrachtungszeitpunkt
T_b: durchschnittliche Bearbeitungszeit
T_t: durchschnittliche Transportzeit
T_l: durchschnittliche Liegezeit
T_{pr}: regulärer Zeitpunkt zum Neuaufwurf der Planung

Ist Fall 1 gegeben, dann kann der nachtprogrammtaugliche Auftrag in die nächste Nachtschicht eingeplant werden, da zwischen Betrachtungszeitpunkt und Endtermin mindestens eine Nachtschicht liegt. Wie bereits beschrieben, wird davon ausgegangen, daß zumindest zu jeder Frühschicht ein Neuaufwurf der Planung T_{pr} erfolgt.

Bei Fall 2 liegt zwischen Betrachtungszeitpunkt und Endtermin des Auftrags keine Nachtschicht mehr. Der Endtermin ist allerdings nicht gefährdet. Konnte also ein Auftrag im Nachtprogramm nicht fertiggestellt werden, so wird er in die erste oder zweite Schicht eingeplant. Durch den täglichen Neuaufwurf lassen sich solche Aufträge ohne Zeitverlust neu terminieren.

Tritt Fall 3 ein, dann liegt möglicherweise eine Endterminverletzung vor, die die Deklarierung des Auftrags zum Eilauftrag zur Folge hat. Da die Berechnungen auf der Basis von Mittelwerten durchgeführt werden, ist noch nicht mit Sicherheit eine Endterminverletzung eingetreten.

Das Nachtprogramm kann natürlich zu einer Verlängerung der Durchlaufzeit für bestimmte Aufträge und damit zu höheren Materialbeständen in der Fertigung führen, wenn Werkstücke eines Auftrags in mehreren Nachtschichten nicht bearbeitet werden konnten. Letztlich verringert sich aber die Durchlaufzeit aller Aufträge durch die Nutzung der zusätzlich verfügbaren Kapazität der 3. Schicht.

Abbildung II.7 zeigt das planerische Vorgehen bei einer schichtgenauen Planung:

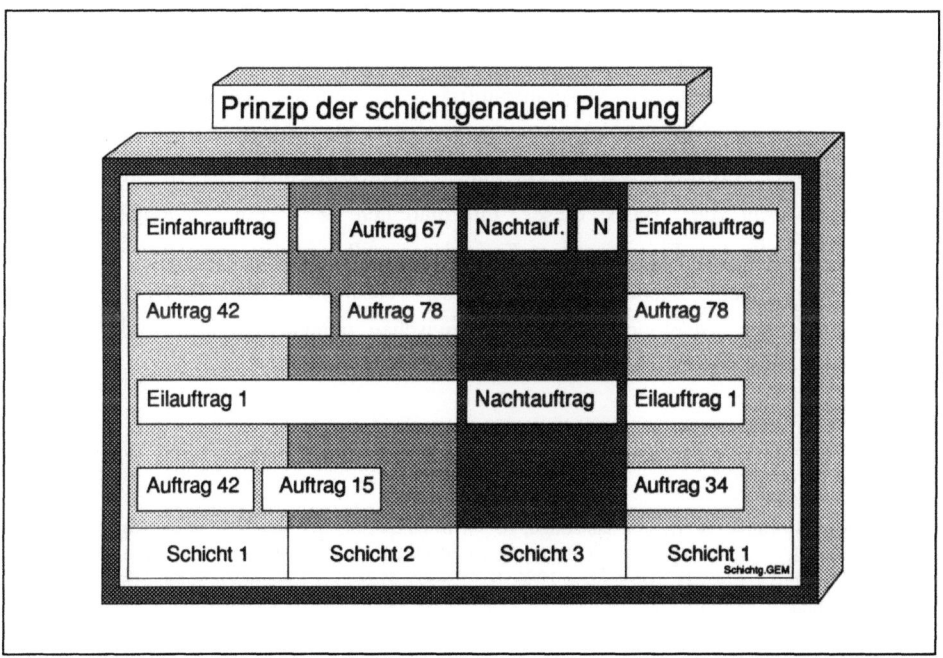

Abb. II.7: Schichtgenaue Planung

3.2 Ereignisorientierte Planung und Steuerung im dezentralen teilautonomen Bereich

Im Gegensatz zum PPS-System muß die Planung und Steuerung innerhalb der Bereiche ereignisorientiert erfolgen, d.h. die Feinterminierung soll auf aktuelle Meldungen aus dem Programm (Starttermin-Überschreitung) und auf Rückmeldungen von Maschinen- oder BDE-Terminals sofort reagieren. So müssen bspw. bei einer Maschinenstörung die Stillstandszeiten vom Kapazitätskonto abgezogen, die Auftragszeit verlängert, Umplanungsmaßnahmen eingeleitet und gegebenfalls eine Nachricht an die Instandhaltung abgesetzt werden. Ein Feinplanungs- und -steuerungssystem in der Werkstatt stößt nur dann nicht auf Akzeptanzprobleme, wenn es tatsächlich aktuelle Informationen abbilden und verarbeiten kann.

Analog muß die Koordinationsebene auf Terminrückmeldungen, längere Maschinenstörungen und sonstige Ereignisse aus den einzelnen Fertigungsbereichen reagieren, gegebenenfalls einen Neuaufwurf der Planung vornehmen und die ermittelten Starttermine an die nachfolgenden Bereiche weitergeben.

Großer Vorteil der ereignisorientierten Planung ist die Zerlegung dynamischer Prozeßabläufe der Fertigungsplanung und -steuerung in eine Reihe statischer, sequentiell abzuarbeitender Zeitintervalle, für die nahezu exakte Lösungen formuliert werden können [31], ohne dabei an Planungsflexibilität zu verlieren. Zwischen zwei Ereignissen (Maschinenauftragsanmeldung, Maschinenauftragsfertigstellung, Störungen usw.) werden die Zustände in der Fertigung (Ressourcenverfügbarkeit, Ressourcenzustand, Auftragsbestand, Prozeßfähigkeit, Qualität, Arbeitsfortschritt usw.) als bekannt angenommen. Auf der Basis dieser Informationen wird ein Planungsneuaufwurf vorgenommen. Mit dem Eintreten eines Ereignisses muß zunächst geprüft werden, ob ein Neuaufwurf oder eine Änderung der Planung vorzunehmen ist. Dabei ist auf der Leitstandebene des teilautonomen Bereichs zwischen unterschiedlichen Ereignissen zu selektieren:

- Ereignisse, die für den Plan absolut unkritisch sind (Fertigmeldung von Gutteilen

---

[31] Raman, N; Talbot, R. B.; Rachamadugu, R. V.: Simultaneous Scheduling of machines and material handling devices in automated manufacturing, in: Stecke, K. E.; Suri, R. (esd.): Proc. 2nd ORSA/TIMS Conf. on FMS, Elsevier, Amsterdam 1986, S. 455-465. Ziel dieses Ansatzes ist die Minimierung der Verspätungen aller Aufträge in einem FFS unter Berücksichtigung fest vorgegebener Endtermine und einer einem Zufallsprozeß unterliegenden Ankunft von Aufträgen. Bei der Prämisse bekannter maschinenabhängiger Bearbeitungs- und Transportzeiten wird mit Hilfe der rollierenden Planung das dynamische Planungsproblem in eine Reihe sequentieller Lösungen statischer Probleme zerlegt und als lineares Programm (Projektplanungsproblem unter Ressourcenbeschränkung) formuliert. Zitiert bei Schmidt, G.: CAM: Algorithmen und Decision Support für die Fertigungssteuerung, Berlin et al. 1989, S. 86.

oder Komplettbearbeitung eines Auftrags),
- Ereignissse, die der speziellen Beobachtung bedürfen (kurzfristige Maschinenstörungen, Werkzeugbruch, geringfügige Nacharbeiten) und
- Ereignisse, die eine Neuplanung erfordern (Ausfall einer Maschine, fehlendes Werkzeug, fehlende Vorrichtung, Ausschuß usw.).

So läßt sich z.B. ein nicht abgearbeitetes Nachtprogramm nur dann in der nächsten Früh- oder Spätschicht berücksichtigen, wenn der detaillierte Arbeitsfortschritt, der Stillstandsgrund und der Maschinenzustand dem Leitstand-System bekannt sind. Im Dreischichtbetrieb ist davon auszugehen, daß das Maschinenbelegungsproblem aufgrund nicht leerlaufender Werkstückspeicher und Maschinen ein dynamisches Ablaufplanungsproblem darstellt.

Der aktuelle Zustand in der Fertigung läßt sich auf der Basis der aktuellen Maschinenaufträge und der aktuellen Ressourcensituation beschreiben. Das Feinplanungs- und Steuerungssystem des dezentralen teilautonomen Bereichs muß grundsätzlich vier Stati für Maschinenaufträge kennen:

- Maschinenaufträge, die bereits eingeplant, aber noch nicht an der Maschine zur Bearbeitung angemeldet sind,
- Maschinenaufträge, die zur Bearbeitung angemeldet, aber noch nicht fertiggestellt sind,
- Maschinenaufträge, deren Bearbeitung begonnen, aber inzwischen unterbrochen wurde,
- Maschinenaufträge, die fertiggestellt und abgemeldet wurden.

Für bereits eingeplante, aber noch nicht bearbeitete Aufträge, die also im Auftragspool vor der Maschine stehen, wird mit jedem Tag der Termin kritischer, bis sie letztlich im ungünstigsten Fall zum "spätest möglichen Anfangstermin" zu bearbeiten sind. Der Leitstand muß also fortlaufend die geplanten oder spätest möglichen Endtermine überprüfen.

Ist ein Auftrag zur Bearbeitung an einer Maschine angemeldet oder die Bearbeitung bereits abgeschlossen und sind weitere Schritte für die Bearbeitung des Fertigungsauftrags notwendig, besteht die Möglichkeit, im Rahmen des Neuaufwurfs den Fertigungsauftrag an der Folgemaschine einzuplanen, sofern dies noch nicht geschehen ist. Diese Möglichkeit ist besonders für die planungskritischen Aufträge des Nachtprogramms wertvoll.

Für die Kapazitätsterminierung ist weiterhin die Kenntnis der aktuellen Ist-Situation der Maschinen (Ressourcensituation) erforderlich:

- Maschinenzustand:
Die Informationen zu dem Maschinenzustand beschreiben, ob die Maschine gerade ein Werkstück bearbeitet oder sich im Stillstand befindet. Im Zustand der Bearbeitung ist es sinnvoll, die Restbearbeitungszeit eines Loses sowie den Nachfolgeauftrag mit anzuzeigen, um den nächsten Auftragswechsel näher spezifizieren zu können und um nicht in die Plantafel zurückspringen zu müssen. Steht die Maschine, ist die Dauer der Stillstandszeit anzuzeigen und der gegebenenfalls zu diesem Zeitpunkt zu fertigende Auftrag sowie der Folgeauftrag.
- Prozeßfähigkeit:
Bei der Maschinenwahl muß sichergestellt sein, daß die Maschine zum Zeitpunkt der Einplanung die geforderte Qualität liefern kann. Die entsprechenden Werte sind aus der Qualitätsregelkarte zu entnehmen.
- Störungsgründe:
Bei den Störungen muß zwischen technischen und organisatorischen Gründen unterschieden werden. Technische Störungsgründe liegen z.B. bei Werkzeugbruch oder sonstigen maschinen- und vorrichtungsbedingten Mängeln vor, während organisatorische Stillstände durch Nichtbeachtung der Personalverfügbarkeit (Pausenregelung, Schichtenmodell) oder mangelnder Anzahl an Maschinenaufträgen auftreten.
- Stillstandsgründe:
Darunter werden alle Gründe aufgeführt, warum die Maschine sich nicht im Zustand der Bearbeitung befindet, die nicht auf technische oder organisatorische Stillstände zurückzuführen sind, bspw. weil die Maschine umgerüstet wird, ein Einfahrauftrag eingestellt wird oder Wartungsarbeiten an der Maschine ausgeführt werden.

Weiterhin müssen im Rahmen der ereignisorientierten Planung und Steuerung der teilautonomen Bereiche auch Materialzustände berücksichtigt werden, also Maße von Halbfertig- und Fertigteilen, die im Rahmen der Qualitätsprüfung anfallen, um gegebenenfalls auf Nachbearbeitungsgänge rechtzeitig zu reagieren und diese bei der Kapazitätsterminierung berücksichtigen zu können.

3.3 Der dispositive Freiraum

Ein wesentliches Problem bei der Produktionsplanung und -steuerung ist der Versuch, stochastisch verteilte Ereignisse deterministisch abzubilden. Aufgrund des irrtümlichen Glaubens, jedes Problem sei mathematisch mit Algorithmen lösbar, wurde versucht, die

Planung des Fertigungsprozesses als Problem der linearen Programmierung abzubilden. Das Resultat waren pseudogenaue Planungsergebnisse, die in der Paxis selten akzeptiert wurden. Grundsätzlich sind die Vorteile exakter mathematischer Beschreibungsverfahren nicht von der Hand zu weisen, wenn das Gesamtproblem in Teilprobleme mit bekannten Restriktionen zerlegbar ist und diese über ein bestimmtes Zeitintervall als konstant zu betrachten sind. Durch das Prinzip der rollierenden, ereignisgesteuerten Planung und die Bildung überschaubarer, abgegrenzter Bereiche kommt man diesen Ansätzen wesentlich näher.

Dennoch ist festzuhalten, daß mathematische Verfahren zur Planung und Steuerung der Fertigung bisher nur zu suboptimalen Lösungen führen und man bewußt Planungsungenauigkeiten in Kauf nehmen muß, da Störungen in der Fertigung auftreten und sich deshalb die Zukunft, respektive der Endtermin von Aufträgen, nicht sicher vorhersagen läßt.

Sinnvoller erscheint es, nicht feste Termine vorzugeben, sondern die Aufträge mit einem Terminrahmen zu versehen, in dem der Auftrag gefertigt werden kann. Der Nachteil ist, daß man zwar nur eine mittlere Planungsgenauigkeit erreicht, diese dafür aber mit großer Sicherheit eingehalten werden kann. Mit zunehmendem Fertigungsfortschritt wird die Planung aufgrund der besseren Qualität von benötigten BDE- und MDE-Daten immer wieder neu überarbeitet, bis zuverlässige Termine planbar sind. Je länger sich eine bestimmte Einschleusungsstrategie oder Routenwahl bspw. bei FFS hinausschieben läßt, umso detaillierter ist der aktuelle Systemzustand bekannt und umso flexibler läßt sich eine bestimmte Strategie auswählen, bzw. anwenden. In Abbildung II.8 ist die Problematik graphisch dargestellt.

Das Bild zeigt den Zusammenhang zwischen Aufträgen, Arbeitsplänen bzw. Arbeitsganginformationen, Datenmenge, Planungsfortschritt und dispositivem Freiraum. Mit zunehmender Prozeßnähe nimmt der Planungsfortschritt aufgrund detaillierter Daten zu und damit der dispositive Freiraum ab.

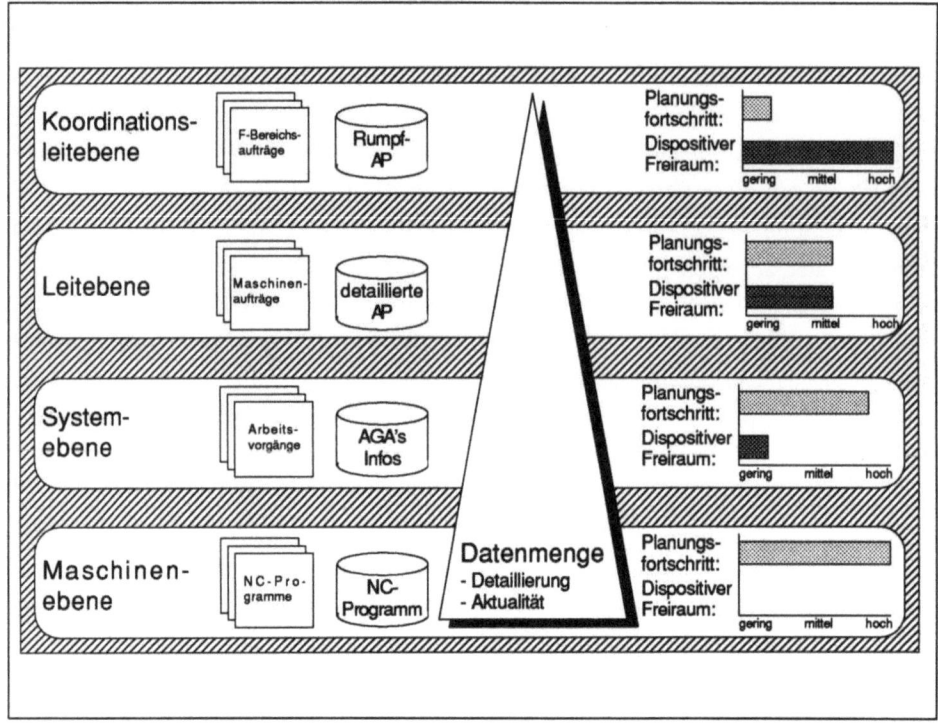

Abb. II.8: Der dispositive Freiraum auf unterschiedlichen organisatorischen Ebenen

3.3.1 Der dispositive Freiraum als Steuerungsstrategie

Das PPS-System führt eine mittelfristig ausgelegte Produktionsplanung durch [32], deren Termine nur Richtwerte für die Fertigung darstellen. Aufgrund der Vorgabe eines Terminrahmens, der größer ist als die tatsächliche Bearbeitungszeit inklusive aller Nebenzeiten, wird jeder Fertigungsauftrag mit einem dispositiven Freiraum versehen. Es handelt sich also dabei um einen zusätzlichen Zeitfaktor, der eine gewisse Flexibilität bei der Disposition von flexibel automatisierten Fertigungseinheiten gestatten soll, so daß Aufträge nach internen Kriterien des Fertigungsbereichs terminlich geplant und gesteuert werden können. Je nach Auftragssituation in dem Fertigungsbereich wird der zusätzliche Zeitfaktor mehr oder weniger in Anspruch genommen, wobei der späteste Endtermin, zu dem ein Auftrag zurückzumelden ist, nicht überschritten werden darf. Ein weiteres fixes Datum neben dem Endtermin ist der früheste Anfangstermin, zu dem das Material an den teilautonomen Bereich geliefert wird. Dies ist für die Materialwirtschaft wichtig, die ein Rohteil zu einem bestimmten Zeitpunkt der Fertigung bereitzustellen hat, aber auch z.B. bei Fertigungsnetzen

---

[32] Vgl. Scheer, A.-W.: CIM im Mittelstand - Herausforderung und Chance, in: Wildemann, H. (Hrsg.): Fabrikplanung, Frankfurt 1989, S. 175f.

über mehrere Fertigungsbereiche, wo teilweise gefertigte Werkstücke von einem teilautonomen Bereich zum nächsten weitergegeben werden.

An dieser Stelle sei auf die Eignung der Simulation hingewiesen, innerhalb derer Wahrscheinlichkeitsverteilungen berücksichtigt werden können, was den realisierbaren Durchlaufzeiten näherkommt [33]. Ergebnisse eines Simulationslaufs sind voraussichtliche Endtermine, die vor dem vom PPS-System oder der Koordinationsebene gesetzten Endtermin liegen, zu denen ein Auftrag fertigzustellen ist. Durch die fest vorgegebenen "spätesten Endtermine" lautet das Planungsergebnis: Auftrag x wird spätestens zum Zeitpunkt t oder früher fertig.

Die Bildung dispositiver Freiräume erhöht die Planungsflexibilität aufgrund der Kombination von top-down und bottom-up Planungsvorgehensweisen bei flexibel automatisierten teilautonomen Bereichen. Im Sinne des top-down-Ansatzes wird das Entscheidungsproblem hierarchisch zergliedert und auf den einzelnen Ebenen zunehmend gelöst, wobei die PPS- und Koordinationsebene nur Rahmenbedingungen aufgrund von Start- und Endterminen für die Systemebene vorgeben und Entscheidungsautonomie in bestimmten Grenzen zulassen. Die Verfolgung bestimmter, den Lösungsraum einschränkender Ziele auf den unterschiedlichen Hierarchieebenen, wie die Minimierung der Durchlaufzeit im ersten oder die Maximierung der Kapazitätsauslastung im zweiten Schritt, als typische Vorgehensweise bei top-down-Ansätzen, wird jedoch nicht vorgenommen. Die Gewährleistung der Systeminitialisierung auf der Koordinationsebene wird entweder durch die geprüfte Verfügbarkeit der im Bereich vorhandenen Werkzeuge und Vorrichtungen oder durch die Belegung sowie Zuweisung von Werkzeugen und Vorrichtungen aus zentralen Lägern erreicht.

Die Entscheidungsautonomie auf der Systemebene repräsentiert die Möglichkeit der bottom-up-Vorgehensweise, da eine Einschleusung, Reihenfolgeplanung und Maschinenbelegung in den Bereich oder ein FFS explizit zugelassen wird. Durch die erforderliche Einhaltung der Start- und Endtermine sind die getroffenen Entscheidungen auch auf höherer Dispositionsebene zulässig. Die ereignisorientierte Koordination von bottom-up-Entscheidungen auf der Systemebene über mehrere Bereiche hinweg, garantiert die Materialbereitstellung und die zeitnahe Steuerung der Aufträge durch die Fertigung. Soweit bei der top-down-Vorgehensweise nicht echte Zielkonflikte mit der bottom-up-Vorgehensweise auftreten, sind die mit Hilfe des bottom-up-Ansatzes gefundenen Pläne nie schlechter als die der top-down-Vorgehensweise [34].

Der dispositive Freiraum gestattet somit dem Personal im teilautonomen Fertigungsbereich,

---

[33] Vgl. Herterich, R.; Zell, M.: Verteilte Produktionsplanungs- und -steuerungssysteme unter Einsatz von Mikrocomputern, Schlußbericht zum Forschungsvorhaben der DFG, Nr. Sche 185/3-3, Saarbrücken 1990.
[34] Vgl. Schmidt, G.: CAM: Algorithmen und Decision Support für die Fertigungssteuerung, Berlin et al. 1989, S. 102f.

Aufträge nicht mehr zu einem bestimmten, vom PPS-System festgelegten Zeitpunkt bearbeiten zu müssen, sondern innerhalb eines definierten Zeitrahmens [35]. Damit lassen sich auch kleinere, stochastisch auftretende Störungen bspw. durch eine alternative Routenwahl im Rahmen einer "Realtime-Entscheidung" abfangen. Zu welchem genauen Zeitpunkt der Fertigungsauftrag bearbeitet wird, ist dabei für das PPS-System nicht von Bedeutung, solange keine Terminverletzung auftritt [36].

Von diesem Konzept profitiert zunächst der Disponent des dezentralen Fertigungsbereichs, der Aufträge nach der aktuellen Situation mit einem vorgegebenen Zeitpuffer in seinem Verantwortungsbereich einplanen kann.

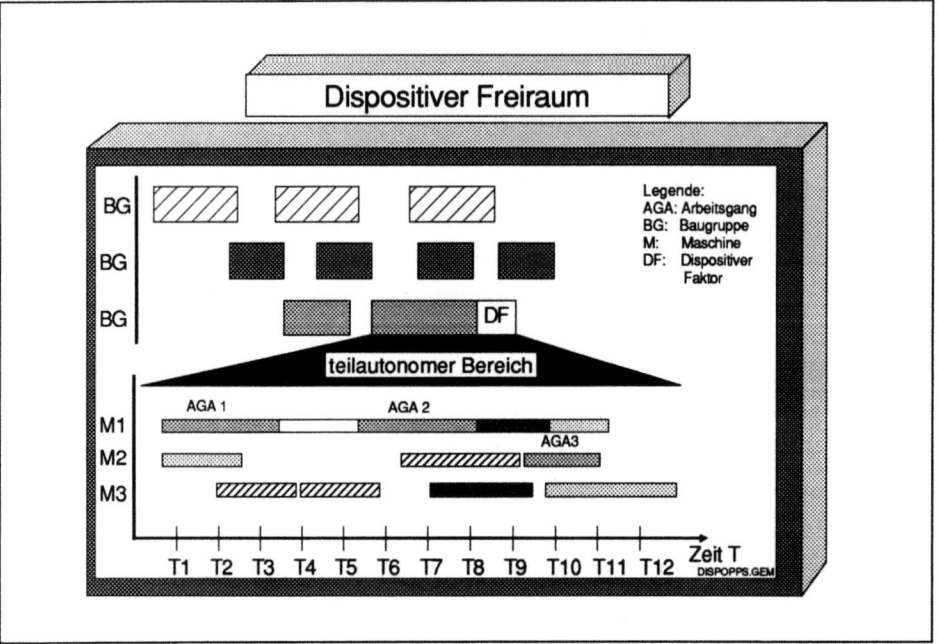

Abb. II.9: Dispositiver Freiraum

Die zusätzliche Entscheidungsautonomie schaffende Zeiteinheit muß nicht nur für einen gesamten dezentralen Bereich existieren, sondern kann bei Bedarf noch weiter unterteilt werden. Gliedert sich ein Fertigungsauftrag in mehrere Maschinenaufträge, läßt sich jeder Maschinenauftrag ebenfalls mit einem dispositiven Freiraum versehen, was vor allem für die

---

[35] Vgl. Maßberg, W., Habich, M.: Dezentrale Planungs- und Steuerungsstrukturen als Konsequenz steigender Flexibilitätsanforderungen, in: Hackstein, R. (Hrsg.): Organisation und Personalführung beim Einsatz Neuer Technologien: Konzepte im Hinblick auf den europäischen Binnenmarkt, Köln 1989, S. 143-202.

[36] Vgl. Habich, M.: Koordination autonomer Fertigungsinseln durch ein adaptiertes PPS-Konzept, in: ZwF, 84(1989)2, S. 74-77.

flexible Automatisierung wichtig ist. Oft ist der Disponent des Leitstands nicht über alle Einzelheiten der aktuellen Situation an der Maschine informiert. Zudem entstehen durch Mehrmaschinenkonzepte (z.B. bei flexiblen Fertigungssystemen mit ersetzenden und ergänzenden Fertigungseinheiten) komplexe Problemstellungen, die sich vom Leitstand nicht vollständig überschauen und lösen lassen. Ein einfaches Beispiel ist der Ausfall einer Maschine im FFS. Existiert für die einzelnen Aufspannungen eine feste Zuordnung an ein Bearbeitungszentrum, so kann das Teil bei Störung dieser Maschine nicht gefertigt werden. Das Fehlen einer Ausweichstrategie bei Maschinenausfall im FFS vermindert die Flexibilität erheblich. Es sollte also möglich sein, auch in FFS unterschiedliche Fertigungsstrategien zuzulassen. Die Handhabung des maschinenbezogenen, dispositiven Freiraums zeigt Abbildung II.10.

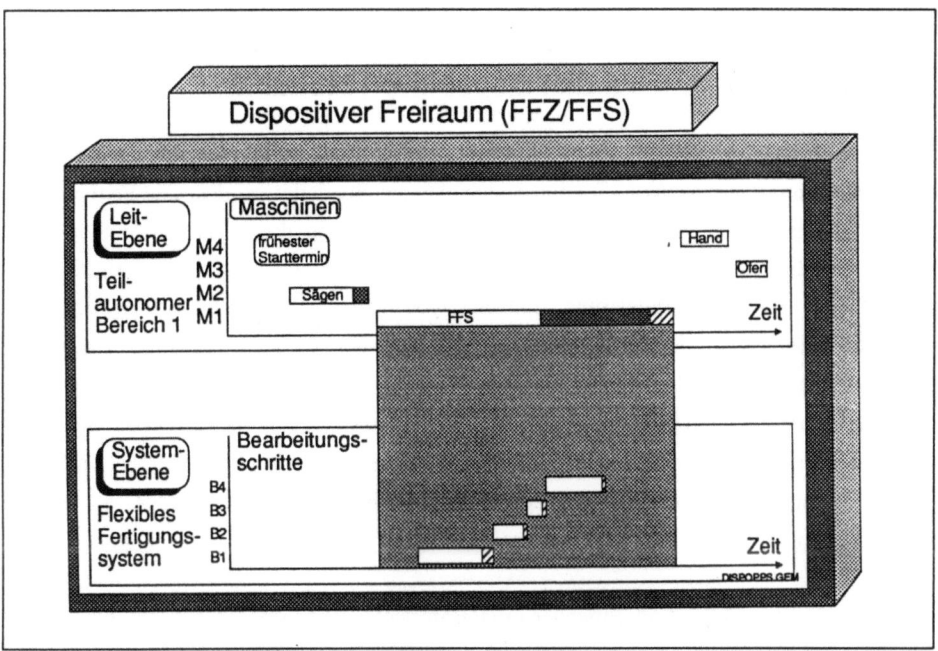

Abbildung II.10: Maschinenbezogener dispositiver Freiraum

Die Länge des dispositiven Freiraums läßt sich beliebig, je nach den Anforderungen im Fertigungsbereich, festlegen; bei einfachen Handarbeitsplätzen kann er auch Null sein, wenn es nicht sinnvoll erscheint, den Maschinenbediener die Auftragsreihenfolge wählen zu lassen. Die Zeitzuschläge werden umso länger sein, je schwieriger sich die Planung und Steuerung einer Maschine darstellt, d.h. je flexibler das Maschinenkonzept aufgebaut ist. Der dispositive Freiraum ist bei einem flexiblen Fertigungssystem länger als bei einer flexiblen Fertigungszelle, deren dispositiver Freiraum wiederum länger ist als bei einem

Bearbeitungszentrum. Die Grundidee zur Gestaltung zusätzlicher Zeiteinheiten bei verschiedenen automatisierten Fertigungskonzepten bestätigt eine empirische Untersuchung [37]. Bei Bearbeitungszentren waren die technisch bedingten Stillstandszeiten, die durch technische Störungen hevorgerufen wurden, an den Maschinen direkt sehr gering.

Ein weiterer, in seiner Wichtigkeit nicht zu unterschätzender Aspekt, ist der Gedanke, dem hochqualifizierten Maschinenbediener Freiheiten bei der Bearbeitung von Aufträgen einzuräumen und ihn nicht durch feste Bearbeitungsreihenfolgen an das Steuerungssystem zu binden. Oft kennt er die auftauchenden Probleme "seiner Maschine" am besten und kann entsprechend darauf reagieren. Zur Unterstützung bei der Entscheidungsfindung können ihm rechnergestützt Planungs- und Steuerungsmodelle angeboten werden. Zudem gibt ihm der dispositive Freiraum das Gefühl, trotz EDV-System eigenständige Entscheidungen treffen zu können.

3.3.2 Einflußgrößen auf den dispositiven Freiraum

In diesem Abschnitt soll die einzuräumende Zusatzzeit qualitativ für die Termin- und Kapazitätsplanung auf der Koordinationsleitstandebene abgeleitet werden. Die Fertigung ist ein mit großen Unsicherheiten behafteter Vorgang, der sich durch sehr viele Störungen auszeichnet, die Fertigungsabläufe verzögern oder sogar verhindern können. Aufgrund der im Rahmen der Dezentralisierung zunehmenden organisatorischen Entkopplung der indirekten Bereiche von der Fertigung und der Verlagerung von Entscheidungsautonomie in die Werkstatt, müssen den entsprechenden Mitarbeitern Freiräume geschaffen werden. Jedoch sollten diese nicht willkürlich gewählt, sondern entsprechend den Anforderungen des dezentralen Bereichs flexibel gestaltbar sein. Anhand verschiedener Einflußgrößen, die sich auf die Länge des zusätzlichen Zeitfaktors auswirken können, werden qualitative Ausprägungen dargestellt.

Störungen an Maschinen sind entweder organisatorischer oder technischer Art, beide sind für die Berücksichtigung im Rahmen der Fertigungssteuerung wichtig. Unter organisatorischen Störungen werden vor allem Eilaufträge mit kritischen Endterminen verstanden, aber auch Einfahraufträge, für die keine detaillierte Durchlaufterminierung festgelegt werden kann, sowie fehlendes Personal, Rohteile, fehlende Vorrichtungen, Werkzeuge und fehlerhafte NC-Programme oder durchzuführende NC-Programmkorrekturen.

---

[37] Vgl. Büdenbender, W., Scheller, Th.: Flexible Fertigungssysteme in der Praxis - Untersuchung des Betriebsverhaltens, in: VDI-Z, 129(1987)10, S. 27.

Technische Störungen

Technische Störungen lassen sich in direkte technisch bedingte Stillstände, indirekte technische Stillstandszeiten und in systemtechnisch bedingte Stillstandszeiten aufgrund von Anlaufphasen einteilen, z.B. in der Frühschicht durch Wartezeiten beim Anlaufen der Maschinen, bei Werkstück- und Werkzeughandhabungszeiten oder auch Zeiten, die beim Hochfahren nach einer Störung auftreten können. Anlaufzeiten in der Frühschicht oder die Handhabungszeiten sind im engeren Sinne keine Störungen, sondern ergeben sich zwangsläufig und haben ihren Ursprung in den systemimmanenten Merkmalsausprägungen der Anlage. Systemtechnisch bedingte Stillstandszeiten lassen sich jedoch durch eine gute Fertigungsorganisation verringern, denn Anlaufzeiten entstehen vor allem bei einem Zweischichtbetrieb, wenn zur nächsten Frühschicht erst Aufträge gerüstet werden müssen, oder bei einem bedienerarmen/bedienerlosen Dreischichtbetrieb, wenn die Maschine am nächsten Morgen zunächst entrüstet bzw. gerüstet werden muß.

Direkte technisch bedingte Stillstände sind unmittelbar an der Maschine auftretende Fehler, wie Werkzeugwechselfehler, Werkzeugbruch oder Getriebeschaltfehler, aber auch sporadisch auftauchende Störungen im Bereich der elektronischen, pneumatischen und mechanischen Baugruppen, die durch Verschleiß auftreten können. Indirekte technische Störungen betreffen die übrigen Systemkomponenten, bspw. der Werkstück- und Werkzeughandhabungssysteme.

Untersuchungen von WIENDAHL haben gezeigt [38], daß fast 50% der angefallenen Störungen im Bereich von 10 Minuten lagen, allerdings nur 12% des erfaßten Stillstands betrugen. Etwas über 5% der Störungen waren jedoch für knapp 50% aller Stillstandszeiten verantwortlich. Dies läßt auf große Unsicherheiten beim FFS aufgrund technischer Mängel schließen, kann aber auch an einer ungenügenden Instandhaltungsorganisation liegen.

Jüngere Betriebsuntersuchungen in zwei Unternehmen verdeutlichen, daß zwar auch weiterhin die relative Häufigkeit über 60% bei technisch und organisatorisch bedingten Stillständen im Bereich von 10 Minuten liegt [39], die längeren Stillstände jedoch abnehmen. Zukünftig kann von einer relativ hohen Systemsicherheit ausgegangen werden und davon, daß Störungen überwiegend im Bereich bis zu 10 Minuten auftreten. Diese kleineren Störungen können vom Anlagenpersonal behoben werden. Aufgrund der Häufigkeit kurzfristiger Störungen, theoretisch einmal je Stunde, summiert sich jedoch ein nicht zu verachtender Zeitfaktor auf. Legt man eine minutengenaue Planung zugrunde, entsteht innerhalb eines Dreischichtbetriebs dennoch eine erhebliche zeitliche

---

[38] Vgl. Wiendahl, H.-P.; Springer, G.: Untersuchung des Betriebsverhaltens flexibler Fertigungssysteme, in: ZwF, 81(1986)2, S. 95-100.
[39] Vgl. Büdenbender, W., Scheller, Th.: Flexible Fertigungssysteme in der Praxis - Untersuchung des Betriebsverhaltens, in: VDI-Z, 129(1987)10, S. 22-28.

Ungenauigkeit. Deshalb sollten für FFS zusätzliche Zeiteinheiten geplant werden, die diese kurzfristigen Maschinenstillstände berücksichtigen.

Organisatorische Störungen
Unter organisatorischen Störungen werden vor allem Eilaufträge mit kritischen Endterminen verstanden, aber auch Einfahraufträge, für die keine detaillierte Durchlaufterminierung festgelegt werden kann, sowie fehlendes Personal, fehlende Rohteile, Vorrichtungen, Werkzeuge und fehlerhafte NC-Programme oder durchzuführende NC-Programmkorrekturen.

Fehlende Rohteile lassen sich auf eine ungenügende Materialwirschaft, fehlendes Personal, fehlende Vorrichtungen und Werkzeuge lassen sich auf eine schlechte Fertigungsplanung und -steuerung zurückführen. Fehlerhafte NC-Programme gehen zu Lasten der NC-Programmierung und treten häufig bei Neuteilen auf (siehe dazu Anzahl der Einfahraufträge).

Wichtige organisatorische Einflußfaktoren sind die Anzahl der Aufträge, die innerhalb eines Planungszyklus freigegeben werden, die Losgröße in Verbindung mit der Bearbeitungszeit sowie die Anzahl der Einfahr- und Eilaufträge.

Aus der Aufzählung wird deutlich, daß ein großer Teil der organisatorischen Störungen auf Situationen zurückzuführen sind, die nicht direkt in dem Fertigungsbereich entstanden sind, sondern eher auf von außerhalb kommenden Unregelmäßigkeiten basieren.

Anzahl Aufträge pro Zeitintervall und Planungsbereich
Unter diesem Kriterium sind die Fertigungsaufträge zu verstehen, welche durch das PPS-System in sogenannten "Auftragsbündeln" freigegeben wurden. Dabei können Aufträge existieren, die vom Endtermin her gesehen miteinander konkurrieren. Um Konflikte abzufangen und tatsächlich Entscheidungsautonomie zu gewährleisten, muß der dispositive Freiraum zunehmen, wenn mehrere Aufträge zu einem ähnlichen Endtermin fertig gemeldet werden sollen. Dem Disponenten ist damit die Fertigungsauftragsreihenfolge freigestellt.

Je mehr Aufträge also in einem bestimmten Zeitintervall (tägliche Auftragsfreigabe) mit ähnlichem Endtermin freigegeben werden, umso länger muß der dispositive Freiraum sein.

Losgröße
Die Losgröße ist mitbestimmend für die Verweildauer eines Auftrags an der Maschine. Je länger die Verweildauer, desto größer muß der dispositive Freiraum sein, um Entscheidungsautonomie bei der Termin- und Kapazitätsplanung auf der Leitstandebene zu gewährleisten. Zudem ergeben sich nicht genau bestimmbare Endtermine durch die Fertigung im Auftragsmix. Aus bereits beschriebenen Gründen sollte die Losgröße begrenzt

werden [40]. Allerdings steigt der Zeitzuschlag nicht linear, sondern nimmt degressiv ab, da Rüstvorgänge entfallen und mit der Losgröße organisatorische Störungen aufgrund von Routinetätigkeiten abnehmen. Die zusätzliche Zeiteinheit muß also vor allem für kurzfristige Planungsmöglichkeiten, für den Auftragsmix und zum Abfangen technischer Störungen gewährt werden.

Bearbeitungszeit

Je länger ein Teil bearbeitet wird, desto höher ist die Wahrscheinlichkeit, daß keine indirekten technischen Störungen durch Handhabungsfehler auftreten. In Verbindung mit der Losgröße nimmt die Auftragswechselfrequenz und damit die Wahrscheinlichkeit ab, daß es zu Maschinenstillständen aufgrund von organisatorischen Störungen kommt. Mit zunehmender Bearbeitungszeit nimmt der dispositive Freiraum absolut zu, steigt jedoch degressiv, sodaß der relative dispositive Freiraum abnimmt. Es ist zu beachten, daß ein Arbeitsvorgang mit großem Arbeitsinhalt die gewichtete mittlere Durchlaufzeit sehr viel mehr belastet, als ein solcher mit geringem Arbeitsinhalt [41], was eine Abnahme des relativen dispositven Freiraums bewirkt.

Anzahl Einfahraufträge

Für Bearbeitungsaufträge, die erstmals gefertigt werden, existieren keine detaillierten Arbeitspläne oder alternativen Bearbeitungsstrategien. Der Zeitzuschlag ist bereits durch die Ungenauigkeit bei der Festlegung der Durchlaufzeit relativ groß. Aus der Erhöhung von Einfahraufträgen folgt eine drastische Steigerung der dispositiven Freiräume. Diese nehmen sowohl absolut als auch relativ zu, sodaß die zusätzlichen Zeiteinheiten progressiv steigen. Zudem muß die Wirkung von Einfahraufträgen auf andere Aufträge berücksichtigt werden. Der disposive Freiraum für "normale" Aufträge steigt ebenfalls, allerdings genügt eine lineare Steigerung des absoluten Wertes, der relative Zeitzuschlag bleibt konstant.

Anzahl Eilaufträge

Eilaufträge sind terminkritische Aufträge, die keinen dispositiven Freiraum besitzen. Die steigende Anzahl von Eilaufträgen ist für den eigenen Zeitzuschlag ebenso bedeutungslos wie für andere Eilaufträge. "Normale" Aufträge müssen aufgrund zusätzlicher Eilaufträge terminlich zurückgestellt werden müssen. Damit "normale" Aufträge nicht zu Eilaufträgen werden, nimmt bei Kenntnis der relativen Anzahl Eilaufträge der dispositive Freiraum zu.

---

[40] Vgl. Wiendahl, H.-P.; Lorenz, W.: Simulation von Fertigungsabläufen, in VDI-Z 129(1987)12, S. 44f.
[41] Vgl. Wiendahl, H.-P.; Lüssenhop, Th.: Wirkung von Prioritätsregeln - Eine kritische Betrachtung, in: VDI-Z, 131(1989)1, S. 38. Gegenüber der konventionellen Darstellung werden nicht nur die Lose über die Dimension "Zeit", sondern es wird eine weitere Dimension, nämlich der Arbeitsinhalt der Lose in Vorgabestunden abgetragen. Bei dieser Darstellung spricht man vom zweidimensionalen Durchlaufelement.

Die absolute Zeiteinheit der "normalen" Aufträge steigt mindestens linear, der relative Zeitzuschlag bleibt bei linearer Steigung unverändert. Eine erhöhte Anzahl Eilaufträge wirkt sich also grundsätzlich auf die Durchlaufzeit der übrigen Aufträge aus, was für die Fertigungssteuerung ausgesprochen unbefriedigend ist. Zudem dürften die organisatorischen Störungen aufgrund mangelnden Personals, Werkzeugen, Vorrichtungen und NC-Programmen erheblich zunehmen.

Einfahr- und Eilaufträge sind die primäre Ursache für organisatorische Störungen. Da Einfahraufträge zwangsläufig entstehen, sollten vor allem Eilaufträge, die durch Endterminverletzungen entstehen, vermieden werden. Der dispositive Freiraum bietet gerade diesbezüglich ein wirkungsvolles Instrument. Die Einflußfaktoren des dispositiven Freiraums sind in Abbildung II.11 dargestellt.

	Aktion	DF absolut	DF relativ	Ausprägung
Anzahl Aufträge pro Zeitintervall	↑	↑	↓	degressiv
Losgröße	↑	↑	↓	degressiv
Bearbeitungszeit	↑	↑	↓	degressiv
Flexibilität der Maschine (BAZ, FFZ, FFS)	↑	↑	↓	degressiv
Anzahl Einfahraufträge (sich selbst betreffend)	↑	↑	↑	progressiv
Anzahl Einfahraufträge (andere Aufträge betref.)	↑	↑	—	proportional
Anzahl Eilaufträge (sich selbst betreffend)	↑	—	—	—
Anzahl Eilaufträge (andere Aufträge betref.)	↑	↑	—	proportional

Abb. II.11: Einflußfaktoren auf den dispositiven Freiraums

3.3.3 Steuerungstechnische Handhabung des dispositiven Freiraums

Durchläuft ein Werkstück bei seiner Bearbeitung vom Rohteil zum Fertigfabrikat mehrere dezentrale Bereiche und wird jedem Bereich ein dispositiver Freiraum eingeräumt, läßt sich leicht vorstellen, daß jede zusätzlich gewährte Zeiteinheit, die Durchlaufzeit erhöht. Es soll nun die Gestaltung der Koordination dezentraler Bereiche dargestellt werden. Eine wichtige Aufgabe der Koordination ist neben der Grobplanung und -steuerung von Aufträgen, die Verwaltung des dispositiven Freiraums um Durchlaufzeiten zu minimieren. Bei dem Konzept wird davon ausgegangen, daß der Disponent des teilautonomen Bereichs seinen zeitlichen Freiraum nicht voll ausnutzt und damit der Auftrag für die nachfolgende Fertigungs- oder Montageeinheit verfügbar ist. Letztlich handelt es sich bei dem nicht genutzten Freiraum um einen Zeitgewinn, der nicht verschenkt werden darf. Der Planungs- und Steuerungsablauf funktioniert folgendermaßen:

PPS- oder Koordinationsebene:
Die entsprechende PPS- oder Koordinationsebene gibt, aufgrund von Rumpfarbeitsplänen, grobterminierte Fertigungsaufträge frei und verteilt sie mit festen Endterminen auf die teilautonomen Bereiche.

Leitstandebene (teilautonomer Bereich):
Der teilautonome Bereich empfängt die Fertigungsaufträge und führt eine schichtgenaue Termin- und Kapazitätsplanung auf der Basis detaillierter Arbeitspläne durch. Je nach Flexibilisierungsgrad der Maschine können noch weitere Alternativarbeitspläne existieren, so daß bspw. auch für FFS ein weiterer dispositiver Spielraum existiert. Der Vorteil besteht darin, auch an dem FFS verschiedene Strategien zu fahren. Mit abnehmender Flexibilität der Maschine verringert sich aber dieser Spielraum.

Systemebene FFS/FFZ:
Der Maschinenbediener kann die Planungsvorgaben, also auch den vorgeschlagenen Arbeitsplan, übernehmen oder bei technischen bzw. organisatorischen Störungen auf Alternativarbeitspläne ausweichen. Sobald ein Maschinenauftrag begonnen wird, erfolgt eine Meldung an die Dispositionsebene.

Leitstandebene (teilautonomer Bereich):
Auf der Basis des tatsächlichen Starttermins an der ersten Maschine berechnet das System unter Berücksichtigung des dispositven Freiraums an den flexibel automatisierten Fertigungseinheiten den Endtermin. Weil mit dem Start der Bearbeitung an dieser

Fertigungseinheit immer noch technische Störungen auftreten können, ist es besser, den Zeitzuschlag bei der Berechnung des Endtermins zu berücksichtigen.

Da FFS/FFZ praktisch eine Komplettbearbeitung durchführen, auch wenn möglicherweise eine Nachbearbeitung notwendig ist, kann der Endtermin als realistisch angenommen werden. Dieser Termin wird an die Koordinationsebene gemeldet, die Übergangszeiten dazu addiert und der errechnete Wert an den nächsten teilautonomen Bereich als frühesten Starttermin weitergemeldet.

Voraussetzung dieser Strategie ist die Entwicklung eines detaillierten BDE-Konzepts mit entsprechender Verwaltung unterschiedlicher Auftragsstati. So müssen kleine, den dispositiven Freiraum nicht überschreitende Störungen an der Maschine nicht an die Leitebene zurückgemeldet werden; erst längerfristige Maschinenstillstände sind anzuzeigen. Solange der durch die PPS- bzw. Koordinationsebene festgelegte Endtermin nicht überschritten wird, erfolgt keine Rückmeldung an diese Ebene. Sollte sich jedoch absehen lassen, daß der Auftrag nicht in dem festgelegten Zeitrahmen fertiggestellt werden kann, meldet der teilautonome Bereich den Fehler an die nächst höhere Planungs- und Steuerungsebene. Diese storniert den Fertigungsauftrag in den anderen teilautonomen Bereichen.

Grundsätzlich wird die Steuerungsphilosophie vertreten, daß zwar Freiräume bei der Abarbeitung eines Auftragsspektrums eingeräumt werden, die dem Werkstattpersonal begrenzte dispositive Freiheiten gewähren, allerdings die geplanten Strategien auf den einzelnen Hierarchiestufen genau überwacht werden.

Die folgenden Abbildungen II.12-II.15 stellen die Koordination mit Hilfe des dispositiven Freiraums dar. Abbildung II.12 zeigt die Termin- und Kapazitätsplanung sowohl der Koordinationsebene, als auch der Leitstand- und Systemebene mit definierten dispositiven Freiräumen. Ein Start der Bearbeitung hat noch nicht stattgefunden. Die definierten Start- und Endtermine stellen sozusagen die Ausgangssituation dar. Abbildung II.13 veranschaulicht die erste Rückmeldung nach der Bearbeitung an der Säge. Der erste Arbeitsgang wurde abgeschlossen, die nächsten Bearbeitungsschritte sind auf dem FFS durchzuführen.

Ein großer Zeitgewinn wird möglicherweise realisiert, wenn das FFS den gegebenen dispositiven Freiraum nicht nutzt und den Auftrag früher als zum spätest möglichen Termin zur Bearbeitung anmeldet (Abbildung II.14). Auch während der Fertigung an dem FFS bestehen Unsicherheiten bezüglich stochastisch auftretender Störungen. Dies wird durch einen entsprechenden Zeitpuffer berücksichtigt. Nach der Fertigstellung des Teils an der FFS entfallen die Unsicherheiten durch technische Störungen, so daß in der Regel ein fester Endtermin definiert werden kann (Abbildung II.15).

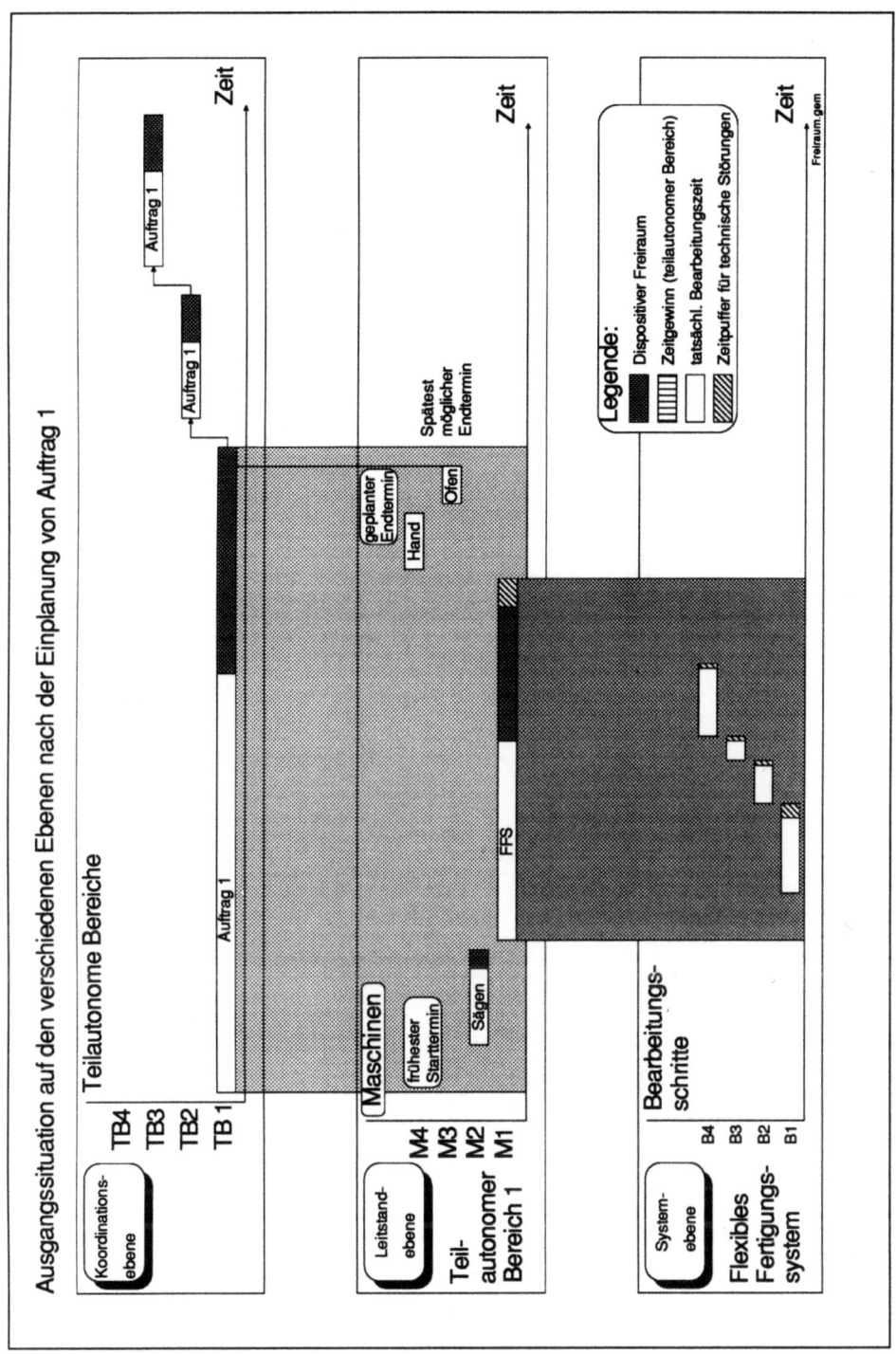

Abb. II.12: Dispositiver Freiraum vor Bearbeitungsbeginn

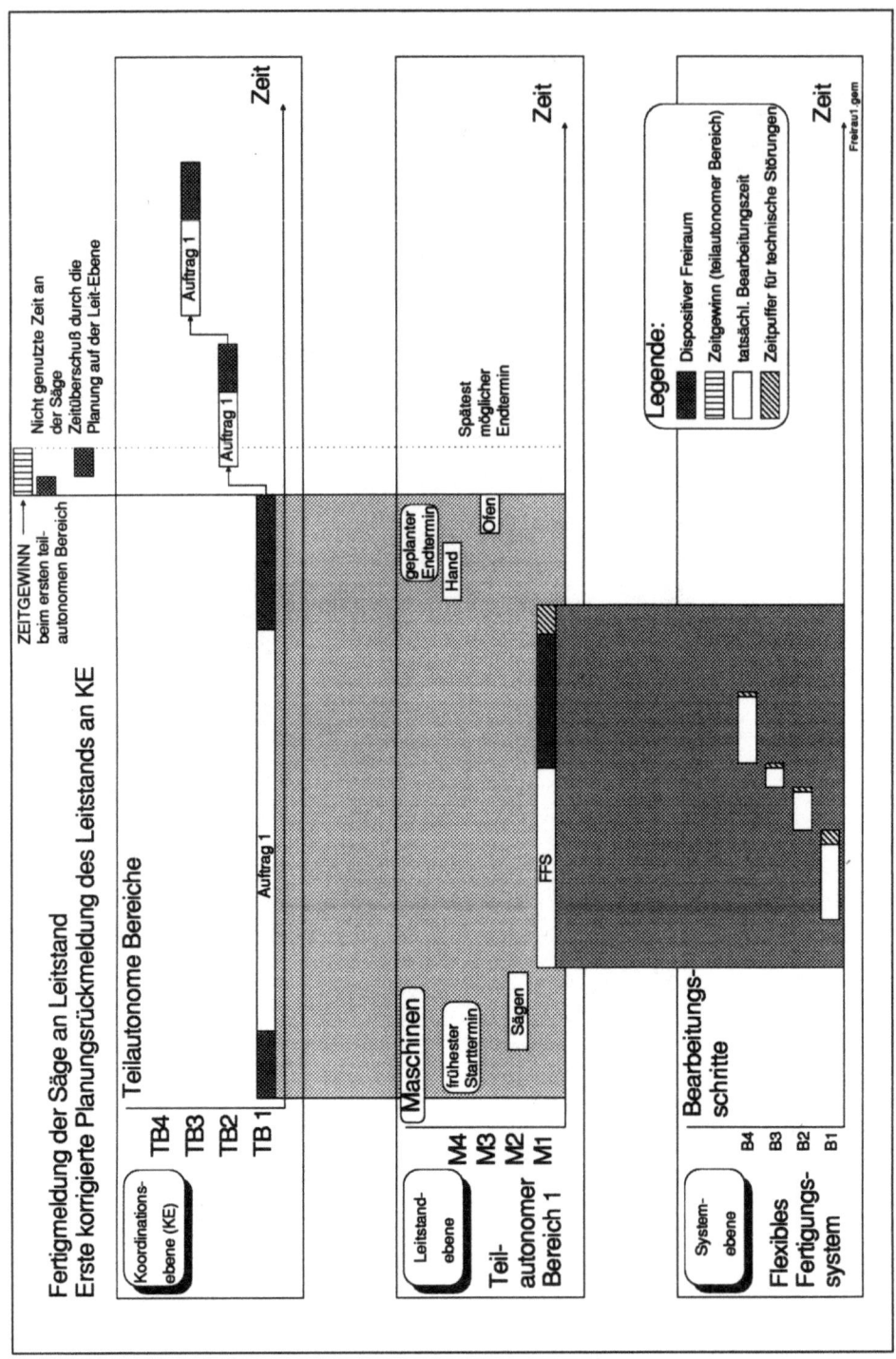

Abb. II.13: Erste korrigierte Planungsrückmeldung durch den Leitstand

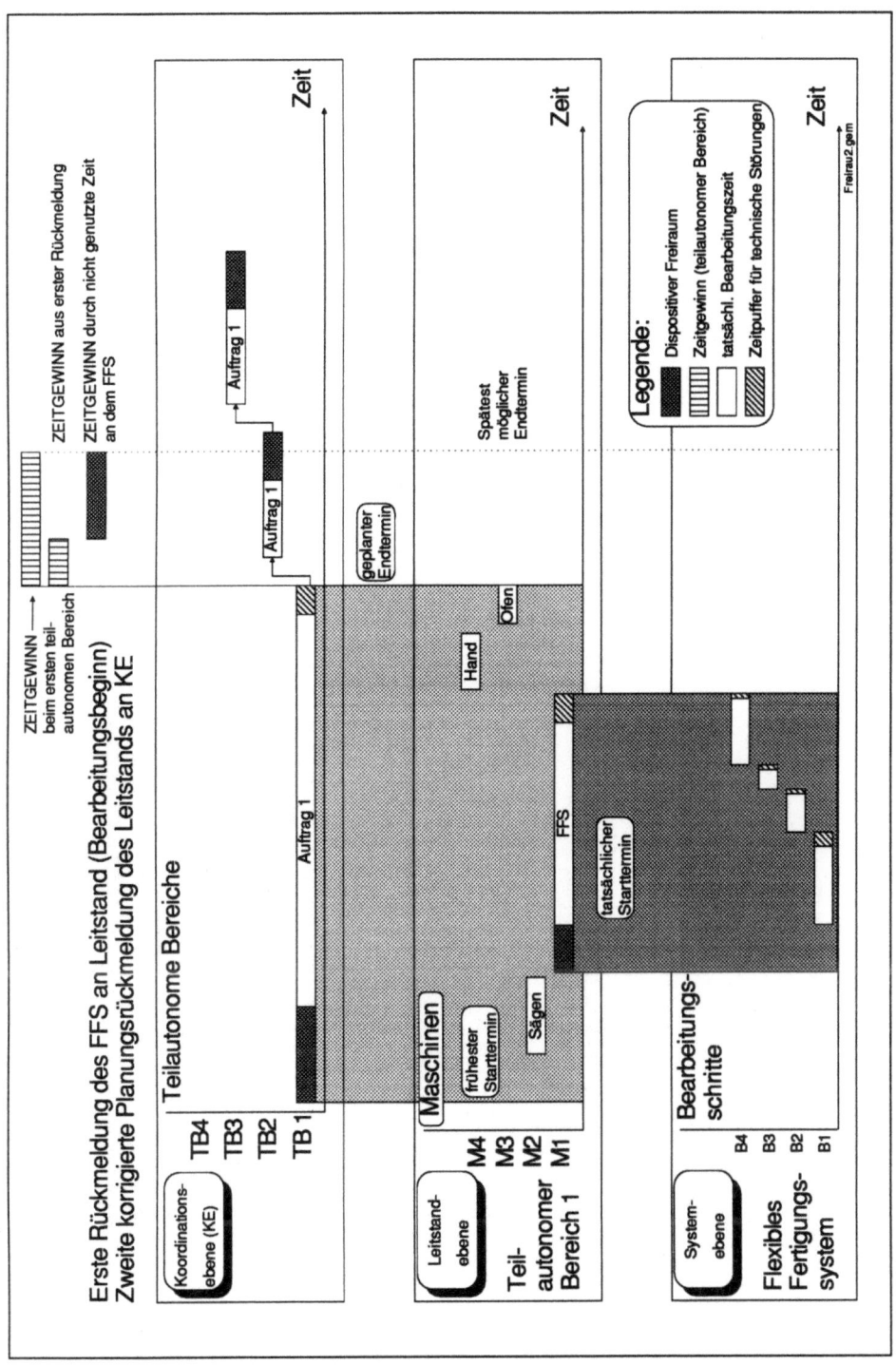

Abb.II.14: Anmeldung der Bearbeitung an FFS

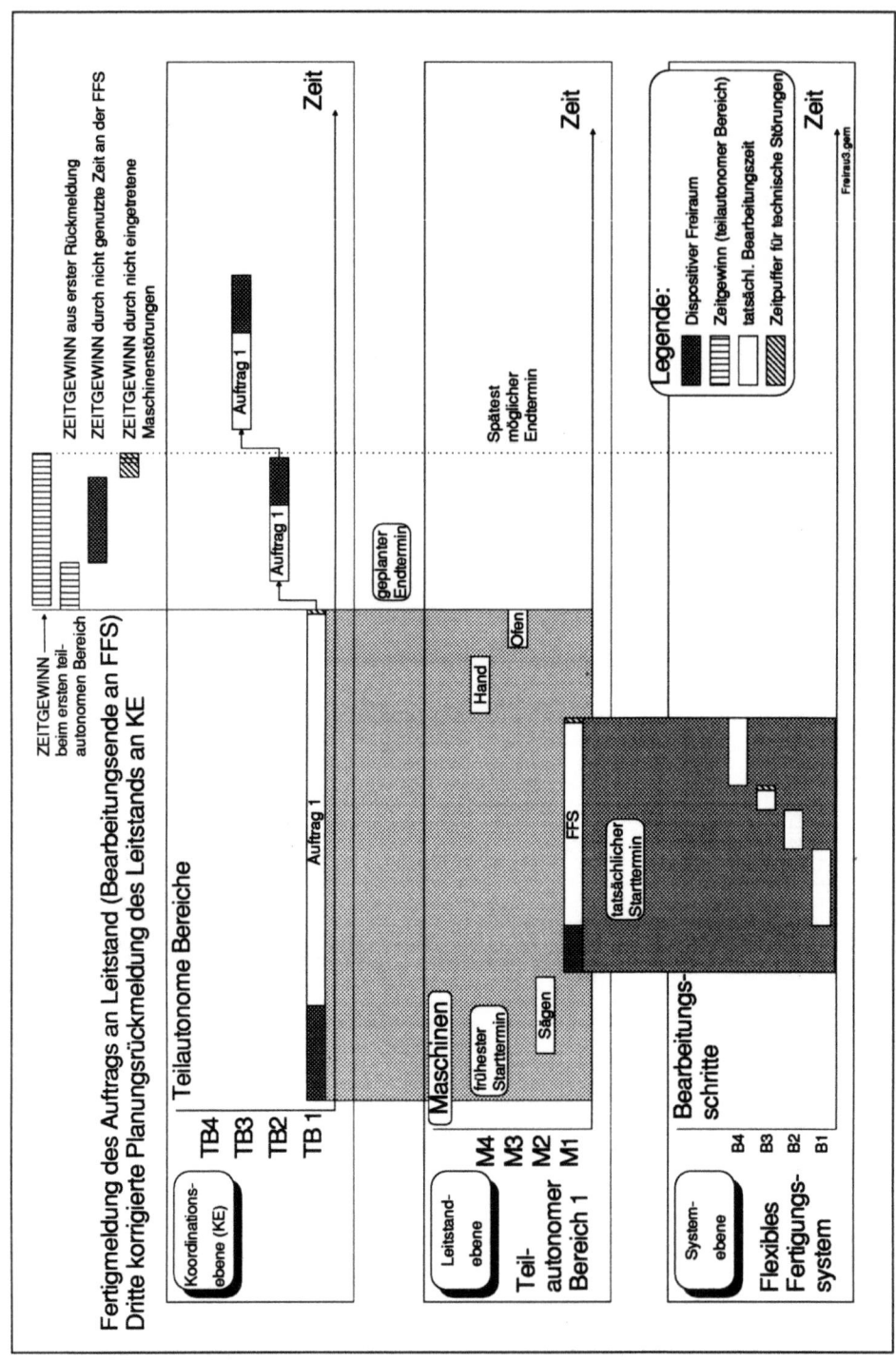

Abb.II.15: Abmeldung der Bearbeitung an FFS

Teil III: Modellierung des Fertigungsleitstands

Problem bei der Erstellung von Software ist die strukturierte Umsetzung des im Projekt entwickelten, betriebswirtschaftlich-technischen Anwendungskonzeptes in Software-Code [1]. Es stellt sich nun die Frage nach der strukturierten Umsetzung. An der Realisierung integrierter Informationssysteme sind verschiedene Partner aus unterschiedlichen Fachabteilungen, aus der Informatik sowie externe Berater und Hersteller beteiligt [2]. Zur Rationalisierung der Software-Entwicklung bedarf es klar definierter Strukturen, um Teilaufgaben auf unterschiedliche Entwicklerteams zu verteilen und besser handhaben zu können [3]. Diese Systematik wird als Software-Architektur bezeichnet [4] und erlaubt aufgrund der streng strukturierten Vorgehensweise die EDV-Unterstützung [5]. Entsprechende Hilfsmittel bei der Erstellung von Software sind die sogenannten Software- oder CASE-Tools. CASE wird oft lediglich als Werkzeug zur maschinell unterstützten Programmentwicklung interpretiert; wesentlich wichtiger ist jedoch die sorgfältige EDV-gestützte Aufbereitung des Entwurfs [6]. Viele DV-Tools gliedern in Funktionen- und Datenmodelle [7], wobei die Ursache hierfür in den konventionellen Programmiersprachen liegt.

Immer noch entfällt ein Großteil der Kosten auf die Erweiterung und Pflege der Programme [8]. Der Grund liegt in fehlenden Abstraktionsmechanismen, die die Anpassung an kundenspezifische Anforderungen erleichtern. So verstärkten sich in den letzten Jahren die Aktivitäten bezüglich der "physischen und konzeptionellen Wiederverwendbarkeit" [9] von Softwarebausteinen, um die Produktivität und Qualität der Softwareentwicklung und -pflege zu steigern [10]. Dabei sind zwei Forschungsrichtungen festzustellen. Die erste versucht mit Hilfe von Kompositionsmechanismen, die in Applikationen eingebunden sind, die Wieder-

---

[1] Vgl. Scheer, A.-W.: Konzept für ein betriebswirtschaftliches Informationsmodell, in: ZfB 60(1990)10, S. 1016.
[2] Vgl. Scheer, A.-W.: Architektur integrierter Informationssysteme, Berlin et al. 1991, S. 1.
[3] Vgl. Pocsay, A.: Methoden- und Tooleinsatz bei der Erarbeitung von Konzeptionen für die integrierte Informationsverarbeitung, in: Jacob, H.; Becker, J.; Krcmar, H.: Integrierte Informationssysteme, SzU, Band 44, Wiesbaden, 1991 S. 65-80.
[4] Vgl. Krcmar, H.: Bedeutung und Ziele von Informationssystem-Architekturen, in: Wirtschaftsinformatik 32(1990)5, S. 395-402
[5] Vgl. Hildebrand, K.: Klassifizierung von Software Tools, in: Wirtschaftsinformatik 33(1991)1, S. 13-25.
[6] Vgl. Thome, R.: CASE - der Weg ist das Ziel, in: Wirtschaftsinformatik 33(1991)1, S. 4-5.
[7] Vgl. o.V.: Guidelines for an informatics architecture, in: Wirtschaftsinformatik 32(1990)5, S. 429-438.
[8] Vgl. Schwall, E.: Flexible Software-Gestaltung für Werkstattsteuerungssysteme, in: VDI-Berichte Nr. 890, Düsseldorf 1991, S. 51.
[9] Vgl. Wegner, P.: Concepts and Paradigms of Object-Oriented Programming, in: OOPS Messenger, 1(1990)1, S. 16.
[10] Vgl. Bonsiepen, L; Coy, W.: Szenen einer Krise - Ist Knowledge Engineering eine Antwort auf die Dauerkrise des Software Engineering?, in: KI 4(1990)2, S. 5-11.

verwendung atomarer, passiver Bausteine zu ermöglichen, die zweite verwendet aktive Komponenten, die als Generatoren oder Transformationssysteme Zielapplikationen erzeugen [11]. Objektorientierte Ansätze unterstützen vor allem die Bildung passiver Bausteine. Wesentliche Forderungen, wie Trennung von Schnittstellenspezifikation und Implementierung sowie ein hohes Abstraktionsniveau sind möglich. Zusätzliche Features, wie Polymorphismus und Vererbungsmechanismen bieten besonders elegante Möglichkeiten zur Verwendung bzw. Anpassung vorhandenen Codes. Unter Objektorientierung versteht man die Betrachtung eines Systems aus dem Blickwinkel der beteiligten Gegenstände. Gegenstände oder Objekte sind Dinge, die für einen gegebenen Anwendungsbereich von Bedeutung sind [12]. Je nach Anwendungsbereich existieren unterschiedliche Ausprägungen [13]:

- objektorientierte Programmierung,
- objektorientierte Entwurfstechniken,
- objektorientierte Datenbanksysteme und
- objektorientierte Benutzerschnittstellen.

In dieser Arbeit wird ein objektorientierter Ansatz für die Modellierung des Problembereichs der Fertigungsplanung und -steuerung verwendet. Objektorientierte Modellierungs- und Implementierungskonzepte erlauben die realitätsnahe Abbildung betrieblicher und fertigungstechnischer Zusammenhänge, ohne die den satzorientierten Modellierungstechniken zugrunde liegende unnatürliche Aufspaltung von Informationen in künstliche Programmstrukturen.

Entsprechende Projekte definieren Bausteinbibliotheken, die vor allem die Entwicklung von Systemsoftware unterstützen [14]. Klassenbibliotheken zur Verwendung in Leitständen für Industrieunternehmen existieren bisher noch nicht. Dennoch gewinnt die Informationsmodellierung [15] in der Produktion zunehmend an Bedeutung [16]. Bisher beschriebene

---

[11] Vgl. Biggerstaff, T. J.; Perlis, A. J.: Foreword to special issue of IEEE TOSE, in: IEEE Transactions on Software Engineering (1984)20, S. 474-476. Vgl. Endres, A.: Software-Wiederverwendung, in: Informatik-Spektrum 10(1988)11, S. 85-95. Vgl. Endres, A.: Einige Grundprobleme der Software-Wiederverwendung und deren Lösungsmöglichkeiten, in: Hass, W. J. (Hrsg.): Softwaretechnik in Automatisierung und Kommunikation - Wiederverwendbarkeit von Software, ITG-Fachberichte, Berlin et al. 1989, S. 1-18.

[12] Vgl. Becker, J.: Objektorientierung - eine einheitliche Sichtweise für die Ablauf- und Aufbauorganisation sowie die Gestaltung von Informationssystemen, in: Jacob, H.; Becker, J.; Krcmar, H.: Integrierte Informationssysteme, SzU, Band 44, Wiesbaden 1991, S. 142.

[13] Vgl. Becker, J.: Objektorientierung - eine einheitliche Sichtweise für die Ablauf- und Aufbauorganisation sowie die Gestaltung von Informationssystemen, in: Jacob, H.; Becker, J.; Krcmar, H.: Integrierte Informationssysteme, SzU, Band 44, Wiesbaden 1991, S. 142.

[14] Vgl. Lenz, M.; Schmid, H. A.; Wolf, P.: Software engineering with reusable design and code, in: IEEE Software 4, 1987, S. 34-42. Vgl. Booch, G.: Software components with ADA, Menlo Park et al., 1987.

[15] Vgl. Scheer, A.-W.: Vom Informationsmodell zum integrierten Informationssystem, in: Information

Referenzmodelle gehen allerdings noch sehr stark von funktions- und datenorientierten Ansätzen aus [17].

Auf dem Gebiet der Produktionsplanung und -steuerung existieren erste objektorientierte Ansätze [18]. Die Modellierung ist allerdings noch sehr implementierungsnah und beschränkt sich auf das spezielle Problem der Kapazitätsplanung.

Die Kombination von Ergebnissen der betrieblichen Datenmodellierung mit den neuesten Methoden der Softwareentwicklung erlaubt es, Bausteine zu entwickeln, die eine weitergehende inhaltliche Unterstützung bei der Entwicklung betrieblicher Informationssysteme anbieten. Allgemein verwendbare Bausteinbibliotheken auf dem Leitstandsektor werden benötigt, um die Produktivitätsgewinne, die objekt-orientierte Entwicklungen versprechen, auch hier zu nutzen. Die Objektorientierung erlaubt die Bildung von Klassenhierarchien und die Vererbung von Eigenschaften als Mittel der Wissensstrukturierung, wobei generelle Eigenschaften, zugehörige Methoden, Normalsituationen und Stereotypen immer an eine möglichst allgemeine Klasse angebunden werden [19]. In der Arbeit vorgestellte Strukturierungs- und Segmentierungsansätze liefern dazu einen Beitrag.

Die effiziente Ablage und Suche nach verwendbaren Modulen ist unabdingbar für eine sinnvolle Integration der Wiederverwendung in den Softwareentwicklungsprozeß. Vorschläge reichen von einfacher Auflistung der Namen, Beschreibungen mit Hilfe von Schlüsselwörtern, mehrdimensionalen Klassifizierungssystemen [20], Ähnlichkeitsvergleichen anhand algebraischer Spezifikationen [21] bis hin zum Einsatz von Expertensystemen [22].

Management (IM), 5(1990)2, S. 6-16.

[16] Vgl. Spur, G.; Mertins, K.; Süssenguth, W.: Integrierte Informationsmodellierung für offene CIM-Architekturen, in: CIM Management, 5(1989)2, S. 36-42. Vgl. Spur, G.; Mertins, K.; Süssenguth, W.: Wege zu einem unternehmensspezifischen Referenzmodell der rechnerintegrierten Fertigung, in: ZwF 83(1988)10, S. 481-485.

[17] Vgl. Keller, G.; Kirsch, J.; Nüttgens, M: Informationsmodellierung in der Fertigungssteuerung, in: Scheer, A.-W.: Veröffentlichungen des Instituts für Wirtschaftsinformatik, Heft 80, Saarbrücken 1991.

[18] Vgl. Franken, R.: Objektorientierte Gestaltung von Planungsunterstützungssystemen für die Produktionsplanung, in: Wirtschaftsinformatik 32(1990)3, S. 253-262.

[19] Vgl. Radermacher, K. J.: Ein Blick in die Zukunft - Planung und Expertensysteme, in: Jünemann, R. (Hrsg.): Planungs- und Betriebsführungssysteme für die Logistik, Köln 1990, S. 161.

[20] Vgl. Prieto-Diaz, P.; Freeman, P.: Classifying Software for Reusability, in: IEEE Software (1987)4, S. 6-16. Vgl. Beutler, K.: Auswertung von quantitativen Ähnlichkeitsmaßen bei der Suche nach wiederverwendbarer Software, in: Haas, W. J. (Hrsg.): Softwaretechnik in Automatisierung und Kommunikation - Wiederverwendbarkeit von Software, ITG-Fachberichte, Berlin et al. 1989, S. 1-18.

[21] Vgl. Wirsing, M.: Algebraic Description of reusable software components, in: Proceedings of Compeuro '88, Com. Soc. Press of the IEEE 834 1988, S. 300-312.

[22] Vgl. Braun, U.: Ein Expertensystem zum Auffinden von Programmbausteinen, in: TR 05.373, IBM Laboratorium Böblingen, 1986.

Grundlage für die Software-Entwicklung und den späteren Einsatz des Leitstands ist die sogenannte Meta-Struktur, die redundanzfrei und disjunkt Objekte mit entsprechenden Daten und Funktionen enthält.

Die Modellierung von Software zur Fertigungsplanung und -steuerung setzt also die systematische Aufbereitung der realen Welt in der Produktion unter Berücksichtigung des zu erreichenden Ziels voraus. Module, Klassen und Objekte des hier beschriebenen Ansatzes orientieren sich an tatsächlich existierenden Objekten in der Fertigung und Produktion. Der Vorteil dieser Vorgehensweise besteht in der

- Zusammenfassung von Daten und Funktionen bei der Modellierung nach real existierenden Objekten in der Fertigung,
- Bildung von logischen Moduln, die die Programmkomplexität reduzieren,
- guten Verständlichkeit und Nachvollziehbarkeit der Programmstruktur,
- analogen Nutzung von organisatorischen Abläufen der Fertigung in der Programmsteuerung.

Prinzipiell kann die Realität aus verschiedenen Blickrichtungen strukturiert und segmentiert werden, was zu unterschiedlichen Modellen führen kann. Ziel dieses Teils ist die Entwicklung eines allgemeinen "objektorientierten" Modells für einen Fertigungsleitstand unter dem Aspekt der Konfigurierbarkeit bzw. Wiederverwendbarkeit von Software-Bausteinen. Bei der objektorientierten Modellierung ist man darum bemüht, Klassen und Klassenhierarchien so zu definieren, daß sich Gemeinsamkeiten von Objekten auf möglichst hohen Hierarchiestufen zusammenfassen lassen, um bestimmte Eigenschaften und Verhaltensweisen auf tiefere Klassen vererben zu können. Dabei ist es schwierig, alle in der Fertigung real existierenden Beziehungen tatsächlich in der Form zu berücksichtigen, wie es die Wirklichkeit erfordert. Bis zu einem gewissen Grade sind demnach Abstraktionen notwendig, um das Problem technisch handhaben zu können (Abbildung III.1).

Im unteren Teil der Abbildung III.1 ist das Ziel des Modellierungsansatzes dargestellt. Entsprechend den Klassenbibliotheken, die objektorientierte Programmiersprachen anbieten (Grundoperationen, Datenstrukturen, Graphik, Text, Benutzerschnittstelle und Verwaltung), sollen nun allgemeine Klassenbibliotheken für betriebswirtschaftlich-technische Anwendungen erstellt werden. Mit Hilfe dieser Klassen läßt sich mit geringerem Aufwand kundenspezifische Anwendungs-Software entwickeln.

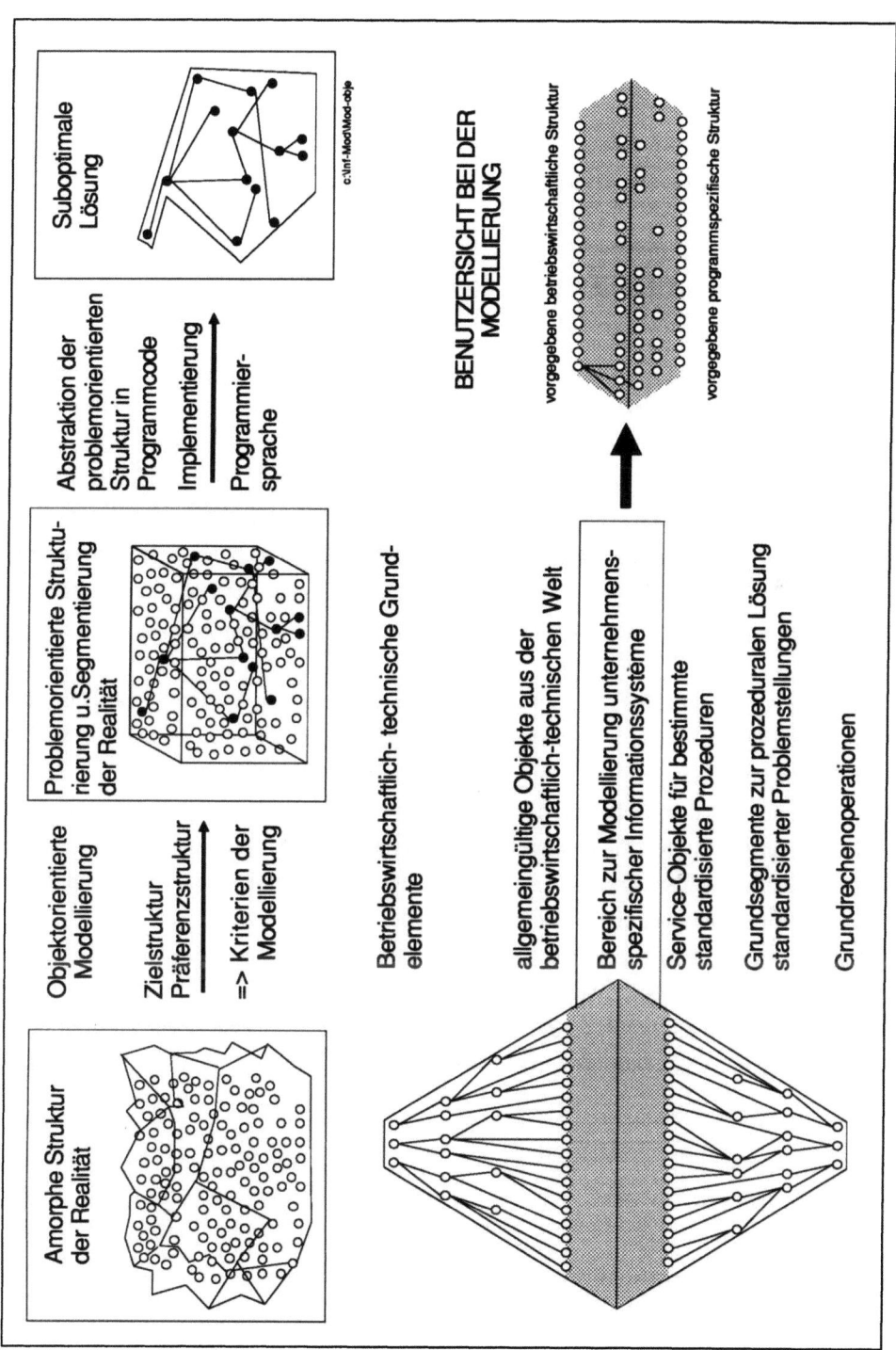

Abb. III.1: Modellierungsproblematik

Ziel der Strukturierung in diesem Teil ist es, einen Ansatz für die Modellierung eines Leitstandsystems zu liefern. Dieser besteht aus mehreren Grundbausteinen bzw. Moduln, die in sich abgeschlossene, logische Einheiten bilden. In einem ersten Schritt werden diese einzelnen Bausteine näher beschrieben. In einem zweiten Schritt erfolgt die Darstellung der unterschiedlichen Beziehungen zwischen den einzelnen Bausteinen.

1. Bestehende Architekturkonzepte

Die jüngste Entwicklung einer Architektur integrierter Informationssysteme ist ARIS (Architektur integrierter Informationssysteme) von SCHEER.
Wesentliche Eigenschaft der ARIS-Architektur ist die geschlossene Betrachtung unterschiedlicher Sichten. Wie in Abbildung III.2 dargestellt, gliedert sich die ARIS-Architektur in die Funktions-, Organisations-, Daten- und Steuerungssicht.
In Abhängigkeit von der Nähe zur Informationstechnik müssen betriebswirtschaftliche und technische Tatbestände in EDV-technische Lösungen umgesetzt werden. Dazu erfolgt die Bildung weiterer Beschreibungsphasen in Fach-, DV-Konzept und Implementierung.

Eine bekannte Architektur für Informationssysteme ist die "Open System Architecture for CIM" (CIM-OSA), die in dem durch die EG unterstützten Forschungsprojekt AMICE entwickelt wird [23].
CIM-OSA unterscheidet zwischen vier Sichten (Organisations-, Ressourcen-, Informations- und Funktionssicht), drei Architekturebenen (generische Architektur, partielle Architektur und konkrete Architektur eines Unternehmens) sowie drei Modellierungsebenen (Enterprise Model, Intermedial Model und Inplementation Model) [24].
Die ARIS-Architektur ist durchaus mit der im AMICE-Projekt entwickelten CIM-OSA-Architektur vergleichbar. Auch dort gibt es verschiedene Sichten auf das Informationssystem mit unterschiedlichen Beschreibungsebenen. Diese Ebenen decken sich allerdings inhaltlich nicht mit der ARIS-Architektur [25].

---

[23] Vgl. ESPRIT Consortium AMICE (Hrsg.): Open System Architecture for CIM, in: Research Reports ESPRIT, Project 688, AMICE, Vol. 1, Berlin et al. 1989.
[24] Vgl. Stotko, E.: CIM-OSA, in: CIM Management 5(1989)1, S. 9-15.
[25] Weitere Modellierungsansätze sind bei SCHEER beschrieben: Vgl. Scheer, A.-W.: Architektur integrierter Informationssysteme, Berlin et al. 1991, S. 24ff.

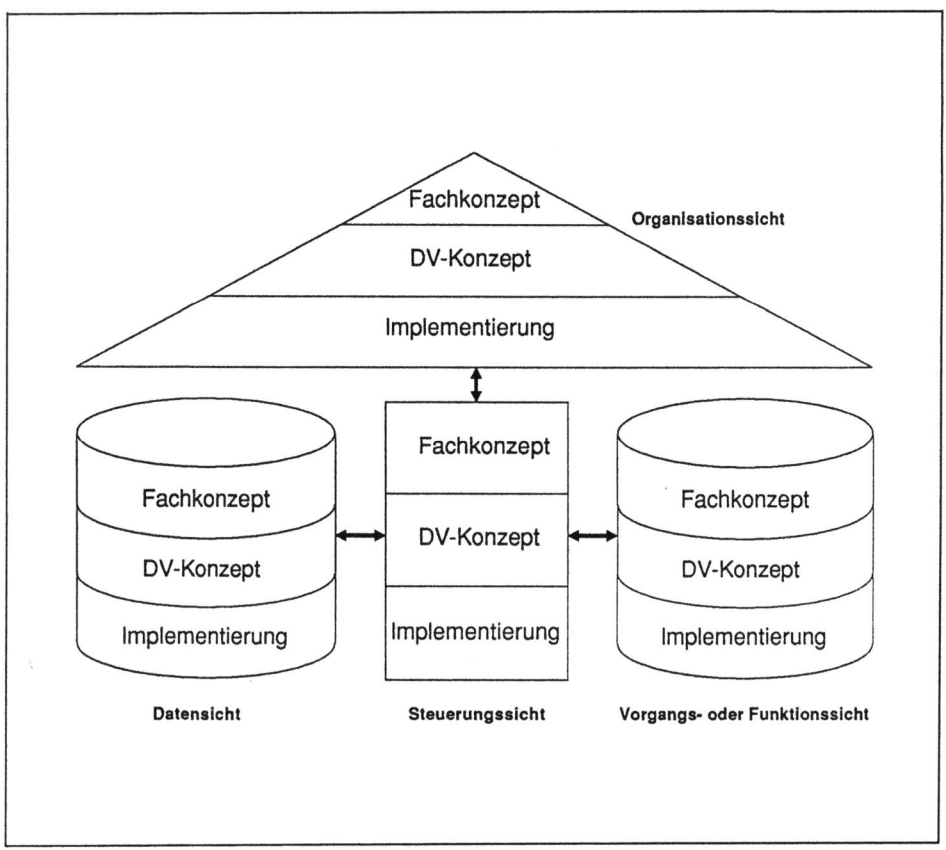

Abb. III.2: ARIS-Architektur [26]

Sowohl ARIS als auch CIM-OSA trennen in Funktionen und Daten und sind damit an die konventionelle Sicht der Programmierung angelehnt. Die Aufteilung in Funktionen- und Datensichten wird im Rahmen objektorientierter Ansätze kritisiert. Die objektorientierte Modellierung führt dagegen Daten (Instanzen) und Funktionen in einer Klasse zusammen. SCHEER stellt jedoch, wie in Abbildung III.3 dargestellt, eine Verbindung zwischen ARIS und der objektorientierten Programmierung her [27].

---

[26] Vgl. Scheer, A.-W.: Architektur integrierter Informationssysteme, Berlin et al. 1991, S. 18.
[27] Vgl. Scheer, A.-W.: Architektur integrierter Informationssysteme, Berlin et al. 1991, S. 1.

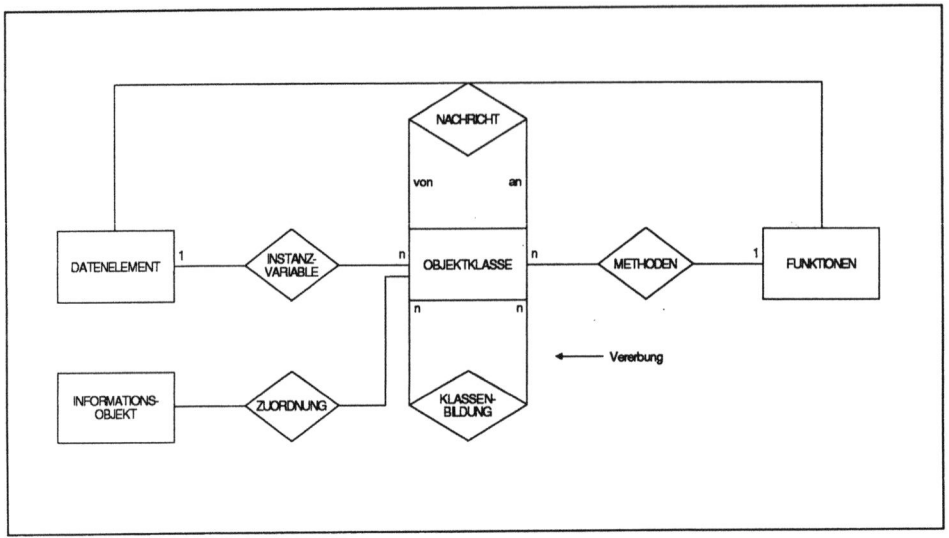

Abb. III.3: Objektorientierter Entwurf [28]

2. Darstellung der verwendeten Design-Methode

Die meisten objektorientierten Methoden bieten eine Beschreibung des Entwurfsprozesses mit mehr oder weniger exakten Richtlinien an [29]. Interessant sind insbesondere die Methoden, die alle Basiskonzepte objektorientierter Entwicklungen enthalten [30]:

- Object-Oriented Design [31],
- Object-Oriented Structured Design [32],
- Design Method for Object-Oriented Programming [33],
- Object-Oriented Analysis [34],
- Semantisches Objektmodell [35].

---

[28] Vgl. Scheer, A.-W.: Architektur integrierter Informationssysteme, Berlin et al. 1991, S. 125.
[29] Vgl. Wilfs-Brock, J. R,; Johnson, R. E.: Surveying current research in object-oriented Design, in: Communications of the ACM, 33(1990)9, S. 104-124.
[30] Vgl. Heß, H.: Vergleich von Methoden zum objektorientierten Design von Softwaresystemen, in: Scheer, A.-W.: Veröffentlichungen des Instituts für Wirtschaftsinformatik, Heft 78, Saarbrücken 1991.
[31] Vgl. Booch, G.: Object-Oriented Design with Applications, Reading et al. 1991.
[32] Vgl. Wassermann, A. J.; Pircher, P. A.; Muller, R. J.: The Object-Oriented Structured Design Notation for Software Representation, in: Computer 23(1990)3, S. 50-63.
[33] Vgl. Pun, W. W. J.; Windler, R. L.: A Design Method for Object-Oriented Programming, in: Proceedings of ECOOP '89, S. 225-240.
[34] Vgl. Coad, P.; Yourdon, E.: Object-Oriented Analysis, Englewood Cliffs 1990.
[35] Vgl. Ferstl, O. K.; Sinz, E. J.: Objektmodellierung betriebswirtschaftlicher Informationssysteme im Semantischen Objektmodell (SOM), in: Wirtschaftsinformatik 32(1990)6, S. 566-581.

Ergebnis des Vergleichs ist, daß große Übereinstimmungen in der Vorgehensweise des Designs bestehen [36]. Generell existiert folgende Grobstruktur bei dem Entwurfsprozeß:

- Identifizierung der Objekte,
- Identifizierung der Beziehungen zwischen Klassen und Objekten,
- Definition von Attributen,
- Definition von Methoden,
- Spezifizierung des Nachrichtenaustauschs,
- Identifizierung von Modulen [37].

Zur Darstellung der einzelnen Bausteine eines Fertigungsplanungs- und -steuerungssystems wird die Notation von BOOCH [38] gewählt.
Klassen sind als gestrichelte Wolke angezeigt. Operatoren können nur auf die Instanzen einer Klasse ausgeführt werden.
In Klassendiagrammen sind die Beziehungen zwischen unterschiedlichen Klassen aufgezeigt. Die Vererbungsbeziehungen von Klassen ist durch eine durchgezogene Linie mit einem Pfeil zur Superklasse, benutzende Beziehungen sind durch zwei parallele Linien mit einem Kreis an dem Ende, das auf die benutzende Klasse deutet.
Objektdiagramme beschreiben den Nachrichtenaustausch zwischen Objekten, der Methodenname ist an der die Objekte verbindenden Kante notiert. Die verwendete Notation zur objektorientierten Modellierung ist in Abbildung III.4 aufgezeigt.

Zur Beschreibung der organisatorischen Abläufe in der Fertigung kommt die Notation von SCHEER [39] zur Anwendung, da sie sehr anschaulich ist.
Ereignisse, dargestellt als Dreieck, sind zeitpunktbezogene Tatbestände, die einen Vorgang oder eine Funktion (Oval) auslösen. Jeder Vorgang wird wiederum durch ein Ereignis(Dreieck) abgeschlossen. Die verwendete Symbolik zeigt Abbildung III.5.

---

[36] Vgl. Heß, H.: Vergleich von Methoden zum objektorientierten Design von Softwaresystemen, in: Scheer, A.-W.: Veröffentlichungen des Instituts für Wirtschaftsinformatik, Heft 78, Saarbrücken 1991, S. 25.
[37] Vgl. Heß, H.: Vergleich von Methoden zum objektorientierten Design von Softwaresystemen, in: Scheer, A.-W.: Veröffentlichungen des Instituts für Wirtschaftsinformatik, Heft 78, Saarbrücken 1991, S. 25.
[38] Vgl. Booch, G.: Object-Oriented Design with Applications, Reading et al. 1991.
[39] Vgl. Scheer, A.-W.: Architektur integrierter Informationssysteme, Berlin et al. 1991, S. 4ff.

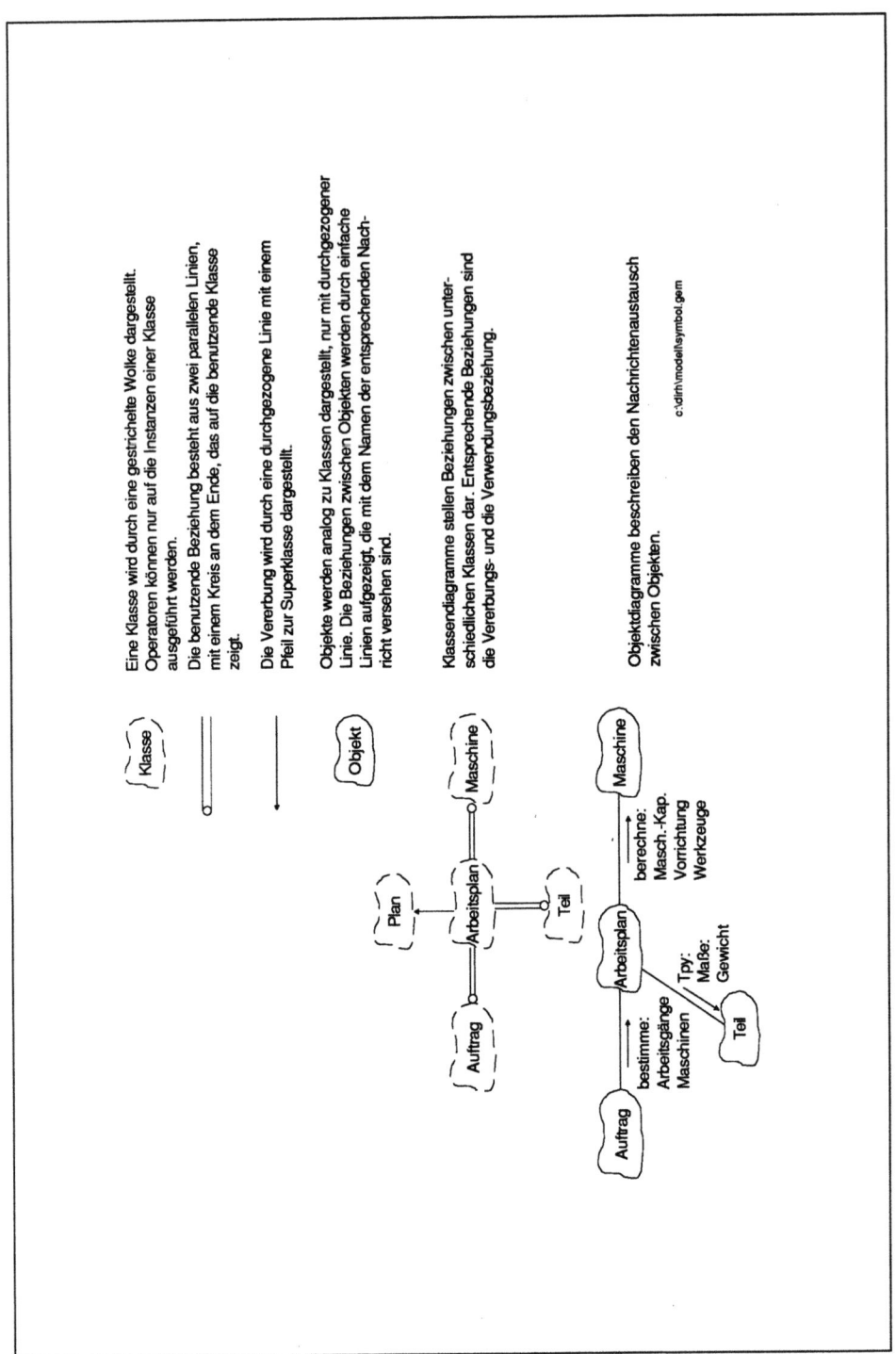

Abb. III.4: Verwendete Notation zur objektorientierten Modellierung

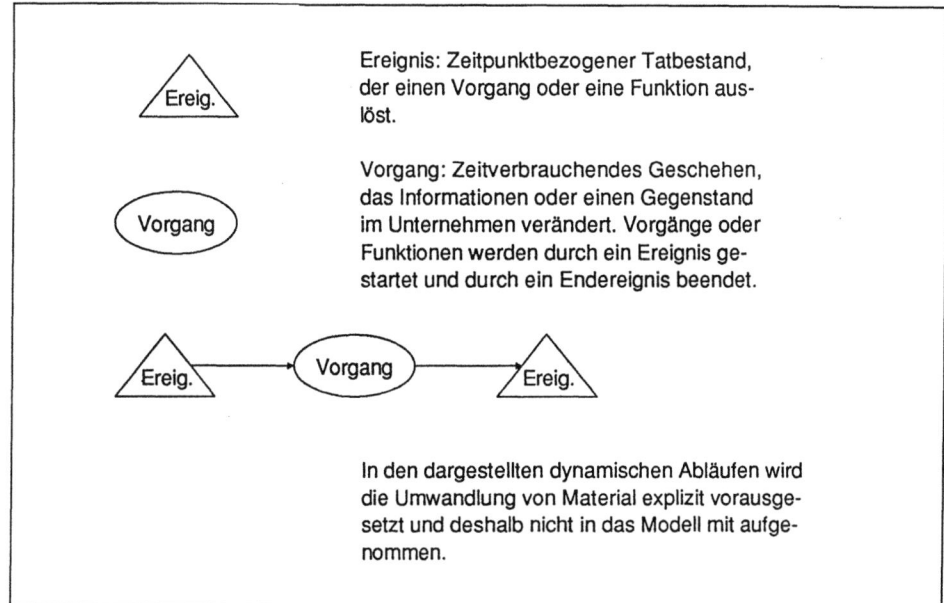

Abb. III.5: Verwendete Notation für die Vorgangsbeschreibung

3. Bildung von Moduln für den Fertigungsleitstand

Der betriebliche Leistungsprozeß erfordert den Einsatz von produktiven Faktoren, sogenannten Produktions-, Elementarfaktoren [40] oder objektbezogenen Faktoren [41], Arbeitsleistung, Betriebsmittel und Werkstoffe [42]. Abbildung III.6 beschreibt das System der betrieblichen Produktionsfaktoren nach WÖHE [43]. Die Kombination der Produktionsfaktoren vollzieht sich nicht von selbst, sondern ist das Ergebnis dispositiver Tätigkeiten des Menschen [44]. Funktionen der Disposition sind Planung, Organisation und Überwachung des Betriebsprozesses. Die Aufgabe des Leitstands besteht in der Planung, Steuerung und Kontrolle des Materialflusses durch die Fertigung unter Berücksichtigung bestehender, planbarer Kapazitäten von Ressourcen.

---

[40] Vgl. Gutenberg, E.: Grundlagen der Betriebswirtschaftslehre, Band 1, Die Produktion, 24. Auflage, Berlin et al. 1983, S. 2.
[41] Vgl. Wöhe, G.: Einführung in die Allgemeine Betriebswirtschaftslehre, 17. Auflage, München 1990, S. 92.
[42] Vgl. Gutenberg, E.: Grundlagen der Betriebswirtschaftslehre, Band 1, Die Produktion, 24. Auflage, Berlin et al. 1983, S. 3.
[43] Vgl. Wöhe, G.: Einführung in die Allgemeine Betriebswirtschaftslehre, 17. Auflage, München 1990, S. 92.
[44] Vgl. Wöhe, G.: Einführung in die Allgemeine Betriebswirtschaftslehre, 17. Auflage, München 1990, S. 91.

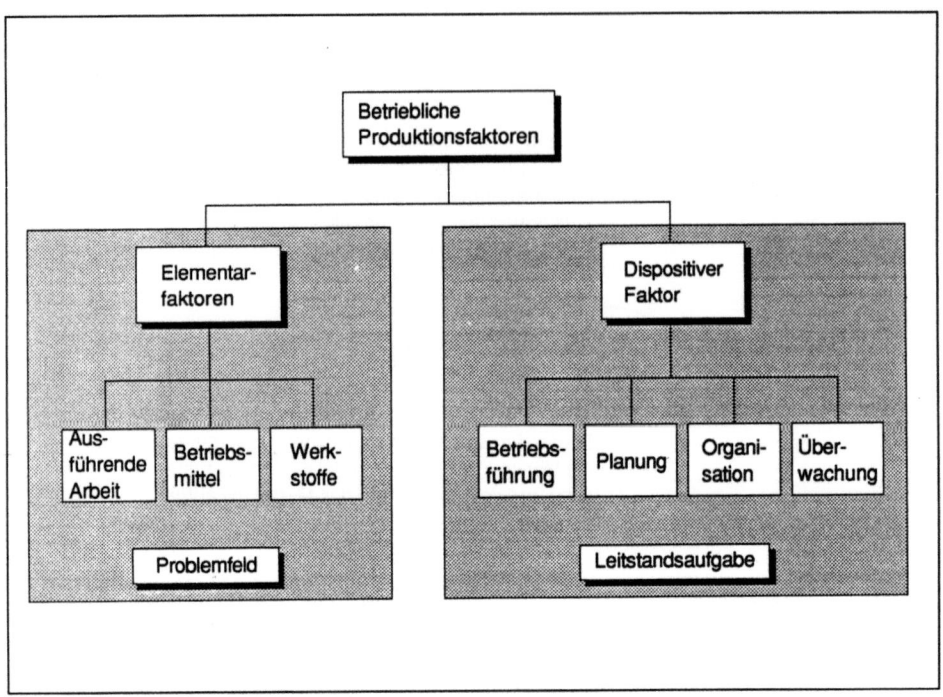

Abb. III.6: System der betrieblichen Produktionsfaktoren

Die Produktionsfaktoren bilden die Voraussetzung zur Realisierung eines betrieblichen Leistungsprozesses, sie genügen jedoch nicht als Basis zur Modellierung eines Leitstands. Der im folgenden vorgestellte und modellierte Strukturierungsansatz basiert auf der Idee, vier unterschiedliche Moduln zu bilden, die jeweils in sich geschlossene Objektstrukturen aufweisen. Diese sind:

- Ressourcen,
- Material,
- Aufträge sowie
- Pläne und Listen.

Unter Ressourcen sind die beiden Produktionsfaktoren "ausführende Arbeit" sowie "Betriebsmittel" zusammengefaßt. In einem Unternehmen existieren Ressourcen, die Kapazität zur Erstellung von (Sach-)Leistungen anbieten. FRESE definiert Ressourcen als einen Bestandteil des Entscheidungsfeldes innerhalb der Unternehmung, über den eine organisatorische Einheit aufgrund physischer und rechtlicher Gegebenheiten verfügen und disponieren kann [45]. Die Beschreibung und Verwaltung von Ressourcen in der Fertigung bildet das erste Modul des Fertigungsleitstands.

Das zu entwickelnde Leitstandmodell soll in Industriebetrieben realisiert werden, deren Aufgabe die gewerbliche Herstellung von Gütern bzw. die Be- und Verarbeitung von Stoffen ist. Dazu bedarf es des Einsatzes von Material als dritten Produktionsfaktor. Materialien sind Güter, aus denen durch Umformung, Substanzänderung oder Einbau neue Fertigprodukte entstehen [46]. Das Material stellt das Objekt dar, an dem mit Hilfe des Ressourceneinsatzes eine bestimmte Sachleistung erbracht wird. In diesem Modul werden alle Informationen zu den Materialien verarbeitet.

Das dritte Modul des Fertigungsleitstands enthält die Aufträge. Deren Aufgabe besteht darin, bestimmte Aktivitäten, die der Leistungserstellung dienen, auszulösen. Jede Aktivität oder Handlung bedeutet die Kombination von Ressourcen bzw. Verfügung über Ressourcen. Aufträge enthalten die mit einen Liefer- oder Endtermin versehene Leistung. Bei der Realisierung der Leistung werden Kapazitäten von Ressourcen belegt.
Die Auftragserteilung kann von Dritten (Kunden) oder aus dem Unternehmen selbst stammen. Bei der Auftragsbearbeitung sind dispositive und operative Aufgaben zu erfüllen.

Aufträge sind zwar der Auslöser für Aktivitäten, allerdings ist nicht festgelegt, in welcher Reihenfolge oder Kombination Aktivitäten vorzunehmen und welche Ressourcen dabei zu verwenden sind. Erst durch die Verbindung eines Auftrags mit einem entsprechenden Plan, der Aufgaben und die zu verwendenden Ressourcen in strukturierter Form enthält, ist der Leistungserstellungsprozeß näher spezifiziert. Pläne sind Ergebnisse dispositiver Aufgaben. Beispiele solcher Pläne - speziell für die Fertigung - sind Arbeits-, Prüf- oder Montagepläne. Zusammenfassend bleibt festzuhalten, daß Aufträge in Plänen dokumentierte Aktivitäten auslösen, die bestimmte Materialien oder Teile von einem Ausgangszustand in einen Endzustand überführen. Damit besteht eine enge, in Abbildung III.7 dargestellte Beziehung zwischen Aufträgen, Ressourcen, Plänen und Werkstoffen oder Materialien. Nachfolgend werden die verschiedenen Grundbausteine des Fertigungsleitstands näher beschrieben.

---

[45] Vgl. Frese, E.: Grundlagen der Organisation, 4. Auflage, Wiesbaden 1988, S. 174ff.
[46] Vgl. Wöhe, G.: Einführung in die Allgemeine Betriebswirtschaftslehre, 17. Auflage, München 1990, S. 330.

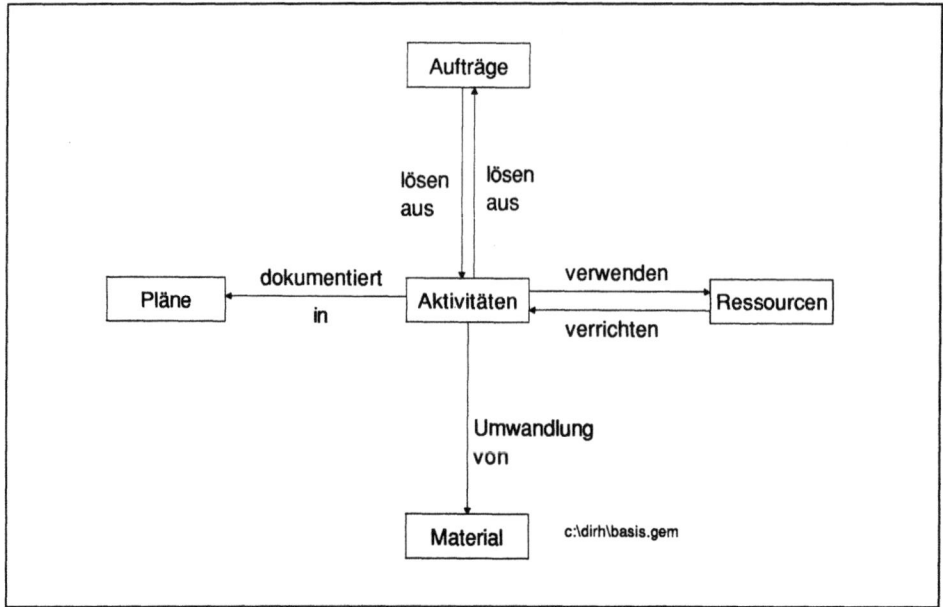

Abb. III.7: Zusammenhang zwischen Aufträgen, Plänen, Ressourcen, Materialien

3.1 Ressourcen-Modul

Unter Ressourcen versteht man alle Mittel, die im weitesten Sinne in die Produktion von Gütern und Dienstleistungen eingehen. Man unterteilt Ressourcen in Arbeit und Kapital. Arbeit umfaßt die psychische und physische Leistungsfähigkeit der Mitarbeiter eines Unternehmens, das Kapital alle Anlagen, Fertigungsmittel, Gebäude, Boden usw. Dieser Gliederung folgend wird in Arbeit und Kapital unterschieden, wobei im Rahmen der Fertigung Kapital mit Anlagen gleichbedeutend ist.

Die Begriffe "Anlagen" und "Betriebsmittel" sind synonym zu verwenden, worunter man Einrichtungen, die die technische Voraussetzung für die Leistungserstellung des Betriebs darstellen, zusammenfassen kann [47]. GUTENBERG versteht unter Betriebsmitteln alle technischen Apparaturen, deren sich ein Unternehmen bedient, um Sachgüter herzustellen oder Dienstleistungen bereitzustellen [48]. Betriebsmitteln sind bilanztechnisch langfristige Investitionen und dienen dem dauerhaften Geschäftsprozeß [49]. Aus produktionstechnischer Sicht stellen Betriebsmittel oder Ressourcen Kapazitäten zur

---

[47] Vgl. Niegel, H.: Allgemeine Betriebswirtschaftslehre I - Betrieb, Materialwirtschaft, Produktion und Absatz -, Heidelberg, Hamburg 1982, S. 36ff.
[48] Vgl. Gutenberg, E.: Grundlagen der Betriebswirtschaftslehre, Band 1, Die Produktion, 24 Auflage, Berlin et al. 1983, S. 70.
[49] Vgl. Männel, W.: Anlagenwirtschaft, in: Grochla, E. (Hrsg.): Betriebswirtschaftslehre, Teil 1: Grundlagen, Stuttgart 1978, S. 92.

Verfügung. GUTENBERG unterscheidet in

- qualitative Kapazität (aus ihr ergibt sich die Art und Güte der Leistung) und
- quantitative Kapazität [50].

Die quantitative Kapazität läßt sich weiter in die Totalkapazität und Periodenkapazität aufteilen. Erstere determiniert sich aus den wirtschaftlichen und technischen Faktoren und beschreibt das Leistungspotential einer Anlage. Die Periodenkapazität ermittelt sich aus dem Kapazitätsquerschnitt über die Gesamtanzahl parallel installierter, gleichartiger Anlagen und deren Aufnahmefähigkeit, Produktionsgeschwindigkeit sowie Einsatzdauer. Beide Kapazitätsformen sind für die Fertigungsplanung und -steuerung ausgesprochen wichtig.

Betriebsmittel befinden sich immer in bestimmten Zuständen, bspw. in Bearbeitung, im Stillstand, in Reparatur usw. Die Zustände von Betriebsmitteln korrelieren wiederum mit der verfügbaren Kapazität.

---

*Eigenschaften von **Ressourcen**:*

- Ressourcen stellen Kapazität für die Leistungserstellung zur Verfügung.
- Ressourcen werden durch einen bestimmten Zustand beschrieben.
- Bei mangelnder Verfügbarkeit erhöht sich die Liegezeit von Aufträgen.

3.1.1 Strukturierung von Ressourcen

Aus den angesprochenen Gliederungsmöglichkeiten soll nun eine Struktur abgeleitet werden, die einen ersten Ansatz für den Aufbau eines EDV-Systems für die Fertigungsplanung und -steuerung darstellt. Abbildung III.8 beschreibt die ersten beiden Stufen der Strukturierung. Entsprechend der objektorientierten Modellierung lassen sich Instanzen und Methoden der Superklasse auf hierarchisch nachfolgende Klassen vererben.

Auf der ersten Strukturebene werden die Ressourcen in mobile und immobile sowie in Personal segmentiert.

Mobile Ressourcen können im Gegensatz zu den immobilen Ressourcen ihren Standort wechseln und bedürfen daher einer besonderen Disposition.

Der Begriff "Personal" umfaßt die psychische und physische Leistungsfähigkeit der Mitarbeiter. Das Personal bedarf grundsätzlich schon aus arbeits- sowie datenschutzrechtlichen Gründen einer eigenständigen Betrachtung.

---

[50] Vgl. Gutenberg, E.: Grundlagen der Betriebswirtschaftslehre, Band 1, Die Produktion, 24. Auflage, Berlin et al. 1983, S. 73ff.

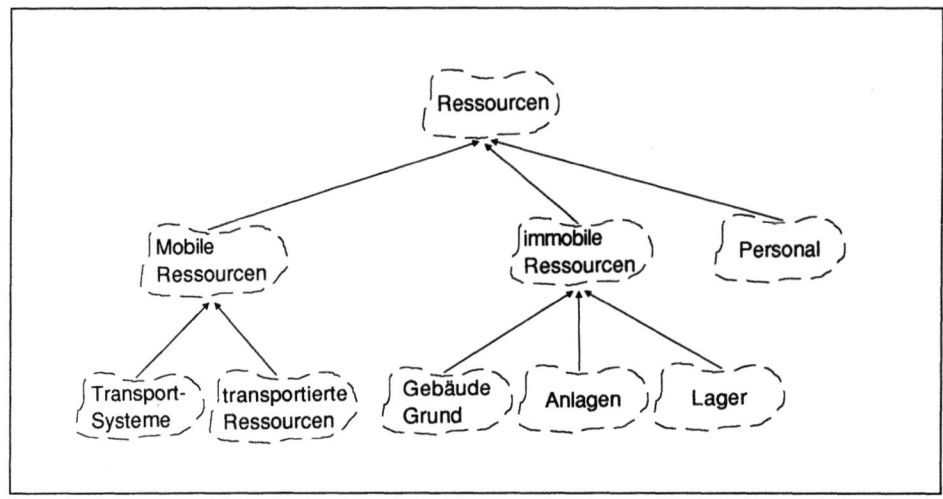

Abb. III.8: Klassen für Ressourcen auf der ersten Strukturebene

3.1.2 Funktionen des Ressourcen-Moduls

Die Grundfunktionen des Ressourcenmoduls bestehen in der Verwaltung, Aufbereitung, Archivierung und Bereitstellung aller Informationen, die für Ressourcen anfallen. Die Bereitstellung von Daten ist vor allem bei der Generierung von Plänen und Fertigungs- bzw. Fertigungsbereichsaufträgen notwendig. Je detaillierter Informationen über Ressourcen aufgenommen werden, desto genauer sind die Vorgabewerte für die Auftragserstellung.

Das Modul für Ressourcen muß vor allem die Kapazität von Maschinen, Fertigungshilfsmitteln, Transportsystemen, Personal bestimmen und verwalten können. Bei der Terminierung von Fertigungs-, Fertigungsbereichs- und Maschinenaufträgen ist die Netto-Kapazität zur Verfügung stellen. Die Grundfunktionen des Ressourcenmoduls sind in Abbildung III.9 beschrieben. Dargestellt sind die Superklassen "Mobile Ressourcen", "Immobile Ressourcen" und das Personal. Die auf dieser Ebene definierten Funktionen können auf die Sub-Klassen vererbt werden und sind bei der Aufzählung von Funktionen untergeordneter Klassen nicht mehr enthalten.

Durch die Verwaltung von verschiedenen Stillstandszeiten im Fertigungsleitstand ist es möglich, die verfügbare Kapazität genau zu bestimmen und dadurch immer über die aktuellen Zustände der Ressourcen informiert zu sein. Die Kapazitätsangebotsrechnung ermittelt Brutto- und Netto-Kapazität von Ressourcen auf der Basis des in der Produktion vorhandenen Ressourcenbestands. In der Regel bestehen aufgrund technischer und organisatorischer Störungen Unterschiede zwischen theoretisch möglicher und tatsächlich verfügbarer Kapazität, was bei der Planung zu berücksichtigen ist. Beim Neuaufwurf der Planung sind vor allem die Netto-Kapazitäten der Ressourcen von Bedeutung, die sich durch

Funktionen	Mobile Ress.	Immobile Ress.	Personal
Stammdatenverwaltung v. Ressourcen	●	●	●
Verwaltung von			
- Stillstandszeiten	○	●	
* organisatorische Stillstände	○	●	
* direkte technische Stillstände	○	●	
* systemtechnisch bedingte Stillstände		●	
- Ermittlung der durchschnittl. Leistung		●	●
Kapazitätsangebotsrechnung			
- Kapazitätsbestandsverwaltung	●	●	●
- Brutto-Kapazitätsrechnung	●	●	●
* Ermittlung der organisatorischen Verfügbarkeit	●	●	●
- Ermittlung der technischen Verfügbarkeit		●	
- Ermittlung der tatsächlichen Verfügbarkeit	●	●	●
- Ermitteln des Brutto-Kapazitätsangebots	●	●	●
- Netto-Kapazitätsrechnung	●	●	●
* Ermitteln der Kapazitätsauslastung	●	●	●
* Belegzeiten ermitteln	●	●	●
* freie Kapazität ermitteln	●	●	●
* frei werdende Kapazität ermitteln	●	●	●
Kapazitätsbelegungsrechnung	●	●	●
- Verbuchen der freigegebenen Aufträge	●	●	●
- Kapazitätskonto verwalten	●	●	●

● Funktion ist für Klasse erforderlich
○ Funktion ist für Klasse bedingt erforderlich

ModellNFkt-Ress

Abb. III.9: Grundfunktionen des Ressourcenmoduls

Berücksichtigung fest eingeplanter Aufträge einerseits und sich bereits in Bearbeitung befindlicher Aufträge andererseits ergeben. Um die tatsächlichen Verfügbarkeiten und das Kapazitätsangebot von Ressourcen ermitteln zu können, müssen Konten für Ressourcen verwaltet werden, die die Grundlage der Kapazitätsangebotsermittlung sind. Diese werden in Kapitel 3.1.4 beschrieben.

Die Funktion zur Ermittlung der bestehenden Kapazitätsbelegungsrechnung verwaltet die bereits eingeplanten Aufträge auf einer bestimmten Ressource. Ergebnis dieser Funktion sind Konten, die die Auftragsbelegung und die damit bereits gebundene Kapazität aufzeigen.

3.1.3 Klassen von Ressourcen

3.1.3.1 Mobile Ressourcen

Allen mobilen Ressourcen ist gemeinsam, daß sie ihren Standort verändern und dabei möglicherweise unterschiedliche Wege zwischen zwei Standorten zurücklegen können. Für entsprechende Leitstandsysteme bedeutet dies, daß sie einerseits den Standort lokalisieren, andererseits die Fahrwege bestimmen müssen, die eine mobile Ressource zurücklegt.

*Eigenschaften von **mobilen Ressourcen***:

- Ändern ihren Standort.
- Können unterschiedliche Wege zurücklegen.

Die mobilen Ressourcen unterteilen sich weiter in Transportsysteme und in transportierte Ressourcen.

3.1.3.1.1 Transportsysteme

Aufgabe der innerbetrieblichen Transportsysteme ist es, den Materialfluß zwischen unterschiedlichen Bereichen, Maschinen, Lager- und Puffereinrichtungen usw. sicherzustellen. Dazu zählt primär

- die Verknüpfung der Fertigungs- sowie Montageeinrichtungen,
- die Verbindung unterschiedlicher teilautonomer Bereiche und
- die Gewährleistung der Versorgung und Entsorgung [51].

---

[51] Vgl. Schulze, L.: Transport und Lagerung in Computer Aided Manufacturing (CAM), in: Geitner, U.

Die Gestaltung von Transportsystemen in der Fertigung hängt von den spezifischen Anforderungen des Unternehmens ab. Typische Funktionen von Transportsystemen sind das Transportieren, Umschlagen, Einlagern und Stapeln von Objekten. Dabei kann es sich bei diesen um Werkstücke, Werkzeuge, Vorrichtungen, Prüfmittel, Energie, Späne und Hilfsstoffe handeln. Bei der Zuordnung von zu transportierenden Objekten zu Transportsystemen muß das zulässige Gesamtgewicht geprüft werden.

Während des Transports wird das Objekt nicht physisch verändert. Transportzeiten sind Nebenzeiten, die möglichst gering sein sollten, da in dieser Zeit keine Wertschöpfung erfolgt.

---

*Eigenschaften von **Transportsystemen:***

- Dienen dem Objektfluß in der Fertigung.
- Keine physische Veränderung des Werkstoffs oder Objekts.
- Es erfolgt keine Wertschöpfung während des Transports.
- Verbinden Läger mit Fertigungs- und Montagebereichen.
- Verbinden unterschiedliche Fertigungsbereiche.
- Berücksichtigung des zulässigen Gesamtgewichts.

Bei der Planung des Materialflusses ist es für den Leitstand wichtig, ob ein bestimmtes Transportmittel weggebunden ist oder nicht. Soll ein Teil an einen bestimmten Ort gebracht werden, muß sichergestellt sein, daß dieser mit dem entsprechenden Transportmittel auch tatsächlich erreichbar ist. Die einzelnen Klassen für Transportsysteme sind in Abbildung III.10 aufgezeigt.

Zu den **weggebundenen Transportsystemen** in der Fertigung und Montage gehören Rollenbahnen, Förderbänder, fahrerlose Flurförderzeuge usw. Charakteristisch für diese Transportsysteme ist, daß sie nur bestimmte Orte erreichen können und dabei einen genau festgelegten Weg zurücklegen müssen. Dabei können Konflikte zwischen mehreren Transportern auftreten, die gleiche Wegstrecken beanspruchen.

---

*Eigenschaften von **weggebundenen Transportsystemen:***

- Nur bestimmte Orte sind erreichbar.
- Zwischen zwei Orten wird ein definierter Weg zurückgelegt.
- Konflikte bei der Nutzung gleicher Wege durch mehrere Transporter.

W. (Hrsg.): CIM Handbuch, 2. Auflage, Braunschweig 1991, S. 414.

Weggebundene Transportsysteme lassen sich weiter in stetige und intermittierende Transportsysteme unterscheiden.

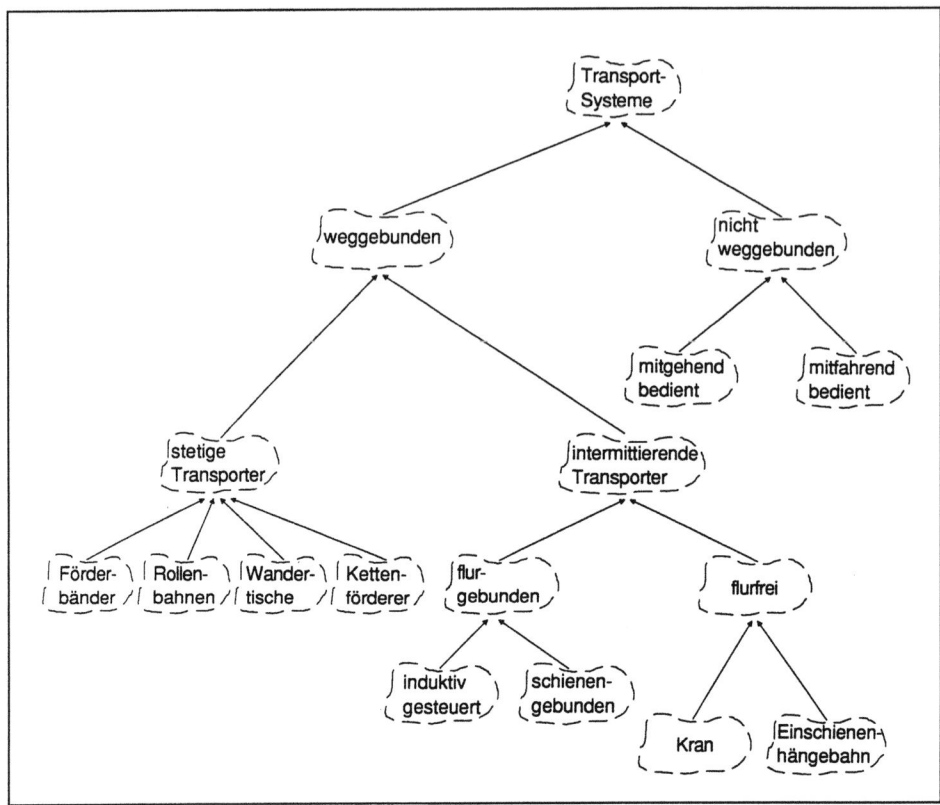

Abb. III.10: Klassen für Transportsysteme

Zu den **stetigen Transportsystemen** zählen Bandförderer, Rollenbahnen, Kettenförderer oder Wandertische. Typisch für diese Systeme ist, daß Materialien mit einer bestimmten Geschwindigkeit oder Taktfrequenz befördert werden. Charakteristische Eigenschaften sind die geringen Totzeiten, die festgelegte Transporttopologie und die begrenzte Flexibilität bei der Aufnahme von unterschiedlichen Transportgütern. Planerische Freiräume für die Routenwahl oder Taktfrequenz sind damit nicht gegeben. Für die Einzel- und Kleinserienfertigung spielen stetige Transportsysteme wegen der geringen Flexibilität eine untergeordnete Rolle.

> *Eigenschaften von **stetigen, weggebundenen Transportsystemen:***
>
> - Geschwindigkeit oder Taktfrequenz ist vorgegeben.
> - Festgelegte Transporttopologie.
> - Geringe Totzeiten.
> - Geringe Flexibilität bei der Aufnahme von Gütern.
> - Für die Massen- und Serienfertigung geeignet.

Dagegen nimmt die Bedeutung **intermittierender Transportsysteme** vor allem aufgrund der flexiblen Automatisierung zu. Losgröße 1 und wechselnde Produkte verlangen nach hoher Transportflexibilität. Es handelt sich dabei um Transportsysteme, die einen ungetakteten, außenverketteten Materialfluß ermöglichen.

Für die Leitstandtechnik ist eine weitere Unterteilung der intermittierenden Transportsysteme in flurfreie und flurgebundene Transportsysteme erforderlich.

> *Eigenschaften von **intermittierenden, weggebundenen Transportsystemen:***
>
> - Hohe Transportflexibilität.
> - Ungetakteter, außenverketteter Materialfluß.
> - Transport erfolgt bedarfsorientiert.
> - Transport wird durch entsprechenden Auftrag ausgelöst.
> - Für die Einzel- und Kleinserienfertigung geeignet.
> - Unterschiedliche Transporter benutzen den gleichen Weg.
> - Beim Transport können Konflikte bezüglich der Wegstrecke auftreten (Routenwahl).

Flurfreie Transportsysteme sind bspw. Einschienenhängebahnen oder automatisierte Brückenkräne, die von oben das Material aufnehmen. An dem Werkstück müssen entsprechende Halterungen vorhanden sein, die die Aufnahme ermöglichen, was bei der Planung durch den Leitstand zu berücksichtigen ist. Meist können Kräne oder Hängebahnen nicht automatisch Material aufnehmen, so daß Personalkapazität geplant und zumindest bei der Werkstückaufnahme und -abgabe vorhanden sein muß. Das Be- und Entladen kann an jedem beliebigen Ort erfolgen, der auf der Wegstrecke liegt. Bei der Disposition ist das Gewicht der Teile zu berücksichtigen. Der Einsatz flurfreier Transportsysteme im Maschinenbau ist begrenzt.

*Eigenschaften von **intermittierenden, flurfreien Transportsystemen**:*

- Überwiegend für den Werkstücktransport geeignet.
- Aufnahme des Werkstücks von oben.
- Hohe Flexibilität bei Aufnahme bzw. Entladen des Werkstücks.
- Erfordern Personalkapazität beim Transport sowie Be- und Entladen.

Flurgebundene Transportsysteme sind schienengebundene oder induktiv gesteuerte Fahrzeuge. Sie transportieren Material vom Lager zu den Fertigungseinrichtungen und versorgen Maschinen mit Fertigungsmitteln, wie Werkzeugen oder Vorrichtungen, wobei sie auf entsprechende Lade- und Entladestationen angewiesen sind. Aufgrund der großen Bedeutung bei der Handhabung des Materialflusses müssen sie vom Leitstand explizit plan- und steuerbar sein. Arbeitsgangfolgen an Maschinen müssen in Kombination mit dem Transport geplant werden, und bei der Zuordnung von Material auf Transportmittel ist auf Größe und Gewicht der Teile zu achten. Es bedarf bestimmter Vorfahrtsstrategien, Prinzipien der Streckensteuerung und des Fahrkurses, die entsprechend vom Leitstand handhabbar sein sollten [52].

*Eigenschaften von **intermittierenden, flurgebundenen Transportsystemen**:*

- Zur Versorgung mit Werkzeugen, Vorrichtungen und Prüfmitteln einsetzbar.
- Zum Werkstücktransport sehr gut geeignet.
- In der Regel Palettierung des Werkstücks erforderlich.
- Definierte Lade- und Entladestationen.
- Automatikbetrieb möglich.
- Hoher dispositiver Aufwand bei der Planung und Steuerung.

Nicht weggebundene Transportsysteme können theoretisch jeden Weg zwischen zwei Orten wählen. Vernachlässigt man sensor- oder über Referenzpunkte gesteuerte Transportsysteme, so sind nur mannbediente Transportsysteme vollkommen wegunabhängig. Dies bedeutet, daß neben der kapazitativen Verfügbarkeit des Transportmittels auch Personalkapazität bei der Beförderung vorhanden sein muß.

Bei den mannbedienten Transportsystemen unterscheidet man zwischen mitgehend bedienten und mitfahrend bedienten Transportmitteln.

---

[52] Vgl. Wrba, R.: Simulation als Werkzeug in der Handhabungstechnik, iwb Forschungsberichte, Berlin et al. 1990, S. 142f.

> *Eigenschaften von **nicht weggebundenen Transportsystemen:***
>
> - Zur Versorgung mit Werkzeugen, Vorrichtungen und Prüfmitteln einsetzbar.
> - Zum Werkstücktransport geeignet.
> - Beliebige Wegstreckenwahl.
> - Erfordern Personal für den Transport.

3.1.3.1.2 Funktionen von Transportsystemen

Die speziellen Funktionen der Klassen von Transportsystemen sind in Abbildung III.11 dargestellt.

Funktionen	Stetige Transp.	Intermit. Transp.	Flurgeb. Transp.	Flurfreie Transp.	N. wegge. Transp.
Verwaltung von					
- Fahrwege		●	●	○	○
- Be-/Entladestationen	●	●	●		
- Fahrgeschwindigkeit		●	●	●	●
- Taktfrequenz	●				
Zuladegewicht prüfen	○	●	●	●	●
Transportvorrichtungen prüfen		●	●		○
Statistiken über					
- Fahrwege		●	●	○	●
- Fahrzeiten	○	●	●	●	●
- Leerfahrten		●	●	●	●
- tatsächliche Transportzeiten			●	●	●
Kollisionsverhütungsregeln		●	●	○	

● Funktion ist für Klasse erforderlich
○ Funktion ist für Klasse bedingt erforderlich

Abb. III.11: Funktionen der Klassen von Transportsystemen

Typische Methoden der Klassen für Transportsysteme sind die Bestimmung des aktuellen Standorts, die Verfolgung der Fahrwege, das Prüfen der Transportvorrichtungen und der Zuladung sowie das Führen von Statistiken für Fahrwege, Fahrzeiten und Einsatzhäufigkeit. Die Funktionen sind erforderlich, um Transportwege zu optimieren oder die Kapazitätsauslastung ermitteln zu können. Die Erfassung tatsächlicher Transportzeiten zwischen Maschinen oder Fertigungs- und Montagebereichen ist für die Bestimmung der Übergangszeiten bei der Terminierung notwendig.

3.1.3.1.3 Transportierte Ressourcen

Von Transportsystemen unterscheiden sich transportierte Ressourcen dadurch, daß sie an der Leistungserstellung beteiligt sind. Der Unterschied zu den immobilen Ressourcen besteht darin, daß transportierte Ressourcen an unterschiedlichen Orten ihre Aufgaben im Leistungserstellungsprozeß erfüllen. In der Regel ist der Lagerort nicht gleich dem eigentlichen Einsatzort in der Fertigung. Folglich müssen sie von einem Transporter zu dem Ort gebracht werden, an dem sie ihre Leistung erbringen können, was Kapazität bindet und eine bestimmte Zeit in Anspruch nimmt. Diese muß bei der Terminierung und Bereitstellung Berücksichtigung finden.

Zur Kategorie der transportierten Ressourcen gehören die Fertigungshilfs- und Prüfmittel. Abbildung III.12 zeigt die weitere Strukturierung der transportierten Ressourcen.

Für den Leitstand ist es wichtig zu wissen, an welchem Ort sich Fertigungshilfs- bzw. Prüfmittel befinden. Aufenthaltsorte sind das Zentrallager, das Zwischenlager oder die Maschine. Dabei durchlaufen die Objekte in der Regel mehrere Dispositionsbereiche, wie bspw. den Lager-, Voreinstellungs-, Wartungs- und Fertigungsbereich. Bei der Disposition können dadurch Koordinationsprobleme auftreten.

---

*Eigenschaften von **transportierten Ressourcen:***

- Sind an der Leistungserstellung direkt beteiligt.
- Der Einsatzort ist unterschiedlich.
- Der Lagerort unterscheidet sich vom Einsatzort.
- Durchlaufen unterschiedliche Dispositionsbereiche.
- Ressourcen sind durch bestimmte Zustände beschrieben.
- Transport muß bei der Disposition berücksichtigt werden.

Die vererbenden Beziehungen der Mobilen Ressourcen sind in Abbildung III.12 dargestellt. Typische dispositive Funktionen, die mit transportierten Ressourcen verbunden sind, sind das Erfassen von Neu-Teilen, die Planung der Instandhaltung, Voreinstellung, Aus- bzw. Einlagerung, des Transports und der Kommissionierung sowie Pflege und Wartung.

3.1.3.1.3.1 Fertigungshilfsmittel

Fertigungshilfsmittel sind Ressourcen, die sich direkt am Leistungserstellungsprozeß beteiligen und sich in Werkzeuge und Vorrichtungen gliedern. Sie bedürfen der detaillierten Planung, da sie bei mangelnder Verfügbarkeit gegebenenfalls zu Maschinenstillständen führen.

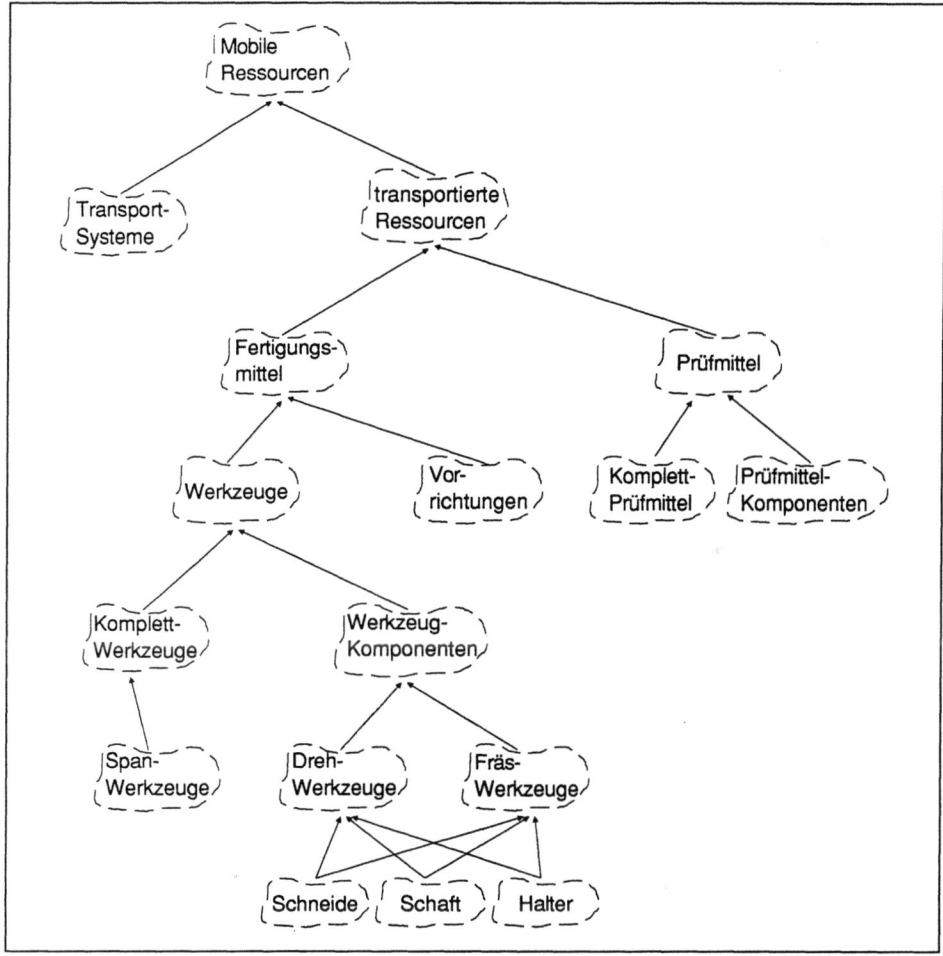

Abb. III.12: Klassen für transportierte Ressourcen

Der Fertigungshilfsmitteleinsatz wird heute in der Praxis fast ausschließlich in Abhängigkeit der gewählten Maschinen- oder Fertigungskonzepte ausgeführt [53]. Grundsätzlich sind unterschiedliche Strategien bei der Haltung von Fertigungshilfsmitteln möglich [54]:

- Residente Fertigungsmittelhaltung:
  Fertigungsmittel verbleiben an der Maschine oder dem teilautonomen Bereich. Die Folge sind hohe redundante Werkzeugbestände bei geringem Aufwand der Einsatzplanung.
- Reservierung für die Dauer einer Planperiode:
  Werkzeuge und Vorrichtungen verbleiben für die Dauer einer Planperiode an der Maschine oder im teilautonomen Bereich.
- Reservierung für die Dauer eines Fertigungsauftrags:
  Die Fertigungsmittel werden auftragsbezogen an der Maschine eingeplant. Der Vorteil besteht in dem geringen Bestand an Fertigungsmitteln.
- Reservierung für die Dauer des Werkzeugeinsatzes:
  Bei Werkzeugen besteht die Möglichkeit, diese direkt nach dem Einsatz aus der Maschine zu nehmen und an eine andere Fertigungseinrichtung zu transportieren. Dies senkt den Werkzeugbestand, ist aber mit hohem Koordinationsaufwand verbunden.

Werkzeuge verursachen in der Produktion durchschnittliche Kosten in Höhe von 0,7% bis 2% des Gesamtumsatzes [55]. Um die Anzahl redundanter Werkzeuge so gering wie möglich zu halten, müssen diese auftragsbezogen geplant werden.
Ähnliches gilt für die oft kostenintensiven Vorrichtungen.

Eigenschaften von **Fertigungshilfsmitteln:**

- Sind an der Leistungserstellung direkt beteiligt.
- Mangelnde Verfügbarkeit bedeutet Stillstand der Fertigungseinrichtung.
- Fertigungshilfsmittel sind kostenintensiv.
- Fertigungshilfsmittel bedürfen der auftragsbezogenen Planung.

---

[53] Vgl. Ströhlein, U.: Flexible Fertigungssysteme und deren Werkzeuglogistik, in: wt-Z. ind. Fertig. 76(2986)5, S. 29f.
[54] Vgl. Petersen, W.: Modellierung des Werkzeugwesens für ein integriertes Datenbanksystem, Berichte aus dem Institut für Fertigungstechnik und spanende Werkzeugmaschinen (IWF) Universität Hannover, Düsseldorf 1989, S. 40.
[55] Vgl. Eversheim, W.: Organisation in der Produktionstechnik, Band 4, Fertigung und Montage, 2. Auflage, Düsseldorf 1989, S. 82f.

3.1.3.1.3.1.1 Werkzeuge

Werkzeuge dienen der unmittelbaren Form- und Substanzveränderung durch mechanische oder physikalisch-chemische Einwirkung auf das Material [56]. Sie stellen vor allem bei der flexiblen Automatisierung ein erhebliches Kostenpotential dar, denn an jeder Fertigungseinheit werden während der Lebensdauer im Durchschnitt Werkzeuge mit einem Drittel des Anschaffungswertes einer Maschine verbraucht [57]. Typisch für Werkzeuge ist, daß sie in der Fertigung bewegt werden und beim Einsatz verschleißen [58]. Für den Leitstand ergibt sich daraus die Notwendigkeit, den Aufenthaltsort und den Zustand, bspw. die Einsatz- oder Reststandzeit der Werkzeuge, eindeutig feststellen zu können. Durch den Verschleiß ändern sich die Schneidenmaße. Vor dem erneuten Einsatz sind entsprechende Korrekturmaße zu berücksichtigen.

Eigenschaften von **Werkzeugen:**

- Beim Einsatz verschleißen Werkzeuge.
- Werkzeuge verfügen über eine begrenzte Standzeit.
- Werkzeuge haben eine begrenzte Lebensdauer.
- Aufbereitung nach Verschleiß ist möglich.
- Werkzeuge müssen voreingestellt sein.
- Entsprechende Korrekturdaten müssen dem NC-Programm zur Verfügung stehen.
- Werkzeuge durchlaufen unterschiedliche Zyklen.

Das Werkzeug durchläuft in der Fertigung bestimmte Zyklen (vom Lager zur Vorbereitung, zum Einsatz, zur Aufbereitung und wieder zurück in das Lager [59]), die durch den Leitstand nachzuvollziehen sind. Damit unterscheidet sich der Werkzeugfluß stark vom Materialfluß.

Während das Material möglichst kurz im Unternehmen verweilen sollte, um das Umlauf-

---

[56] Vgl. o.V.: Elektronische Datenverarbeitung bei der Produktionsplanung und -steuerung VI, Begriffszusammenhänge, Begriffsdefinitionen, VDI-Taschenbücher T 77, Düsseldorf, 1976, S. 52.
[57] Vgl. Kölling, H.-D.: Prozeßoptimierung und Leistungssteigerung bei Schaftfräsen, Dissertation, RWTH Aachen 1986. Hoof, M.: Analyse und Optimierung des Bohrprozesses, Dissertation, RWTH Aachen 1986. Zitiert bei Eversheim, W.: Organisation in der Produktionstechnik, Band 4, Fertigung und Montage, 2. Auflage, Düsseldorf 1989, S. 81.
[58] Vgl. Petersen, W.: Modellierung des Werkzeugwesens für ein integriertes Datenbanksystem, Berichte aus dem Institut für Fertigungstechnik und spanende Werkzeugmaschinen (IWF) Universität Hannover, Düsseldorf 1989, S. 51.
[59] Vgl. Pietzrat, R.: Entwicklung integrierter fertigungstechnischer Anwendungen von Datenbanksystemen, Berichte aus dem Institut für Fertigungstechnik und spanende Werkzeugmaschinen (IWF) Universität Hannover, Düsseldorf 1988, S. 17ff.

vermögen zu senken, sind Werkzeuge, Vorrichtungen und Prüfmittel in der Regel über längere Zeitintervalle verfügbar. Dies bedingt, wie Abbildung III.13 zeigt, unterschiedliche Objektflüsse in der Produktion.

Ein Werkzeug für die flexible Automatisierung besteht in der Regel aus mehreren Komponenten, die zumindest im Lager einzeln verwaltet werden müssen.

Aus diesem Grunde ergibt sich eine weitere Gliederung für Werkzeuge in Komplettwerkzeuge und Werkzeugkomponenten.

Komplettwerkzeuge

Bezeichnendes Merkmal der Komplettwerkzeuge ist, daß sie nicht in einzelne Komponenten zerlegbar sind und damit keinen Montageaufwand vor dem Einsatz zur Leistungserstellung verursachen. Komplettwerkzeuge lassen sich weiter in Hohlform- und Spanwerkzeuge unterteilen.

*Eigenschaften von **Komplettwerkzeugen:***

- Werkzeug ist nicht in Komponenten zerlegbar.
- Kein Montage- und damit auch kein Personalaufwand.

Hohlformwerkzeuge finden vor allem in Bereichen der Blechverarbeitung, Formgebung von Kunststoffen und Metallen sowie bei Gesenkformen Verwendung. Typische Beispiele sind Spritzguß-, Schmiede- und Ziehwerkzeuge.

*Eigenschaften von **Hohlformwerkzeugen:***

- Einsatz in der Blech-, Kunststoffbearbeitung und in Gießereien.
- Geringe Bedeutung für die Leitstandsmodellierung.

Bei kompletten **Spanwerkzeugen** sind Schneide, Schaft und Werkzeughalter fest miteinander verbunden. Ist die Schneide zerschlissen, wird das gesamte Werkzeug verschrottet. Eine Aufbereitung findet im Rahmen des Rüstens der Maschine statt. Beispiel eines Komplettwerkzeugs ist ein einfacher Drehmeisel für konventionelle Maschinen. Diese Werkzeuge sind nicht kapitalintensiv und stellen Massenartikel dar, die verbrauchsgesteuert disponierbar sind. Weiterhin können sie an der Maschine gelagert werden, so daß kein Aufwand für Transport, Rüsten, Kommissionierung, Voreinstellung und anderes mehr anfällt. Für den Leitstand bedeuten diese Ressourcen einen geringen Planungsaufwand.

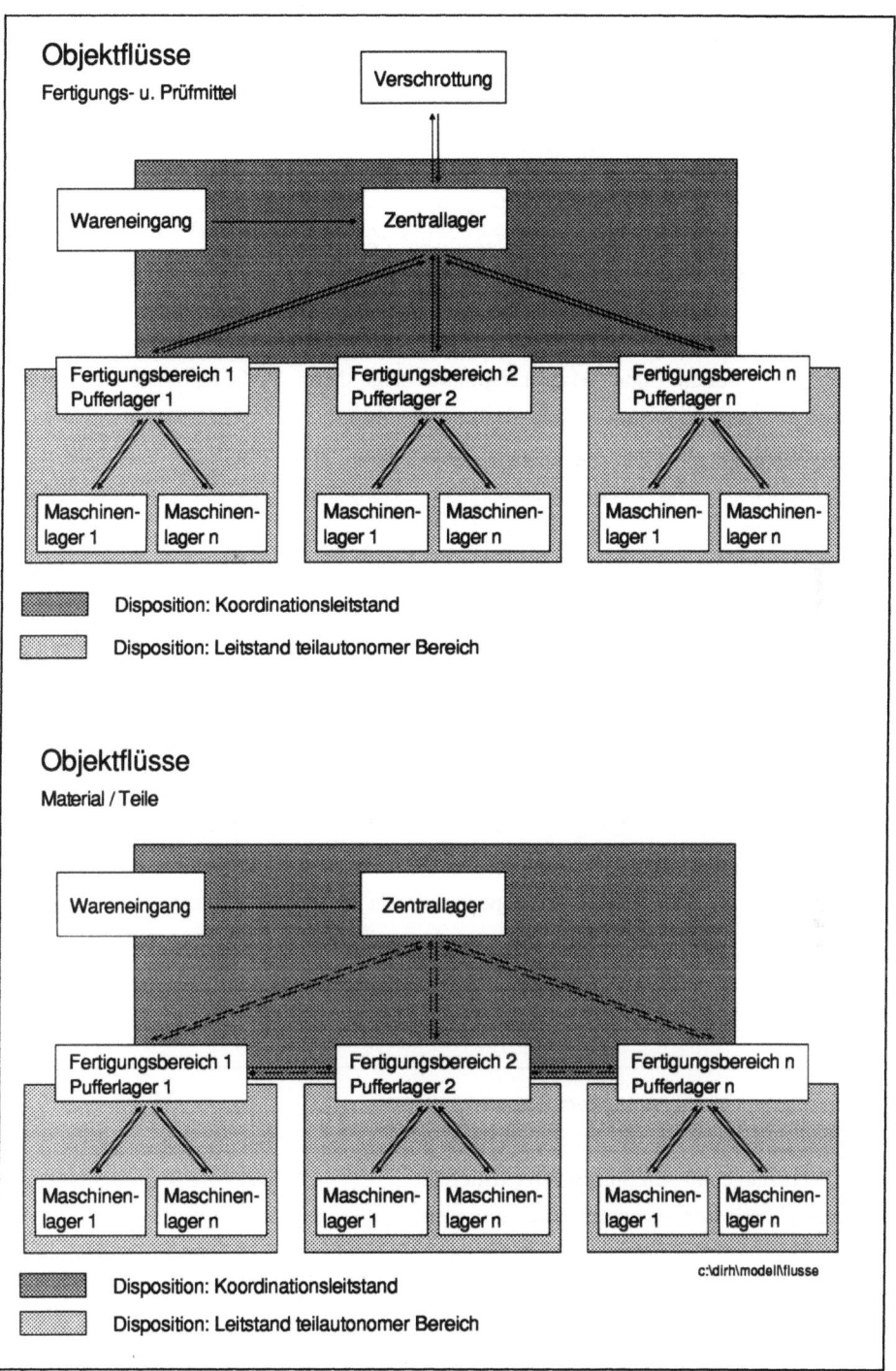

Abb. III.13: Objektflüsse für Fertigungsmittel und Material in der Produktion

> *Eigenschaften von **Spanwerkzeugen:***
>
> - In der Regel geringe Kostenintensität.
> - Residente Werkzeughaltung möglich.
> - Geringer Planungsaufwand.

Werkzeugkomponenten

Ein Werkzeug setzt sich aus Schneide, Schaft und Halter (Spannfutter, Fräserhülse, Reduzierhülse) zusammen. Zudem können mehrere Schneiden an einem Schaft befestigt sein. In der Serien- und Massenfertigung sind häufig Mehrspindelbohrmaschinen anzutreffen. Das Einbringen von Bohrungen bspw. an Gehäuseteilen erfolgt an Bohrwechselsystemen über sogenannte Bohrbilder. Ein Bohrbild setzt sich aus unterschiedlichen Werkzeugen zusammen. Ähnliches gilt für Mehrschneiden-Drehwerkzeuge.

Durch den baukastenartigen Aufbau lassen sich Verschleißteile aufbereiten oder auswechseln bzw. bestimmte Schneiden für Maschinen unterschiedlicher Hersteller umrüsten. Daraus ergibt sich die Forderung nach Werkzeugstücklisten, die vom Leitstand zu verwalten sind.

Grundsätzlich kann man nicht davon ausgehen, daß jedes Werkzeug nach dem Einsatz in seine Einzelteile zerlegt wird, aber je nach Verschleiß an der Maschine und je nach Einsatzbedingung des Folgeauftrags sind mehr oder weniger intensive Wartungs- und Montagearbeiten vorzunehmen, die über eine einfache Voreinstellung hinausgehen. Zunehmende Standardisierungbemühungen im Werkzeugwesen erhöhen die Anforderungen an die Verwaltung von Werkzeugkomponenten, da diese flexibler einsetzbar sind. Der Leitstand muß also zukünftig die Werkzeugdisposition explizit berücksichtigen. Mehrkomponentenwerkzeuge erfordern zusätzliche dispositive und operative Aktivitäten und damit vorrangig eine höhere Personal- und Planungsintensität.

> *Eigenschaften von **Werkzeugkomponenten:***
>
> - Für Werkzeuge müssen Stücklisten existieren.
> - Verschleißteile können ausgewechselt werden.
> - Montageaufwand vor oder nach dem Einsatz.
> - Montage erfordert Personalkapazität.
> - Hoher dispositiver Aufwand für den Leitstand.

3.1.3.1.3.1.2 Vorrichtungen

Vorrichtungen sind Fertigungsmittel, die die Lage des Materials oder die eines Materials zum Werkzeug bestimmen und bis zur Beendigung der Bearbeitung sichern [60]. Im Gegensatz zu den Werkzeugen sind die Vorrichtungen nicht direkt am Umformungsprozeß beteiligt, sondern haben aufnehmende, führende, positionierende und steuernde Aufgaben. Sie sind beliebig oft einsetzbar und unterliegen keinem Verschleiß. Vorrichtungen unterteilen sich analog zu den Werkzeugen in

- Komplettvorrichtungen und
- Vorrichtungssysteme.

Der Unterschied liegt primär in dem Montageaufwand der Vorrichtung für einen speziellen Auftrag. Komplettvorrichtungen sind weitestgehend unabhängig von der Aufgabenstellung und gelten für einen bestimmten Anwendungsbereich. Da sie nach einem Einsatz nicht demontiert werden, entsteht kein personeller Aufwand. Zudem ist es nicht notwendig Einzelkomponenten, bspw. in entsprechenden Stücklisten, durch den Leitstand zu verwalten. Bei der Terminierung ist nur die Verfügbarkeit der Vorrichtung für das Zeitintervall des Maschinenauftrags unter Berücksichtigung der Auslagerungs- und Transportzeiten zu prüfen. Bei objektorientierter Fertigungsorganisation kann es sinnvoll sein, Komplettvorrichtungen resident im Bereich zu halten. Dadurch vermindert sich der Koordinationsaufwand bei der Kapazitätsterminierung von Fertigungsaufträgen.

*Eigenschaften von **Komplettvorrichtungen:***

- Vorrichtung ist nicht in Komponenten zerlegbar.
- Kein Montage- und damit kein Personalaufwand erforderlich.

Die Struktur der Vorrichtungen ist in Abbildung III.14 aufgezeigt.

Komplettvorrichtungen gliedern sich in Standardvorrichtungen, Spezialvorrichtungen und Gruppenvorrichtungen.

---

[60] Vgl. o.V.: Elektronische Datenverarbeitung bei der Produktionsplanung und -steuerung VI, Begriffszusammenhänge, Begriffsdefinitionen, VDI-Taschenbücher T 77, Düsseldorf, 1976, S. 68.

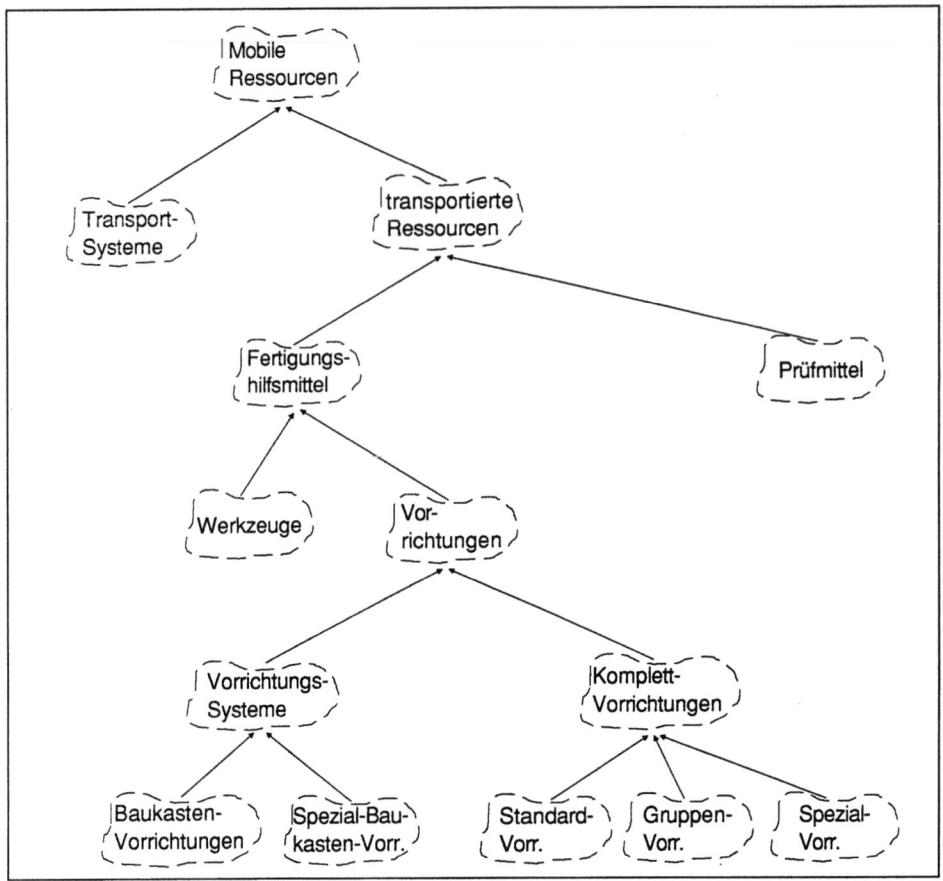

Abb. III.14: Klassen für Vorrichtungen

Typische Beispiele für **Standardvorrichtungen** sind die Maschinenfutter für Drehmaschinen, der Schraubstock oder auf unterschiedliche Höhen einstellbare Spannunterlagen.

Spezialvorrichtungen werden für eine bestimmte Aufgabenstellung hergestellt und sind in ihrem Anwendungsbereich begrenzt [61]. Damit sind sie über ihre Nutzungsdauer an die Aufgabenstellung und an bestimmte Objekte (Werkstück, Maschine, Verfahren) gebunden. Der Dispositionsaufwand ist dadurch gering.

Aufbauend auf der Idee, die Spannvielfalt durch Anpassen der Werkstücke an die Vorrichtungen zu erhöhen, entstanden die **Gruppenvorrichtungen**. Durch konstruktive

---

[61] Vgl. Eversheim, W.: Organisation in der Produktionstechnik, Band 3, Arbeitsvorbereitung, 2. Auflage, Düsseldorf 1989, S. 85ff.

Maßnahmen, wie Spannlappen, Spannocken oder spezielle Spannflächen, wird eine definierte Spanngeometrie hergestellt. Aufgrund gleicher oder zumindest ähnlicher Spannbedingungen einer sogenannten Spannfamilie ist es möglich, unterschiedliche Werkstücke mit einer Vorrichtung aufzunehmen. Dies verringert den Montage- und Rüstaufwand in der Fertigung.

Als großer Vorteil dieser Aufspannungsart kann der minimale Umbauungsgrad und die dadurch entstehende Bearbeitungsmöglichkeit in einer Aufspannung gesehen werden [62], was die Voraussetzung für eine bedienerarme bzw. bedienerlose Bearbeitung in der Nachtschicht ist.

In Verbindung mit der Teilefamilienbildung, die alle gleiche Vorrichtungen benötigen, ergibt sich die Möglichkeit, Vorrichtungen resident in einem teilautonomen Bereich zu halten.

Eigenschaften von ***Gruppenvorrichtungen:***

- Teile sind konstruktiv der Vorrichtung angepaßt.
- Gleiche oder ähnliche Spannbedingungen.
- Nachtprogrammtauglich aufgrund geringer Umbauung.
- Residente Vorrichtungshaltung möglich.
- Kein Montage- und damit kein Personalaufwand erforderlich.

Vorrichtungssysteme bestehen aus mehreren Komponenten, die auftragsbezogen zu einer Komplettvorrichtung montiert werden. Aufgrund des Montage-/Demontageaufwands ist Personalkapazität erforderlich. Charakteristisch für diese Systeme ist also, daß sie an bestimmte Teile und damit entsprechende Fertigungsaufträge angepaßt werden. Dies erfordert gegebenenfalls Vorlaufzeit für die Montage, die bei der Kapazitätsterminierung zu berücksichtigen ist.

Durch die Verwendung von Vorrichtungssystemen ändern sich möglicherweise die Zielkriterien und damit die Einplanungsstrategie von Fertigungs- oder Maschinenaufträgen. Z. B. ist es sinnvoll nach Aufträgen zu suchen, die gleiche oder ähnliche Vorrichtungen verwenden, um den Montage- bzw. den Rüst- sowie Spannaufwand und damit die Personalintensität zu verringern. Weiterhin dezimieren sich Montage-/Demontage- und Transportfrequenzen, wodurch die Disposition erleichtert wird.

---

[62] Vgl. Tuffensammer, K.; Meerkamm, H.: Spannvorrichtungssysteme für das Bearbeiten von Werkstücken in flexiblen Fertigungssystemen, wt-Z. ind. Fertig. 65(1975)1, S. 1-7.

> *Eigenschaften von **Vorrichtungssystemen**:*
>
> - Vorrichtung muß an das Teil angepaßt werden.
> - Anpassung erfordert Personalaufwand.
> - Für die Vorrichtungen müssen Stücklisten existieren.
> - Vorlaufzeit für Montage und Transport erforderlich.

Vorrichtungssysteme teilen sich in Baukastenvorrichtungen und Spezialbaukastenvorrichtungen. **Baukastenvorrichtungen** bestehen aus einer Vielzahl einzeln zueinander passender und zusammenfügbarer standardisierter Bauelemente, aus denen sich in einem bestimmten Werkstückabmessungsbereich Vorrichtungen montieren lassen. Die Vorrichtungen können nach Beendigung der Bearbeitungsaufgabe demontiert und für den Aufbau weiterer Werkstückaufnahmen verwendet werden [63]. Ein Element kann also in unterschiedlichen Vorrichtungen vorkommen, wobei eine Vorrichtung aus unterschiedlichen Elementen besteht. Nullserienfertigung (Einfahraufträge), Prototypenbau, Eilaufträge sowie die Überbrückung bei Vorrichtungsausfällen und bei Fertigungssituationen, die eine Anpassungsfähigkeit an sich kurzfristig ändernde technologische Gegebenheiten verlangen, sind die typischen Anwendungsgebiete eines solchen Vorrichtungssystems [64].

> *Eigenschaften von **Baukastenvorrichtungen**:*
>
> - Vorrichtung setzt sich aus standardisierten Komponenten zusammen.
> - Komponenten sind in unterschiedlichen Vorrichtungen verwendbar.
> - Geeignet für Nullserienfertigung (Einfahraufträge), Prototypenbau, Eilaufträge.
> - Hohe Flexibilität bei der Aufnahme von Werkstücken.

Spezialbaukastenvorrichtungen sind aus standardisierten Halbzeugbausteinen aufgebaut, die sich individuell auch an komplizierte Werkstückformen anpassen lassen. Durch eine geringe Anzahl von Aufbauelementen und einfachen Aufbau steigt die Zugänglichkeit zum Werkstück und die Steifigkeit der Vorrichtung, was den Rüstzeitanteil verringert sich [65]. Durch die Fertigung in einer Aufspannung, ergibt sich die Möglichkeit zur

---

[63] Vgl. Brüninghaus, G.: Rechnerunterstützte Konstruktion von Baukastenvorrichtungen, Dissertation, RWTH Aachen 1979.
[64] Vgl. Boetz, V.: Wiederverwendbar - Vorrichtungen aus standardisierten Teilen rationalisieren das Spannen von Werkstücken, in: Maschinenmarkt 95(1989)1, S. 16 - 19.
[65] Vgl. Boetz, V.: Facetten der Peripherie, in: tz für Metallbearbeitung, 82(1989)9, S. 39-45.

Mehrmaschinenbedienung.

*Eigenschaften von **Spezialbaukastenvorrichtungen:***

- Vorrichtung setzt sich aus standardisierten Halbzeugbausteinen zusammen.
- Halbzeugbausteine sind in unterschiedlichen Vorrichtungen verwendbar.
- Sehr gut geeignet für die flexible Automatisierung.
- Aufgrund hoher Steifigkeit und geringer Umbauung gute Nachtprogrammtauglichkeit.
- Geringer Rüstaufwand.
- Sinkender Personalaufwand.

Es existieren weitere Vorrichtungsarten wie Maschinenschraubstocksysteme, Spannmaschinen, verstellbare Vorrichtungen [66], die allerdings in die vorgestellte Systematik integrierbar sind, so daß eine weitere Aufteilung nicht notwendig ist.

3.1.3.1.3.2 Prüfmittel

Prüfmittel dienen der Qualitätssicherung in der Fertigung. Ihre Handhabung ist analog zu den Fertigungshilfsmitteln. Im Gegensatz zu den Werkzeugen unterliegen sie jedoch einem geringen Verschleiß. Der Einsatz von Prüfmitteln dient der Überwachung von Prüfmerkmalen, die im Prüfplan festgelegt sind. Der Einsatzort ist entweder innerhalb eines teilautonomen Bereichs oder in der zentralen Qualitätsprüfung.

Der Prüfmitteleinsatz ist immer mit der Aufnahme von Meßwerten verbunden; es existieren also Regelkreise. Bei Abweichungen vom vorgegebenen Sollwert sind entsprechende Korrekturmaßnahmen einzuleiten.

*Eigenschaften von **Prüfmitteln:***

- Handhabung erfolgt analog zu den Werkzeugen.
- Prüfmittel dienen nicht der Leistungserstellung.
- Prüfmittel werden zur Überwachung der Qualitätsmerkmale eingesetzt.

---

[66] Vgl. Tuffensammer, K.; Storr, A.; Lange, K.; Pritschow, G.; Warnecke, H.-J.: Flexibles Fertigungssystem. Beiträge zur Entwicklung des Produktionsprinzips, Sonderforschungsberichte, Weinheim 1988.

3.1.3.1.4 Funktionen transportierter Ressourcen

Die Funktionalität des Ressourcenmoduls besteht in der Verwaltung, Archivierung und Bereitstellung aller Informationen der existierenden Objekte.

Die Datenverwaltung der transportierten Ressourcen respektive der Werkzeuge beinhaltet die Einsatzzeit, die Speicherung der Einsatzzeit, das Erfassen des Verschleißes, des Ausschusses und der Korrekturwerte. Die Zuordnung der Funktionen zu den einzelnen Klassen ist in Abbildung III.15 dargestellt.

Funktionen	Werk-zeuge	Vor-richtung	Prüf.-mittel	Komplett-WZ	WZ-Komp.	Komplett-Vorr.	Vorr.-Systeme	Komplett-PM	PM-Komp.
Standortbestimmung	●	●	●	●	●	●	●	●	●
- Lagerort	●	●	●	●	●	●	●	●	●
- Einsatzort	●	●	●	●	●	●	●	●	●
Datenverwaltung	●	●	●	●	●	●	●	●	●
- Reststandzeit	●			●	●		●		
- Einsatzzeit	●	●	●	●	●	●	●	●	●
- Verschleiß	●		○	●	●			○	○
- Ausschuß	●		○	●	●			○	○
- Korrekturmaße	●		○	●	●			○	○
- Eichmaße			●					●	●
Einsatzbedingungen	●	●	●	●	●	●	●	●	●
- Nachtprogrammtauglichkeit prüf.	●	●		●	●	●	●		
- Werkstückzuordnung prüfen	●	●	●	●	●	●	●	●	●
- Maschinenzuordnung prüfen	●	●	●	●	●	●	●	●	●
- NC-Programm prüfen	●	●	●	●	●	●	●	●	●
Alternativenzuordnung	●	●	●	●	●	●	●	●	●
- Schwesterwerkzeuge	●			●					
- Alternativvorrichtungen		●				●	●		
- Alternativprüfmittel			●					●	●
Vorgabezeiten	●	●	●	●	●	●	●	●	●
- Montagezeiten		●		●		●	●	●	●
- Bereitstellungszeiten	●	●	●	●	●	●	●	●	●
Aufbereitungsintervalle berechnen	●		○	○	●				○
Einsatzkosten bestimmen	●	●	●	●	●	●	●	●	●

● Funktion ist für Klasse erforderlich
○ Funktion ist für Klasse bedingt erforderlich

Abb. III.15: Funktionen der Klassen 'transportierter Ressourcen'

3.1.3.2 Immobile Ressourcen

Zu den immobilen Ressourcen zählen die Gebäude und Grundstücke, Anlagen teilautonomer Bereiche sowie Läger. Im Gegensatz zu den mobilen Ressourcen sind diese einem festen Standort und damit einem organisatorischen Bereich oder einer Kostenstelle zuordnenbar.
Grundstücke und Gebäude sind für ein Fertigungssteuerungssystem nicht von Bedeutung. Anlagen und Läger können jeweils als eigenständige, teilautonome Bereiche interpretiert werden.

3.1.3.2.1 Anlagen teilautonomer Bereiche

Der Begriff Anlagen wurde bereits oben näher erörtert. Für ein Fertigungsleitstandsystem sind Anlagen vor allem Fertigungsmaschinen. Diese können grundsätzlich in NC-/CNC-Maschinen, manuell gesteuerte Maschinen und Kopiermaschinen unterteilt werden. Jeder Maschinentyp verlangt unterschiedliche Verfahren bei der Kapazitätsterminierung. Die Bildung von teilautonomen Bereichen erfolgt nach bestimmten fertigungstechnologischen oder -organisatorischen Aspekten, so daß Anlagen eines bestimmten Objekts mit dem teilautonomen Bereich gleichgesetzt werden können.

Die Beschreibung der unterschiedlichen Maschinentypen erfolgte bereits in Teil I Kapitel 1.2.2.2 sowie 1.2.2.3 und bedarf keiner weiteren Erläuterung. Die Strukturierung und Segmentierung der Anlagenklassen wurde nach Kriterien wie Flexibilität, Produktivität und Personalintensität, die jeweils Auswirkungen auf die Gestaltung der Leitstandfunktionalität haben [67] vorgenommen. In Abbildung III.16 ist das entsprechende Klassenmodell für die Anlagen teilautonomer Bereiche aufgezeigt. Ein Kriterium bei der Modellierung der Anlagen bildet die Personalintensität. Bei **manuell gesteuerten Anlagen** ist immer ein Maschinenbediener anwesend. Bei **Kopieranlagen** - diese sind meist nur für relativ einfache Werkstücke geeignet - muß ein Maschinenbediener die Werkstücke in die Maschine einspannen, die Bearbeitung erfolgt dann automatisch nach der entsprechenden Schablone. **NC-/CNC-/DNC-gesteuerte Anlagen** können auch kompliziertere Teile eigenständig fertigen, so daß das Personal vom eigentlichen operativen Fertigungsprozeß entkoppelt ist. Auf die Fertigungsplanung und -steuerung bezogen ergeben sich daraus unterschiedliche Planungsstrategien.
Die NC-/CNC-/DNC-gesteuerten Anlagen werden wiederum in Mehrmaschinenanlagen,

---

[67] Vgl. Förster, H.-U.: Integration von flexiblen Fertigungszellen in die PPS, in: Hackstein, R. (Hrsg.): Forschung für die Praxis, Berlin et al. 1988. Vgl. Hirt, K.: PPS beim Einsatz flexibler Fertigungssysteme, in: Hackstein, R. (Hrsg.): Forschung für die Praxis, Berlin et al. 1990.

Einzelanlagen und Roboter gegliedert.

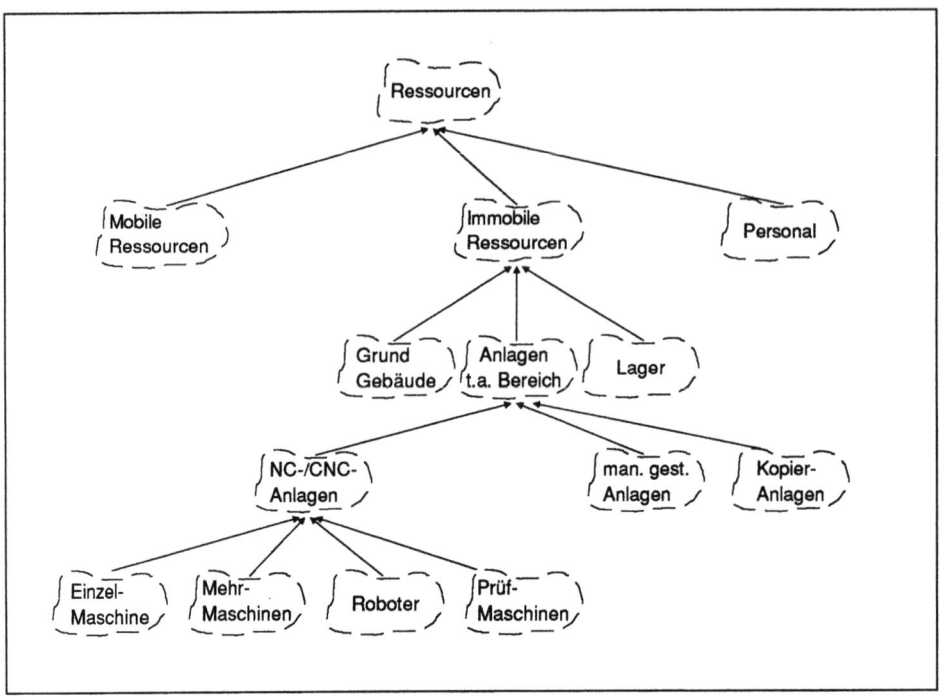

Abb. III.16: Klassen für Anlagen eines teilautonomen Bereichs

Unter **Mehrmaschinenanlagen** sind Fertigungs- und Montagesysteme zu verstehen, bei denen mehrere Maschinen über ein gemeinsames Transportsystem miteinander verbunden sind. Diesen Systemen wird unterstellt, daß sie über einen Werkzeugspeicher verfügen, der entweder dezentral an jeder Maschine oder zentral als gemeinsamer Speicher angeordnet ist. Mehrmaschinenanlagen gliedern sich in Anlagen mit kontinuierlichem Materialfluß und diskontinuierlichem Materialfluß. Mehrmaschinenkonzepte mit **diskontinuierlichem Materialfluß** teilen sich weiter in **flexible Montagesysteme** und **flexible Fertigungssysteme** (FFS). FFS wurde bereits in Kapitel 1.2.2.3 des Teil I ausführlich behandelt. Darunter werden auch Duplexzellen verstanden, die über einen Roboter bestückt werden.
Typische Vertreter der Mehrmaschinenanlagen mit **kontinuierlichem Materialfluß** sind **flexible Transferstraßen** mit getaktetem Materialtransport, Innenverkettung und mehrstufiger Bearbeitung. Aufgrund der genannten Spezifika und der geringen Flexibilität sind aus dispositiver Sicht nur begrenzt unterschiedliche Planungs- und Steuerungsstrategien möglich. Diese Systeme werden überwiegend in der Serienproduktion eingesetzt.
Ähnliche Eigenschaften gelten für die **Taktstraßenmontage** mit stationären Arbeitsplätzen

und kontinuierlichem Bewegungsablauf der Montageobjekte.

*Eigenschaften von Maschinen mit **kontinuierlichem Materialfluß**:*

- Materialfluß gerichtet.
- Materialfluß getaktet.
- Flexibilität begrenzt.
- Komplettbearbeitung eines bestimmten Teilespektrums.
- Für bestimmtes Teilespektrum relativ kurze Rüstzeit.

*Eigenschaften von Maschinen mit **diskontinuierlichem Materialfluß**:*
- Materialfluß ist nicht getaktet.
- Materialfluß ist nicht gerichtet.
- Hohe Flexibilität.
- Mehrstufige Bearbeitung der Werkstücke auf unterschiedlichen Maschinen.
- Komplettbearbeitung einer bestimmten Teilefamilie.

Die vererbenden Beziehungen zu den Sub-Klassen der Super-Klasse "Mehrmaschinen" ist in Abbildung III.17 aufgezeigt.

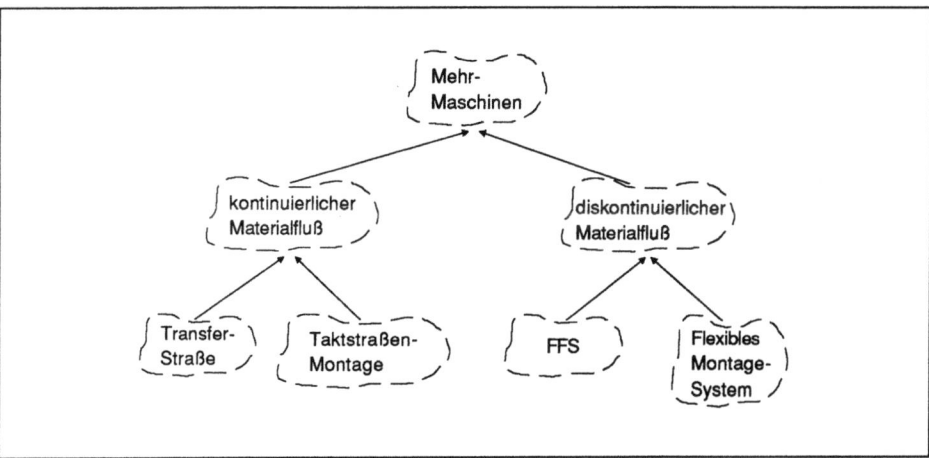

Abb. III.17: Klassen für Mehrmaschinenanlagen

Bei **NC-gesteuerten Einzelmaschinen** erfolgt zunächst die Unterteilung in Maschinen ohne Werkzeugspeicher und mit Werkzeugspeicher.

Maschinen ohne Werkzeugspeicher zeichnen sich durch eine wesentlich geringere Flexibilität aus, da jeder Werkzeugwechsel zu einem Maschinenstillstand führt. Dadurch ergeben sich bestimmte Restriktionen an die Fertigungsplanung und -steuerung, bspw. ist ein Auftragsmix nicht möglich und ein Auftragssplitten nicht sinnvoll. Weiterhin eignen sich diese Maschinen nur zur Fertigung eines Arbeitsgangs.

Maschinen mit Werkzeugspeicher sind diesbezüglich flexibler und stellen dadurch höhere Anforderungen an die Disposition. Charakteristische Beispiele für diesen Maschinentyp sind Drehautomaten mit Revolvermagazinen oder Bearbeitungszentren (BAZ) mit Ketten oder Scheibenmagazinen.

Eine weitere Steigerung der Flexibilität stellen Maschinen mit Werkzeug- und **Werkstückspeicher** dar. Je nach Größe des Speichers sind Auftragsmix, Nachtprogramm, Speicherung von Einfahraufträgen, Lossplitten usw. möglich. Diese Maschinen stellen hohe Anforderungen an die Fertigungsplanung und -steuerung. Typische Vertreter einer Einzelmaschine mit Werkzeug- und Werkstückspeicher sind flexible Fertigungszellen und Drehzellen, die über einen Roboter bestückt werden. Abbildung III.18 zeigt die vererbenden Beziehungen zu der Klasse Einzelmaschinen.

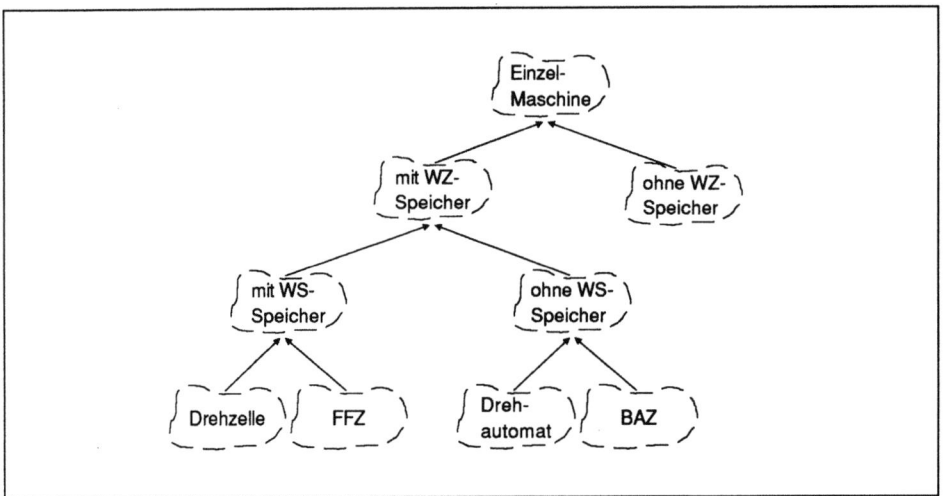

Abb. III.18: Klassen für Einzelmaschinen

Die wichtigsten Merkmale der flexiblen Automatisierung für Transferstraßen, Fertigungssysteme und Fertigungszellen sind zusammenfassend in Abbildung III.19 aufgeführt.

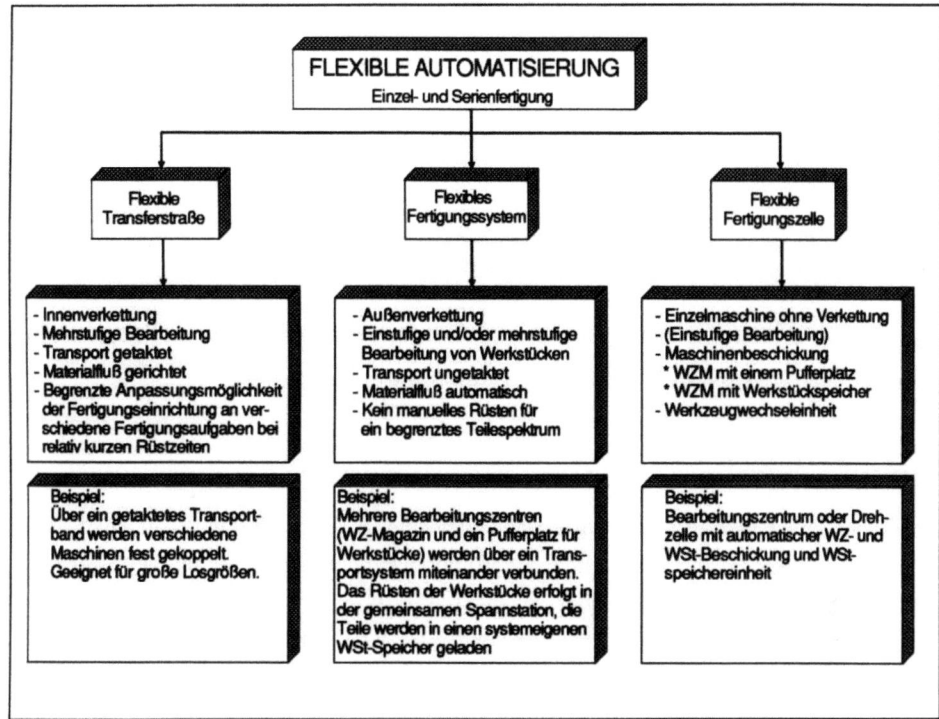

Abb. III.19: Flexible Automatisierung

Eine weitere Klasse NC-gesteuerter Anlagen sind Roboter, dargestellt in Abbildung III.20. Die Einsatzfelder von **Robotern** sind sehr heterogen, sie reichen von der Fertigung (Schweißroboter) über die Montage (Bestücken von Leiterplatinen) bis hin zur Handhabung von Material an Maschinen und zum Versorgen sowie Rüsten von Maschinen.

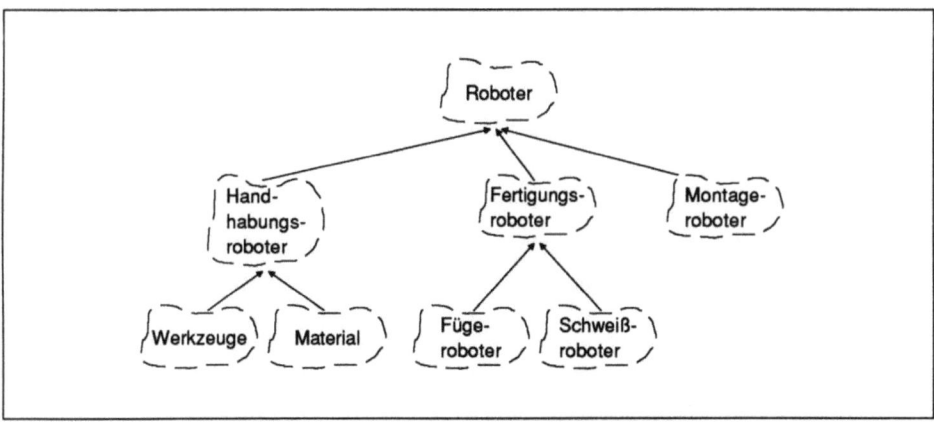

Abb. III.20: Klassen für Roboter

Roboter sind unter den immobilen Ressourcen aufgeführt, da sie in der Regel an einen bestimmten Ort gebunden sind. Portalroboter oder Gelenkarmroboter auf fahrerlosen Flurförderzeugen [68], die einzelne Maschinen eines FFS mit Werkzeugen oder Werkstücken versorgen, zählen dagegen zu den Transportsystemen [69], da Strategien zur Routenwahl eine wichtige Rolle spielen.

3.1.3.2.2 Funktionen von Anlagenklassen teilautonomer Bereiche

Bezüglich der Erläuterung der Funktionen von Anlagenklassen teilautonomer Bereiche wird auf Kapitel 3.1.2 verwiesen.

3.1.3.2.3 Lager

Lager oder Lagersysteme sind "dynamische Elemente, die leistungsfähig und zuverlässig und mit minimalen Beständen den hohen Anforderungen der flexiblen Produktion oder des wartenden externen Auftraggebers genügen müssen" [70].

Tpyische Aufgaben, neben der Aufnahme von Teilen oder Materialien jeder Art, sind das Einlagern, Umlagern, Auslagern und Verwalten von Objekten. Auch Läger verfügen, ähnlich wie Anlagen, über eine definierte Kapazität. Der entscheidende strategische Unterschied besteht darin, daß die verfügbare Lagerkapazität so gering wie möglich ausgelastet sein sollte.

Für den Fertigungsleitstand sind vor allem zwei unterschiedliche Lagertypen von Bedeutung, das Fertigungshilfsmittellager - inklusive der Prüfmittel - und das Material- oder Werkstücklager. Diese Gliederung ist aus planerischen sowie steuerungstechnischen Aspekten für den Leitstand notwendig und führt zu unterschiedlichen Vorgängen und Objektflüssen. Bei der Planung von Fertigungshilfsmitteln sollte eine möglichst einfache Zuordnung zu Fertigungs- oder Maschinenaufträgen möglich sein, in der Regel zu einem Zeitpunkt, an dem das Material noch nicht tatsächlich in der Produktion verfügbar sein muß. Material ist dagegen erst mit der Freigabe eines Maschinen- oder Montageauftrags tatsächlich in dem teilautonomen Bereich verfügbar.

Zudem hat der Disponent des Leitstands die Möglichkeit zur Werkzeugwahl, also Fertigungshilfsmittel selbst zu bestimmen. Das Material wird ihm dagegen von der Konstruktion oder Arbeitsvorbereitung vorgegeben, was zu vollkommen unterschiedlichen

---

[68] Vgl. Warnecke, H.-J.: Konzepte - am Beispiel flexibler Fertigungssysteme, in: Geitner, U. W. (Hrsg.): CIM Handbuch, 2. Auflage, Braunschweig 1991, S. 340ff.
[69] Vgl. Klippel, C.: Mobiler Roboter im Materialfluß eines flexiblen Transportsystems, iwb Forschungsberichte, Band 17, Berlin et al. 1988.
[70] Schulze, L.: Transport und Lagerung im Computer Aided Manufacturing (CAM), in: Geitner, U. W. (Hrsg.): CIM Handbuch, 2. Auflage, Braunschweig 1991, S. 427

Ausgangssituationen bei der Planung führt.

Weiterhin haben Fertigungsmittel und Werkstücke entgegengesetzte Wertentwicklungen. Nimmt der Wert eines Teils mit jeder Bearbeitung zu, so verhält es sich bei den Fertigungsmitteln umgekehrt proportional.

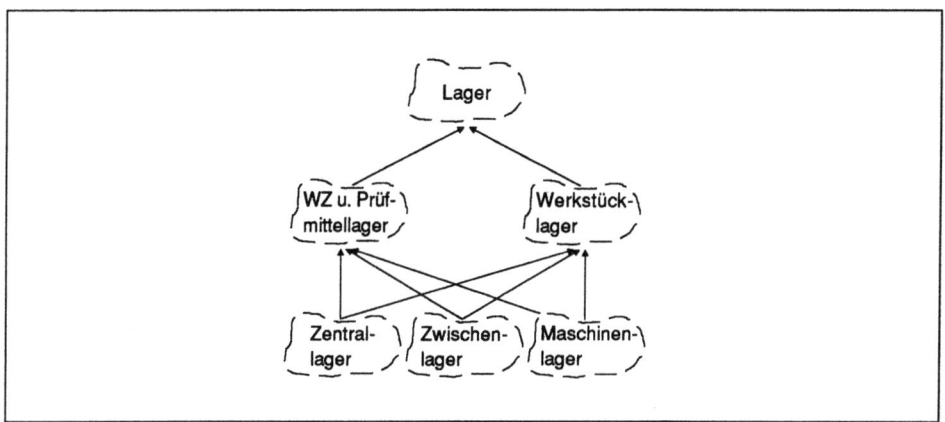

Abb. III.21: Klassen für Läger

Jeder Lagertyp unterteilt sich in Zentral-, Zwischen- und Maschinenlager.

Im **Zentrallager** werden alle Objekte physisch gehalten und verwaltet. Für Material stellt der Aufenthalt im Zentrallager einen Übergangszustand dar, der so kurz wie möglich sein sollte. Im Idealfall müssen Erzeugnisse nicht mehr in das Zentrallager zurück.

Bei Fertigungsmittellägern erfolgt dort die Aufbereitung, Voreinstellung und Montage von Werkzeugen und gegebenenfalls Vorrichtungen, d.h., die Fertigungsmittel kehren in bestimmten Intervallen zwangsläufig immer wieder in das Zentrallager zurück.

Bei den **Zwischenlägern** handelt es sich um Pufferläger, in denen sich Material und Fertigungsmittel möglichst kurz aufhalten sollten. Sie dienen zur Überbrückung von Speicherengpässen an Maschinen oder als Wartestationen vor dem Weitertransport.

Die Verweildauer von Material und Fertigungsmitteln in den **Maschinenlägern** sollte sich auf die Bearbeitungszeit eines Maschinenauftrags beschränken. Im Maschinenspeicher werden bspw. Werkstücke eines Einfahrauftrags zwischengespeichert, wenn der Auftrag nicht in einer Schicht abgearbeitet werden konnte. In der Spätschicht müssen die Aufträge, die in der bedienerlosen Nachtschicht zu bearbeiten sind, in den Werkstückspeicher und die notwendigen Werkzeuge in den Werkzeugspeicher geladen werden. Konnte eine Komplettbearbeitung eines Nachtauftrags nicht erfolgen, wird dieser im Werkstückspeicher geparkt und in der nächsten bedienerarmen Schicht weiterbearbeitet.

Zwischen- und Maschinenspeicher sind also Größen, die dem Leitstand detailliert bekannt sein müssen, um Engpässe in den Lägern vermeiden zu können.

Für die Verwaltung von Material sind weiterhin noch das Wareneingangs- und -ausgangslager relevant, die aber für die Modellierung eines Leitstandsystems von untergeordneter Bedeutung sind.

3.1.3.2.4 Funktionen der Lagerklassen

In den Lägern eines Industriebetriebs werden Erzeugnisse, Ersatzteile, Baugruppen, Einzelteile, Rohmaterialien, Hilfsstoffe und Betriebsstoffe gespeichert. Zudem existieren Läger für Werkzeuge, Vorrichtungen und Prüfmittel. Die entsprechenden Klassen wurden oben beschrieben. Die Verwaltung der eingelagerten Objekte obliegt dem Lager. Die entsprechenden Funktionen sind in Abbildung III.22 dargestellt.

Funktionen	WZ u. Prüfmittel	Material	Zentrallager	Zwisch.-lager	Masch.-lager
Bestandsführung	●	●	●	●	●
- Bruttobestand	●	●	●	●	●
- Nettobestand	●	●	●		
- Reservierter Bestand	●	●	●		
- Bestellbestand	●	●	●		
- Sicherheitsbestand	●	●	●	○	
- Meldebestand	●	●	●		
Verwaltung von Zu-/Abgängen	●	●	●	●	○
Verwaltung der Lagerplätze	●	●	○	●	●

● Funktion ist für Klasse erforderlich
○ Funktion ist für Klasse bedingt erforderlich

Abb. III.22: Funktionen der Läger

Im einzelnen ist dies die Bestandsführung, die Reservierung, die Verwaltung von Zu-/Abgängen sowie die Verwaltung der einzelnen Speicherplätze. Für die einzelnen Lagerklassen ist die Bedeutung der Funktionen angezeigt.

3.1.3.3 Personal

Das Personal wird im Ressourcen-Modul verwaltet, weil die Mitarbeiter in der Fertigung bestimmte Aufgaben erfüllen und über eine definierte Kapazität zur Leistungserstellung verfügen. Durch die Mehrmaschinenbedienerkonzepte, das Rüsten und Abrüsten des Nachtprogramms, die Übernahme von Qualitätssicherungs- und Instandhaltungsaufgaben können durch das Personal Engpässe bei der Bearbeitung von Fertigungsaufträgen entstehen. Die Objektstruktur zur Super-Klasse Personal zeigt Abbildung III.23.

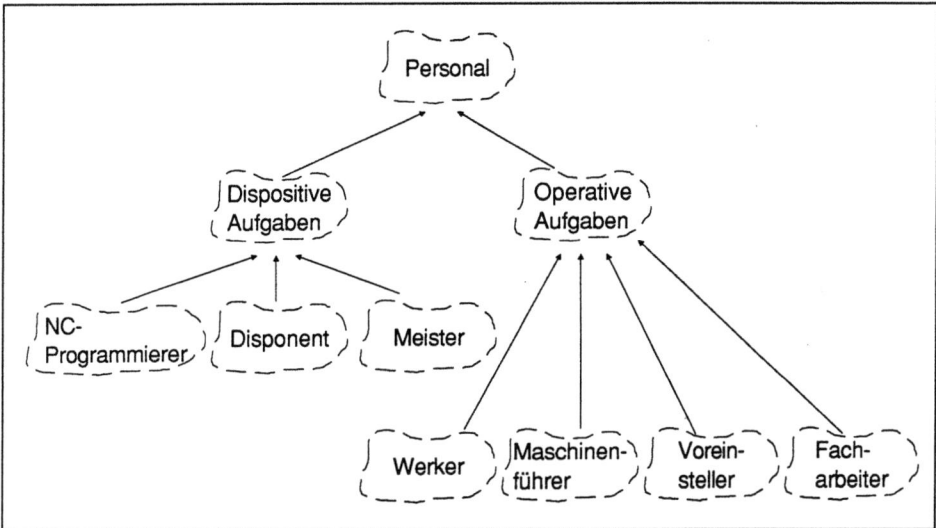

Abb. III.23: Klassen für Personal

Die Aufgaben des Personals gliedern sich in dispositve und operative Aufgaben. Mitarbeiter mit dispositiven Aufgaben sind für die Sicherung der Leistungserstellung verantwortlich, während Personen mit operativen Aufgaben direkt der Leistungserstellung dienen.

3.1.3.3.1 Dispositive Aufgaben

Zu den dispositiven Aufgaben in der Fertigung gehören primär die Fertigungsplanung, -steuerung und Kontrolle. Diese nimmt auf der Koordinationsebene der **Disponent** vor. Das Objekt "Disponent" enthält alle Informationen zu den Aufgaben, zum Schichteinsatz und den Kommt-/Gehtzeiten. Im Gegensatz zu dem Meister ist der Disponent ausschließlich mit dispositiven Aufgaben beschäftigt. Er bildet die Schnittstelle zwischen Arbeitsvorbereitung und Fertigung.

Der **Meister** ist die verantwortliche Person in einem teilautonomen Bereich. Er ist für die Feinterminierung der Fertigungsbereichsaufträge, Arbeitsplanerstellung und Erstellung sowie Verteilung der Maschinenaufträge auf die entsprechenden Kapazitätseinheiten zuständig. Eine weitere Unterteilung der Meister wäre möglich (Schichtmeister, Meister für die Betreuung von unterschiedlichen Fertigungsverfahren). Ziel bei Fertigungsinseln und teilautonomen Bereichen ist jedoch die in etwa gleiche Qualifikation der Mitarbeiter.

Das Objekt **"NC-Programmierer"** ist erforderlich, weil bei Einfahraufträgen oder Änderungen des NC-Programms die entsprechende Person an der Maschine anwesend sein muß. Zudem gewinnt die Werkstattprogrammierung wieder an Bedeutung [71]. Die Kapazität des NC-Programmierers muß also vom Leitstand planbar sein.

3.1.3.3.2   Operative Aufgaben

Mitarbeiter in der Fertigung, die operative Aufgaben ausführen, sind am Leistungserstellungsprozeß oder an der Sicherung der Leistungserstellung direkt beteiligt. Aufgaben sind Rüst-, Spann-, Bereitstellungs-, Montage- und Überwachungsaufgaben an der Maschine. Zu der diese Aufgaben ausführenden Personengruppe gehören die Werker, Maschinenführer, Voreinsteller und sonstigen Facharbeiter.

Bei mangelnder Personalverfügbarkeit ist die Bearbeitung von Aufträgen nicht möglich. Entsprechend sorgfältig muß der Personaleinsatz geplant werden. Job-Enrichment und Job-Enlargement bei nahezu gleicher Qualifikation der Mitarbeiter erhöhen die Flexibilität innerhalb eines teilautonomen Bereichs. Bei steigender Einsatzflexibilität des Personals steigt aber auch der Koordinationsaufwand. Dazu sind entsprechende Funktionen und Informationen erforderlich. Konten zur Verwaltung des Personals sind in Kapitel 3.1.4.7.1 bis 3.1.4.7.3 beschrieben.

3.1.3.3.3   Funktionen für Personalklassen

Die spezifischen Funktionen für die Klassen 'Personal' beziehen sich vor allem auf die Verwaltung der Kommt-/Gehtzeiten, die Verwaltung des Urlaubs bzw. Resturlaubs, die Schichtzuordnung und Pausenregelung. Weiterhin werden in den Personalklassen die Qualifikationsprofile, die Arbeitsinhalte, das Auftragshäufigkeitskonto und die Gleitzeitregelung verwaltet.

Die Funktionen zu den Klassen "Operative Aufgaben" und "Dispositive Aufgaben" sind in Abbildung III.24 dargestellt. Die entsprechenden Konten zu den hier beschriebenen

---

[71]   Vgl. Zeppelin v., W.: Werkstattprogrammierung ist im Kommen, in: CIM Management 5(1989)2, S. 34-35.

Funktionen sind in Kapitel 3.1.4.7.1 bis 3.1.4.7.3 näher ausgeführt.

Funktionen	Operative Aufgaben	Disposit. Aufgab.
Verwaltung von	●	●
- Kommt-/Geht-Zeiten	●	●
- Urlaub/Resturlaub	●	●
- Schichtenplan	●	●
- Gleitzeit	○	●
- Arbeitsinhalte	●	
- Qualifikationsprofil	●	
- Präferenzskala	●	
- Bearbeitungshäufigkeitskonto	●	
Pausenregelung	●	●

● Funktion ist für Klasse erforderlich
○ Funktion ist für Klasse bedingt erforderlich

Abb. III.24: Funktionen für Personalklassen

3.1.4 Ressourcenkonten

Für Ressourcen müssen unterschiedliche Konten geführt werden, die bspw. die aktuelle Kapazitätssituation von Personal, Maschinen, Lägern und Fertigungshilfsmitteln beschreiben. Die wichtigsten Konten eines Leitstands zur Planung und Steuerung der teilautonomen Bereiche sind nachfolgend beschrieben.

3.1.4.1 Kapazitätskonto für Maschinen

Das Kapazitätskonto stellt die verplante, verfügbare und im Betrachtungszeitraum bereits genutzte Kapazität eines Betriebsmittels dar. Es zeigt die freigegebenen, begonnenen oder unterbrochenen Fertigungsaufträge an einer Maschine.
Hauptzeitparalleles Rüsten, Lossplitting oder Auftragsmix verlangen genaue Kenntnisse

über die Auslastung von BAZ, FFZ und FFS. Die Präsentation der Maschinenkapazität erfolgt mit den gewichteten Belegungszeiten [72] des Auftrags aus dem Arbeitsplan und stellt die Zeit dar, die ein Los bei idealer Kapazitätssituation in Anspruch nehmen würde. Weil mehrere Aufträge zu einem bestimmten Zeitpunkt an der Maschine freigegeben werden oder sich in Bearbeitung befinden können (Auftragsmix), muß das Kapazitätskonto zweidimensional angelegt sein. Gegebenenfalls sind diese Aufträge entsprechend dem Teilemix aufzuschlüsseln.

Dem Prinzip der schichtgenauen Planung folgend, existiert für jede Schicht ein unabhängiges Kapazitätskonto. Neben der aktuellen Darstellung der Kapazität müssen eine Reihe von Analysekonten geführt werden, für die der Disponent unterschiedliche Zeitintervalle definieren kann:

- 1-3 Schichten,
- 1-7 Tage,
- 1 bis 4 Wochen,
- 1 bis 12 Monate.

Bei hoch automatisierten Maschinen ist davon auszugehen, daß ein Dreischichtbetrieb angestrebt wird, wobei die dritte Schicht bedienerarm oder bedienerlos im Abschaltbetrieb gefahren wird. Die Nachtschicht kann nicht wie die erste und zweite Schicht kapazitativ geplant werden, da die tatsächliche Bearbeitungsdauer ungewiß ist. Andererseits sollte die Maschine in der folgenden Frühschicht noch arbeiten, damit die Werker Zeit haben, die bereits bearbeiteten Werkstücke abzurüsten und gegebenenfalls neue Teile für die Bearbeitung an der Maschine aufzurüsten.

Abbildung III.25 zeigt das Kapazitätskonto einer flexibel automatisierten Fertigungseinrichtung. Erste und zweite Schicht werden gemeinsam, die dritte Schicht wird explizit dargestellt. Über die Abszisse ist der Arbeitsinhalt abgetragen, den ein bestimmter Auftrag an der Maschine laut Arbeitsplan bzw. NC-Programm benötigt. Die Ordinate ist doppelt skaliert und zeigt sowohl die Kapazität in Prozent als auch die Bearbeitungszeit in Stunden an, damit sich ein Auftragsmix problemlos darstellen läßt und nicht zwischen Durchlaufzeitfenster und Kapazitätskonto gewechselt werden muß. Für sechs Schichten sind die Aufträge direkt dem Konto zu entnehmen, für die weiteren Tage existieren gegebenenfalls nur Balken, die die bereits verplante Kapazität, nicht aber die Aufträge anzeigen. Vor einem Neuaufwurf der Planung stellen die ersten drei Schichten die

---

[72] Vgl. Lorenz, W.: Entwicklung eines arbeitsstundenorientierten Warteschlangenmodells zur Prozeßbildung der Werkstattfertigung, Dissertation, Universität Hannover, Düsseldorf 1984, S. 38f. Lorenz beschreibt die gewichtete Durchlaufzeit von Fertigungsaufträgen, wobei auf der horizontalen Achse die Durchlaufzeit und auf der vertikalen Achse der Arbeitsstundeninhalt dargestellt ist.

Kapazitätssituation des letzten Tages dar, weil möglicherweise nicht alle Aufträge des Vortages abgearbeitet wurden und nun in einer der folgenden Schichten weiterbearbeitet werden müssen. Die Ausgangssituation für die folgende Frühschicht zeigt Abbildung III.26.
Bei der Maschinenauftragsfreigabe erfolgt die Belastung des Kapazitätskontos mit den gewichteten Belegungszeiten. Parallel zu den geführten Zeitkonten für Aufträge wird von den Kapazitätskonten die Bearbeitungszeit abgebucht. Die Reduktion des Kontos für einen Auftrag beginnt mit dem Bearbeitungsstart und wird bei Störmeldungen gestoppt. Da Störungen die verfügbare Kapazität mindern, müssen Störzeiten entsprechend verbucht werden. Die täglich in Anspruch genommene Kapazität beträgt damit immer 100%, auch wenn die tatsächliche Maschinenverfügbarkeit geringer war.
Die planerische Auslastung mit 100% ohne Berücksichtigung von Störungen ergibt gegebenenfalls Kapazitätsüberhänge, da eingeplante Aufträge nicht bearbeitet werden konnten. Diese müssen bei einem späteren Neuaufwurf der Planung Berücksichtigung finden. Die gestrichelte Linie repräsentiert die durchschnittliche technische Maschinenverfügbarkeit über einen längeren Zeitraum und dient dem Disponenten als Planungshilfe für den Kapazitätsüberhang.
Bei Wiederaufnahme der Bearbeitung eines Auftrags nach einer Störung an der Maschine beginnt die Zeit für diesen erneut zu laufen. Bei jedem Neuaufwurf der Planung läßt sich somit die aktuelle, freie und frei gewordene Kapazität eines Betriebsmittels berücksichtigen.

Vor dem Neuaufwurf der Planung ergibt sich für den Disponenten die in Abbildung III.26 dargestellte Ausgangssituation. Die dunkel hinterlegten Aufträge A1-A6 wurden in der Früh- und Spätschicht des Vortages bearbeitet. Die schwarzen Balken stellen die Dauer der tatsächlich aufgetretenen Störungen dar. A7 wurde begonnen, aber zur Nachtschicht abgebrochen. Auftrag A8 konnte aufgrund einer Störung nicht vollständig in der bedienerarmen Schicht bearbeitet werden. Bei dem Neuaufwurf der Planung müssen also die Aufträge A7 und A8 Berücksichtigung finden.

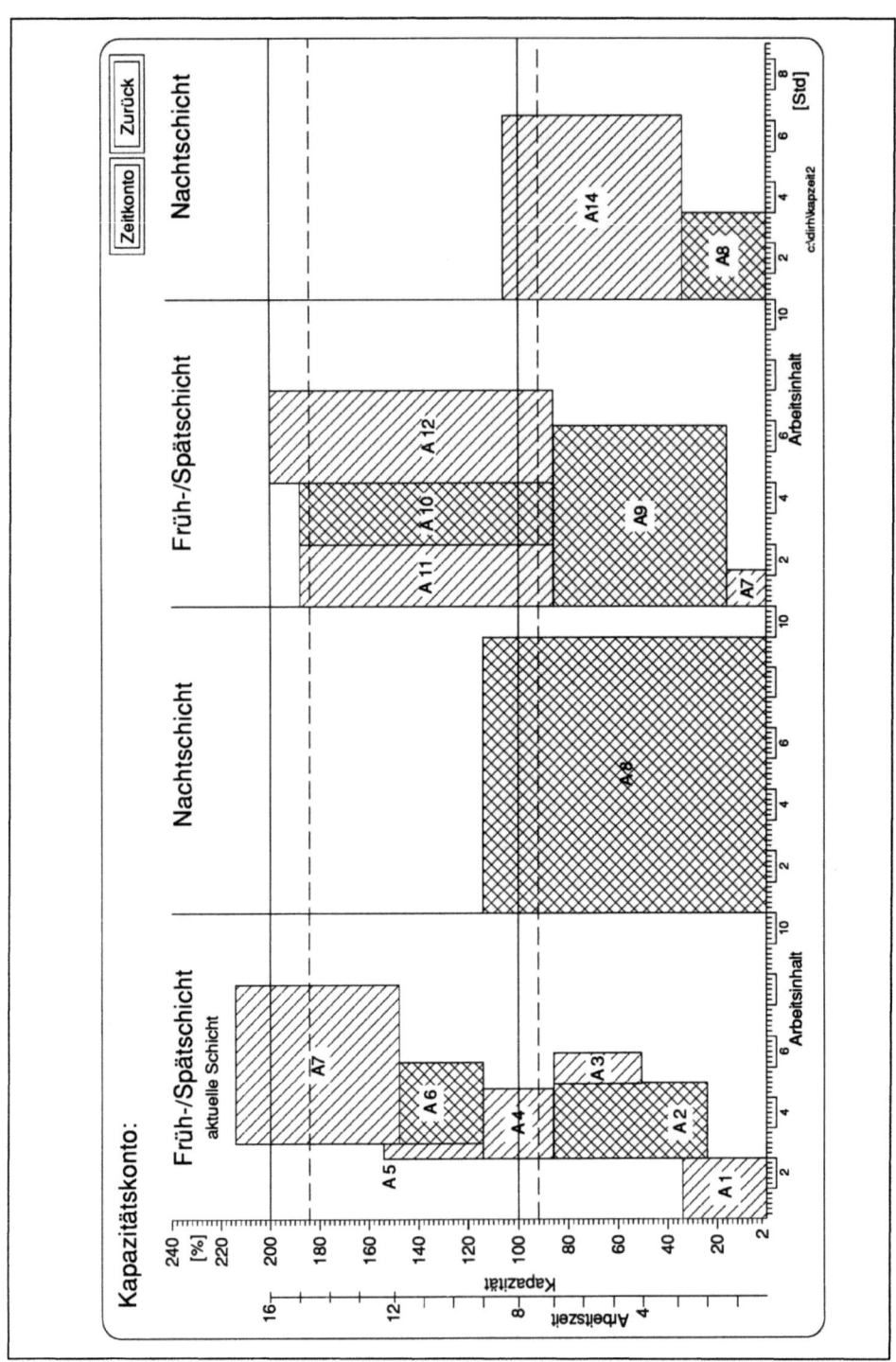

Abb. III.25: Kapazitätskonto für eine Maschine über sechs Schichten

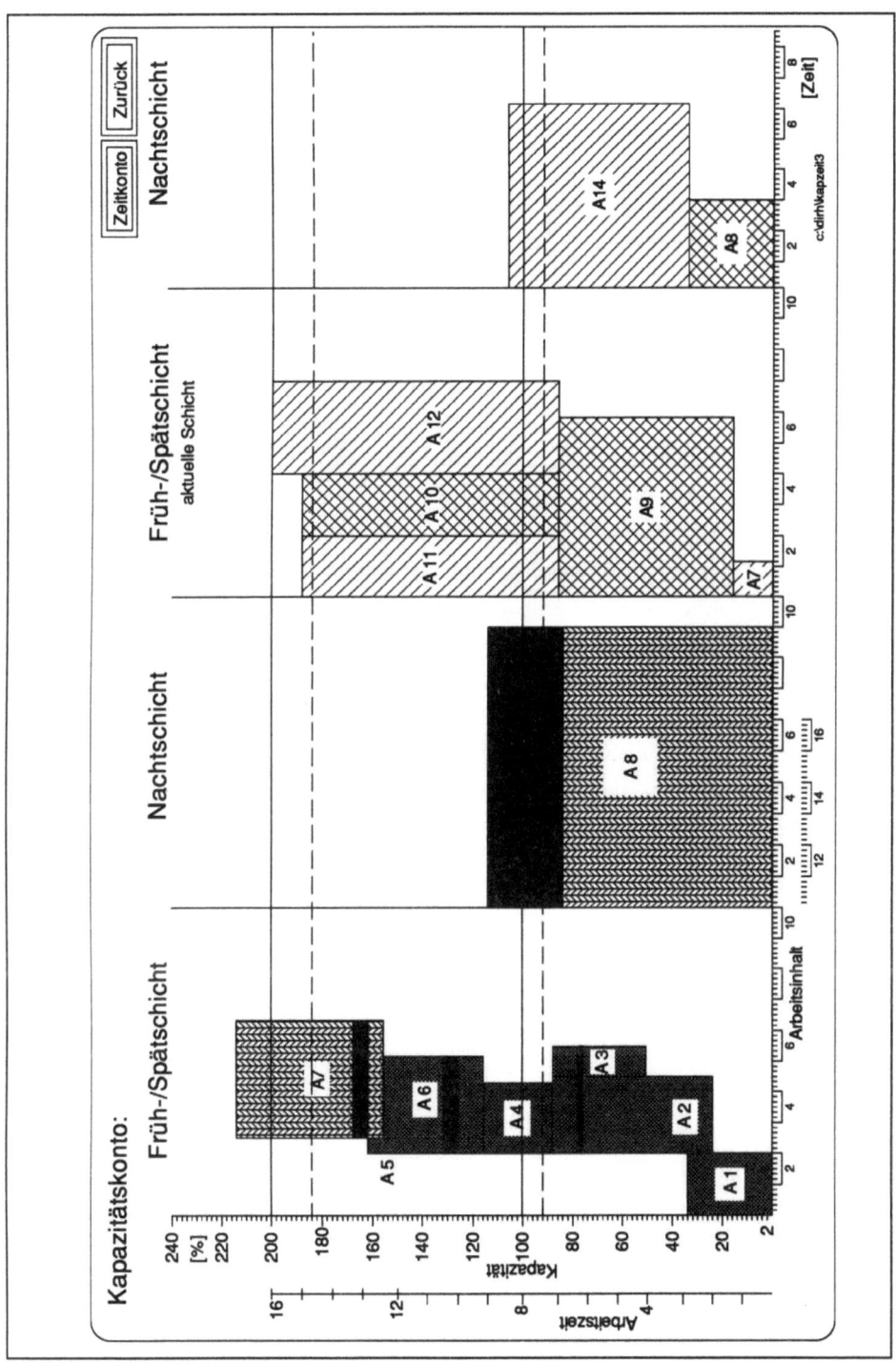

Abb. III.26: Kapazitätskonto für eine Maschine vor Neuaufwurf der Planung

3.1.4.2 Stillstandszeitkonto für Maschinen

Der Disponent muß die Stillstandszeiten aller Maschinen innerhalb des teilautonomen Bereichs mit variierenden Betrachtungszeitintervallen aufgezeigt bekommen. Die Summe der Stillstandszeiten bildet sich aus systemtechnisch und organisatorisch bedingten Stillstandszeiten, wobei sich die technischen weiter in indirekt technisch, direkt technisch sowie systemtechnisch bedingte Stillstandszeiten gliedern lassen [73], deren Darstellung in Balken erfolgt.

Im Rahmen der BDE/MDE muß es möglich sein, alle Störungen mit den sie verursachenden Gründen aufzuzeigen. Dies führt zu ausführlichen Statistiken, die über einen längeren Zeitraum aussagefähige Werte über die Leistungsmerkmale der Maschine, aber auch über Qualitätsmerkmale der Planung der Koordinations- sowie der Leitstandebene und die operativen Tätigkeiten der Mitarbeiter innerhalb des Bereichs liefern.

Störkonten sind für jedes Betriebsmittel zu führen.

Abbildung III.27 zeigt ein Stillstandszeitkonto, in dem sowohl organisatorische als auch technische Störungen dargestellt sind. Bei der Fertigungseinheit handelt es sich um einen teilautonomen Bereich, in dem drei konventionelle Maschinen und ein FFS zusammengefaßt sind. Das FFS besteht aus vier BAZ und stellt das Leitsystem im Bereich dar. Die letzte Spalte beschreibt die Summe aller Stillstandszeiten im FFS.

Der untere Kasten dient der Analyse der technischen und tatsächlichen Verfügbarkeit des Systems über ein längeres Zeitintervall. Die durchschnittliche technische Verfügbarkeit über das Analyseintervall dient als Richtwert des im vorhergehenden Kapitel beschriebenen Kapazitätskontos.

---

[73] Vgl. Hackstein, R.; Büdenbender, W.: Flexible Fertigungssysteme als Bausteine einer zukunftsorientierten Fabrik. - Ergebnisse einer Untersuchung des Betriebsverhaltens - in: Bullinger, H.-J. (Hrsg.): Produktionsmanagement im Spannungsfeld zwischen Markt und Technologie, Forschungsbericht 3 der Hochschulgruppe Arbeits- und Betriebsorganisation HAB e.V., München 1990, S. 199. Die Berücksichtigung des Betriebsverhaltens von flexiblen Fertigungseinrichtungen bietet Synergie-Effekte zu anderen Unternehmensaufgaben und minimiert bspw. den Aufwand für die Planung weiterer FFS in der Fertigung.
Die Behandlung der Störgründe bei der flexiblen Automatisierung wird im Kapitel 3.3 des Teils II "Dispositiver Freiraum" näher betrachtet.

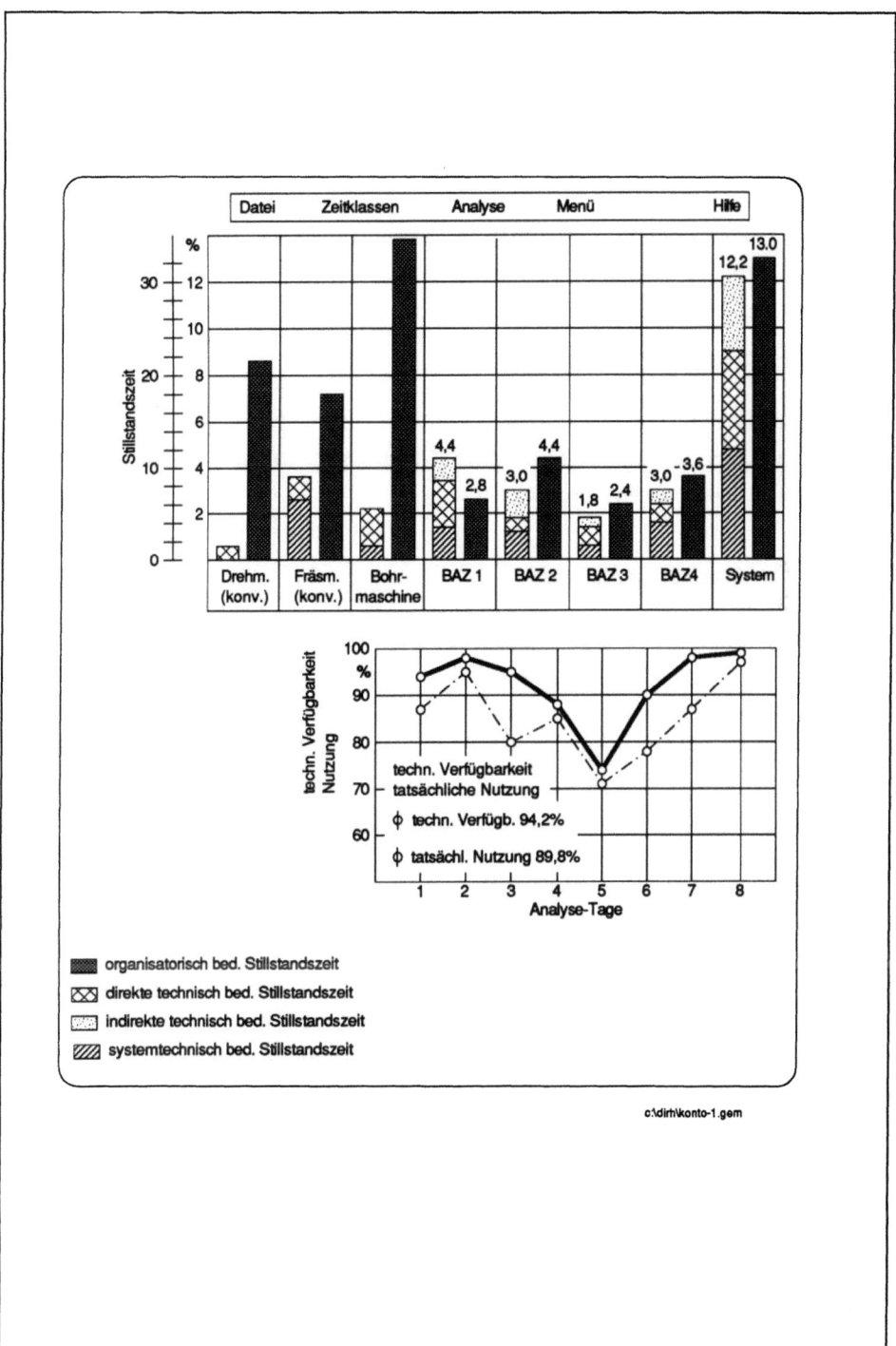

Abb. III.27: Konto für Stillstandszeiten

3.1.4.3 Zeitklassenkonto für Störungen

Für die Planung und Steuerung eines FFS ist es weiterhin interessant, welche Dauer die Stillstandszeiten haben und wie sie verteilt sind. Dazu ist ein weiteres Analysekonto im Leitstand erforderlich, das für ein bestimmtes Analyse-Intervall die Stillstandszeiten in Zeitklassen einteilt und die Häufigkeit aufzeigt. In Abbildung III.28 ist die Häufigkeit durch Balken für organisatorische und technische Störungen dargestellt. Der darüber stehende Kasten gibt Auskunft über die Gesamtstillstandszeit.

3.1.4.4 Fertigungshilfsmittelkonto

Neben dem Betriebsmittelkonto müssen für die Disposition von Fertigungsaufträgen Informationen über die Fertigungshilfsmittel verfügbar sein. Im einzelnen sind dies Konten für Werkzeuge, Vorrichtungen und Prüfmittel.

3.1.4.4.1 Werkzeugkonto

Werkzeuge verschleißen bei dem Einsatz an der Maschine und müssen danach entsprechend aufbereitet werden, was Personalkapazität bindet. Die Wiedereinsetzbarkeit von Werkzeugen resultiert aus dem Verhältnis der Kosten für die Aufbereitung zu der Differenz aus Anschaffungs- und Restwert [74]. Auch wenn der Leitstand eines teilautonomen Bereichs nicht darüber entscheidet, ob ein Werkzeug aufbereitet oder neu beschafft wird, muß er entsprechende Informationen von Werkzeugen aufnehmen und weitergeben.

3.1.4.4.1.1 Reservierungskonto

Das Reservierungskonto ist das Kapazitätskonto des Werkzeugs und zeigt an, in welchen Zeitintervallen bereits Reservierungen durch eingeplante Aufträge vorliegen. Da zu einem Werkzeug häufig Alternativ- oder Schwesterwerkzeuge existieren, sollten diese ebenfalls angezeigt werden. Über das Reservierungskonto sollte ein Auftragsbezug möglich sein. Das Konto ist in der gleichen Weise aufgebaut, wie die Leitstandoberfläche für Maschinen.
Das Reservierungskonto gibt aber noch keinen Aufschluß darüber, inwieweit das Werkzeug nach der Bearbeitung noch technisch verfügbar ist. Dazu bedarf es des Standzeitkontos.

---

[74] Vgl. Eversheim, W.: Organisation in der Produktionstechnik, Band 4, Fertigung und Montage, 2. Auflage, Düsseldorf 1989, S. 85.

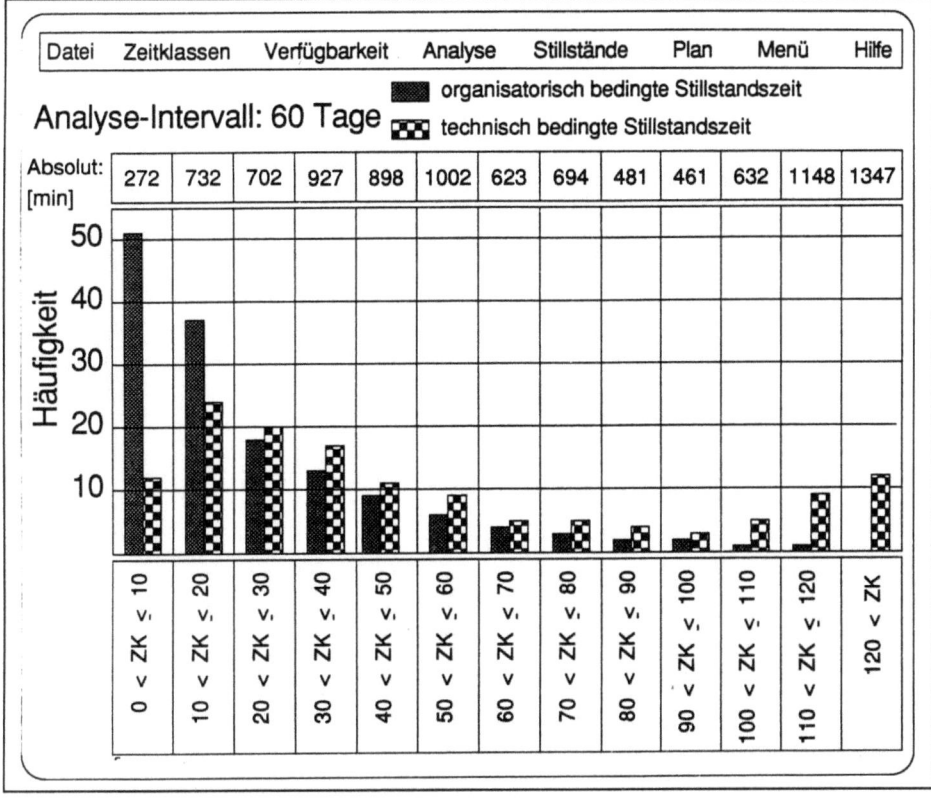

Abb. III.28: Zeitklassenkonto für Störungen

3.1.4.4.1.2 Standzeitkonto

Das Standzeitkonto informiert über die technische Verfügbarkeit des Werkzeugs und gliedert sich in den Standzeitbedarf und die Reststandzeit. Deckt die Reststandzeit nicht den Standzeitbedarf, muß ein Schwesterwerkzeug aufgenommen und das verschlissene Werkzeug zur Aufbereitung eingeplant werden.

Die Standzeit wird als relative Größe [%] angegeben:

Reststandzeit: $[(t_{ts} - t_E) / t_E] * 100$

Standzeitbedarf: $[(t_{ts} - t_B) / t_E] * 100$

t_{ts}: techn. mögl. Standzeit

t_E: verbuchte Einsatzzeit

t_B: für Auftrag benötigte Einsatzzeit

3.1.4.4.1.3 Verbrauchskonto

Das Standzeitkonto gibt keinen Aufschluß über den tatsächlichen Verbrauch von Werkzeugen, um bspw. die mit dem Werkzeugeinsatz verbundenen Kosten ermitteln zu können. Dazu dient das Verbrauchskonto. Es gliedert sich in Werkzeugbruch, technischen Ausschuß (eine Aufbereitung des Werkzeugs ist technisch nicht mehr möglich) und wirtschaftlichen Ausschuß (Aufbereitung des Werkzeugs übersteigt die Kosten für Neukauf).
Die Angaben erfolgen in relativen Größen [%].

Werkzeugbruch: $(WZ_B / WZ_G) * 100$
Technischer Ausschuß: $(WZ_T / WZ_G) * 100$
Wirtschaftlicher Ausschuß: $(WZ_W / WZ_G) * 100$

WZ_B: Anzahl gebrochener Werkzeuge eines Werkzeugtyps,
WZ_G: Anzahl eingesetzter Werkzeuge eines Werkzeugtyps,
WZ_T: Anzahl aus technischen Gründen verschrotteter Werkzeuge,
WZ_W: Anzahl aus wirtschaftlichen Gründen verschrotteter Werkzeuge.

Die unterschiedlichen Konten sind in Abbildung III.29 dargestellt.

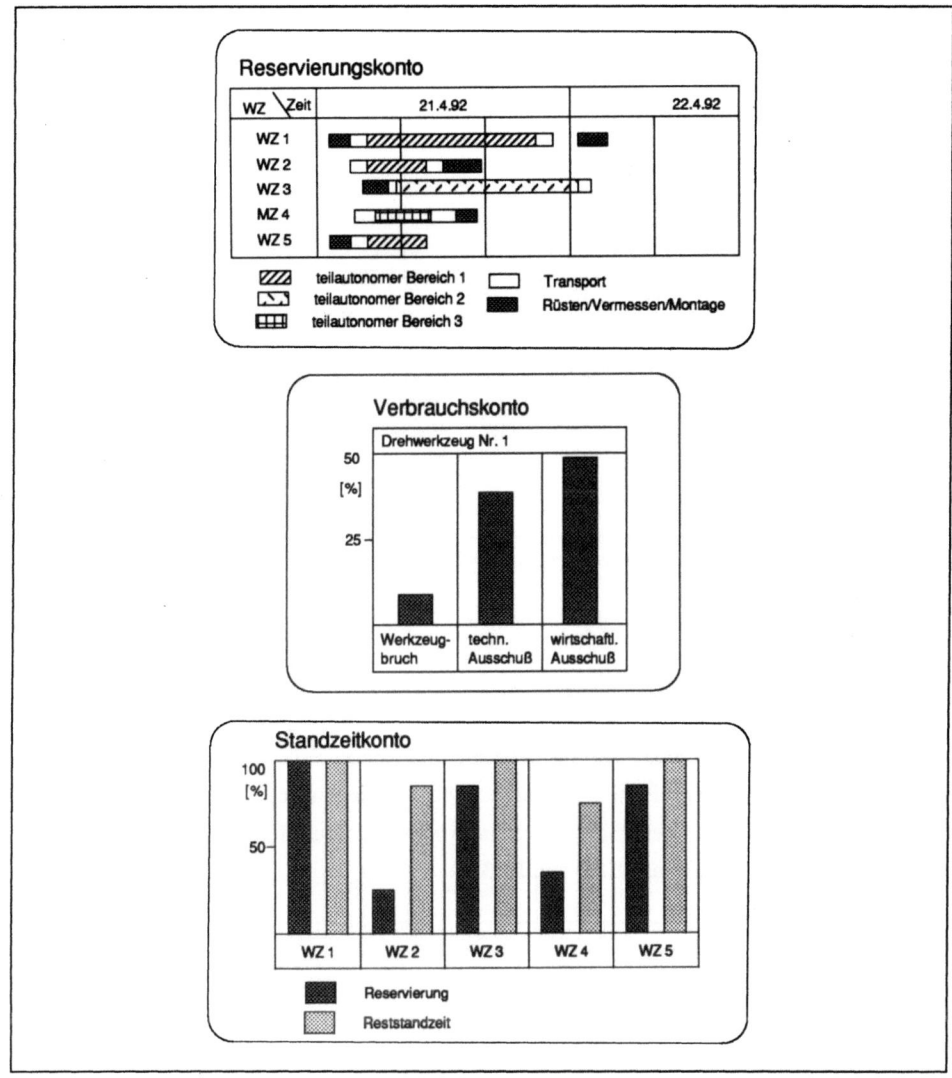

Abb. III.29: Werkzeugkonten

3.1.4.4.2 Vorrichtungskonto

Aufgrund möglicher Engpässe bei Vorrichtungen sind diese explizit zu planen und zu steuern. Als Informationsbasis dient das Vorrichtungskonto. Im Gegensatz zu Werkzeugen unterliegen Vorrichtungen nur einem vernachlässigbar geringen Verschleiß. Deshalb sind im Leitstand, wie in Abbildung III.30 dargestellt, nur die Reservierungen mit dem entsprechenden Auftragsbezug und der Montage- oder Rüstzeit zu verbuchen.

- 185 -

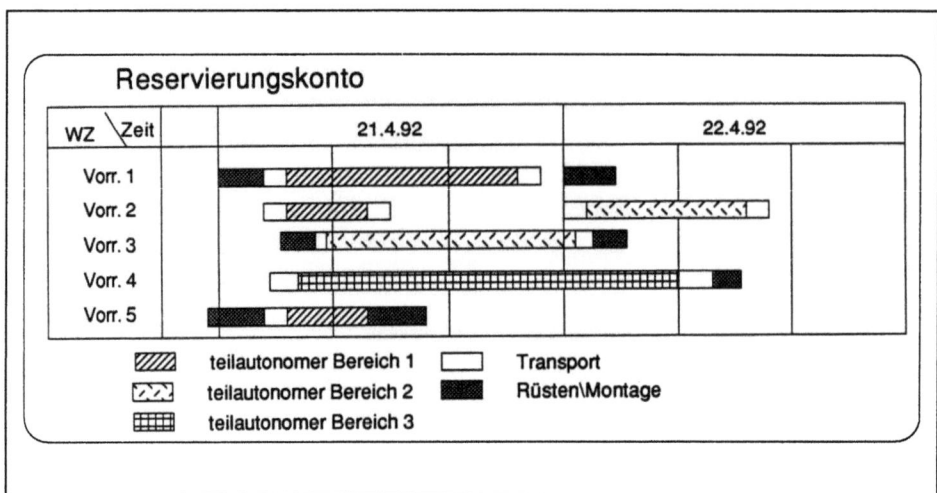

Abb. III.30: Reservierungskonto für Vorrichtungen

3.1.4.5 Prüfmittelkonto

Prüfmittel sind Meßwerkzeuge, die zur Bestimmung der geforderten Qualität eingesetzt werden. Im Gegensatz zu den Fertigungswerkzeugen unterliegen sie, wie die Vorrichtungen, einem vernachlässigbaren Verschleiß. Die Informationsaufbereitung entspricht der der Vorrichtungen (siehe Abbildung III.30 und III.31).

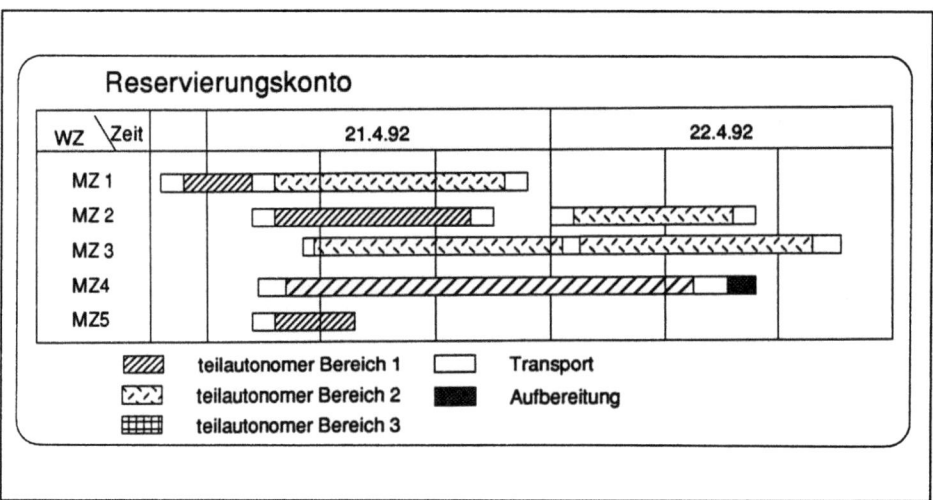

Abb. III.31: Reservierungskonto für Meßmittel

3.1.4.6 Lagerkonto

In der Fertigung existiert Material, dessen Bestände von der PPS oder dem Leitstand nicht oder nur unvollständig verwaltet werden. Ihr Entstehen ist auf nicht in Anspruch genommene Materialzuschläge für Ausschuß, auf die Stornierung von Aufträgen sowie auf optimale Losgrößenbildung ohne Auftragsbezug zurückzuführen. Umgekehrt müssen Fehlmengen rechtzeitig erkannt und entsprechende Lieferaufträge an das PPS-System abgesetzt werden. Zudem ist in Verbindung mit dem dispositiven Freiraum die physische Verfügbarkeit von Material in einem teilautonomen Bereich nicht gleichzusetzen mit dem tatsächlichen Starttermin der Bearbeitung. Die Materialbestände in den Werkstattlägern dienen also als Puffer, die erst Entscheidungsautonomie in der Werkstatt ermöglichen und die Koordination teilautonomer Bereiche vereinfachen.

Typische "Läger" in der Fertigung sind

- das Materialeingangslager des teilautonomen Bereichs,
- das Materialausgangslager des teilautonomen Bereichs und
- das Pufferlager innerhalb des teilautonomen Bereichs.

Um die Bestände zu minimieren und den Materialfluß detailliert verfolgen zu können müssen also Materialläger in der Fertigung vom Leitstand der teilautonomen Bereiche und dem Koordinationsleitstand explizit verwaltet und bei der Disposition berücksichtigt werden.

Das PPS-System gibt Fertigungsaufträge an die Koordinationsebene frei, wenn sich das Material tatsächlich im Unternehmen befindet. Der Koordinationsleitstand wiederum kann den Starttermin zur Bearbeitung eines Fertigungsbereichsauftrags nur dann festlegen, wenn das Material physisch im Fertigungsbereich verfügbar ist. Der Leitstand des Fertigungsbereichs kann die Bearbeitung an der Maschine erst starten, wenn die physische Verfügbarkeit geprüft wurde. Jeder Auftragsfreigabe ist also eine physische Verfügbarkeitsprüfung von Material vorgeschaltet. Weiterhin muß der Auftragsbezug zu den tatsächlich vorhandenen Werkstücken herstellbar sein. Ein entsprechendes Beispiel ist in Abbildung III.32 dargestellt.

Puffer- oder Maschinenläger sind kapazitativ begrenzt und müssen bei der Terminierung von Aufträgen Berücksichtigung finden. Auch bei den Pufferlägern muß der Auftragsbezug herstellbar sein. Nacht- oder Einfahraufträge sind oft im Maschinenlager zwischenzuspeichern, bis die Bearbeitung in der folgenden Schicht wieder aufgenommen werden kann.

Materialausgangsläger sind entsprechend den Materialeingangslägern zu handhaben. Dort werden alle Werkstücke gespeichert, deren Bearbeitung im teilautonomen Bereich abgeschlossen und zum Weitertransport freigegeben wurden.

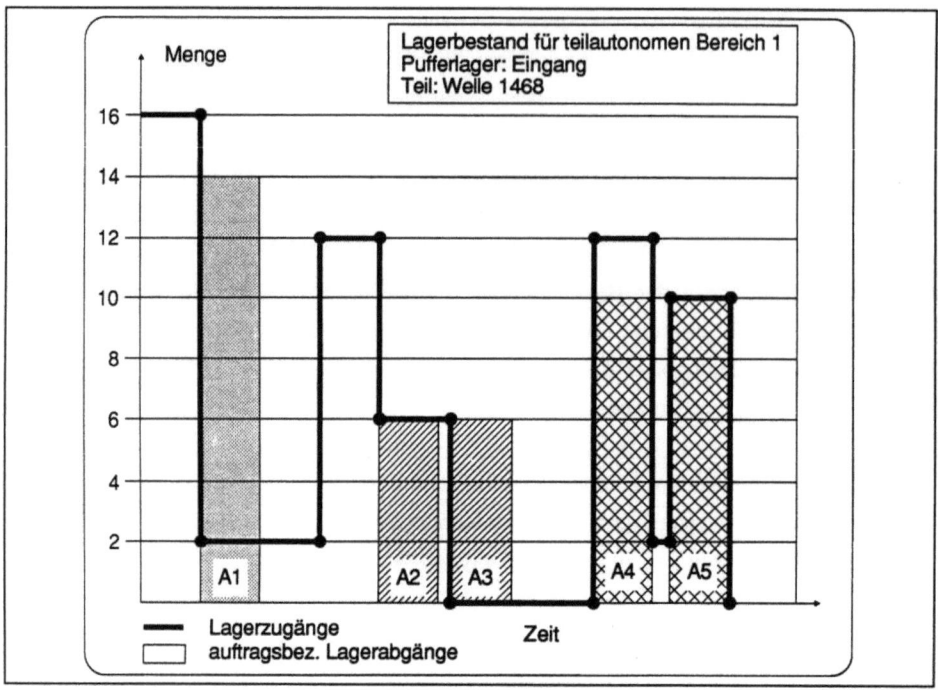

Abb. III.32: Materialeingangslager mit Auftragsbezug

3.1.4.7 Personalkonto eines teilautonomen Bereichs

Wegen der zunehmenden flexiblen Automatisierung bleibt der Mensch die wichtigste Größe bei der optimalen Nutzung vorhandener technischer Lösungen. Dieses Ergebnis läßt sich aus der Expertendiskussion des Aachener Werkzeugmaschinenkolloqiums 1990 ableiten [75]. Das Personal muß die betriebs-, fertigungs- und systeminternen Zusammenhänge verstehen [76]. Die meisten Leitstandsysteme versuchen Durchlaufzeiten und Kapazitätsauslastung zu optimieren und berücksichtigen dabei die persönlichen Präferenzen der Mitarbeiter nur wenig oder gar nicht [77]. Diese gewinnen aber gerade durch die höhere Qualifikation des

---

[75] Vgl. Autorenkollektiv: Wirtschaftlicher und sozialverträglicher Betrieb von flexiblen Produktionssystemen, in: Eversheim, W. (Hrsg.): Wettbewerbsfaktor Produktionstechnik, Düsseldorf 1990.

[76] Vgl. Schreuder, S.: Qualifikation als determinierende Größe für die Fabrik der Zukunft, in: VDI-Z 131(1989)1, S. 17-20.

[77] Diese Erkenntnis läßt sich aus der Funktionsanalyse der untersuchten Leitstände ableiten. Vgl. Hars, A.; Scheer, A.-W.: Stand und Entwicklungstendenzen von Leitständen, in: Scheer, A.-W. (Hrsg.) unter Mitarbeit von Kraemer, W. und Zell, M.: Fertigungssteuerung - Expertenwissen für die Praxis, München, Wien 1991, S. 247-268.

Bereichspersonals zunehmend an Bedeutung. Die Qualität dispositiver und operativer Arbeitsergebnisse hängt sehr stark von den Fähigkeiten, persönlichen Bedürfnissen und Präferenzstrukturen der Mitarbeiter ab. Diese sollten bei der Planung und Steuerung durch den Leitstand im Rahmen der gegebenen Möglichkeiten berücksichtigt werden.

3.1.4.7.1 Plantafel für Personal

Ähnlich dem in der Plantafel abgelegten Schichtenmodell muß ein Personalplan verwaltet werden, der die Kommt-/Geht-Zeiten der Mitarbeiter, den Urlaubsplan und gegebenenfalls die Schicht- und Pausenzyklen beinhaltet, um das Personal analog zu den Maschinen kapazitativ planen zu können. Die Bildschirmoberfläche kann ähnlich oder gleich der aus der Leitstandstechnik bekannten Plantafel aufgebaut sein, wobei nicht Maschinen, sondern Mitarbeiter dargestellt werden. Die Aktualisierung des Schichtenmodells jedes einzelnen Mitarbeiters ist wesentlich flexibler zu handhaben als bei Maschinenkapazitäten; sie ergibt sich aus einem ereignisorientierten, mindestens jedoch aus einem schichtgenauen Update der Kommt-/Geht-Zeiten. Damit besteht auch die Option Gleitzeitmodelle innerhalb eines teilautonomen Bereichs flexibel abzubilden. Eine entsprechende Plantafel ist in Abbildung III.33 dargestellt.

Aus der Plantafel müssen zudem Informationen zu einzelnen Mitarbeitern abrufbar sein, bspw. der Resturlaub, abzugeltende Überstunden oder noch zu leistende Restarbeit, den Schicht- sowie Rotationszyklus über einen längeren Zeitrahmen und das noch näher zu beschreibende Arbeitsprofil.

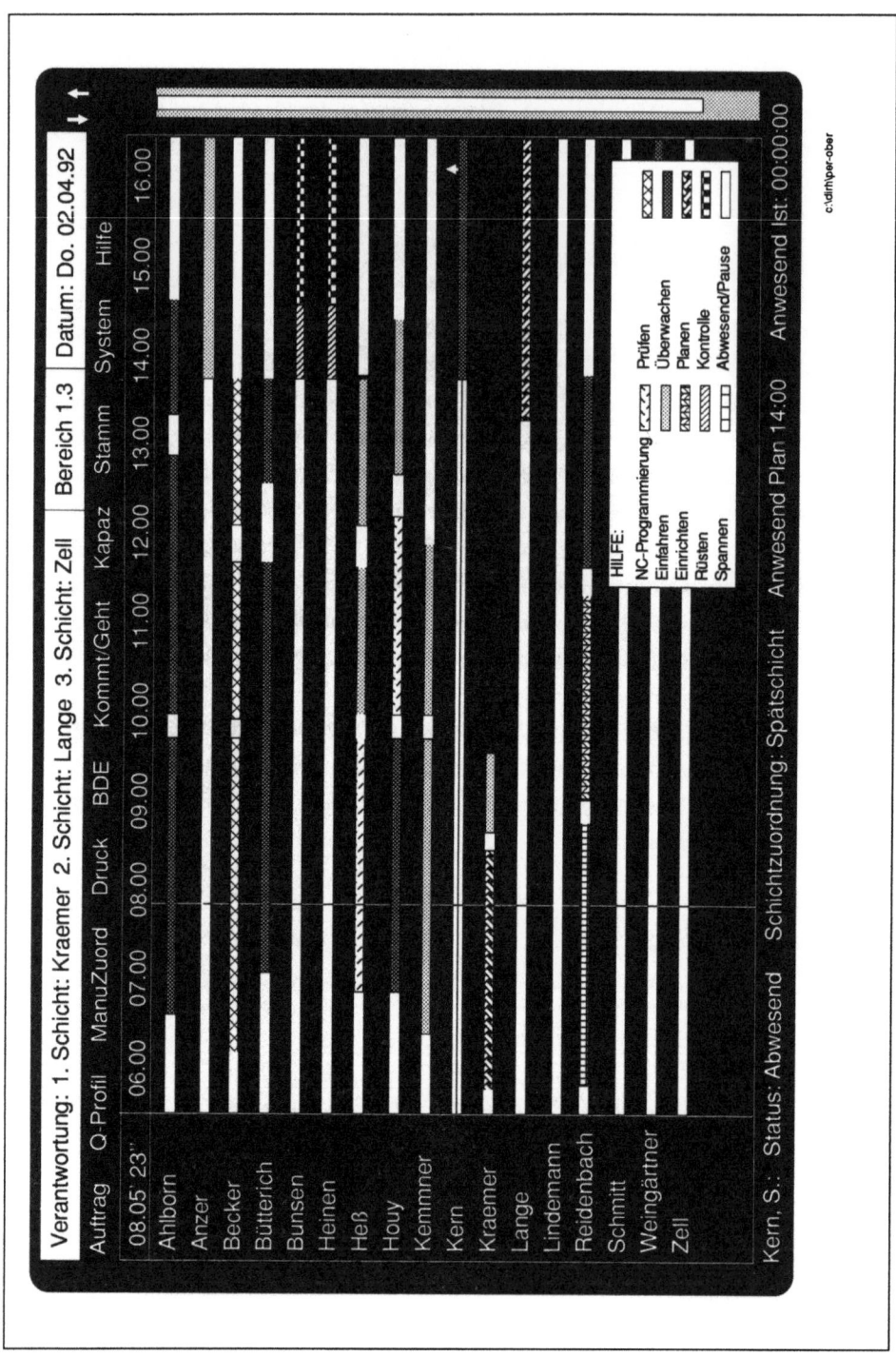

Abb. III.33: Plantafel für Personal

3.1.4.7.2 Arbeitsinhaltskonto für Personal

Im Rahmen der Auftragsverteilung sind dem Mitarbeiter bestimmte Arbeiten entweder funktions- (rüsten, spannen, kontrollieren usw.) und/oder objektbezogen (Auftrag 1, Auftrag n usw.) zuzuordnen. Dafür ist ein Kapazitätskonto des Mitarbeiters erforderlich, auf das die auszuführenden Arbeiten summarisch verbucht werden und aus dem sich die Auftragszuordnung und/oder der Arbeitsinhalt erkennen lassen. Für die in teilautonomen Bereichen angestrebte Job-Rotation bei der Teamarbeit gleich qualifizierter Personen wird dadurch die Arbeitsverteilung objektiv überprüf- bzw. belegbar. Zudem werden einseitige Belastungen vermieden. Dieses in Abbildung III.34 dargestellte Konto muß in zwei Aggregationsstufen parallel darstellbar sein, und zwar zum einen für die aktuelle und die folgende Schicht, in der der Mitarbeiter anwesend ist, zum anderen über den bisher freigegebenen Planungshorizont aller Aufträge.

Größtes Problem bei der "Kapazitätsbelastung" von Mitarbeitern ist die quantitative Bestimmung der personalbezogenen Auftragszeit. Ist dies bei konventioneller Maschinenbedienung noch relativ einfach - da durch den hohen Anteil operativer Aufgaben, respektive den manuellen Vorschub aller Werkzeuge an der Maschine, sich die Zeiten befriedigend gut bestimmen lassen und durch umfangreiche REFA-Studien, bspw. Multimomentaufnahmen [78], mehr oder weniger validiert sind - wird dies mit zunehmender Automatisierung schwieriger, da ein Großteil der operativen Aufgaben entfällt oder durch Mehrmaschinenbedienungs-Konzepte Zuordnungsprobleme entstehen.

---

[78] Vgl. allgemein zu Multimomentaufnahmen Simons, B.: Das Multimoment-Zeitmeßverfahren. Grundlagen und Anwendung, Köln 1987.

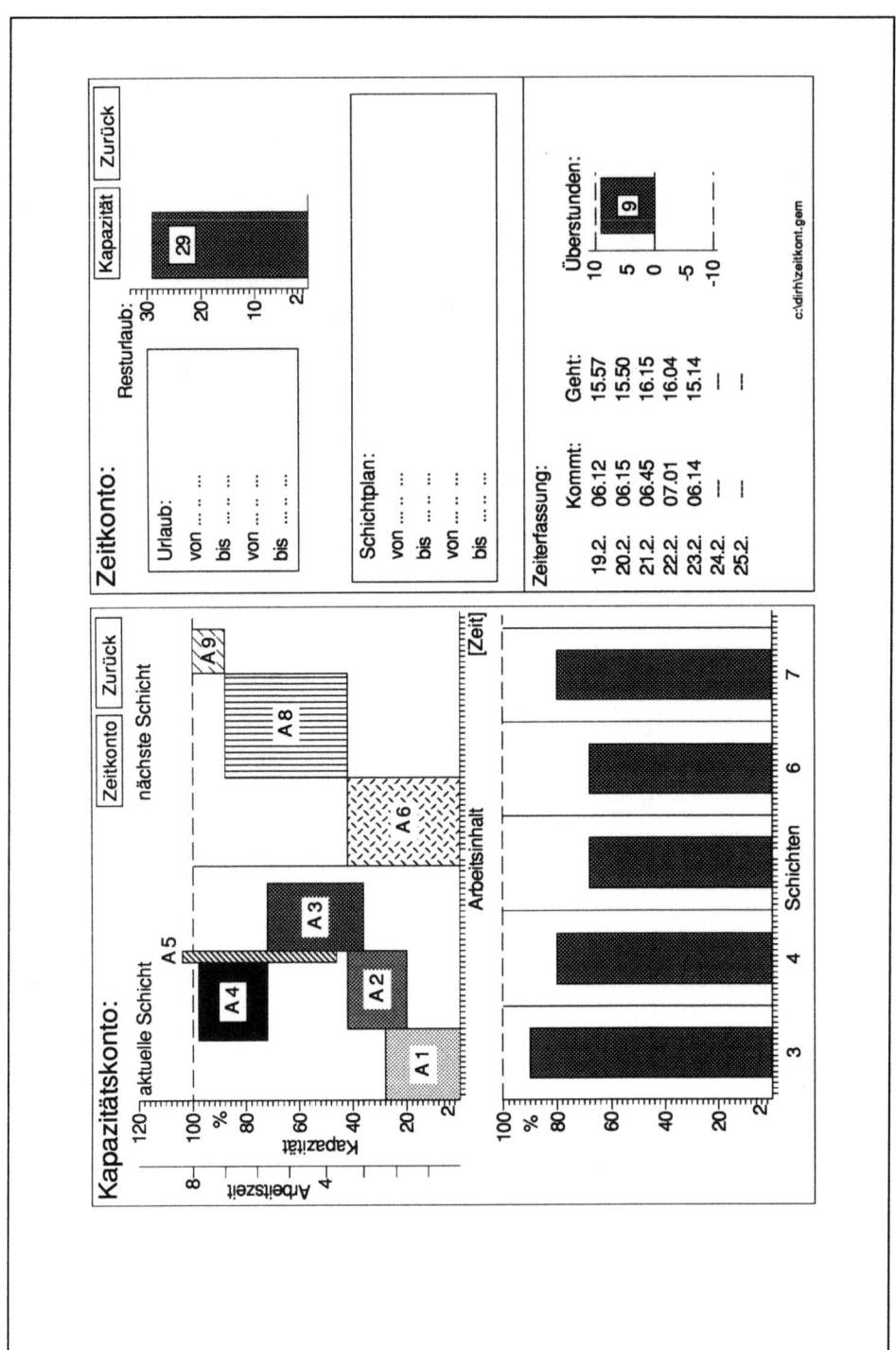

Abb. III.34: Arbeitsinhaltskonto

3.1.4.7.3 Arbeitsprofil von Mitarbeitern

Aus arbeitswissenschaftlicher Sicht verfügt ein bestimmter Mitarbeiter einerseits oft über spezielles Fachwissen, das sich nicht ausschließlich aus seinem Berufsbild ableiten läßt, und andererseits ergeben sich vor allem durch die Teamarbeit - wie sie bei FFS und Fertigungsinseln gefordert wird - nicht mehr klar definierbare Arbeitsprofile. Daraus resultiert vor allem bei größeren teilautonomen Bereichen ein qualitatives und quantitatives Zuordnungsproblem bei der Arbeitsverteilung von Fertigungsaufträgen. Da die Mitarbeiter oft persönliche Präferenzen bei der Bearbeitung von Aufträgen oder der Reihenfolge von Aufgaben besitzen, sollten diese auch explizit berücksichtigt werden. Bspw. bevorzugt der 'Frühaufsteher' zu Schichtbeginn besonders anspruchsvolle Aufgaben und erledigt später lieber nur noch einfache, manuelle Tätigkeiten, während der 'Spätzünder' zunächst leichte Aufgaben vorzieht, bis er im Laufe der Schicht sein Arbeitshoch erreicht. Das Leistungsprofil ist direkt im Zusammenhang mit dem persönlichen Arbeitsprofil zu sehen, da die Präferenzstrukturen der Mitarbeiter individuell unterschiedlich sind. Ein entsprechendes Leistungsprofil zeigt Abbildung III.35.

Arbeits- und Leistungsprofil des Mitarbeiters sollten bei der Kapazitätsterminierung des Personals Berücksichtigung finden. Damit entfällt die ausschließlich manuelle Personalzuordnung von Fertigungsaufträgen durch den Meister. So ist es z.B. sinnvoll, einen bestimmten Auftragstyp durch entsprechende Vermerke im Arbeitsplan bzw. durch Merkmalsausprägungen im Personalkonto immer dem gleichen Mitarbeiter zuzuordnen.

Die EDV-technische Verwaltung von Arbeitsprofilen und Leistungsinformationen birgt eine nicht unwesentliche Gefahr bezüglich der Akzeptanz. Die Erstellung entsprechender Profile sollte deshalb immer unter Partizipation des jeweiligen Mitarbeiters geschehen und in bestimmten Zeitintervallen, bspw. im Rahmen des Job-Rotations, überarbeitet werden. Eine direkte Beurteilung des Mitarbeiters durch einen Teamkollegen ist als kritisch zu betrachten, da dies zu schweren Konflikten führen kann. Die Mitarbeiter sollten das Arbeitsprofil sowie die Leistungsdaten als ihren persönlichen Vorteil verstanden wissen, da diese Merkmale ihre individuellen Präferenzstrukturen widerspiegeln und diese vom System bei der automatischen Planung Berücksichtigung finden.
Jeder Mitarbeiter muß freien, lesenden Zugang zu seinem Konto haben, um sich über seine aktuellen Personaldaten informieren zu können. Veränderungen der entsprechenden Daten dürfen allerdings nur in Kenntnis mit dem Bereichsverantwortlichen vorgenommen werden.

Änderungen bezüglich des Urlaubplans bleiben der Personalabteilung vorbehalten, auch, wenn darunter die Aktualisierung des entsprechenden Kontos leiden sollte.

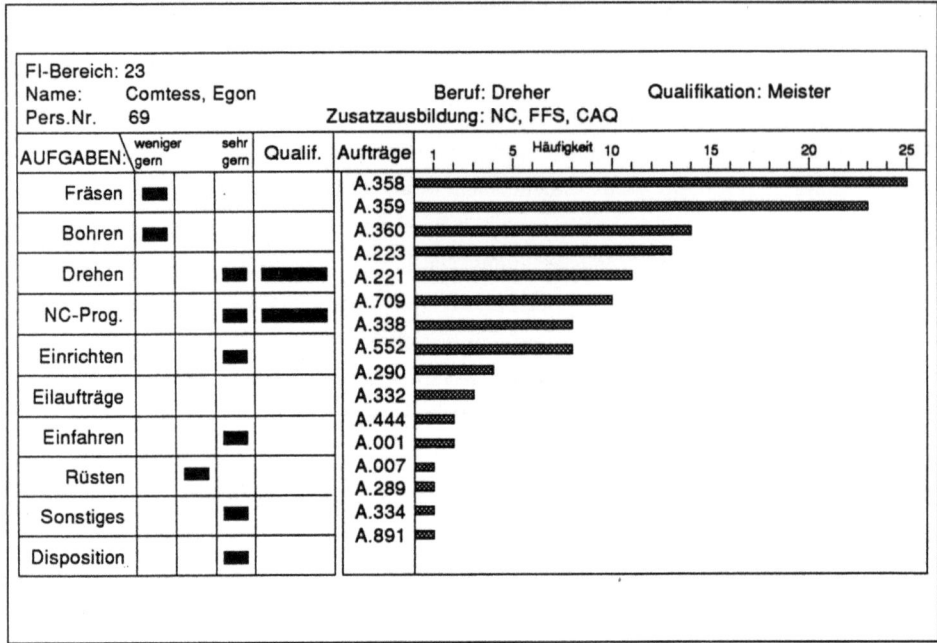

Abb. III.35: Leistungsprofile des Personals eines teilautonomen Bereichs

3.2 Auftrags-Modul

Aufträge, als Begriff der industriellen Betriebsorganisation, lösen in der Produktion Aktivitäten aus, die der Leistungserstellung des Unternehmens dienen. Für die Modellierung sind Aufträge Auslöser für dispositive und operative Aktivitäten. Entsprechend der Modellierung nach ARIS (Abbildung III.36) löst ein Startereignis einen bestimmten Vorgang (Aktivität) aus und wird durch ein Ergebnisereignis abgeschlossen [79]. Für die Fertigungsplanung und -steuerung stellen Aufträge Startereignisse und Auftragsrückmeldungen Endereignisse dar.

---

[79] Vgl. Scheer, A.-W.: Architektur integrierter Informationssysteme, Berlin et al. 1991, S. 13ff.

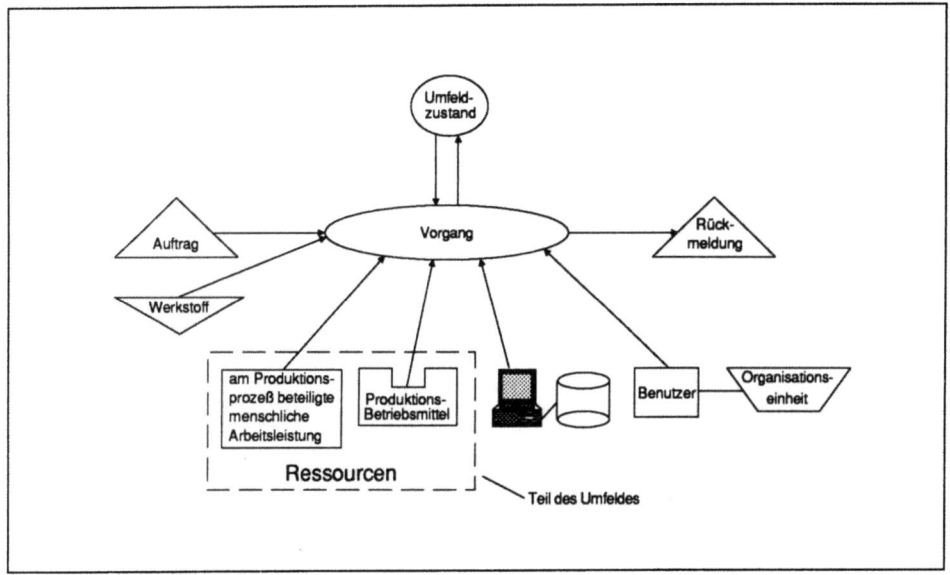

Abb. III.36: Aufträge als Auslöser von Vorgängen bzw. Aktivitäten [80]

Das Auslösen von Aktivitäten auf unterschiedlichen Hierarchiestufen der Produktion im Sinne der Ablauforganisation erfolgt durch entsprechend strukturierte Auftragstypen. So enthält ein bestimmter Auftrag in der Regel mehrere Unteraufträge. Z.B. impliziert ein Kundenauftrag gegebenenfalls einen Konstruktionsauftrag zur Entwicklung einer kundenspezifischen Variante und einen Auftrag an die Arbeitsvorbereitung zur Erstellung entsprechender Arbeitsunterlagen. Die Arbeitsplanung erteilt einen Fertigungsauftrag auf der Basis des Kundenauftrags, der wiederum einen oder mehrere Rüst-, Montage-, Maschinen-, Fertigungs- oder Prüfaufträge enthält.

Die Auftragserteilung zur Fertigung von Teilen, Ersatzteilen, Baugruppen und Enderzeugnissen kann von Außenstehenden oder aus dem Betrieb heraus erfolgen. Daraus ergeben sich die folgenden Auflösungsarten [81]:

- Produktion auf Bestellung mit Einzelaufträgen,
- Produktion auf Bestellung mit Rahmenaufträgen,
- kundenanonyme Vorproduktion mit kundenauftragsbezogener Endproduktion,
- Produktion auf Lager.

---

[80] Vgl. Scheer, A.-W.: Architektur integrierter Informationssysteme, Berlin et al. 1991, S. 14.
[81] Vgl. Sames, G.; Büdenbender, W.: Das morphologische Merkmalsschema - Ein praktisches Hilfsmittel zur Beschreibung der technischen Auftragsabwicklung, Forschungsinstitut für Rationalisierung, Sonderdruck 1/90, Aachen 1990, S. 5.

Die ersten beiden Auftragsauflösungsarten haben einen eindeutigen Kundenbezug und unterscheiden sich vor allem im zeitlichen Rahmen bei der Disposition der Produktion. Ziel der Planung und Steuerung bei der Bearbeitung von Einzelaufträgen ist eine möglichst kurze Durchlaufzeit. Rahmenaufträge enthalten längerfristige Vereinbarungen mit einer größeren Zahl von Lieferungen. Bei dieser Auftragsart sind Ziele wie Losoptimierung, optimale Kapazitätsauslastung oder minimale Fertigungskosten vorrangig.

Die Produktion auf Lager wird durch unternehmensinterne Aufträge ausgelöst. Die Fertigung ist weniger zeitkritisch als bei kundenspezifischen Aufträgen. Dadurch sind Ziele wie optimale Kapazitätsauslastung oder Minimierung der Fertigungskosten wichtiger als eine möglichst kurze Durchlaufzeit.

Ziel der kundenanonymen Vorproduktion mit kundenauftragsbezogener Endproduktion ist die Senkung der Lieferfristen. Baugruppen oder Teile werden zunächst auf Lager gefertigt. Das Auslösen der Aktivitäten erfolgt auf der Basis unternehmensinterner Aufträge, meist mit dem Ziel der optimalen Kapazitätsauslastung. Sobald ein Kundenauftrag besteht, ändert sich der Status des Auftrags und damit das Ziel. Besteht ein Kundenbezug, dominiert das Ziel, möglichst schnell zu liefern, also die Durchlaufzeit in der Fertigung und Montage zu minimieren.

Organisatorisch ist das Problem dadurch zu lösen, daß jede im Zentrallager gespeicherte kundenanonyme Baugruppe den internen Auftragsbezug zunächst verliert und erst wieder im Rahmen der Sekundärbedarfsplanung, mit Eingang des Kundenauftrags, zurückerhält. Das Werkstück erhält damit einen eindeutigen Kundenbezug.

Die Darstellung unterschiedlicher Auftragsauflösungsarten soll zeigen, daß bereits zu einem frühen Zeitpunkt, nämlich bei der Auftragsannahme, bekannt ist, welche Strategien in der Fertigung bevorzugt Verwendung finden sollten. Aus diesem Grunde ist auch in der Fertigung ein eindeutiger Kundenbezug sinnvoll.

Ähnlich der Strukturierung und Segmentierung von Aktivitäten auf unterschiedlichen Aggregationsstufen in der Produktion lassen sich Aufträge analog in Teilaufträge zerlegen. Löst ein Auftrag also Aktivitäten aus, dann kann bzw. muß theoretisch jeder Aktivität in der Produktion ein entsprechender Auftrag vorgeschaltet sein. So ist bspw. die Bestellung eines Produkts durch den Kunden (Kundenauftrag) die allgemeinste Form eines Auftrags im Unternehmen. Unter Berücksichtigung des Endtermins erfolgt die Aufteilung in kleinere, inhaltlich und zeitlich abgegrenzte Teilaufträge, die mit zunehmender Prozeßnähe immer detaillierter formuliert sind. Der Kundenauftrag löst also eine Reihe weiterer betriebsinterner und gegebenenfalls betriebsexterner Aufträge aus, die letztlich alle den gleichen Ursprung haben [82]. Dieser Zusammenhang ist in Abbildung III.37 dargestellt.

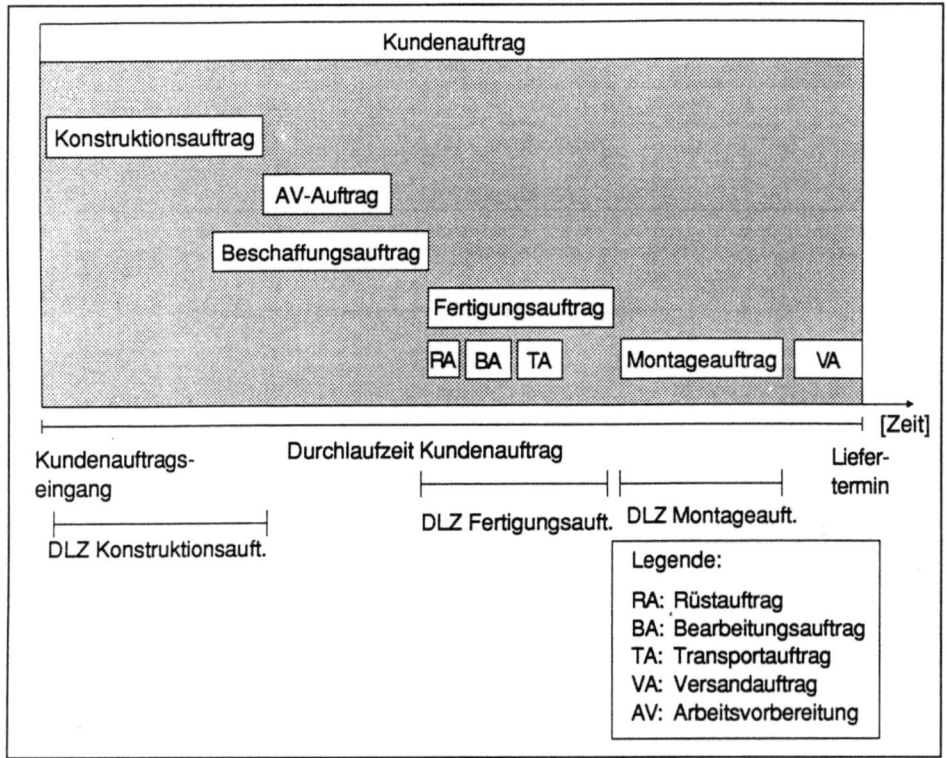

Abb. III.37: Zusammenhang zwischen Aufträgen

Der Auftrag enthält grundsätzlich die zu erbringende Leistung und den zeitlichen Rahmen der Leistungserstellung. Die einzelnen Arbeitsschritte sind dabei zunächst nicht näher spezifiziert. Zur Beschreibung der zu erstellenden (Teil-)Leistungen bedient man sich entsprechender Unterlagen, anhand derer die Auftragsplanung, -steuerung und -kontrolle durchführbar sind. Für die Fertigung sind dies z.B. Fertigungsstücklisten, Rumpfarbeitspläne und Arbeitspläne, die mehr oder weniger detailliert auflisten, welche Aktivitäten zur Erstellung der auftragsbezogenen Leistung notwendig sind und dazu einen entsprechenden Zeitrahmen vorgeben.

---

[82] Vgl. Brankamp, K. Heinz, J. P.,; Kolb R.: Kapazitätswirtschaft, in: Geitner, U. W. (Hrsg.): CIM-Handbuch, 2. Auflage, Braunschweig 1991, S. 80.

> *Eigenschaften von Aufträgen:*
>
> - Aufträge beinhalten
>   * die zu erstellende Leistung,
>   * einen Liefertermin.
> - Die Bestimmung des Liefertermins erfordert eine Terminierung.
> - Aufträge lösen Aktivitäten im Unternehmen aus.
>   * Dispositive Aktivitäten,
>   * Operative Aktivitäten.
> - Die durch Aufträge ausgelösten Aktivitäten beanspruchen Kapazitäten im Unternehmen:
>   * Personalkapazität,
>   * Immobile Ressourcen,
>   * Mobile Ressourcen.
> - Aufträge gelten unternehmensintern immer in Verbindung mit einem Plan oder einer Stückliste z.B.
>   * Rumpfarbeitsplan,
>   * Fertigungsstückliste,
>   * Detaillierter Arbeitsplan,
>   * Montageplan,
>   * NC-Programm.

Zusammenfassend zeichnen sich Aufträge durch folgende spezifische Charakteristika aus: Es müßten bei der Kundenauftragsterminierung alle Kapazitätssituationen in der Produktion berücksichtigt werden. Dies ist allerdings nur schwer möglich [83]. Deshalb bedient man sich einfacher statistischer Verfahren bei der Terminierung von Kundenaufträgen [84]. Mit zunehmender Prozeßnähe verändern sich die Terminierungsverfahren, so daß auf der operativen Ebene eine detaillierte Planung und Steuerung angestrebt wird.

3.2.1 Strukturierung von Aufträgen

Aus der Sicht der Produktion und Fertigung existieren im Leitstand auf der ersten Strukturierungsebene zwei unterschiedliche Typen von Aufträgen:

---

[83] Verfahren zur TerminprCIM-Handüfung beschreibt Mertens, P.: Integrierte Informationsverarbeitung, Band 1, Administrations- und Dispositionssysteme, 8. Auflage, Wiesbaden 1991, S. 57f.
[84] Vgl. Scheer, A.-W.: Wirtschaftsinformatik. Informationssysteme im Industriebetrieb, 3. Auflage, Berlin et al. 1990, S. 125ff.

- Bestellaufträge,
- unternehmensinterne Aufträge.

Bestellaufträge sind Aufträge, die von Unternehmen nach außen gegeben werden. Dabei kann es sich um die Beschaffung von Rohmaterialien, Zukaufteilen für Enderzeugnisse oder um Anlagen, Ersatzteile, Werkzeuge, Prüfmittel usw. handeln. Dieser Auftragstyp führt zu einer relativ begrenzten Anzahl von Aktivitäten im auftragserteilenden Unternehmen, so z.B. zur Auftragsschreibung, Preisermittlung oder Lieferterminkontrolle. Bestellungen können von unterschiedlichen organisatorischen Einheiten wie der Materialwirtschaft, Arbeitsvorbereitung oder Instandhaltung ausgelöst werden. Je nach der organisatorischen Verteilung von Entscheidungskompetenzen ist es denkbar, daß der teilautonome Bereich oder eine autonome Fertigungsinsel Bestellaufträge selbständig vergeben kann. Aus diesem Grunde muß bei der Modellierung bzw. Strukturierung des Leitstands dieser Auftragstyp Berücksichtigung finden.

Interne Aufträge sind Aufträge, die unternehmensintern gefertigt werden. Sie enthalten sowohl die Kundenaufträge als auch die durch die Unternehmensleitung ausgelösten Aufträge. Im Rahmen der Produktion ist weiter in Konstruktions-, Arbeitsvorbereitungs-, Splitt- und Raffaufträge zu unterscheiden. Es ist davon auszugehen, daß an die Konstruktion und Arbeitsvorbereitung komplette Aufträge vergeben werden.
Beim **Splitten** wird ein bestimmter Auftrag in mehrere Unteraufträge aufgeteilt. **Raffaufträge** führen mehrere ähnliche Auftragstypen zu einem einzigen Auftrag zusammen. Alle folgenden Aufträge können gesplittet oder gerafft werden, so wie es bereits in Kapiteln 1.2 und 2.2 des Teils II beschrieben wurde.
Reservierungen beziehen sich auf im Lager befindliche Erzeugnisse, Baugruppen, Einzelteile oder Rohteile, die bereits bei der Kundenauftragsbearbeitung belegt werden [85].
Materialbereitstellungsaufträge lösen die Bereitstellung von Erzeugnissen, Baugruppen oder Teilen an unterschiedliche organisatorische Bereiche aus. Entsprechende Bereiche in der Produktion können der Vertrieb, teilautonome Bereiche und Montagebereiche sein.
Montageaufträge lösen Aktivitäten zum Zusammenführen von unterschiedlichen Komponenten zu einem Gesamtobjekt aus. Dieser Auftragstyp ist weiter in Werkzeug-, Vorrichtungs- sowie Teilemontageauftrag unterteilbar.
Der **Fertigungsauftrag** dient dem Koordinationsleitstand als Dispositionsbasis. Durch entsprechende Kapazitätsterminierung erstellt der Disponent Fertigungsbereichsaufträge.

---

[85] Vgl. Brombacher, R.: Effizientes Informationsmanagement - die Herausforderung von Gegenwart und Zukunft, in: Jacob, H.; Becker, J.; Krcmar, H.: Integrierte Informationssysteme, SzU, Band 44, Wiesbaden 1991, S. 129.

Logischer Inhalt entsprechender Aufträge ist die Anweisung zur Fertigung eines Teils oder einer Baugruppe.

Die **Fertigungsbereichsaufträge** ergeben sich aus der Auflösung des Fertigungsauftrags nach teilautonomen Bereichen, die bestimmte Teile bearbeiten sollen. Dabei kann ein Werkstück mehrere Bereiche durchlaufen. Diese Aufträge implizieren in der Regel einen **Rüst-, Werkzeug-, Vorrichtungs-** und **Prüfmittelbereitstellungsauftrag** sowie den eigentlichen **Maschinenauftrag**. Die Auftragserteilung erfolgt durch den Leitstand eines einzelnen teilautonomen Bereichs. Solche Aufträge resultieren aus der bereichsinternen Kapazitätsterminierung. Die Trennung zwischen den beschriebenen Aufträgen ist aufgrund der unterschiedlichen Bereitstellungstermine und -orte sinnvoll.

Prüfaufträge werden von der Arbeitsvorbereitung erstellt und enthalten Prüftermine, Prüforte und Prüfmerkmale, die sich aus dem entsprechenden Prüfplan ergeben.

Instandhaltungsaufträge dienen der Betriebssicherheit von Betriebsmitteln sowie der Erhaltung der Fertigungsqualität. Diese Aufträge müssen oft sehr kurzfristig geplant werden, da Maschinenstörungen stochastisch auftreten und schnell behoben werden müssen.

Der **Transportauftrag** sichert den Material-, Werkzeug-, Prüfmittel- und Vorrichtungsfluß in der Fertigung. Er läßt sich in bereichsinterne und bereichsexterne Aufträge unterteilen. Erstere unterstützen den Objektfluß in einem teilautonomen Bereich, bspw. in einem FFS, letztere stoßen den Transport von Objekten zwischen unterschiedlichen Bereichen in der Fertigung an. Die entsprechenden Klassen sind in Abbildung III.38 aufgezeigt.

Jeder Auftrag muß auf entsprechende Zeichnungsnummern, Stücklisten oder Arbeits- bzw. Fahrpläne verweisen, nach denen die notwendigen Aktivitäten zur Erfüllung des Auftrags auszuführen sind.

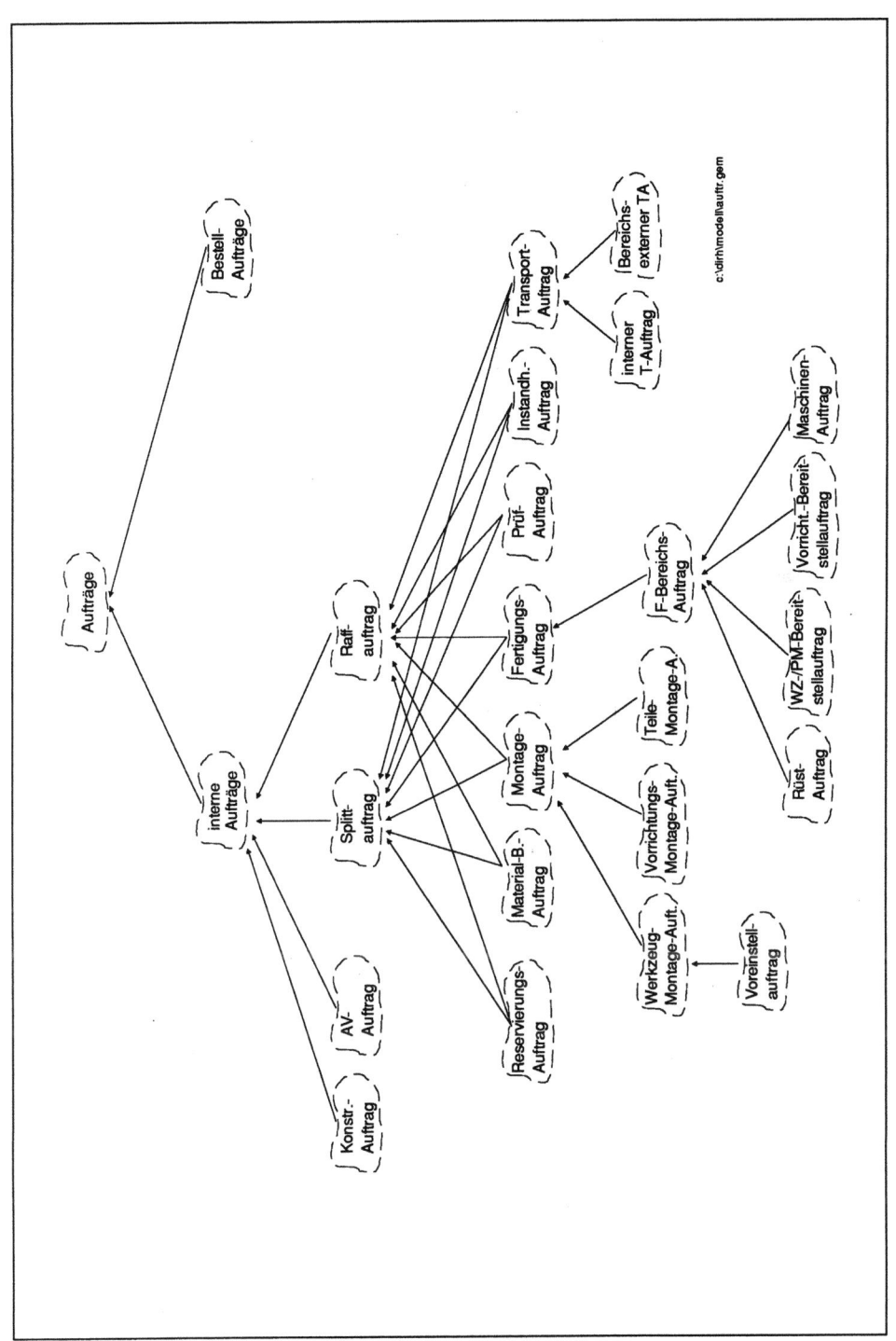

Abb. III.38: Klassen für Aufträge

3.2.2 Aufbau von Aufträgen

Für die dargestellte Struktur von Aufträgen läßt sich ein einheitlicher Aufbau definieren. Jeder Auftrag enthält in seiner allgemeinsten Form den Termin der Auftragserteilung, die Beschreibung der zu liefernden Leistung (Auftragsposition) und einen festen oder erwarteten Liefer- bzw. Endtermin. Bei der zu liefernden Leistung kann es sich um ein Erzeugnis, Ersatzteil, Bauteil oder Werkstück handeln. Zudem können Leistungen auch unternehmensintern durch dispositive und operative Tätigkeiten erbracht werden. Dispositive Leistungen im Unternehmen sind bspw. die Erstellung der Arbeitspläne oder die Planung des Produktionsprogramms, Fertigungsauftrags-, Maschinenauftragsspektrums sowie des Personaleinsatzes. Aufträge zur Erstellung operativer Leistungen sind Rüst-, Spann-, Voreinstellungsaufgaben. Der Aufbau zeigt Abbildung III.39.

Aufbau von Aufträgen		
Auftragsnummer	Benennung des Auftragserteilers	
Termin der Auftragserteilung	Beschreibung der erwarteten Leistung	Voraussichtlicher oder erwarteter Endtermin

Abb. III.39: Aufbau von Aufträgen

3.2.3 Funktionen des Auftrags-Moduls

Das Auftragsmodul ist für die Terminierung aller Aufträge verantwortlich. Es enthält alle dazu notwendigen Funktionen. Die entsprechenden Informationen werden aus dem Ressourcen-, und Materialmodul sowie aus dem Modul für Pläne und Listen geliefert.
Die Terminierungsverfahren sind für alle Auftragstypen relevant, denn für jede der aufgeführten Auftragsklassen sind die Start- und Endzeitpunkte zu bestimmen. Die Terminierung ist also eine Funktion der Superklasse "Aufträge".
Fahrwege und Stationenfolge festlegen, Abfahrts- und Ankunftszeitberechnung sind spezielle Funktionen der Klasse "Transportauftrag".
Die Auftragserstellung, Auftragsdurchlaufzeitermittlung, Verwaltung des Auftragszustands und die Auftragsverwaltung sind in allen Klassen erforderlich und können wie die Terminierung als Methode in der Superklasse "Aufträge" implementiert werden. Die Funktionen des Auftragsmoduls zeigen die Abbildungen III.40a und III.40b.

Funktionen	Reservier.-Auftrag	Transp.-Auftrag	Instandh.-Auftrag	Prüf-Auftrag	Mat.-Ber.-Auftrag	Montage-Auftrag	WZ-Mon.-tage-A.	Voreinst.-Auftrag	Vorr.-Mon.-tage-A.	Teilemon.-tage-A.
Vorwärtsterminierung		●	●	●	●	●	●	●	●	●
Rückwärtsterminierung		●	●	●	●	●	●	●	●	●
Zeitpunktterminierung		●	●	●	●	●	●	●	●	●
Engpaßterminierung		●	●	●	●	●	●	●	●	●
Fahrwege festlegen		●								
Stationenreihenfolge festlegen		●				●				●
Maschinenfolge festlegen		●		○						
Abfahrts-/Ankunftszeit berechnen		●								
Transportauftragsreihenfolge festlegen		●								
Auftragserstellung	●	●	●	●	●	●	●	●	●	●
Durchlaufzeitverwaltung		●	●	●	●	●	●	●	●	●
- nach Auftragsstatus		●	●	●		●	●	●	●	●
- nach Losgröße		●		●		●				●
- nach Fertigungsbereich			●	●	●	●	○	○	○	●
- nach Wiederholhäufigkeit			●	●	○	●	○	○	○	●
Verwaltung des Auftragszustands		●	●	●	●	●	●	●	●	●
Splittlos berechnen				●	○	●	○	○	○	●
Suche nach gleichen Auftragstypen		●	●	●	●	●	●	●	●	●
Zusammenf. v. Aufträgen (Raffen)	●	●	●	●	●	●	●	●	●	●
Auftragsdurchlaufzeit ermitteln		●	●	●	●	●	●	●	●	●
Verwaltung des Auftragszustands		●	●	●	●	●	●	●	●	●

○ Funktion ist für Klasse bedingt erforderlich ● Funktion ist für Klasse erforderlich

Modell\Fkt-Auf3

Abb.III.40a: Funktionen für Aufträge (Teil 1)

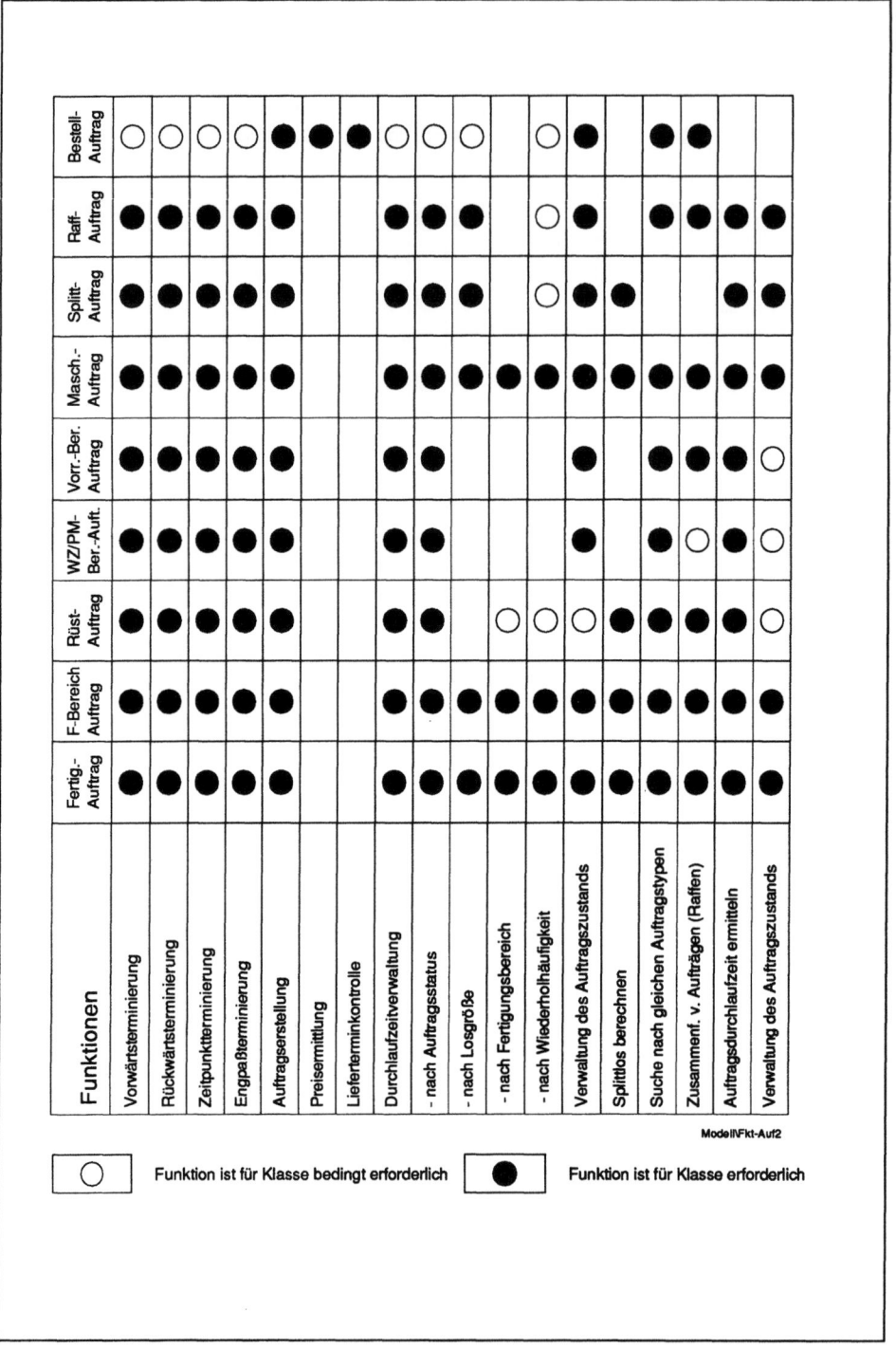

Abb. III.40b: Funktionen für Aufträge (Teil 2)

3.2.4 Analysekonten für Aufträge

Auf der Koordinations- und der Leitstandsebene des teilautonomen Bereichs müssen Konten für Aufträge geführt werden, die einer dauernden Aktualisierung zurückgemeldeter Ergebnisse und Ereignisse unterliegen. Die Konten verwalten

- historische Daten bereits bearbeiteter Aufträge und
- Daten zu Aufträgen, die sich in Bearbeitung befinden.

Die im Auftragsmodul erfaßten Informationen dienen vor allem dem Modul für Pläne und Listen als Input-Daten.

3.2.4.1 Konten zur statistischen Analyse bearbeiteter Aufträge

Die im Rumpfarbeitsplan angegebenen Vorgabezeiten basieren oft nicht auf deterministisch ermittelten Zeiten, sondern auf Erfahrungswerten. Häufig werden diese vom Disponenten geschätzt. Problem dieser Methode ist die subjektive, personenbezogene Terminierung von Aufträgen. Deteriministische Verfahren zur Vorgabezeitbestimmung im Modul für Pläne und Listen sind zwar mathematisch exakt, berücksichtigen aber oft nicht stochastisch auftretende Ereignisse, die die Durchlaufzeit verlängern.

Mit zunehmender Wiederholhäufigkeit eines bestimmten Auftragstyps fallen Daten in der Fertigung an, die sich statistisch aufbereiten lassen, um Durchlaufzeiten und Fertigstellungstermine mit möglichst hoher Sicherheit bestimmen zu können.

3.2.4.1.1 Auftragshäufigkeitskonto

Das Auftragshäufigkeitskonto erfaßt die Wiederholhäufigkeit eines Fertigungsauftrags. Oft kann ein aktuell einzuplanender Auftrag in unterschiedlichen, sich ersetzenden Fertigungsbereichen bearbeitet werden. Für den Koordinationsleitstand ist es von Bedeutung, wie oft der aktuell einzuplanende Auftrag oder Auftragstyp bereits in einem bestimmten Bereich gefertigt wurde. Bei der Disposition wird versucht, diesen in den teilautonomen Bereich, in dem die meiste Routine herrscht, einzuplanen. Das Auftragshäufigkeitskonto (siehe Abbildung III.41) muß die Bereiche enthalten, in denen ein Auftrag bzw. Auftragstyp bereits gefertigt wurde. Es sollte sowohl die absolute als auch die relative Bearbeitungshäufigkeit verfügbar sein. Um abschätzen zu können, wie oft der Auftrag bereits wiederholt wurde, ist auch die Gesamtanzahl bearbeiteter Aufträge wichtig.

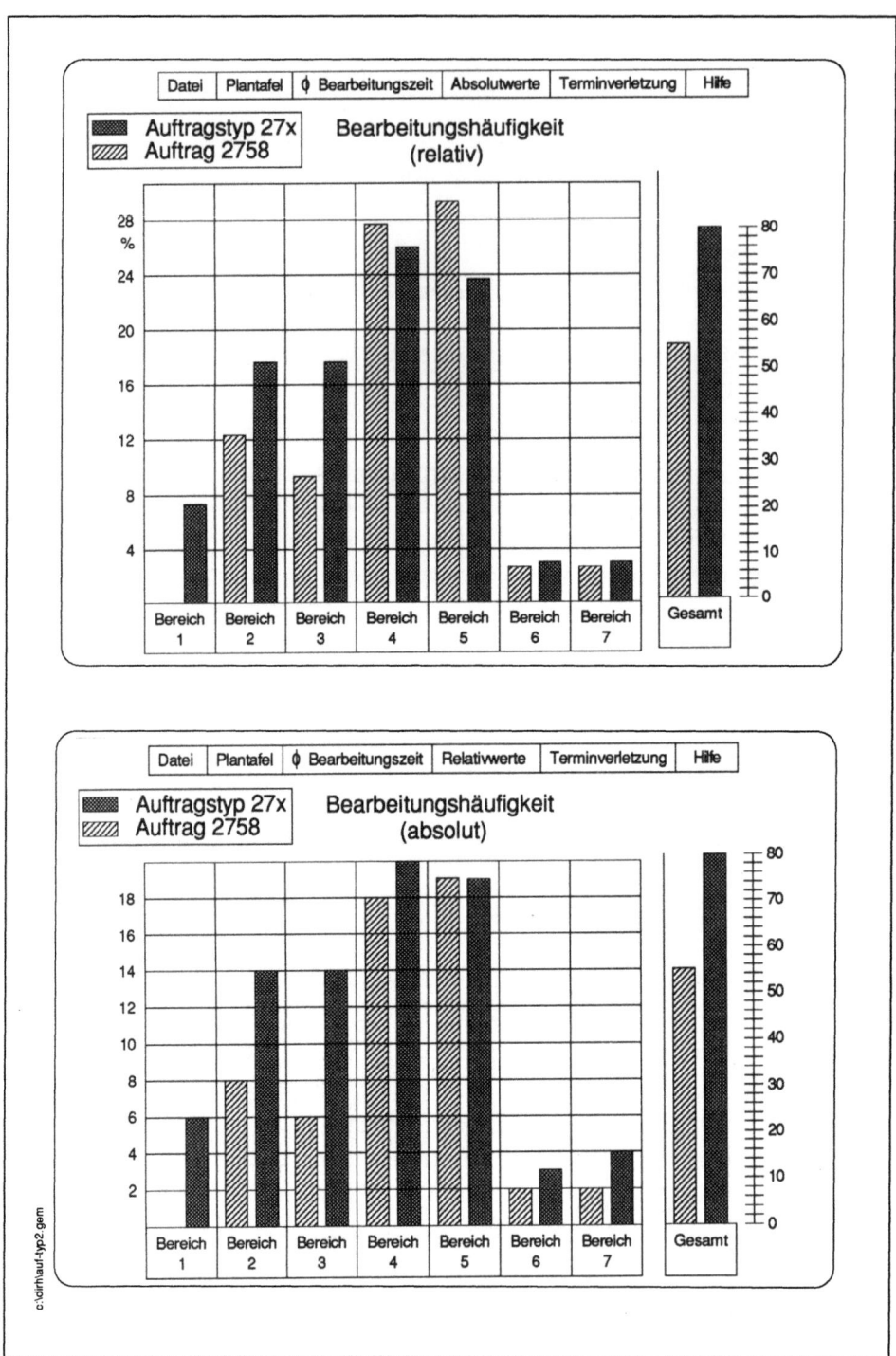

Abb. III.41: Bearbeitungshäufigkeit eines Auftragstyps bzw. Auftrags

Abbildung III.41 stellt die Daten des Auftragshäufigkeitskontos dar. Der Auftrag bzw. Auftragstyp ist nach der Wiederholhäufigkeit in den Bereichen aufgeschlüsselt. Bieten Absolutwerte zu wenig Aussagekraft, sollte eine Darstellung relativer Werte (Gesamtanzahl Aufträge zu Anzahl Aufträge eines Bereichs) möglich sein.

3.2.4.1.2 Durchlaufzeitkonto für den Gesamtauftrag

Das Durchlaufzeitkonto erfaßt die Durchlaufzeiten gleicher Auftragstypen, die in der Vergangenheit bearbeitet wurden. Es dient dem Koordinationsleitstand zur Grobterminierung des Endtermins eines aktuell einzuplanenden Gesamtauftrags. Aufgrund der Planung mit Rahmendaten im Rumpfarbeitsplan sind bestimmte, fest definierte Toleranzen bei der Durchlaufzeit zugelassen. Durch unterschiedliche Strategien, wie Lossplitting, Auftragsmix, Nachtprogramm usw., können Bearbeitungs- und Nebenzeiten stark divergieren. Eine deterministische Durchlaufzeitbestimmung ist sehr aufwendig und liefert nur unzureichende Planungsergebnisse.

Den Disponenten interessieren bei der Terminierung folgende Informationen zur Durchlaufzeit:

- Interdependenz zwischen Losgröße und Durchlaufzeit eines Auftragstyps,
- Abhängigkeit der Durchlaufzeit eines Auftragstyps von der Einplanung in einen bestimmten Fertigungsbereich,
- Einfluß des Auftragsstatus auf die Durchlaufzeit.

Die Durchlaufzeit eines Fertigungsauftrags durch einen teilautonomen Bereich setzt sich bekanntlich aus der Rüst-, Bearbeitungs-, Liege- und Transportzeit zusammen. Die Bearbeitungszeit ergibt sich aus dem NC-Programm; die Rüstzeit wurde möglicherweise mit Multimomentaufnahme ermittelt, wobei, bedingt durch das hauptzeitparallele Rüsten, diese gegebenenfalls keinen direkten Einfluß auf die Durchlaufzeit hat. Die Transportzeit ist bei entsprechender BDE oder Zeitmessung des Transportsystems ebenfalls bekannt. Als Zeitvariable bleiben Liegezeit und dispositiver Freiraum. Sieht man einmal von kapazitativen Restriktionen ab, dann nimmt die Durchlaufzeit mit steigender Losgröße zu, da sich die Liegezeiten der Teile vor und nach der Bearbeitung erhöhen. Es erscheint also sinnvoll möglichst kleine Losgrößen zu fertigen, wenn kurze Durchlaufzeiten verlangt werden, wobei jedoch zu berücksichtigen ist, daß kleine Lose den Steuerungsaufwand erhöhen.

Durch die zunehmenden Flexibilitätsanforderungen aufgrund der Kundenorientierung ist es nicht mehr möglich, eine bestimmte, kostenoptimale Losgröße einzuplanen, für die entsprechende Durchlaufzeiten ermittelt wurden. Die Fertigungsaufträge müssen vielmehr nach der aktuellen Auftragslage generiert werden. So ist es wichtig zu erfahren, wie stark die Losgröße die Durchlaufzeit beeinflußt, damit eine realitätsnahe Durchlaufterminierung bei der Planung möglich ist.

Das dazu notwendige Auswahlmenü ist in Abbildung III.42 dargestellt.

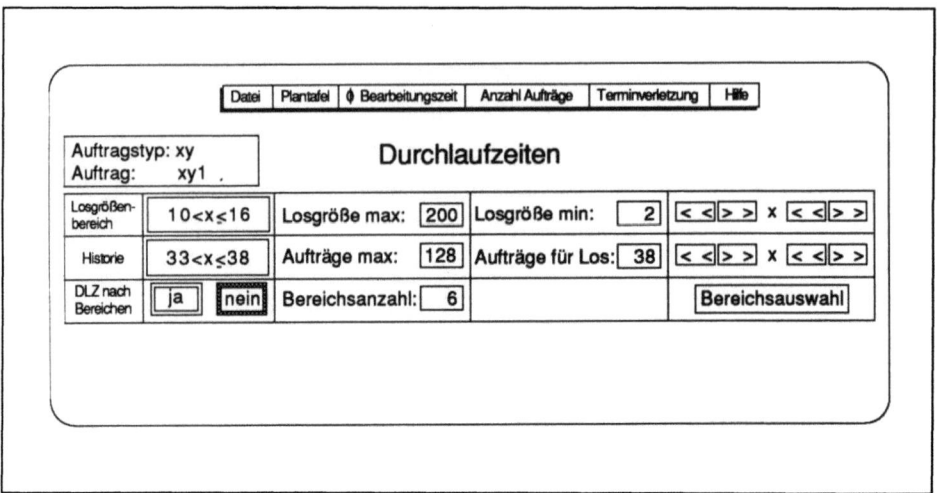

Abb. III.42: Auswahlmenü für Durchlaufzeiten

Zur Bestimmung der Abhängigkeit zwischen Losgröße und Durchlaufzeit ist zunächst der Losgrößenbereich festzulegen (in Abbildung III.42 zwischen 10 und 16). Die ausgewählte Losgröße sollte sich mit dem aktuell einzuplanenden Auftrag decken.

Weiterhin sind die bereits gefertigten Losgrößen eines Auftragstyps, die bereits erfaßten Gesamtaufträge und die für das gewählte Losgrößenintervall vorhandenen Aufträge (hier 38) interessant. Im dargestellten Beispiel beträgt die Gesamtanzahl erfaßter Aufträge 128, die maximale Losgröße 200, die minimale 2 Teile. Die Informationen sind notwendig, um beurteilen zu können, ob eine repräsentative Anzahl von Aufträgen für eine entsprechende Durchlaufzeitanalyse vorhanden ist.

Zudem ist die Anzahl der Aufträge festzulegen, die in die Auswertung mit aufgenommen werden sollen. Mit Hilfe der Historie läßt sich ein bestimmtes Auftragsintervall auswählen (33-38). Der 38. Auftrag liegt zeitlich am kürzesten, der 1. am längsten zurück. Entsprechend der gewählten Analyseintervalle wird die Durchlaufzeit entsprechend Abbildung III.43 angezeigt.

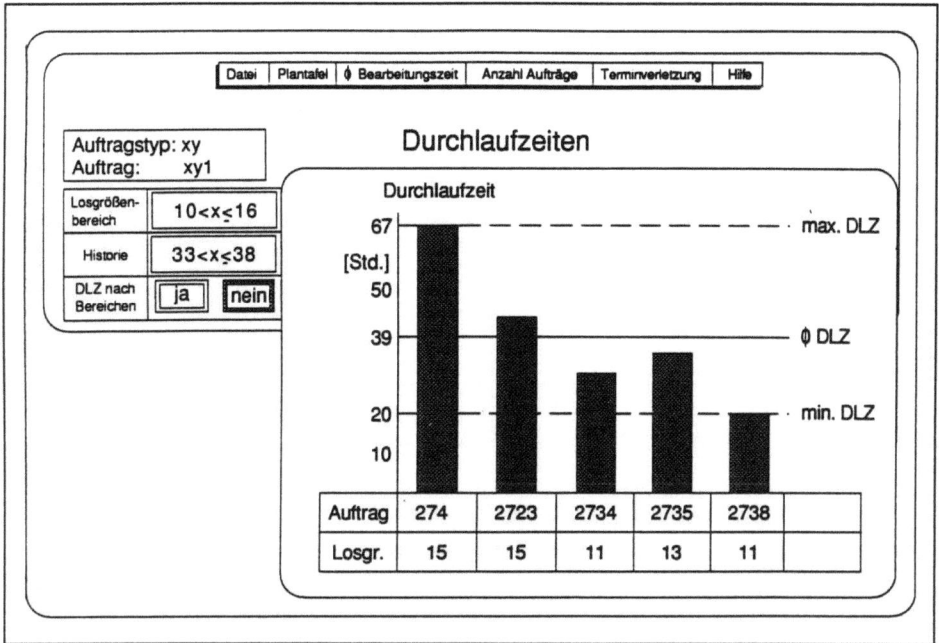

Abb. III.43: Durchlaufzeitkonto

Das Durchlaufzeitkonto führt für die bearbeiteten Aufträge bzw. für das ausgewählte Auftragsspektrum die minimale, maximale und durchschnittliche Durchlaufzeit. Da auf der Koordinationsleitstandebene Durchschnittswerte bei der Kapazitätsterminierung verwendet werden, kann die durchschnittliche Durchlaufzeit für die Terminierung übernommen werden.

Neben dem Zusammenhang zwischen Durchlaufzeit und Losgröße ist für die Koordinationsebene wichtig, wie stark die Durchlaufzeit eines Auftrags von einem Fertigungsbereich abhängt. Teilautonome Bereiche werden aus fertigungstechnologischen und organisatorischen Überlegungen heraus gebildet. Es ist nicht davon auszugehen, daß die Bearbeitung eines Werkstücks in allen Bereichen gleich ist. Gegebenenfalls will der Disponent den Auftrag in den Bereich einplanen, der die kürzeste Durchlaufzeit verspricht. Im Menüfenster aus Abbildung III.44 können durch Auswahl der Option "Durchlaufzeit nach Bereichen" und der Option "Bereichsauswahl" die Fertigungsbereiche bestimmt werden, für die eine Durchlaufzeitanalyse erfolgen soll.

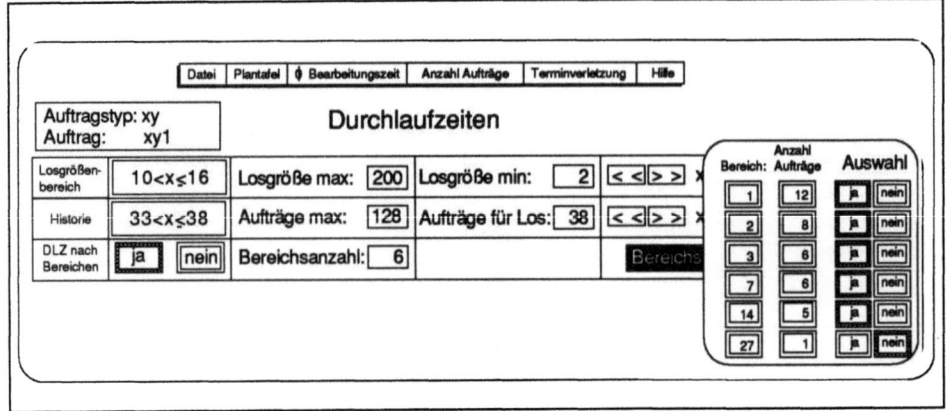

Abb. III.44: Menüfenster zur Auswahl der Bereichsdurchlaufzeit

Zur Entscheidungsunterstützung liefert das System Informationen, wie oft ein Auftrag bereits in unterschiedlichen Bereichen gefertigt wurde.

Das Konto (Abbildung III.45) enthält, nach Bereichen gegliedert, minimale, maximale und durchschnittliche Durchlaufzeit. Weiterhin sind die Durchlaufzeiten aller im Betrachtungsintervall liegenden Aufträge aufgeführt. Steht bereits fest, in welchen Bereich der Auftrag eingeplant werden soll, so kann der Disponent auf der Koordinationsebene die durchschnittliche Durchlaufzeit des entsprechenden Bereichs als Planungsbasis auswählen.

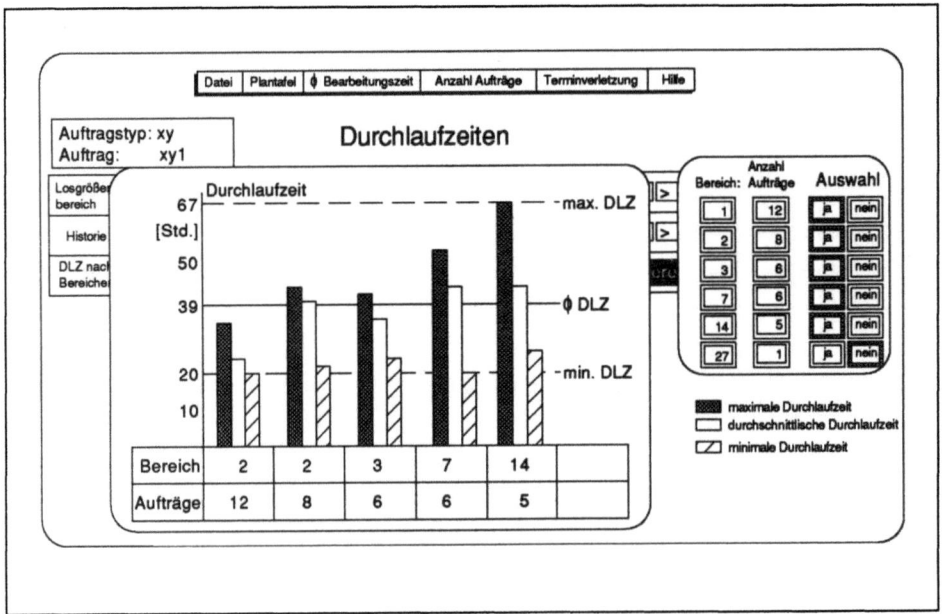

Abb. III.45: Durchlaufzeitkonto nach Bereichen gegliedert

Neben der Aufschlüsselung der Durchlaufzeiten nach Bereichen ist für die Planung wichtig, wie lange die durchschnittliche Bearbeitungs-, Rüst-, Transport- und Liegezeit eines Auftrags für unterschiedliche Stati (Normal-, Eil-, Nachtprogrammauftrag) bzw. einem Mix von mehreren Stati ist. Daraus ergeben sich Rückschlüsse auf die Durchlaufzeit sowie Kapazitätsauslastung von Personal und Betriebsmitteln. Die Rüstzeit ist weitestgehend unabhängig vom entsprechenden Auftragsstatus, da sie in der Regel, wenn nicht ein ähnlicher Auftragstyp bereits gerüstet ist, immer den gleichen Arbeitsaufwand beinhaltet. Ähnliches gilt für die Bearbeitungszeit, obwohl durch unterschiedliche NC-Programme auch unterschiedliche Bearbeitungszeiten anfallen können. Interessant ist vor allem die Liegezeit eines Auftrags innerhalb eines Bereichs, da diese die Durchlaufzeit eines bestimmten Auftrags oder Auftragstyps am stärksten beeinflußt. Die Durchlaufzeit in Abhängigkeit von Auftragstyp und Bereich zeigt Abbildung III.46.

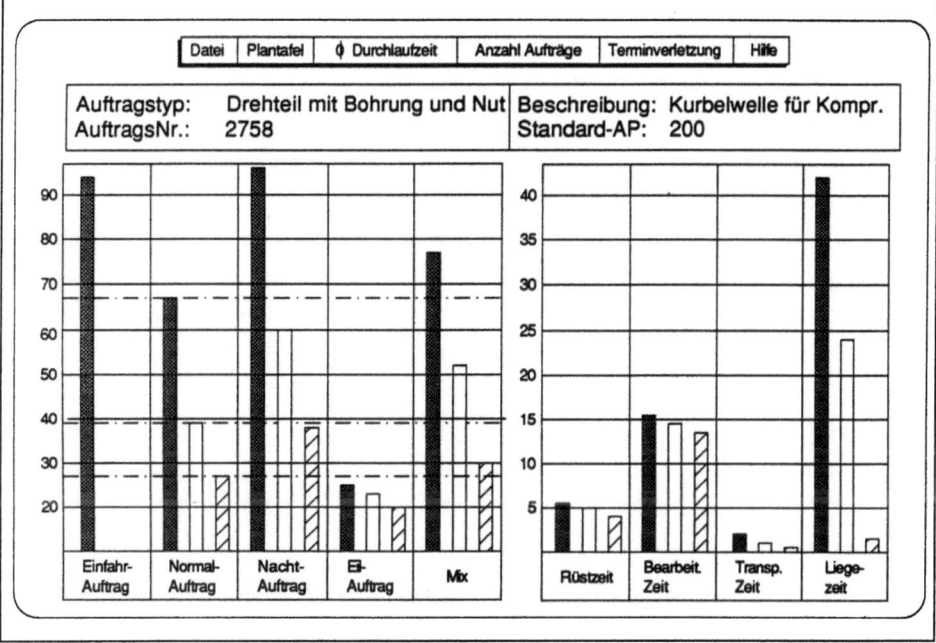

Abb. III.46: Zeitkonto für einen Auftrag bzw. Auftragstyp

In diesem Konto müssen die maximalen, minimalen und durchschnittlichen Durchlaufzeiten geführt werden, um Rückschlüsse für den aktuell einzuplanenden Auftrag zu schließen. Einfahraufträge sind in der Regel einmalige Aufträge, so daß für sie nur ein Durchlaufzeitwert existiert.

3.2.4.2 Konten aktueller Aufträge

Bisher wurden Konten für bereits bearbeitete Aufträge dargestellt, die die Basis für die Terminierung aktuell einzuplanender Aufträge bilden. Die entsprechenden Historiedaten sind vor allem bei der Bestimmung der Durchlaufzeit von Bedeutung. Konten für aktuelle, sich in Bearbeitung befindende Aufträge sollen über den Arbeitsfortschritt und den Status informieren und dienen überwiegend der Kontrolle.

3.2.4.2.1 Konten für aktuell eingeplante Aufträge

Befinden sich Aufträge in Bearbeitung, ist der Arbeitsfortschritt zu verfolgen. Aus der Plantafel sowohl des Koordinationsleitstands als auch des Leitstands eines teilautonomen Bereichs ist nur zu ersehen, ob ein Auftrag begonnen, unterbrochen oder storniert wurde. Das Auftragskonto beinhaltet den Typ, zu dem der aktuelle Auftrag gehört, die Beschreibung des Werkstücks, den Standardarbeitsplan, auf dessen Basis die Terminierung vorgenommen wurde, den detaillierten Arbeitsplan, das Datum der Einplanung, den Tag der Freigabe sowie den Disponenten, der den Auftrag terminierte.
Zur Auftragsfortschrittverfolgung müssen Informationen über den aktuellen Bearbeitungsort und die Bearbeitungszeiten verfügbar sein. Im einzelnen handelt es sich dabei um den Bereich, der den Auftrag fertigt, den geplanten und tatsächlichen Starttermin, den geplanten sowie voraussichtlichen Endtermin, die geplante Durchlaufzeit, die bisher in Anspruch genommene Durchlaufzeit und den Folgebereich, der den Auftrag bearbeiten soll. Ein entsprechendes Beispiel ist in Abbildung III.47 aufgezeigt.

Die beschriebenen Daten liefern bereits die wichtigsten Informationen für den Koordinationsleitstand. Der Leitstand eines teilautonomen Bereichs kann jedoch an weiteren Daten interessiert sein. So ist es bspw. wichtig, welchen Status ein aktueller Auftrag einnimmt und welche Durchlaufzeit bei einem bestimmten Status angefallen ist. Häufig muß ein Auftrag, der als Nachtauftrag geplant war, in der nächsten Schicht als Normalauftrag weiterbearbeitet werden. Dadurch ändern sich Planungs- und Steuerungsstrategien, Arbeitsplan, NC-Programm, Personalintensität und damit auch die Durchlaufzeit des Auftrags. Beim Neuaufwurf der Planung, die auch bereits in Bearbeitung befindliche Aufträge berücksichtigen muß, sind also Informationen über den Status eines Auftrags wichtig.
Das Statusfenster in Abbildung III.48 gibt Auskunft über Auftragsart, aktuelle Durchlaufzeit, den zum Betrachtungszeitpunkt aktuellen Arbeitsplan, den augenblicklichen Status des ausgewählten Auftrags sowie den Statuswechsel eines Auftrags. Da ein Statuswechsel während der Bearbeitung möglich ist, muß der Disponent auch die Historie

des aktuellen Auftrags verfolgen können. Eine Summenspalte beschreibt die tatsächliche Gesamtzeit, die zwischen Auftragsstart und Betrachtungszeitpunkt liegt.

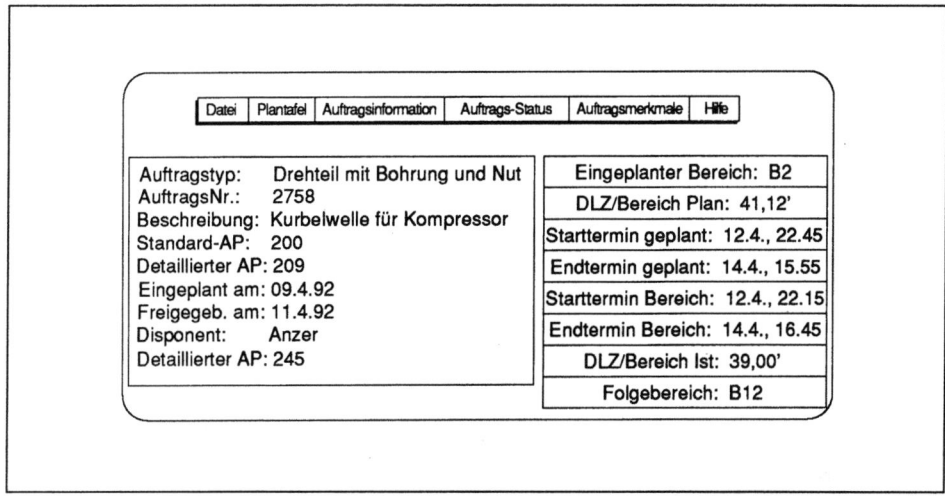

Abb. III.47: Auftragskonto

Um einen Soll-/Ist-Vergleich durchführen zu können, ist im Statusfenster die durchschnittliche Durchlaufzeit des Auftragstyps neben der aktuellen Durchlaufzeit des in Bearbeitung befindlichen Auftrags angezeigt. Im dargestellten Beispiel wurde der Auftrag zunächst als Nachtauftrag eingeplant und später als Normalauftrag weiterbearbeitet. Für die Bearbeitung als Normalauftrag wird ein anderer Arbeitsplan verwendet.

Weiterhin muß die Information verfügbar sein, ob ein Auftrag geplant, freigegeben, in Bearbeitung, die Bearbeitung beendet oder unterbrochen wurde. Dazu ist eine entsprechende Meldung erforderlich. Zum Betrachtungszeitpunkt ist die Bearbeitung des Auftrags unterbrochen.

Anhand der Plantafel kann der Disponent nicht erkennen, ob sich die Fertigung eines Auftrags kritisch oder unkritisch gestalten kann. Einfahraufträge bedürfen der besonderen Beobachtung durch den Disponenten; aber auch Aufträge, die zum zweiten oder dritten Mal gefertigt werden, garantieren keinen stabilen Prozeßverlauf. Andererseits gibt es sogenannte "Selbstläufer", die aufgrund hoher Wiederholhäufigkeit routinemäßig abgearbeitet werden können. Bei diesen Aufträgen ist bspw. nicht mehr mit Fehlern im NC-Programm zu rechnen. Für Teile mit hoher Wiederholhäufigkeit existieren Vorrichtungen, Werkzeuge, und das Personal ist mit der Voreinstellung sowie Einrichtung der Maschinen vertraut. Aus diesem Grunde müssen sich für einen Auftrag bestimmte Merkmale wie die Losgröße, die Bearbeitungszeit pro Werkstück und die Wiederholhäufigkeit anzeigen lassen. Durch die

Darstellung der Merkmale in einer klassifizierenden Merkmalsleiste läßt sich der Steuerungs- und Bearbeitungsaufwand des aktuellen Auftrags besser einschätzen (Abbildung III.49).

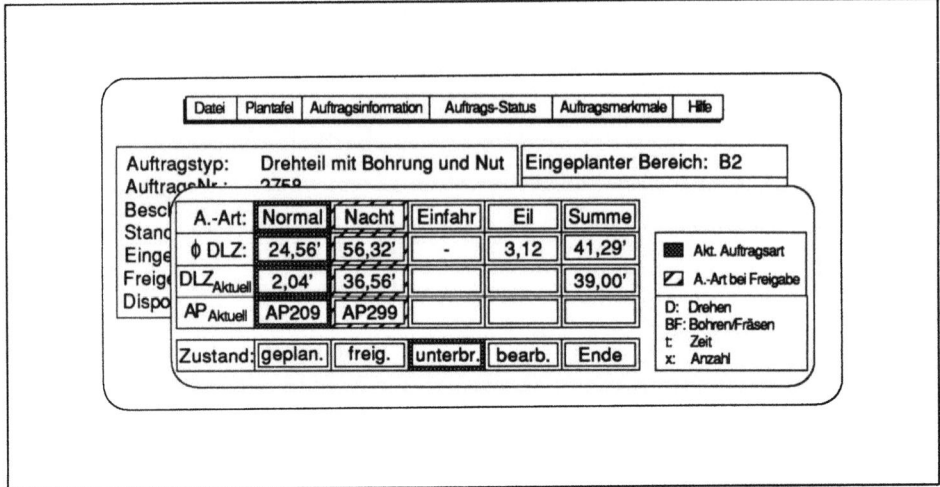

Abb. III.48: Statusfenster

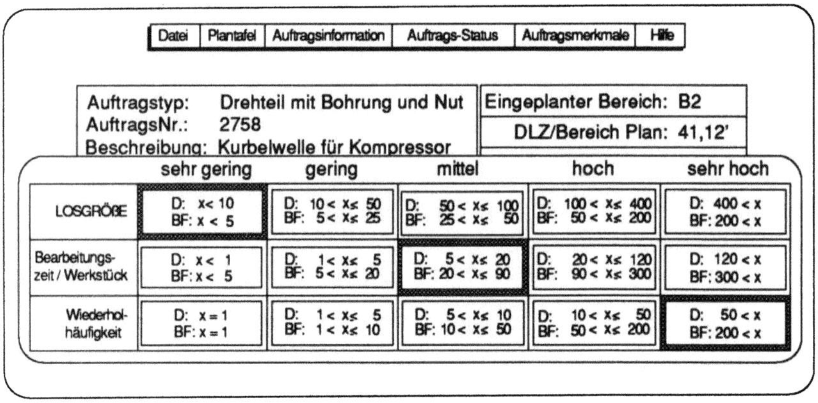

Abb. III.49: Merkmalsleiste für Fertigungsaufträge

Im dargestellten Beispiel der Abbildung III.49 ist eine entsprechende Merkmalsmatrix dargestellt. Die semantische Gliederung erfolgt von sehr gering bis sehr hoch. Die Merkmalsausprägungen werden weiter nach Bearbeitungsverfahren unterteilt. So ist eine

Losgröße kleiner 5 bei der Bohr-/Fräsbearbeitung (angetriebenes Werkzeug) als sehr gering einzustufen, während bei der Drehbearbeitung (angetriebenes Werkstück) ein Auftragslos kleiner 10 Teilen bereits sehr gering ist. Anhand der Informationen kann der Disponent abschätzen, wie hoch die Wahrscheinlichkeit ist, daß der Auftrag einen Fertigungsbereich ohne größere terminliche Probleme durchläuft, bzw. welche Notwendigkeit zur detaillierten Terminverfolgung besteht.

Bei einer Drehbearbeitung ist bspw. eine Losgröße von 9 oder kleiner als sehr gering einzustufen. Aufgrund der höheren Fertigungskomplexität bei Fräsbearbeitungen stellt eine Losgröße von 9 schon eine höhere Merkmalsklasse dar. In Verbindung mit der Bearbeitungszeit pro Werkstück läßt sich die Wechselfrequenz an der Maschine oder den Maschinen ableiten, so daß leichter Rückschlüsse auf die Komplexität der Auftragssteuerung oder die Auftragsverfolgung möglich sind. Bei dem beispielhaft dargestellten Auftrag handelt es sich weiterhin um ein Teil mit hoher Wiederholhäufigkeit; es ist also davon auszugehen, daß der Auftrag aufgrund der großen Routine der Mitarbeiter den Bereich ohne auftragsbedingte Komplikationen durchläuft.

3.2.4.2.2 Handhabung des Zeitkontos für freigegebene Aufträge

Eine wichtige Funktion bei der Kontrolle der freigegebenen Fertigungsaufträge ist die Terminverfolgung. Aus diesem Grunde müssen sowohl auf der Leitstandebene des teilautonomen Bereichs als auch auf der Koordinationsebene Zeitkonten geführt und analysiert werden.

Auf der Koordinationsebene genügt zunächst die Verfolgung der frühesten bzw. spätesten Start-/Endtermine. Da jeder Auftrag mit einem dispositiven Freiraum versehen ist, und die Terminierung auf der Basis von Durchschnittswerten erfolgt, muß nicht unbedingt zum Freigabetermin gestartet werden. Mit dem Arbeitsbeginn im teilautonomen Bereich kann allerdings ein detaillierter Arbeitsplan an den Koordinationsleitstand geschickt werden, damit dieser den Arbeitsfortschritt gegebenenfalls kontrolliert. Wird kein detaillierter Arbeitsplan an die Koordinationsebene gemeldet, müssen bestimmte "Milestones" gesetzt werden, also Termine, zu denen aus dem teilautonomen Bereich Rückmeldungen zu erfolgen haben, damit der Arbeitsfortschritt kontrollierbar ist. Wie bereits beim dispositiven Freiraum beschrieben, können kurze Störungen auf flexiblen Fertigungseinrichtungen zu Terminverzügen führen oder den geplanten Endtermin verzögern. Die Milestones haben die Aufgabe, mögliche Terminverletzungen rechtzeitig erkennen zu lassen, um gegebenenfalls die Starttermine der Nachfolgebereiche weiter in die Zukunft zu schieben.

Von dem Zeitkonto werden die Bearbeitungs-, Rüst-, Transport- und Liegezeiten von teilweise bearbeiteten Aufträgen abgebucht. Somit kann im Rahmen des täglichen Neuaufwurfs die für einen Maschinenauftrag noch verbleibende Restbearbeitungszeit errechnet werden. Z.B. läßt sich bei Einfahraufträgen, die in der Frühschicht nicht vollständig bearbeitet wurden und am nächsten Tag in der ersten Schicht weiter zu bearbeiten sind, mit Hilfe des Zeitkontos die noch erforderliche Kapazität ermitteln.

Gleiches gilt für Aufträge, die zum Ende der 2. Schicht bearbeitet und zugunsten des Nachtprogramms unterbrochen wurden. Diese sind in der 1. oder der 2. Schicht des folgenden Tages mit ihrer restlichen Bearbeitungszeit zu berücksichtigen.

Das nur teilweise bearbeitete Nachtprogramm wird gegebenenfalls im Werkstückspeicher geparkt und in der kommenden Nachtschicht weiter bearbeitet. Für das begonnene Teil ist die bereits geleistete Bearbeitungszeit von der Gesamtbearbeitungszeit abzubuchen.

Voraussetzung für das Führen von Zeit- und Kapazitätskonten ist eine detaillierte Betriebsdatenerfassung. Jeder Auftrag sowie jede Störung und Unterbrechung muß an der Maschine an- bzw. abgemeldet werden.

3.3 Modul für Pläne und Listen

Unter Plänen und Listen für den Leitstand werden Unterlagen verstanden, die der Leistungserstellung dienen. Speziell handelt es sich dabei um Arbeitspläne und Stücklisten. Die Arbeitspläne, vor allem in detaillierter Form sind für den Leitstand des teilautonomen Bereichs von Bedeutung. Stücklisten, respektive die Fertigungsbaukastenstücklisten, dienen dem Koordinationsleitstand als Information zur Ermittlung des Rumpfarbeitsplans.

Die Pläne bilden für den Leitstand die Voraussetzung zur Entwicklung von Fertigungsbereichs- und Maschinenaufträgen. Wie bereits erwähnt, benutzt das Auftragsmodul bei der Kapazitätsterminierung den Arbeitsplan, um die notwendigen Informationen über Ressourcen, Bearbeitungsschritte und Vorgabezeiten zu bekommen.

Das Modul enthält weiterhin ein Reihe von Funktionen, die die Generierung von Arbeitsplänen jeder Art unterstützen.

3.3.1 Stücklisten

Stücklisten enthalten die Mengen aller Teile und Rohstoffe, die zur Fertigung eines Erzeugnisses erforderlich sind. Die Unterscheidung von Stücklisten erfolgt nach dem gewählten Aufbau und nach dem Verwendungszweck [86]. Stücklistenobjekte sind im

---

[86] Vgl. Eversheim, W.: Organisation in der Produktionstechnik, Band 3, Arbeitsvorbereitung, 2. Auflage, Düsseldorf 1989, S. 26ff.

Leitstand nur bedingt erforderlich, bspw., um detaillierte Arbeitspläne erstellen zu können.

Eigenschaften von Stücklisten:

- Stücklisten dienen dem Koordinationsleitstand zur Ermittlung teilautonomer Bereiche.
- Informieren über die Struktur der zu fertigenden Erzeugnisse.
- Keine Erstellung oder Änderung von Stücklisten in den Leitständen.

Die wichtigsten Stücklistenarten für die Fertigungsplanung und -steuerung beschreibt Abbildung III.51. Für den Leitstand haben Stücklisten nur informativen Charakter, es werden weder Stücklisten erstellt noch unterschiedliche Stücklistenarten generiert. Dem Koordinationsleitstand dienen die Fertigungsstücklisten zur Planung der teilautonomen Bereiche

Basis aller Stücklisten ist die **Konstruktionsstückliste**, die im Zusammenhang mit der Konstruktionszeichnung erstellt wird. Aus ihr lassen sich alle weiteren Stücklisten ableiten. Für Produkte, deren Varianten immer wiederkehrende Grundmuster aufweisen, eignet sich die **Variantenstückliste**. Dem gleichen Zweck dient die **Plus-Minus-Stückliste**. Varianten werden durch Plusteile bzw. Minusteile ausgedrückt [87]. Die **Baukastenstückliste** ist auf sich oft wiederholende Baugruppen ausgelegt.

3.3.1.1. Fertigungsstückliste

Für die Leitstände sind vor allem die Fertigungs- und die Fertigungsbaukastenstücklisten von Bedeutung.
Die Entstehung der Fertigungsstückliste und ihr Verwendungszweck ist in Abbildung III.50 aufgezeigt. Für das Erzeugnis wird auf der Basis der Konstruktionszeichnung die entsprechende Stückliste entwickelt. Durch Erweiterung um technologische und betriebsbezogene Informationen sowie Auftragsdaten entsteht die Fertigungsstückliste.
Auf der PPS-Ebene dient die Fertigungsstückliste zur Terminierung der Materialbeschaffung und -bereitstellung sowie Grobterminierung des Kundenauftrags. Der Koordinationsleitstand benutzt die Fertigungsstückliste zur Auswahl des Rumpfarbeitsplans und gegebenenfalls zur Überwachung des Arbeitsablaufs in der Fertigung. Der Leitstand eines teilautonomen Bereichs kann die Fertigungsstückliste in Verbindung mit dem Rumpfarbeitsplan zur Generierung von detaillierten Arbeitsplänen verwenden.

---

[87] Vgl. Scheer, A.-W.: Wirtschaftsinformatik. Informationssysteme im Industriebetrieb, 3. Auflage, Berlin et al. 1990, S.106.

3.3.1.2 Fertigungsbaukastenstückliste

Die Fertigungsbaukastenstückliste ist eine um fertigungsspezifische Daten erweiterte Baukastenstückliste, die den Grundbaustein zur Generierung der Fertigungsbereichsaufträge auf der Koordinationsebene bildet. Sie eignet sich gut zu der in Kapitel 2.2 des Teils II beschriebenen montagegerechten Planung und Steuerung von Fertigungsaufträgen. Jede Baugruppe enthält eine eigene Stückliste, in der die Teile und Unterbaugruppen der nächsten Ebene aufgeführt sind. Durch diesen Stücklistenaufbau können Baugruppen und Teile so terminiert werden, daß ihre Lieferung an die Montage immer anforderungsgerecht erfolgt. In der Fertigungsbaukastenstückliste ist die Benennung des Teils mit dem entsprechenden Normblatt, dem Werkstoff, den Halbzeug- bzw. Rohmaßen oder der Modell-Nummer sowie dem Roh- und Fertiggewicht aufgeführt. Weiterhin enthalten sie Auftragsnummern, Verweise auf Rumpfarbeitspläne, auftragsbezogene und grob terminierte Endtermine für Werkstücke, Baugruppen oder das Erzeugnis.

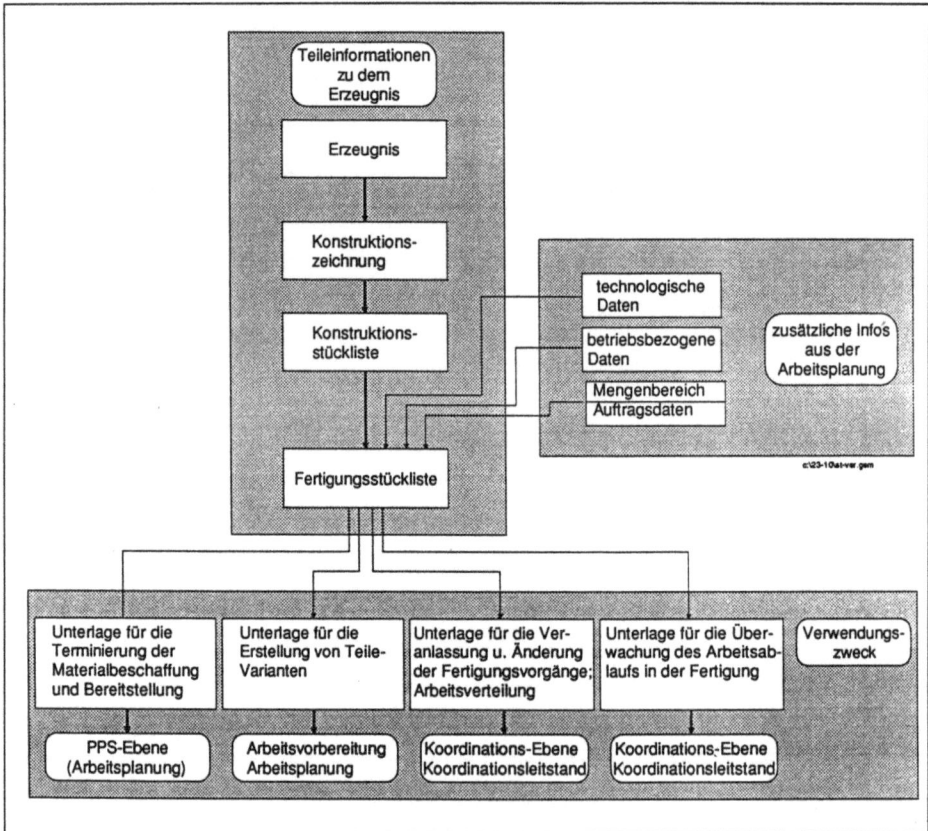

Abb. III.50: Entstehung und Verwendung von Fertigungsstücklisten

3.3.2 Pläne

In der Produktion besteht die Option, Erzeugnisse unter Berücksichtigung diverser Zielsetzungen auf verschiedenen Wegen zu realisieren. Der Prozeß zur Fixierung dieses Wegs ist Aufgabe der Planung. Pläne stellen im allgemeinen das Ergebnis eines Entscheidungsprozesses im Rahmen der Planung dar [88]. Der Plan enthält Angaben zur Realisierung einer Leistungserstellung und verbindet Ressourcen mit Aufträgen und Teilen.

Im der Fertigungsplanung und -steuerung lösen Pläne allerdings nicht die Ausführung von bestimmten Aktivitäten aus, wie das z.B. bei der Programmplanung, Absatzplanung oder Betriebsablaufplanung der Fall ist. Vielmehr bilden die Pläne die Basis bei der Determinierung von Arbeitsschritten, die zur Erbringung einer auftragsbezogenen Leistung notwendig ist. Durch die Generierung eines Auftrags und die Verbindung mit einem entsprechenden Plan entsteht somit der Auslöser, definierte Arbeitsleistungen auszuführen.

Der Zusammenhang soll beispielhaft anhand eines Kundenauftrags erläutert werden. Der Kundenauftrag enthält das zu fertigende Teil und den gewünschten bzw. zugesagten Endtermin. In der Arbeitsvorbereitung wird für die Fertigung der zu liefernden Leistung entweder ein bestehender Arbeitsplan herausgesucht oder erstellt. Für die Fertigung wird dazu auf der Basis des Arbeitsplans ein Fertigungsauftrag erstellt. Aufgrund der im Arbeitsplan angegebenen Bearbeitungsschritte lassen sich in einem nächsten Schritt Bereichs-, Maschinen-, Werkzeugvorbereitungs-, Vorrichtungsmontage- und Rüstaufträge generieren. Für jeden weiteren Unterauftrag bestehen wiederum Arbeitsanweisungen, wie die entsprechende Tätigkeit auszuführen ist. So existiert für den Vorrichtungsmontageauftrag ein entsprechender Arbeitsplan.

Grundlage für die Kapazitätsterminierung aller Aufträge in der Fertigung bildet dann jeweils der entsprechende "Liefertermin" für die zu erbringende Leistung und die in den Arbeitsplänen festgeschriebenen Vorgabezeiten unter Berücksichtigung der erforderlichen Ressourcen.

Eigenschaften von Plänen:

- Pläne enthalten Angaben zur Realisierung einer Leistungserstellung.
- Pläne bilden die Basis für die Generierung von Aufträgen.
- Pläne verbinden Ressourcen mit Aufträgen und Teilen.
- Pläne enthalten Vorgabezeiten für die Realisierung der Leistung.

---

[88] Vgl. Wöhe, G.: Einführung in die Allgemeine Betriebswirtschaftslehre, 17. Auflage, München 1990, S. 138.

3.3.2.1 Strukturierung von Plänen

In Abbildung III.51 sind alle Pläne, die im Leitstand vorhanden sein sollten, aufgeführt.

Der **Transportplan** ist weiter unterteilt in den bereichsinternen und den bereichsexternen Transportplan. Der bereichsinterne Transportplan enthält Informationen über Fahrwege und Maschinenstationen, die von einem Transportmittel angesteuert werden können. Der externe Transportplan informiert über die Verbindungen unterschiedlicher teilautonomer Bereiche zur Sicherung des Material-, Werkzeug- und Verrichtungsflusses.

Schichtpläne sind erforderlich, um die Anwesenheit des Personals überprüfen bzw. planen zu können. Bei der Kapazitätsterminierung der Mitarbeiter eines teilautonomen Bereichs ist also auch der Schichtplan zu berücksichtigen.

Der **Montageplan** enthält die Arbeitsschritte, die zum Zusammenfügen von unterschiedlichen Objekten notwendig sind. Objekte, die in der Fertigung montiert werden können, sind Vorrichtungen, Werkzeuge und Teile. Dementsprechend unterteilt sich der Montageplan in **Vorrichtungsmontage-**, **Werkzeugmontage-** und **Teilemontageplan**.

Für den Leitstand sind vor allem die Arbeitspläne von Bedeutung, die alle notwendigen Aktivitäten zur Erstellung einer Leistung mit entsprechenden Verweisen auf Ressourcen enthalten. Dies sind Rumpf-, detaillierter Arbeits-, Rüstplan und NC-Programm. Letzteres ist ein maschinenlesbarer Arbeitsplan und aus diesem Grunde explizit aufgeführt. Die Fertigungsbaukastenstückliste enthält für jedes Teil ein Verweis auf den Rumpfarbeitsplan.

Der **Rumpfarbeitsplan** dient als Standardinformation und bildet die Basis für die Terminierung von Fertigungsaufträgen, auf der Koordinationsleitstandebene. Welche Informationen der Rumpfarbeitsplan genau enthält, hängt sehr stark von der Autonomie und vom Wissen um arbeitsplanerische Zusammenhänge des Personals in den Fertigungsbereichen ab.

Die Rumpfarbeitsplankopfdaten können aus der Fertigungsstückliste übernommen und um arbeitsgang- bzw. bereichsspezifische Daten ergänzt werden:

- Standardarbeitsreihenfolgen,
- Standardmaschinen,
- Standard-NC-Programme,
- Werkzeuge und Vorrichtungen,
- Vorgabezeiten.

Mit diesen Informationen unterscheidet sich der Rumpfarbeitsplan zunächst nicht wesentlich von den in der Praxis bekannten Arbeitsplänen. Seinen typischen Charakter erhält der Rumpfarbeitsplan jedoch durch die nicht streng vorgegebene Ressourcenzuordnung, Bearbeitungsreihenfolge und die nur grob terminierten Vorgabezeiten.

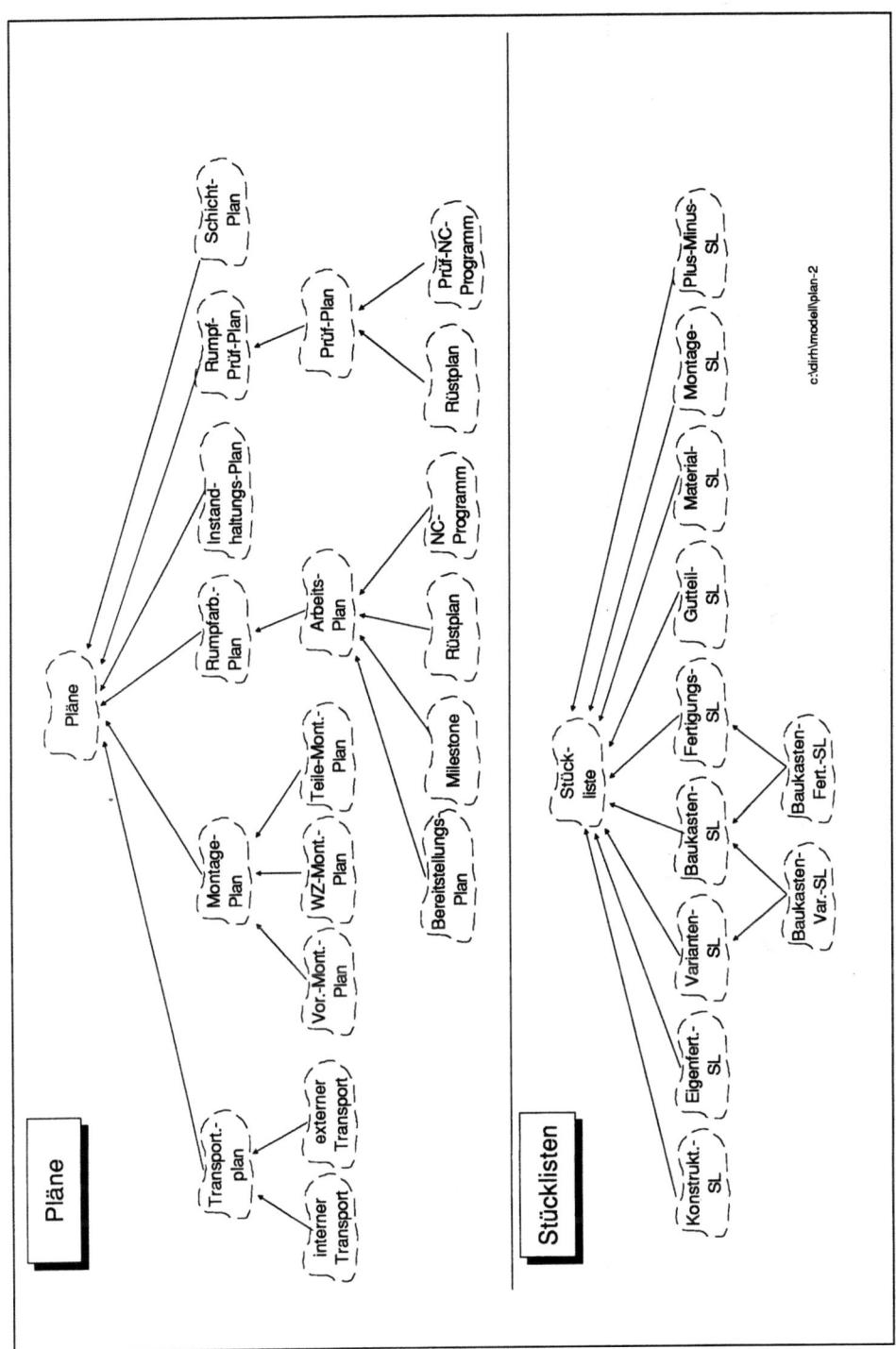

Abb. III.51: Klassen für Stücklisten und Pläne

Die Gestaltung des **detaillierten Arbeitsplans** ergibt sich aus einer Reihe unterschiedlicher fertigungstechnologischer, arbeits- oder ablauforganisatorischer Merkmale. Fertigungstechnologische Merkmale sind bspw. Maschinen unterschiedlicher Hersteller, konventionelle oder automatisierte Maschinen sowie unterschiedliche Bearbeitungsverfahren für den gleichen Arbeitsgang (Schleifen statt Fräsen). Arbeitsorganisatorische Merkmale ergeben sich aus der unterschiedlichen Qualifikation der Mitarbeiter in einem teilautonomen Bereich; ablauforganisatorische Merkmale sind die freie Wahl der Arbeitsgangfolge oder die freie Maschinenwahl innerhalb eines FFS. Die Annahme, daß ein Teil in unterschiedlichen, sich ersetzenden Bereichen und innerhalb der Bereiche wiederum auf verschiedenen Maschinen hergestellt werden kann, erhöht die Zahl an Fertigungsalternativen. Dazu kommt die besondere Behandlung von Nacht- und Eilaufträgen für die gegebenenfalls eigene Arbeitspläne existieren. Die Auswahl des Arbeitsplans hängt also von Faktoren ab, die erst bei der kurzfristigen Terminierung im Leitstand bekannt sind. Aus dem detaillierten Arbeitsplan leiten sich weitere Pläne für die Fertigung ab:

- Bereitstellungsplan,
- Rüstplan,
- NC-Programm und
- Milestones.

Der **Bereitstellungsplan** enthält alle Informationen zur Bearbeitung eines Maschinenauftrags an einem bestimmten Betriebsmittel. Er zeigt alle notwendigen Arbeitsschritte, die zur Erledigung des Arbeitsgangs notwendig sind.

Im **Rüstplan** sind detailliert die einzelnen Arbeitsschritte aufgelistet, die zur auftragsbezogenen Vorbereitung und Voreinstellung einer Maschine notwendig sind.

Das **NC-Programm** ist eine Kombination aus maschinenlesbarem Arbeits- und Bereitstellungsplan. Es beinhaltet neben organisatorischen und technologischen Daten auch alle operationsabhängigen Informationen, wie Vorschub, Drehzahl, Schnittgeschwindigkeit und Werkzeugwege. NC-Programme werden auch zur Steuerung von Handhabungs- und Kontrolleinrichtungen erstellt.

Aufgrund der Vergabe eines dispositiven Freiraums bei der Feinterminierung (siehe Teil II, Kapitel 3.3) innerhalb der teilautonomen Bereiche müssen zur Aufrechterhaltung der Koordination unterschiedlicher Bereiche, die ein bestimmter Auftrag durchläuft,

Kontrollpunkte gesetzt werden, auf deren Basis eine Terminierung der Folgebereiche möglich ist. Muß der teilautonome Bereich den ausgewählten detaillierten Arbeitsplan nicht an die Koordinationsebene melden, ist er verpflichtet, **Milestones** weiter zu geben. Milestones sind definierte Rückmeldepunkte von geplanten, in einem Fertigungsbereich eintretenden Ereignissen. Sie werden vor bzw. nach Bearbeitungsaufgaben gesetzt, die mit hoher terminlicher Unsicherheit behaftet sind. Dies ist z. B. bei der Bearbeitung auf BAZ, FFZ und FFS notwendig.

Abbildung III.52 zeigt an die Koordinationsebene gemeldete Milestones. Es existieren drei

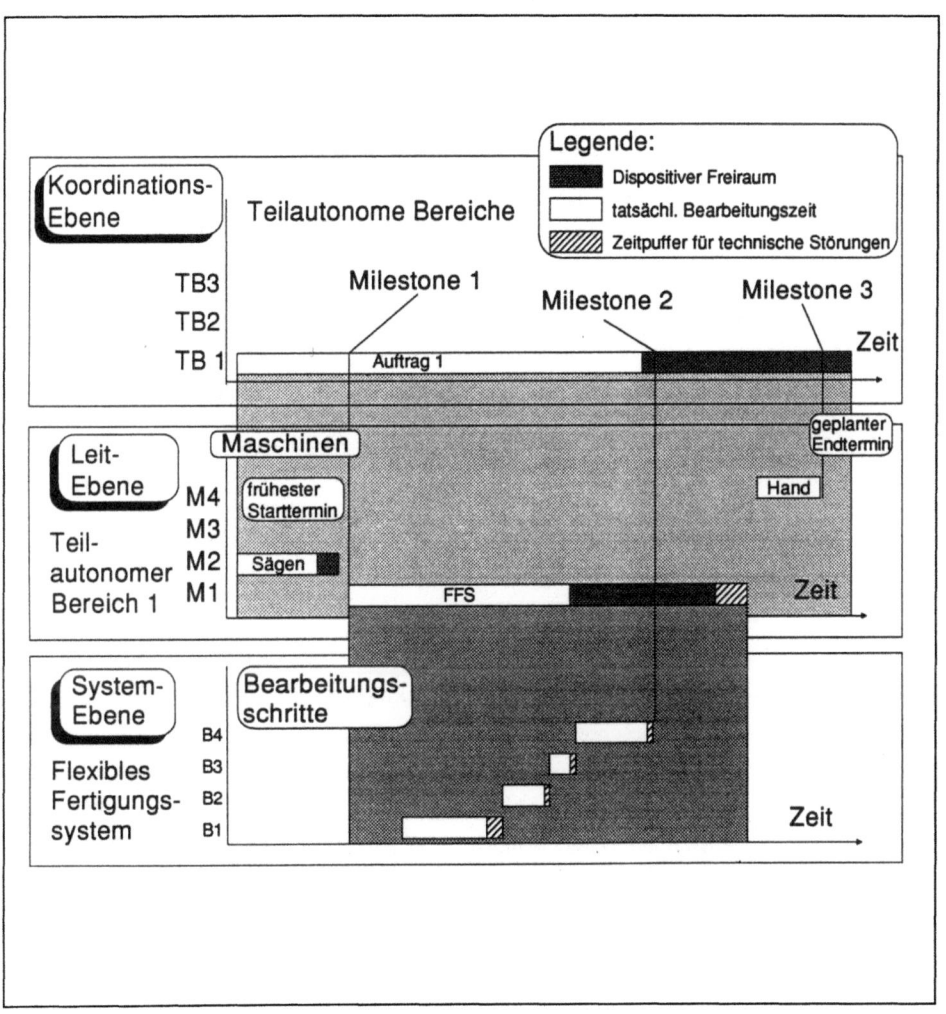

Abb. III.52: Setzen von Milestones

unterschiedliche Dispositionsebenen, die einen Fertigungsauftrag einplanen können. Die

Leitstandebene meldet Milestone 1 und 3 an die Koordinationsebene. Die Systemebene meldet Milestone 2 zunächst an die Leitstandebene, die diesen an die Koordinationsebene weitergibt. Gegebenenfalls ersetzt Milestone 2 den 3. Milestone, da der Handarbeitsplatz keine terminlichen Unsicherheiten erwarten läßt.

Der **Rumpfprüfplan** ist analog zum Rumpfarbeitsplan zu sehen. Mit der Freigabe des Fertigungsauftrags ist noch nicht der Bereich festgelegt, in dem das Werkstück oder die Werkstücke bearbeitet werden. Die Prüfmerkmale wurden aber bereits in der Arbeitsvorbereitung bestimmt. Der Rumpfprüfplan enthält die Prüfmerkmale, den Prüfumfang, den Prüfzeitpunkt sowie Vorgaben zur Ergebnisbehandlung.

Wurde im Rahmen der Kapazitätsterminierung der teilautonome Bereich festgelegt, dann kann auch der Rumpfprüfplan um die bereichsspezifischen Daten ergänzt werden. Dabei handelt es sich in dem generierten Prüfplan um Informationen wie den Prüfort, das Prüfmittel und die Person, die die Qualitätsprüfung durchzuführen hat.

3.3.2.2 Aufbau von Plänen

Die in Plänen enthaltenen Informationen bzw. Daten lassen sich immer gleich strukturieren in:

- organisatorische Informationen,
- sachabhängige Informationen,
- arbeitsvorgangabhängige Informationen [89].

Die organisatorischen Daten, auch "Kopfdaten" genannt, enthalten Angaben zur Identifizierung des Plans, Stückzahlbereiche sowie Aktualitäts- und Ursprungsangaben.
Die sachabhängigen Daten beschreiben das oder die Objekt(e), für die der entsprechende Plan gilt. Dazu gehören Ident-Nummer, Zeichnungs-Nummer, Benennung, Gewicht, Werkstoff, Rohmaße u.a.m.
Die arbeitsvorgangabhängigen Daten beinhalten Arbeitsanweisungen, Maschinengruppen, Kostenstellen, Fertigungshilfsmittel, Entlohnungsangaben und Vorgabezeiten.
Abbildung III.53 zeigt beispielhaft den datenorientierten Aufbau von Arbeits-, Instandhaltungs-, Prüfplänen und NC-Programmen.

---

[89] Vgl. Eversheim, W.: Organisation in der Produktionstechnik, Band 3, Arbeitsvorbereitung, 2. Auflage, Düsseldorf 1989, S. 13f.

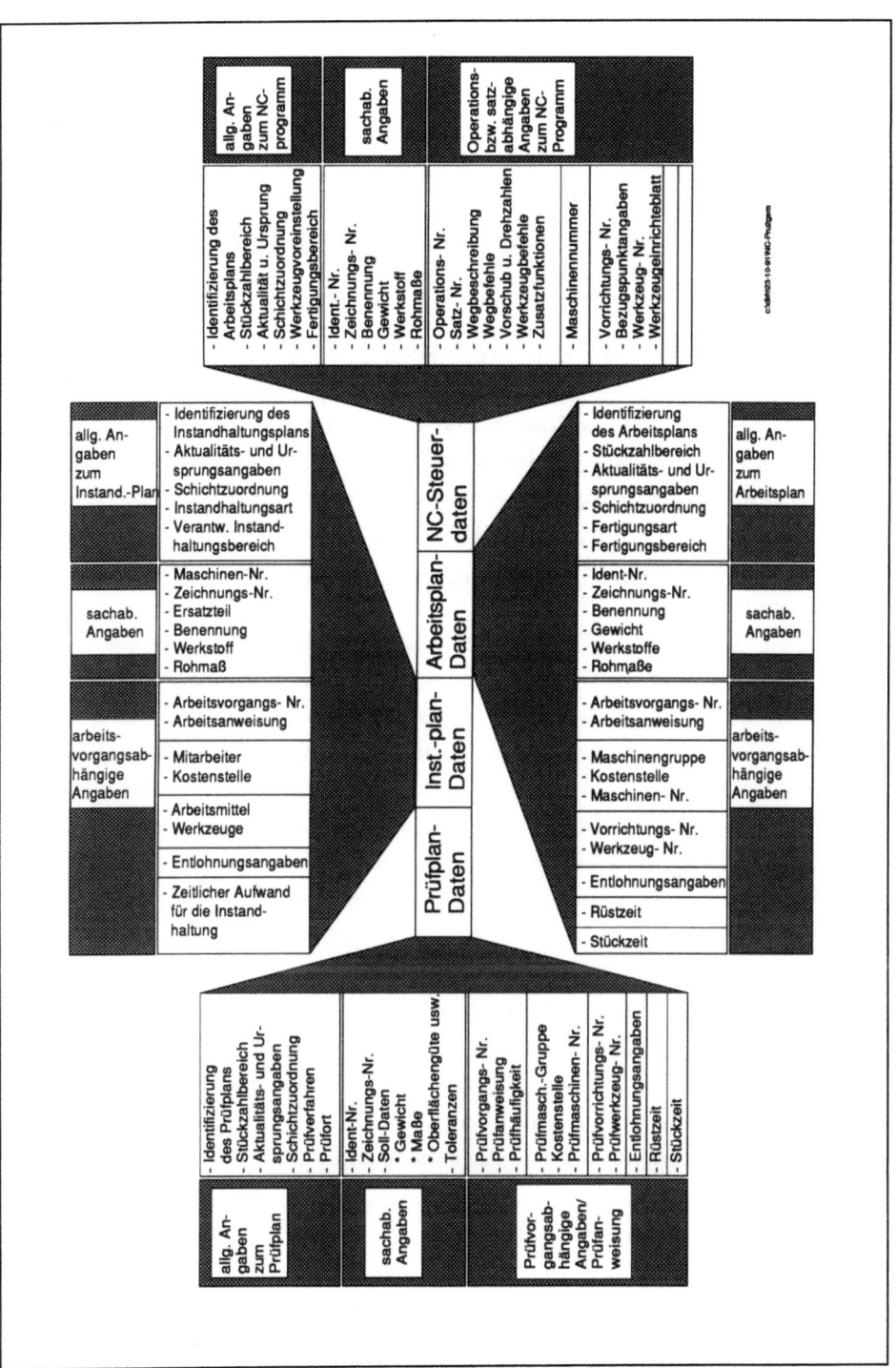

Abb. III.53: Aufbau unterschiedlicher Pläne für die Fertigung

3.3.3 Funktionen des Moduls für Pläne und Listen

Um Entscheidungsautonomie in den teilautonomen Fertigungsbereichen zu gewährleisten, müssen Funktionen zur Erstellung von Plänen verfügbar sein. Stücklisten dienen vor allem zur Teileinformation und basieren letztlich auf der Konstruktionsstückliste. Dementsprechend sind Funktionen zur Stücklistenbearbeitung im Leitstand von untergeordneter Bedeutung. In den nachfolgenden Kapiteln werden die entsprechenden Funktionen für den Leitstand aufgezeigt.

Die Erstellung des Arbeits- und Prüfplans wurde bereits in Kapitel 3. des Teils I ausführlich erläutert. Neben den Arbeitsplänen zur Erstellung eines Erzeugnisses existieren auch Arbeitspläne für die Instandhaltung, das Werkzeug- und Vorrichtungswesen.
Die Erstellung des Prüf-, Rüst- und Montageplans erfolgt in derselben Phase, wie die des Arbeitsplans [90]. Instandhaltungsplan und Fahrplan sind gesonderte Pläne, die nicht direkt mit den anderen Plänen vergleichbar sind. Dennoch benutzen sie zum Teil die gleichen Funktionen. Die Funktionen und die Zuordnung zu den einzelnen Objekten ist in Abbildung III.54 dargestellt.
Das Anlegen, Verwalten und Pflegen des Rumpfarbeitsplans erfolgt in der zentralen Arbeitsvorbereitung.
Aufgrund der Angabe von Standarddaten ist der Rumpfarbeitsplan zeitlich sehr stabil und sollte sich nur mit zunehmender Wiederholhäufigkeit des Auftrags bei den Vorgabezeiten ändern.
Die Erstellung des Rumpfarbeitsplans erfolgt in der zentralen Arbeitsvorbereitung auf der Basis der konstruktiven Vorgaben von Teilen, Baugruppen und Endprodukten. Der fertige Rumpfarbeitsplan wird an die Koordinationsleitstandebene übergeben und dort redundant gespeichert.
Im Gegensatz zur Fertigungsstückliste kann die Koordinationsleitstandebene den Rumpfarbeitsplan ändern. Wichtig für den Rumpfarbeitsplan sind die Rückmeldestatistiken bezüglich der Durchlaufzeit. Mit zunehmender Wiederholhäufigkeit entstehen gesicherte Werte für Durchlauf-, Rüst-, Liege und Bearbeitungszeit, die bei der Rumpfarbeitsplanerstellung als Richtwerte dienen. Es werden allerdings nur Durchschnittswerte in den Rumpfarbeitsplan übernommen.

---

[90] Vgl. Eversheim, W.: Organisation in der Produktionstechnik, Band 3, Arbeitsvorbereitung, 2. Auflage, Düsseldorf 1989, S. 97.

Funktionen	Arbeits-plan	Prüf-plan	Inst.-plan	NC-Prog.	Montage-plan	Rüst-plan	Fahr-plan
Arbeitsablaufplanung	●	●	●	●	●	●	●
- Fertigungsverfahren auswählen	●			●			
- Arbeitsvorgänge ermitteln	●	○	●	●	●	●	
- Prüfvorgänge ermitteln		●	○	○		○	
- Arbeitsfolge festlegen	●	●	●	●	●	●	●
- Prüffolge festlegen		●					
Ressourcenauswahl	●	●	○	●			●
- Arbeitsraum prüfen	●	●		●			○
- Techn. Anforderungen prüfen	●	○	●	●			
- Aufspannbedingungen klären	●	○		●			○
Vorgangsplanung	●	●	●	●	●	●	●
- Teilvorgänge ermitteln	●	●	●	●	●	●	●
- Reihenfolge festlegen	●	●	●	●	●	●	●
- Vorgangsablauf planen	●	●	●	●	●	●	●
Fertigungshilfs-, Prüfmittelplanung	●	●	●	●	●		
- Werkzeuge bestimmen	●		●	●	●	●	
- Vorrichtungen bestimmen	●	●			●	○	
- Prüfmittel bestimmen	○	●		○	○		
Vorgabezeitbestimmung	●	●	●	●	●	●	●
- Schnittbedingungen ermitteln	●			●			
- Schnittwerte festlegen	○			●			
- Maschineneinstelldaten vorgeben	○	○		●		●	
- Haupt-/Nebenzeiten ermitteln	●	●	●	●	●	●	●
Personal bestimmen	●	●	●	●	●	●	●

● Funktion ist für Klasse erforderlich

○ Funktion ist für Klasse bedingt erforderlich

Abb. III.54: Funktionen für Pläne

In Abbildung III.55 sind die Verwaltungsfunktionen aufgeführt und für die einzelnen Ebenen unterschiedlich hinterlegt.

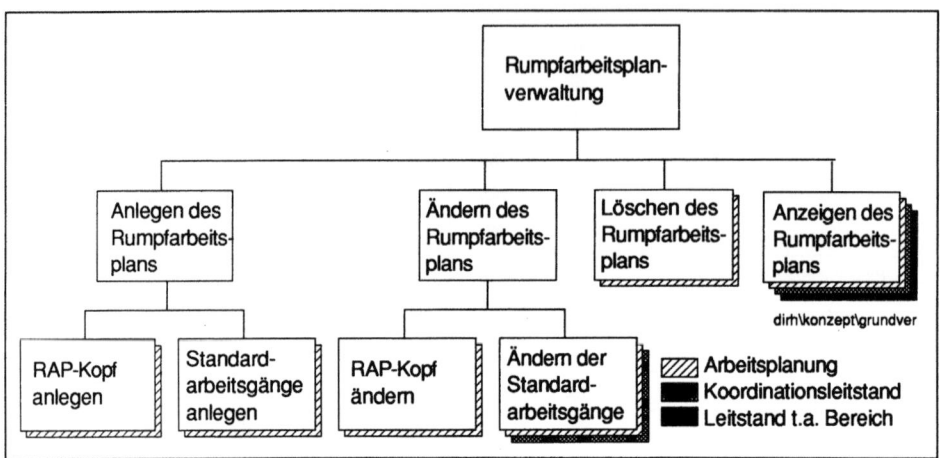

Abb. III.55: Verwaltung des Rumpfarbeitsplans

Die Leitstände der teilautonomen Bereiche dürfen die Rumpfarbeitspläne nur lesen, nicht aber verändern.

Detaillierte Arbeitspläne sind Fertigungsunterlagen der dezentralen Fertigungsbereiche. Die Generierung, Auswahl und Änderung des detaillierten Arbeitsplans erfolgt durch den Disponenten im teilautonomen Bereich. Er legt auf der Basis des Rumpfarbeitsplans die einzelnen Bearbeitungsschritte auf die im Bereich vorhandenen Maschinen fest. Damit sind auch detaillierte Vorgabezeiten, NC-Programme, Werkzeuge, Vorrichtungen und das Personal zugeordnet. Kriterien für die Auswahl des Arbeitsplans sind im Bereich vorhandene Personalressourcen, verfügbare Maschinen, augenblickliche Zustände von Fertigungs- und Fertigungshilfsmitteln und die - aufgrund des freigegebenen Auftragsspektrums - momentane Kapazitätssituation.

Die Kopfdaten für den detaillierten Arbeitsplan lassen sich aus dem Rumpfarbeitsplan übernehmen oder können bei Alternativarbeitsplänen duch den Leitstand des teilautonomen Bereichs selbständig angelegt werden. In Abbildung ist das Anlegen des Arbeitsplan-Kopfs als eine Funktion des Bereichsleitstands dargestellt.

Der detaillierte Arbeitsplan muß, je nach organisatorischer Gestaltung, der Koordinationsebene mitgeteilt werden. Ist dies nicht möglich oder nicht gewünscht, sind Milestones aus dem Arbeitsplan zu definieren, damit eine Terminverfolgung, und -kontrolle und Steuerung des Auftrags durch alle Fertigungsbereiche erfolgen kann (siehe nächstes Kapitel). Der Koordinationsleitstand hat lesenden Zugriff auf die Daten des Arbeitsplans, darf diese aber nicht ändern. Er speichert den ausgewählten, detaillierten Arbeitsplan bzw. die Milestones nur temporär bis zur Fertigstellung des Auftrags im teilautonomen Bereich. Für die Arbeitsplanung ist der detaillierte Arbeitsplan im Rahmen der Arbeitsplanung und -steuerung von untergeordneter Bedeutung und muß dort nicht zwingend redundant gehalten werden. Abbildung III.56 zeigt die entsprechenden Verwaltungsfunktionen für den detaillierten Arbeitsplan.

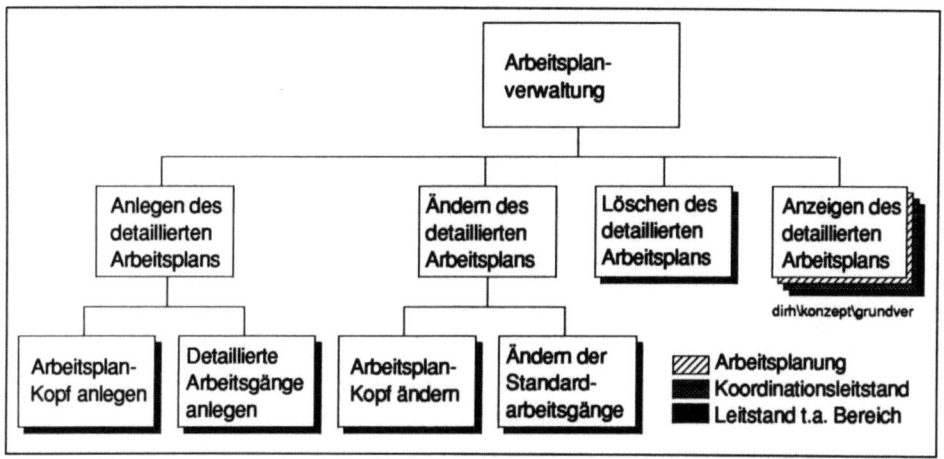

Abb. III.56: Verwaltung des detaillierten Arbeitsplans

Durch die hierarchische Gliederung von der Fertigungsstückliste über den Rumpfarbeitsplan bis zum detaillierten Arbeitsplan mit der Maßgabe, welche Ebenen in der Produktion diese Daten anlegen, lesen, ändern oder löschen dürfen, entstehen klar strukturierte Entscheidungseinheiten.

Milestones dienen der Erhöhung der Entscheidungsautonomie und der Minimierung von redundant gehaltenen Daten auf der Koordinations- bzw. Leitstandsebene des teilautonomen Bereichs. Die Handhabung entspricht der des detaillierten Arbeitsplans.

Der Rumpfprüfplan wird in der Arbeitsvorbereitung erstellt und an den Koordinationsleitstand übergeben. Dort sind Veränderungen nur bedingt möglich, da Prüfmerkmale nicht geändert werden sollten.

Auf der Basis des Rumpfprüfplans kann der teilautonome Bereich eigene Prüfpläne anlegen. Dabei sind die aus dem Rumpfprüfplan vorgegebenen Prüfmerkmale, der Prüfumfang und die Ergebnisbehandlung zu berücksichtigen. Die Prüfmittel, der Prüfzeitpunkt und der Prüfort sind frei bestimmbar. Der Prüfzeitpunkt ergibt sich aus der Kombination von Arbeits- und Rumpfprüfplan.

Das Anlegen, Ändern und Löschen der Fertigungsbaukastenstückliste erfolgt in der zentralen Arbeitsplanung. Diese bestimmt zunächst das Rohteil. Mit der Wahl des Rohteils wird vor allem der Werkstoff festgelegt. Der Werkstoff wiederum bestimmt die technologischen Fertigungsmöglichkeiten und damit gegebenenfalls den Fertigungsbereich, in dem das Teil bearbeitet werden kann. Dort wird auch die Grobterminierung auf der Basis des entsprechenden Kundenauftrags und der Liefertermine für extern zu beschaffende Rohteile und Halbzeuge vorgenommen.

Bei objektorientierter Gliederung der Fertigung reichen diese Informationen aus, um den teilautonomen Fertigungsbereich festzulegen, in dem das Teil bearbeitet werden soll, materialwirtschaftliche Dispositionen durchzuführen und auf der Basis von Erfahrungswerten den Endtermin grob abzuschätzen.

Die entsprechenden Informationen zur Fertigungsbaukastenstückliste werden gegebenenfalls redundant in der Arbeitsvorbereitung, der PPS und dem Koordinationsleitstand gehalten.

Der Koordinationsleitstand darf Stücklisten speichern und lesen, sie allerdings nicht verändern. In Abbildung III.57 sind die grau hinterlegten Kästchen Funktionen, die der Koordinationsleitstand durchführen darf. Die Funktionalität bzw. Kompetenz zur Erstellung und Änderung von Stücklisten bleibt dadurch Aufgabe der Arbeitsvorbereitung.

Die Baukastenfertigungsstückliste wird auf der Leitstandebene der teilautonomen Bereiche nicht verwaltet, da der Rumpfarbeitsplan alle wichtigen Informationen der Fertigungsstückliste enthält.

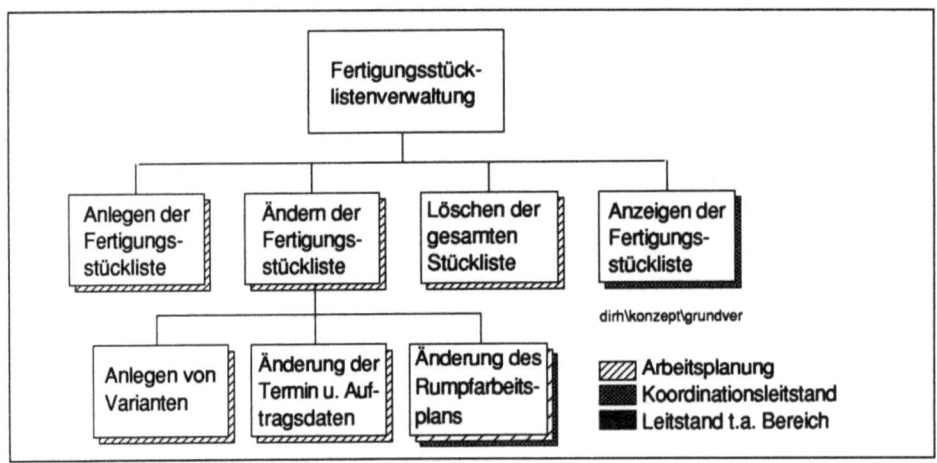

Abb. III.57: Verwaltung der Fertigungsstückliste

3.4 Materialmodul

Zentrales Modul für den Leitstand ist das Auftragsmodul, das der Fertigungsauftragsplanung und -steuerung dient. Das Ressourcenmodul und das Modul für Pläne und Listen stellen überwiegend Informationen für das Auftragsmodul zur Verfügung. Stücklisten werden in der Fertigung bzw. durch den Leitstand nicht bearbeitet. Sie stellen Input-Daten aus der Konstruktion oder Arbeitsvorbereitung dar. Analog verhält es sich mit dem Materialmodul. Es enhält überwiegend Informationen zu den selbst zufertigenden Teilen und zu Stoffen, die in der Fertigung verbraucht werden. Das Materialmodul dient vor allem dem Modul für Listen und Pläne als Informationsquelle, da in den Stücklisten lediglich die Struktur abgelegt ist. Somit lassen sich Daten-Redundanzen vermeiden.

3.4.1 Strukturierung von Material

Die Strukturierung des Materialmoduls erfolgt nach dem Informationsbedarf in der Fertigung. "Unter Materialien sind dabei alle realen Sachgüter zu verstehen, die zur Leistungserstellung eingesetzt werden und mit diesem Einsatz die Eignung zu einer weiteren, ihrer Zweckbestimmung entsprechenden Verwendung verlieren" [91]. Je nach Verwendung der Materialien oder Stoffe untergliedert man in Erzeugnisstoffe oder Betriebsstoffe. Die Erzeugnisstoffe gehen in das Enderzeugnis ein, die Betriebsstoffe dienen der Aufrechterhaltung des Betriebsprozesses.

Bei den Erzeugnisstoffen läßt sich eine weitere Untergliederung in Erzeugnishauptstoffe (wesentlicher Bestandteil des Enderzeugnisses) und Erzeugnishilfsstoffe (treten nur ergänzend im Produkt auf) vornehmen [92]. Die Struktur zeigt Abbildung III.58. Der Materialbegriff beinhaltet nicht nur ungeformte Stoffe, sondern auch reale Sachgüter, die durch Vorleistungsbetriebe bereits einer Bearbeitung unterzogen wurden [93]. Entsprechend der vorgestellten Begriffsfassung kann es sich bei den Erzeugnis- und Betriebsstoffen sowohl um Rohstoffe als auch um Fertigstoffe (Teile) handeln. Rohstoffe sind Rohteile, die zur Bearbeitung in die Fertigung geliefert werden. Ergänzend für den Leitstand sind unter den Fertigstoffen die fertig- oder teilfertig bearbeiteten Werkstücke oder Teile zu verstehen, die in den einzelnen teilautonomen Bereichen bearbeitet wurden und in der Montage in ein Erzeugnis eingehen. Für den einzelnen teilautonomen Bereich in der Fertigung ist die externe Quelle des Materials von sekundärer Bedeutung, da er grundsätzlich von einer Abteilung innerhalb des Betriebs Teile bezieht. Dabei kann es sich um das Lager oder einen vorgelagerten Fertigungsbereich handeln.

---

[91] Grochla, E.: Materialwirtschaft, in: Grochla, E. (Hrsg.): Betriebswirtschaftslehre, Teil 1: Grundlagen, Stuttgart 1978, S. 97.
[92] Vgl. Grochla, E.: Materialwirtschaft, in: Grochla, E. (Hrsg.): Betriebswirtschaftslehre, Teil 1: Grundlagen, Stuttgart 1978, S. 97.
[93] Vgl. Grochla, E.: Materialwirtschaft, in: Grochla, E. (Hrsg.): Betriebswirtschaftslehre, Teil 1: Grundlagen, Stuttgart 1978, S. 97.

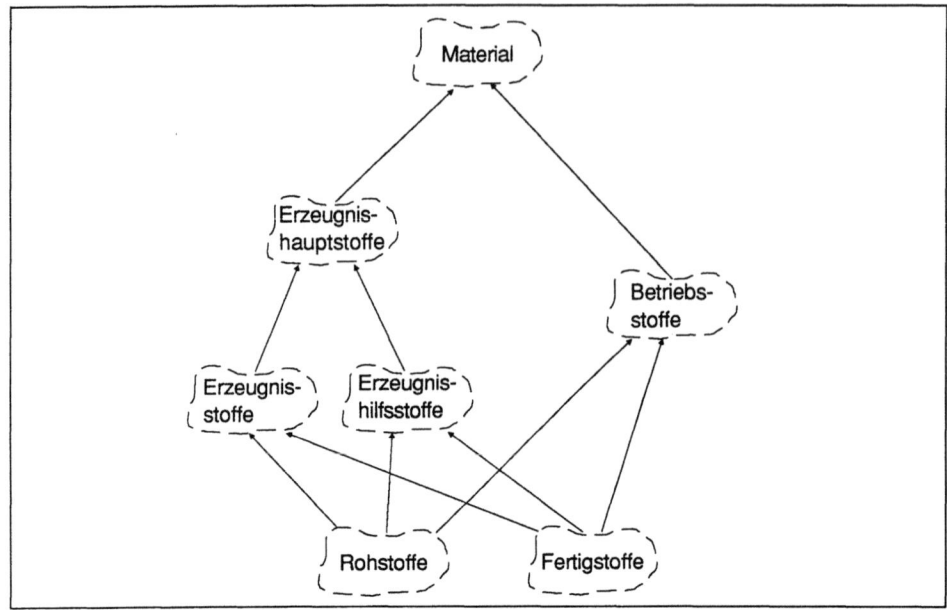

Abb. III.58: Klassen des Materialmoduls

3.4.2 Funktionen des Materialmoduls

Materialwirtschaftliche Funktionen benötigt der Leitstand im Rahmen der Verfügbarkeitsprüfung und bei der Verwaltung von Zwischenlägern in den Bereichen. Die Fertigungsauftrags-, Stücklisten- und Lagerklassen enthalten nur Verweise auf das Material, die entsprechenden Daten sind im Materialmodul abgelegt.

Aufgrund unterschiedlicher Steuerungsstrategien, z.B. KANBAN oder bedarfsorientierte Auftragsfreigabe, kann es sinnvoll sein, im Materialmodul Methoden der Materialwirtschaft zur Verfügung zu stellen. Dabei handelt es sich um Funktionen der Bedarfsermittlung. In Abbildung III.59 erfolgt die Darstellung der wichtigsten Funktionen.

Die Primärbedarfsplanung spielt für den Leitstand eine untergeordnete Rolle; sie kann allerdings im Rahmen der montageorientierten Planungsstrategien auf der Koordinationsleitstandebene benötigt werden, wenn bspw. von der PPS keine Bedarfsauflösung vorgenommen wird, sondern die Freigabe von Fertigungsaufträgen für das komplette Enderzeugnis erfolgt.

Von der Teilautonomie eines Bereiches hängt es ab, ob Tertiärbedarfsplanung im Materialmodul vorhanden ist. Kann nämlich - wie bereits beim Auftragsmodul besprochen - der Fertigungsbereich selbständig Bestellaufträge für Betriebs- und Hilfsstoffe erteilen, dann ist es sinnvoll, materialwirtschaftliche Funktionen in den Klassen zu implementieren.

Funktionen	Erzeug-nisse	E-Haupt-stoffe	E-Hilfs-.stoffe	Betriebs-stoffe	Roh-stoffe	Fertig-stoffe
Bedarfsrechnung	●	●	●	●	●	●
- Primärbedarfsrechnung	○					
* stochastisch	○					
+ verbrauchsorientiert	○					
+ erwartungsorientiert	○					
* determ. (bedarfsorient.)	○					
- Sekundärbedarfsrechn.		●			●	●
* deteriministisch		●			●	●
+ analytisch		●			●	●
+ syntetisch		●			●	●
- Tertiärbedarfsrechnung			●			
* stochastisch			●			
+verbrauchsorientiert			●			
+erwartungsorientiert			●			

● Funktion für Klasse erforderlich   ○ Funktion für Klasse bedingt erforderlich

Abb. III.59: Funktionen für Materialien

4. Integration der Leitstand-Moduln

Die bei der objektorientierten Modellierung der einzelnen Moduln des Leitstands gebildeten Klassen sind möglichst nahe an die in der realen Welt existierenden Objekte angelehnt und ermöglichen damit ein einfaches Verstehen des Modells. Für die Moduln, Klassen und Objekte wurden bisher Eigenschaften und Funktionen (Methoden) beschrieben. Die Daten (Instanzen, Variablen) ergeben sich detailliert aus der betriebsindividuellen Ist-Analyse. Doch wie funktioniert das Zusammenspiel der vier Leitstand-Moduln? Bisher erfolgte nur die Strukturierung und Segmentierung von Klassen und Objekten unter dem Aspekt der Vererbung. Im folgenden Kapitel soll aufgezeigt werden, welche benutzenden Beziehungen zwischen Klassen und Objekten besteht. Abbildung III.60 zeigt noch einmal die Verbindung zwischen Aufträgen, Plänen, Ressourcen und Material, diesmal eingebunden in die entsprechenden Leitstand-Moduln.

Das Bindeglied zwischen Auftrag, Ressourcen und Material ist der Rumpf- oder detaillierte Arbeitsplan. Bei der Auftragserstellung sind also Arbeitspläne erforderlich, um die einzelnen Arbeitsschritte (Arbeitsvorgänge) terminieren zu können. Zur Erstellung von Arbeitsplänen sind wiederum Stücklisten, Teile- und Ressourceninformationen notwendig. Somit ist bei den benutzenden Beziehungen zwischen Klassen eine bestimmte Struktur (Meta-Struktur) bereits vorgegeben.
Durch den der Realität angelehnten Modulaufbau entspricht auch der Programmablauf den ablauforganisatorischen Zusammenhängen in der Produktion.

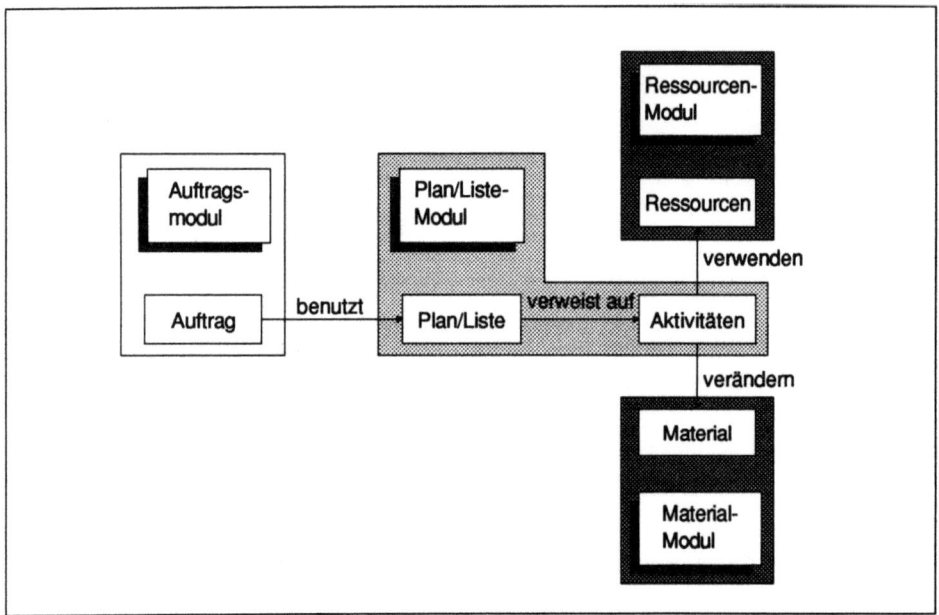

Abb. III.60: Verbindung der Moduln

Unter dem Aspekt der Wiederverwendbarkeit der Leitstandmoduln und des Einsatzes des Leitstands als Koordinationsinstrument mehrerer teilautonomer Bereiche, sowie als Planungs- und Steuerungs-Software innerhalb eines Fertigungsbereichs ist der Zusammenhang zwischen Baukastenfertigungsstückliste, Rumpfarbeitsplan und dem detaillierten Arbeitsplan zu klären. Abbildung III.61 zeigt den logischen Zusammenhang für ein Erzeugnis, bestehend aus drei Teilen, wobei zwei Teile zu einer Baugruppe montiert werden. Aus der Konstruktionsstückliste läßt sich die Baukastenfertigungsstückliste erstellen. Diese Stücklistenart enthält die Struktur (abgelegt im Modul "Listen, Pläne") und die Teile zu einer

Baugruppe (abgelegt im Materialmodul). In der Baukastenfertigungsstückliste existieren Verweise auf den Rumpfarbeitsplan. Über diesen lassen sich die Standard-Ressourcen und damit der teilautonome Bereich ermitteln. Innerhalb eines teilautonomen Bereichs sind detaillierte Arbeitspläne vorhanden, mit denen sich gegebenenfalls Umplanungen vornehmen lassen. Im unteren, rechten Kasten sind die Fertigungsalternativen aufgezeigt.

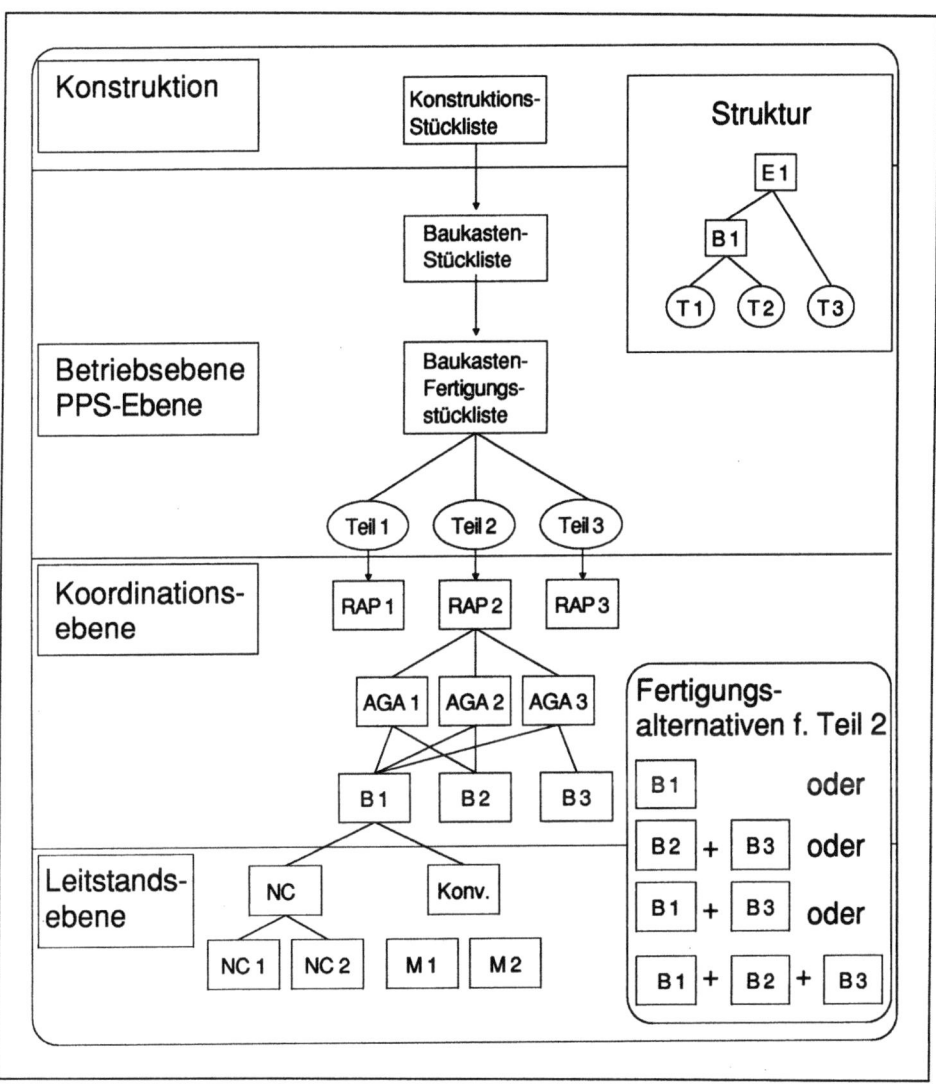

Abb. III.61: Ermittlung des teilautonomen Bereichs auf der Koordinationsebene

Die benutzenden Beziehungen zu Teilen, Stücklisten, und Rumpfarbeitsplänen zeigt Abbildung III.62.

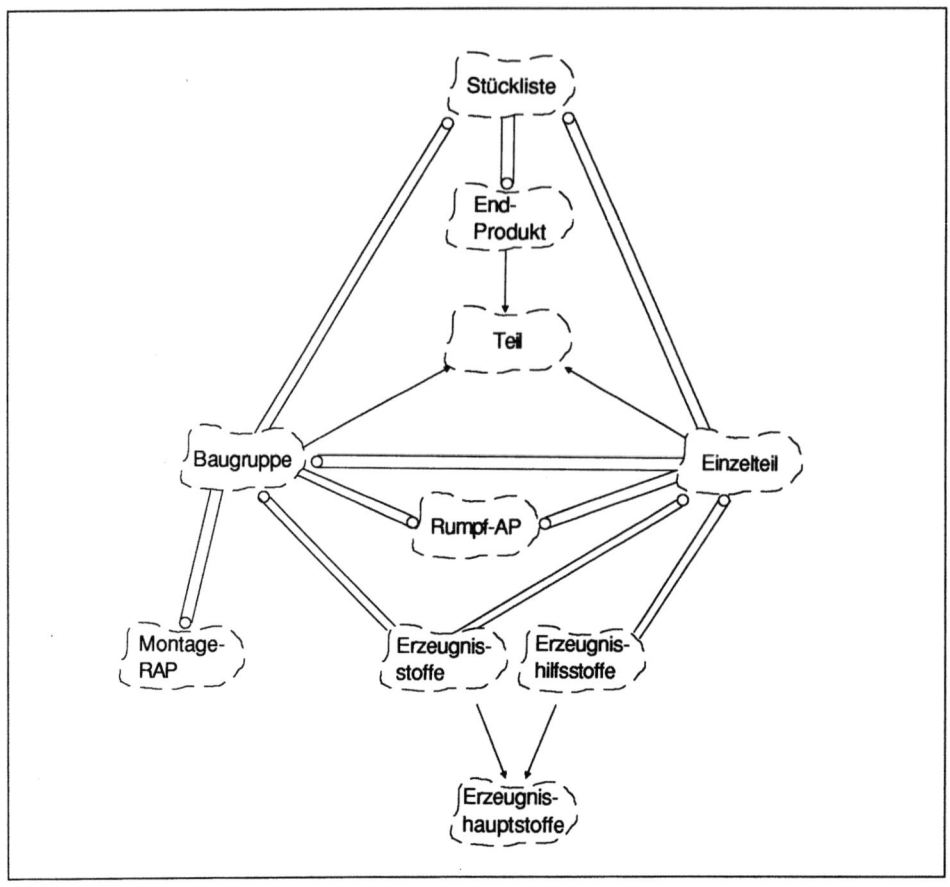

Abb. III.62: Benutzende Beziehungen von Teile-, Stücklisten- und Rumpfarbeitsplanklassen

4.1 Vorgänge in der Fertigung

Aus der Sicht des Koordinationsleitstands bilden Aufträge den Auslöser oder das Ereignis zum Starten von Vorgängen in der Produktion. Abbildung III.63 zeigt im unteren Teil Vorgänge zur Fertigung eines Erzeugnisses und im oberen Teil die dazu notwendigen Informationen, wie Stückliste, Fertigungsstückliste und Rumpfarbeitsplan. Mit diesen Informationsobjekten ist es möglich, Aufträge, die Vorgänge in der Fertigung auslösen, zu entwickeln. Die Abbildung zeigt die beispielhafte Fertigung und Montage eines Erzeugnisses, bestehend aus drei Teilen. Zwei Teile werden zu einer Baugruppe montiert, das dritte Teil geht direkt in das Endprodukt ein. An der Bearbeitung sind drei teilautonome Fertigungsbereiche und ein Montagebereich (dargestellt als Trapez) beteiligt, wobei mehrere Bearbeitungsschritte innerhalb eines Bereichs durchgeführt werden.

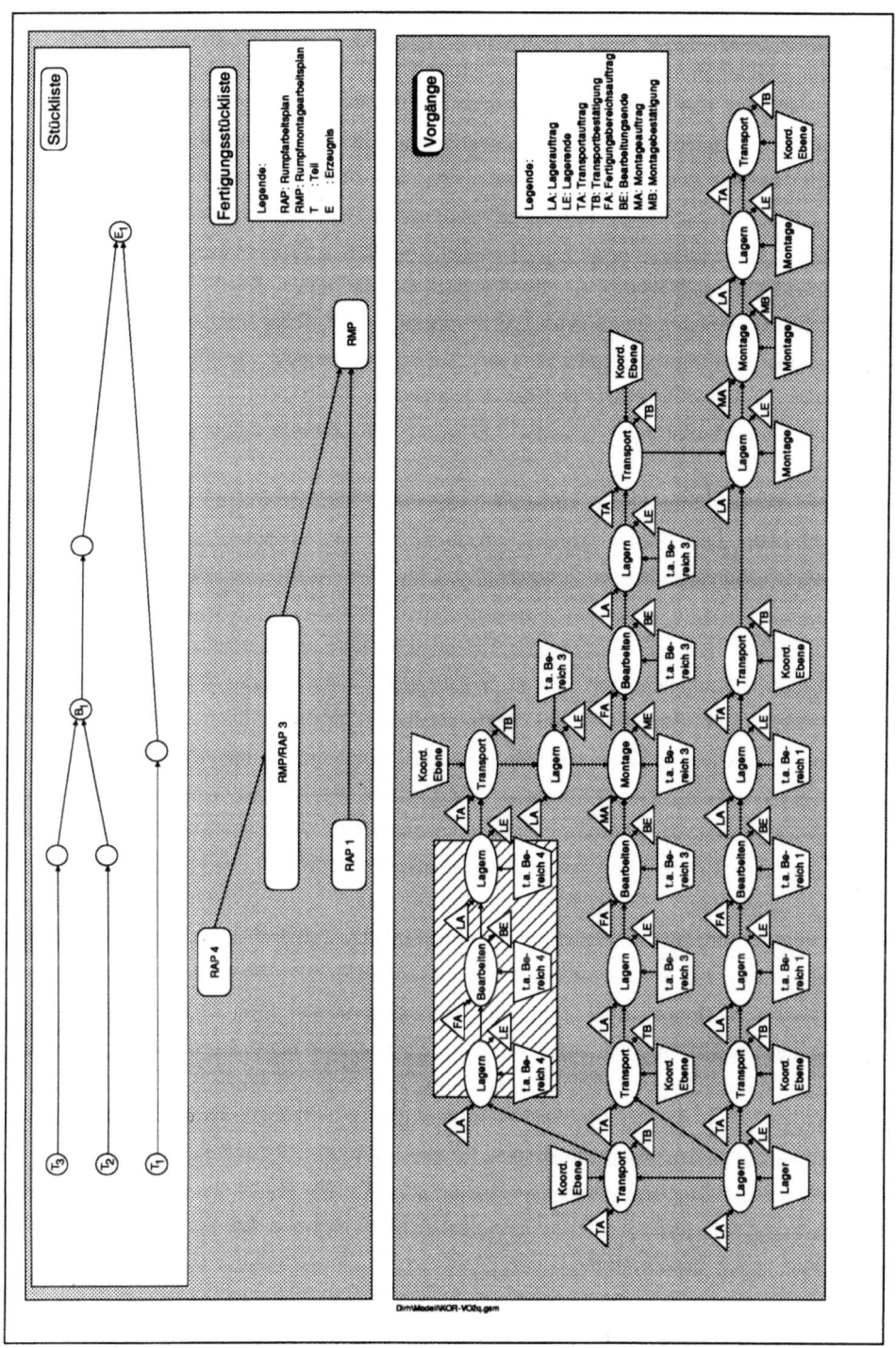

Abb. III.63: Stückliste, Fertigungsstückliste, Rumpfarbeitsplan und Vorgänge

Ausgangspunkt der Planung und Steuerung ist das Lager. Zunächst muß das Material den einzelnen teilautonomen Bereichen bereitgestellt werden. Dies erfordert einen Transportvorgang, der durch den entsprechenden Transportauftrag ausgelöst wird. In den teilautonomen Bereichen erfolgt in den seltensten Fällen sofort eine Bearbeitung, sondern die Teile werden zunächst zwischengelagert, was einen entsprechenden Lagerauftrag bedingt. Aus der Sicht des Koordinationsleitstands wird die Bearbeitung durch einen Fertigungsbereichsauftrag ausgelöst. Nach der kompletten Bearbeitung ist das Werkstück zwischenzulagern und danach an den nächsten teilautonomen Bereich zu transportieren, wozu wiederum entsprechende Aufträge erforderlich sind. Jeder Vorgang startet demnach aufgrund eines Auftrags und endet mit einer Auftragsbestätigung oder Rückmeldung. Damit sind Materialfluß und Informationsfluß synchronisiert.

Physische Schnittstelle beim Materialfluß bilden die Zwischenläger der teilautonomen Bereiche.

Für den dunkel hinterlegten Bereich sind nun die operativen Vorgänge weiter aufzuschlüsseln. Dazu sollen zunächst noch einmal die einzelnen Komponenten eines teilautonomen Bereichs dargestellt werden.

Abbildung III.64 zeigt die Grundstruktur eines teilautonomen Bereichs mit Material- und Fertigungshilfsmittellägern und den entsprechenden Objektflüssen. Wie bereits erwähnt, unterscheiden sich Material- und Fertigungshilfsmittelfluß. Die Pfeile zeigen die Objektflüsse zwischen den unterschiedlichen organisatorischen Komponenten auf.

Der Bereich besteht aus einer FFS mit vier BAZ, einem Werkzeug- und Werkstückspeicher, einem Rüst- sowie Entrüstplatz, zwei konventionellen Maschinen mit jeweils zwei Maschinenlägern für nicht bearbeitete bzw. bearbeitete Teile und einem Materialeingangs- sowie Ausgangslager (Zwischenlager). Material wird vom Materialzentrallager zum Zwischenlager, über den Rüstplatz in den Werkstückspeicher transportiert und nach der Bearbeitung über die Entrüststation zum Zwischenlager am Ausgang des teilautonomen Bereichs. Der Werkzeug- und Vorrichtungstransport erfolgt vom Zentrallager über das Zwischenlager in den Maschinenspeicher bzw. den Rüstplatz. Nach dem Einsatz werden die Fertigungshilfsmittel wieder zurück in das Werkzeug-/Vorrichtungslager transportiert und dort demontiert bzw. für den nächsten Fertigungsauftrag aufbereitet. Die Bereitstellung von Werkzeugen und Vorrichtungen muß nicht synchron erfolgen, sondern kann zeitlich versetzt sein. Die Vorrichtung muß früher verfügbar sein als das Werkzeug und begleitet das Werkstück gegebenenfalls durch den gesamten Bereich, während das Werkzeug direkt nach der Bearbeitung in das Zentrallager oder einen anderen teilautonomen Bereich transportiert werden kann. Schnittstelle der Objektflüsse zwischen dem teilautonomen Bereich und den weiteren Fertigungsbereichen sind die Zwischenläger, deren Inhalte sowohl dem

Koordinationsleitstand als auch dem Leitstand des teilautonomen Bereichs bekannt sein müssen.

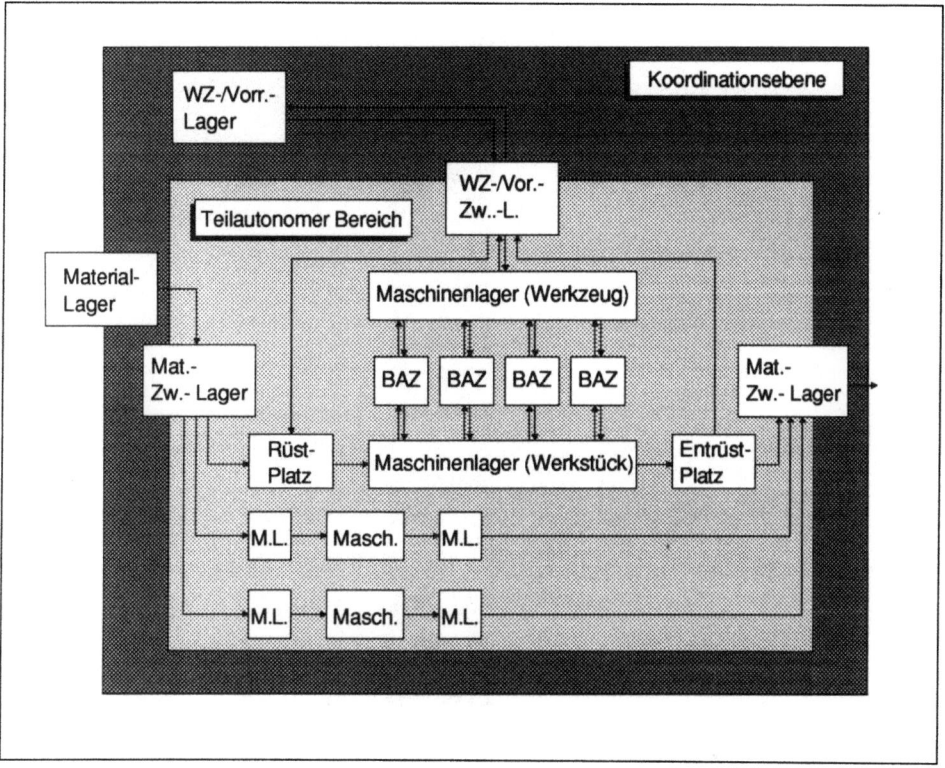

Abb. III.64: Objektflüsse teilautonomer Bereiche

Abbildung III.65 zeigt die operativen Aktivitäten des Material- und Fertigungshilfsmittelflusses als Kette von Vorgängen auf. Der dunkel hinterlegte Sektor beschreibt den Materialfluß durch den Fertigungsbereich, die hellen Sektoren den Fertigungshilfsmittelfluß. Jeder Vorgang wird durch einen Auftrag ausgelöst und durch eine Tätigkeits- oder Auftragsbestätigung abgeschlossen (Dreieck). In den Trapezen sind die den Vorgang ausführenden Ressourcen angeführt.

Es genügt also nicht nur die Erstellung des Fertigungsauftrags, sondern es müssen vom Koordinationsleitstand auch Transport-, Fertigungshilfsmittelmontage-, Bereitstellungs- und Lageraufträge generiert werden.

Aus den aufgezeigten Abläufen in der Fertigung sowie der ablauforganisatorischen Bedeutung von Aufträgen soll nun deren Erstellung und die dabei benutzten Beziehungen zu anderen Klassen in den Leitstand-Moduln dargestellt werden.

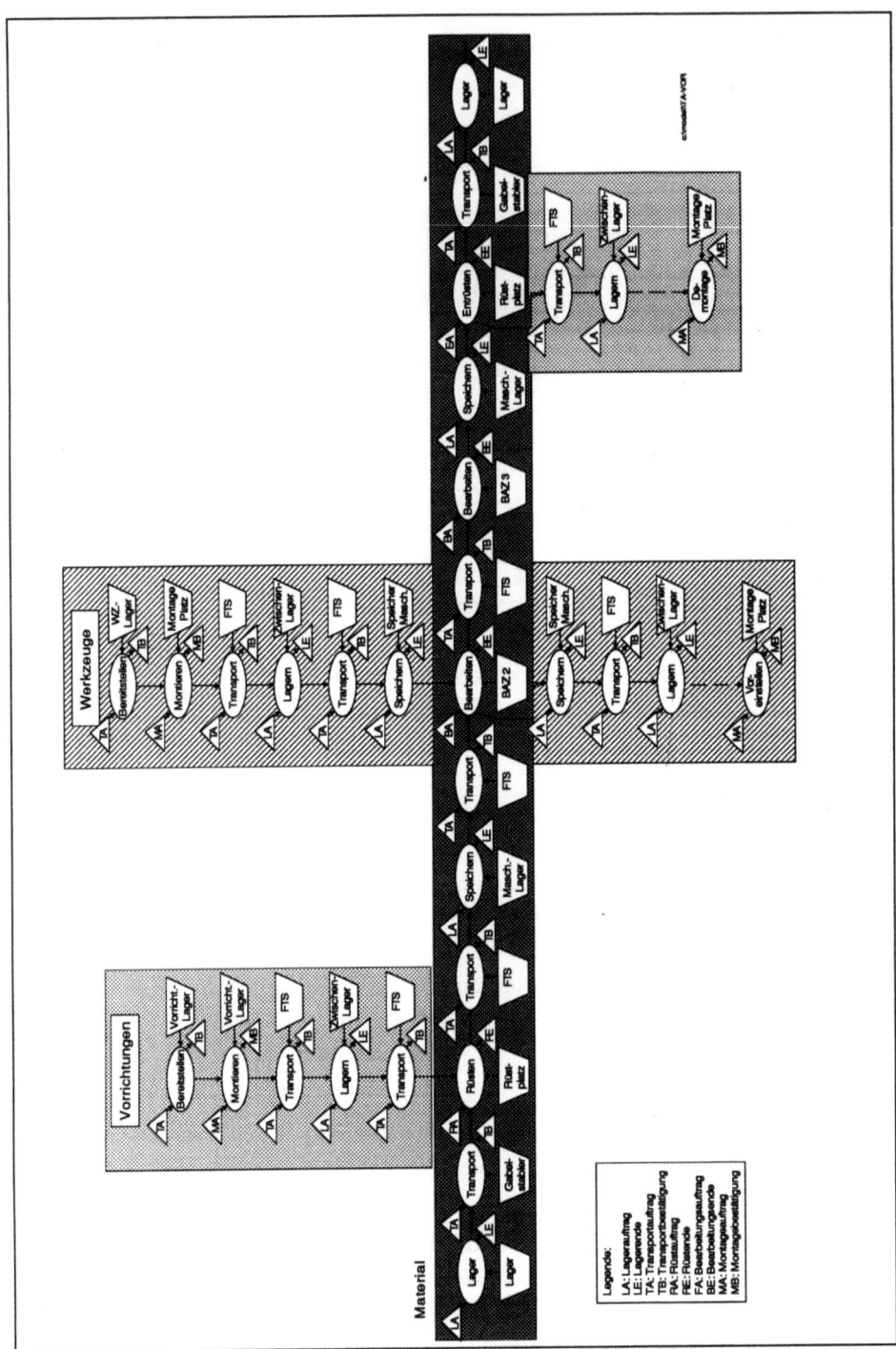

Abb. III.65: Vorgänge innerhalb eines teilautonomen Bereichs

4.2 Erstellung von Fertigungsbereichsaufträgen

Die Basis bei der Erstellung von Fertigungsbereichsaufträgen bilden die Fertigungsaufträge. Letztere wurden in der Arbeitsvorbereitung oder in der PPS erzeugt. Aus einem Fertigungsbereichsauftrag ergeben sich direkt weitere Aufträge, wie Bereitstellungs-, Transport-, Lager- oder Montageaufträge für Werkzeuge und Vorrichtungen. Durch Kombination von Auftrags- und Rumpfarbeitsplandaten entstehen Arbeitsanweisungen, die der Fertigungsbereichsauftrag enthalten muß. Abbildung III.66 zeigt diesen Zusammenhang für die Erstellung eines Fertigungsbereichsauftrags. Die Verbindung des Fertigungsauftrags mit dem Rumpfarbeitsplan, der summarisch die Bearbeitungsschritte enthält, erlaubt die Ermittlung des Bereichs, der das Teil zu fertigen hat. Für diesen Fertigungsbereich ist zunächst die Kapazitätsterminierung vorzunehmen. Ergebnis der Planung sind mögliche Start- und Endtermine für die Fertigung in dem entsprechenden Bereich.

Über den Rumpfarbeitsplan lassen sich Anlagen, Standardwerkzeuge und -vorrichtungen identifizieren. Diese Informationen benötigt die Klasse 'Fertigungsauftrag' zur Terminierung. Ist der Vorgang abgeschlossen, wird mit dem Start-/Endtermin und den festgelegten Ressourcen der Fertigungsbereichsauftrag generiert.

Weiterhin sind entsprechende Werkzeug- und Vorrichtungsmontageaufträge sowie Bereitstellungsaufträge für Werkzeuge bzw. Vorrichtungen zu erstellen. Dabei werden die bei der Kapazitätsterminierung des Bereichs ermittelten Start- und Endtermine verwendet.

Der Werkzeugmontageauftrag benutzt wiederum den Rüstplan für Werkzeuge. Dieser greift auf Informationen der Objekte "Werkzeug", "Prüfmaschine" und "Werker" zu. Die benutzenden Beziehungen im objektorientierten Modell sind in Abbildung III.67 aufgezeigt. Grundsätzlich benutzt jeder Auftrag einen entsprechenden Plan, um die benötigten Ressourcen zu ermitteln. Über die Ressourcen lassen sich die Kapazitäten bzw. das Kapazitätsangebot, das der Auftrag zur Terminierung benötigt, abfragen.

Die Vorgangskette zur Generierung des Fertigungsbereichsauftrags und die Reservierung sowie Bereitstellung der Werkzeuge und Vorrichtungen ist in Abbildung III.68 dargestellt.

Ausgehend vom freigegebenen Auftragsspektrum verbindet der Koordinationsleitstand zunächst die Fertigungsaufträge mit den korrespondierenden Rumpfarbeitsplänen. In den Rumpfarbeitsplänen sind Informationen über die benötigten Ressourcen enthalten. Auf der Basis der vorgegebenen Start- und Endtermine aus dem Fertigungsauftrag ermitteln die Ressourcenobjekte die freie Kapazität. Diese benötigt das Auftragsmodul, um eine Terminierung durchzuführen. Sind Start- und Endtermine berechnet, werden die entsprechenden Betriebsmittel reserviert und weitere Aufträge, wie z.B. Vorrichtungs- und Werkzeugmontageauftrag, erzeugt.

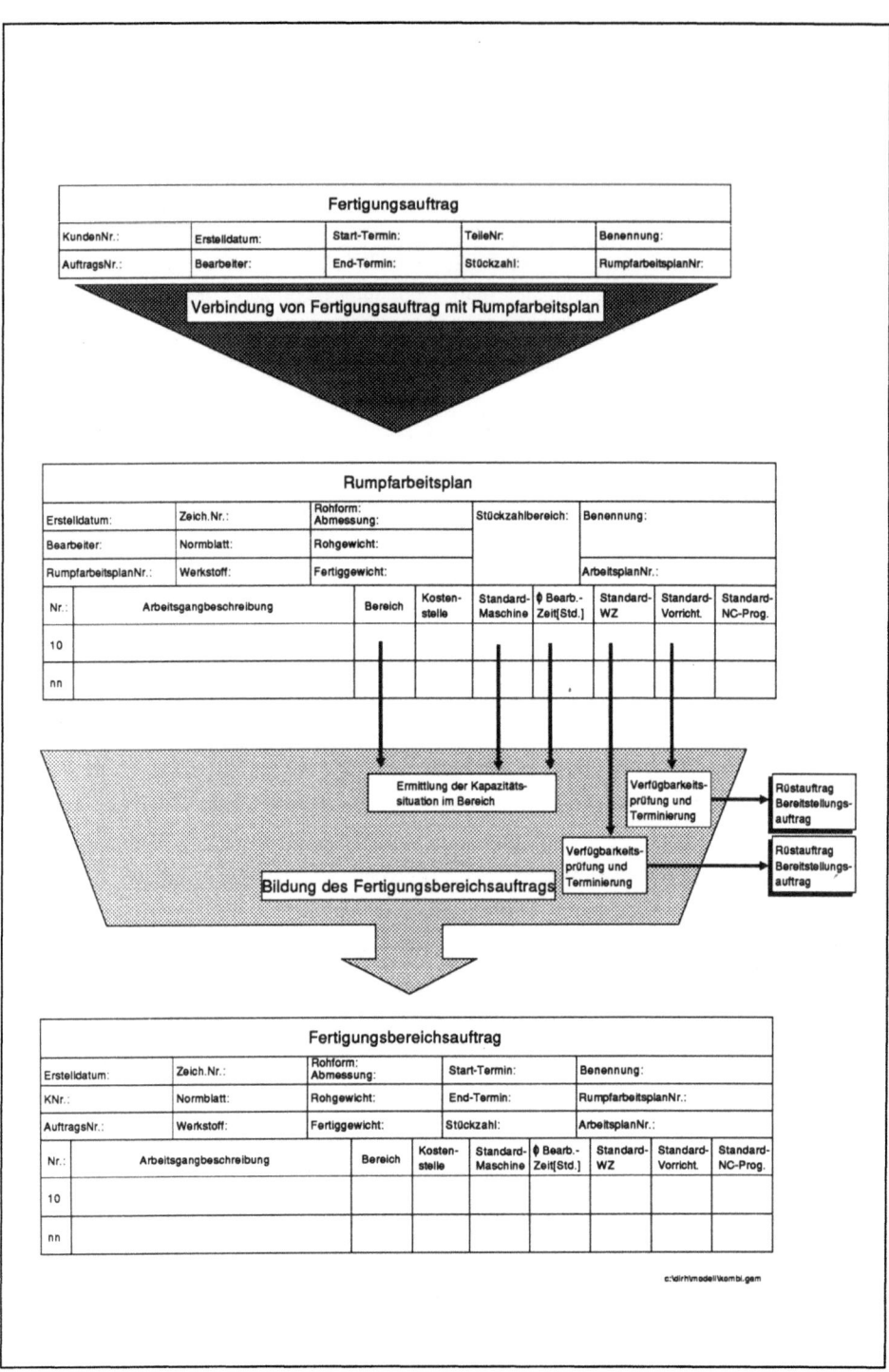

Abb. III.66: Kombination von Fertigungsauftrag und Rumpfarbeitsplan

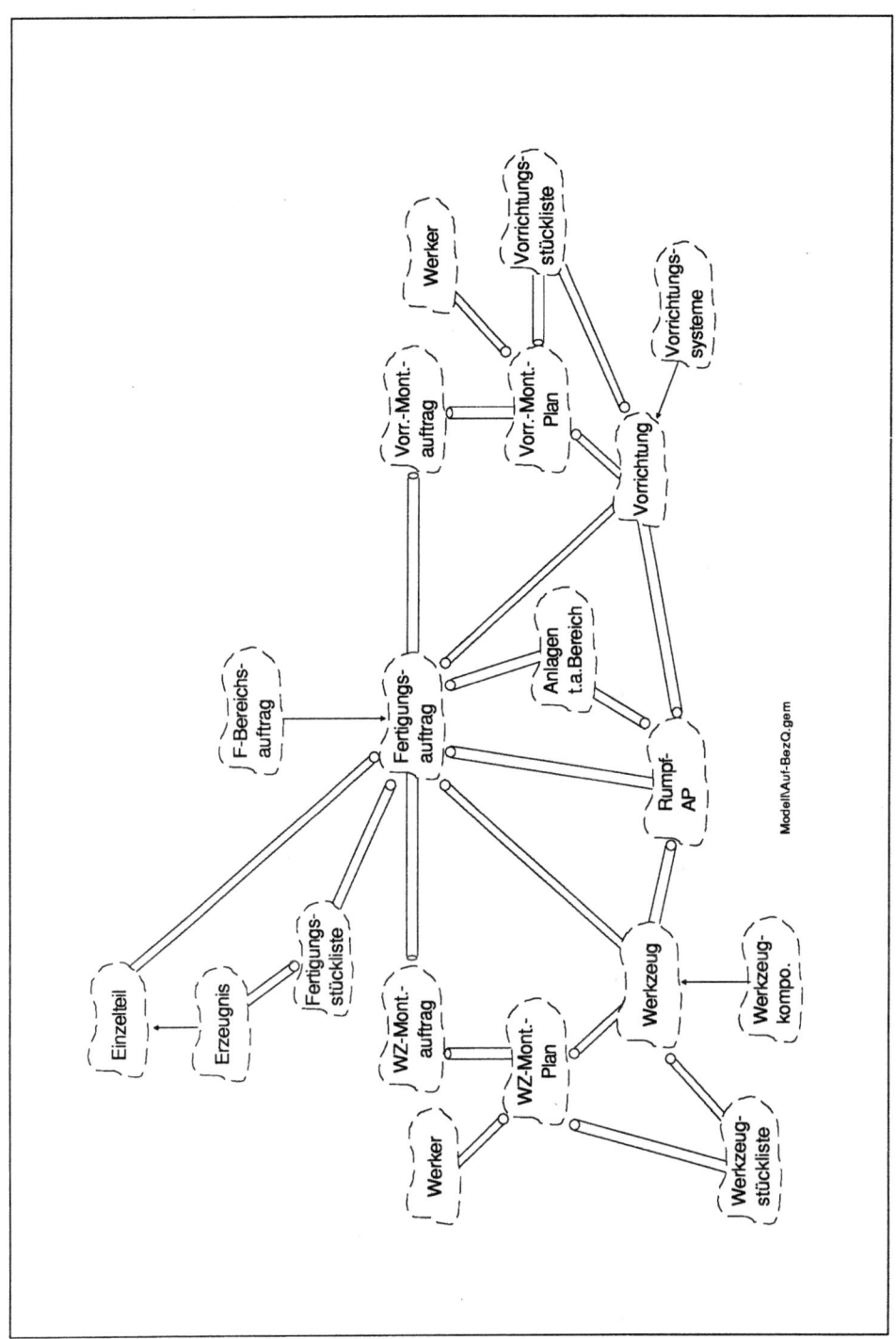

Abb. III.67: Benutzende Beziehungen zur Erstellung von Fertigungsbereichsaufträgen

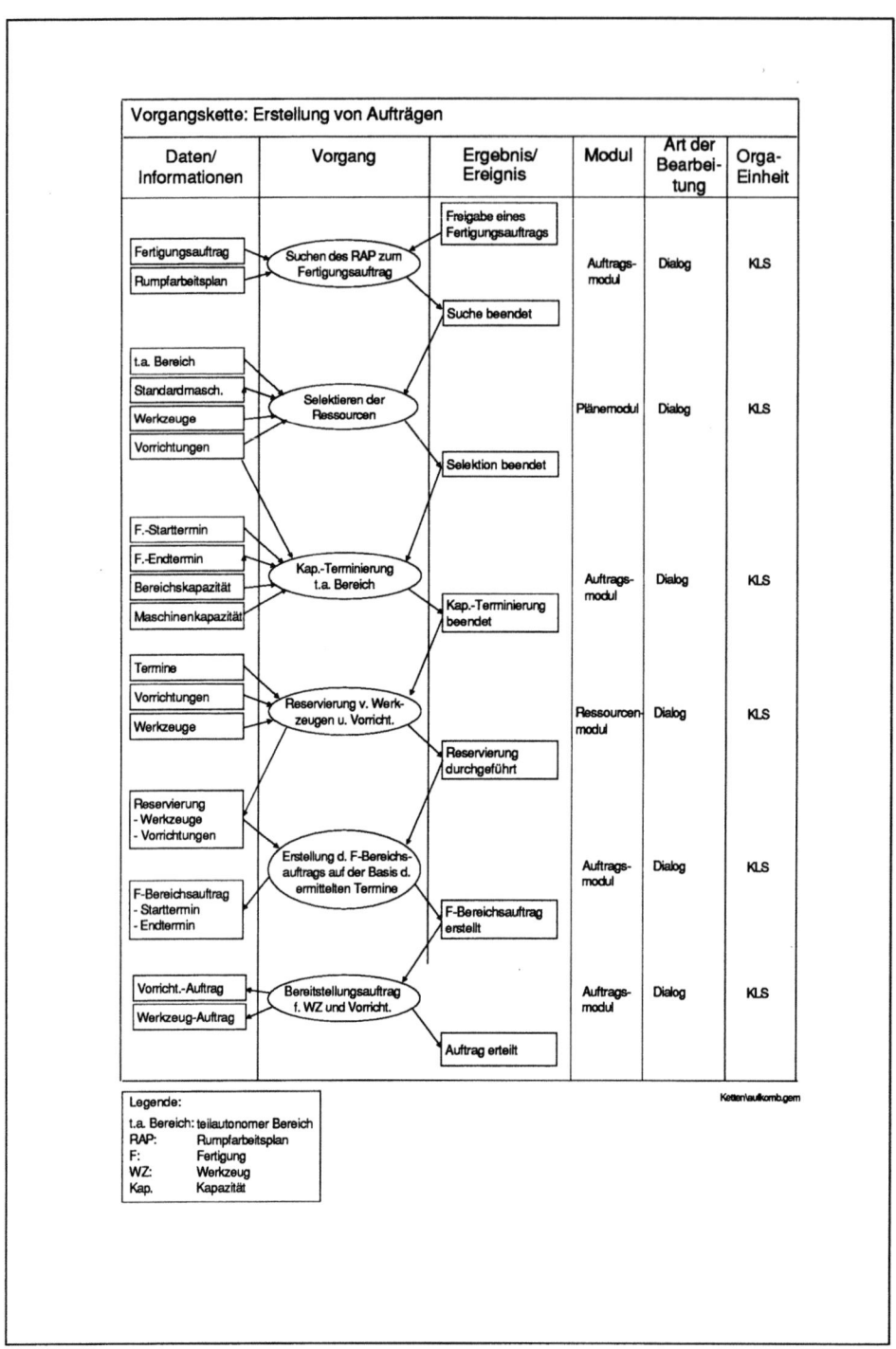

Abb. III.68: Vorgangskette "Fertigungsbereichsauftragsermittlung"

Das Objektdiagramm zur Erstellung des Fertigungsbereichsauftrags zeigt Abbildung III.69. Die Ablauffolge der Nachrichten ist mit Hilfe der Vorgangskette nachvollziehbar.

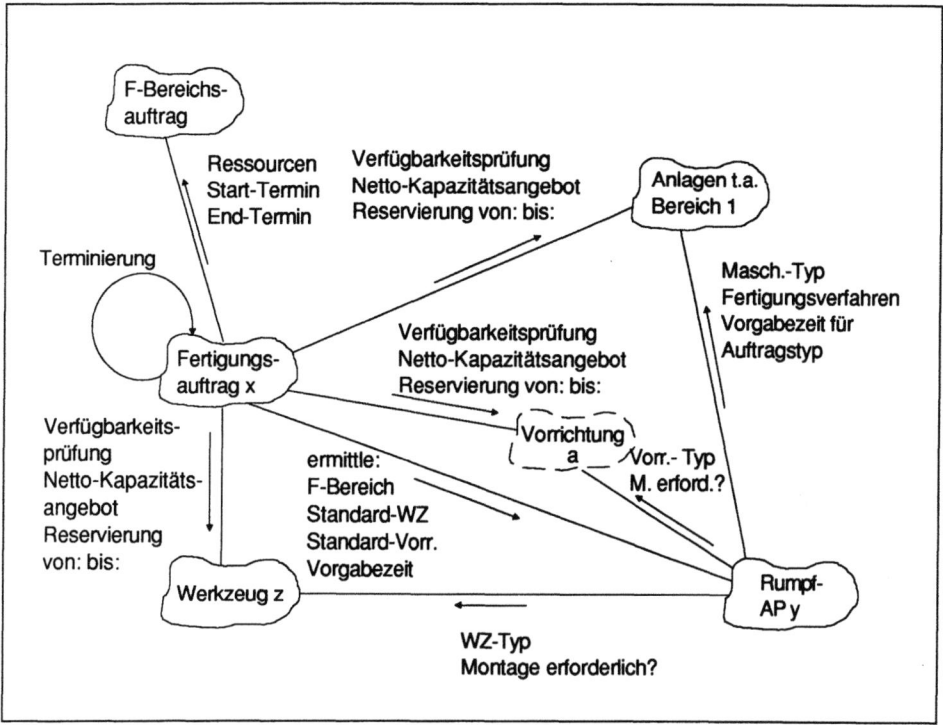

Abb. III.69: Objektdiagramm für die Erstellung des Fertigungsbereichsauftrags

4.3 Erstellung von Maschinen- und Vorrichtungsmontageaufträgen

Der Fertigungsbereichsauftrag enthält den frühest möglichen Starttermin, die Vorgabezeit, in der das Werkstück oder die Werkstücke zu fertigen sind, und den spätest möglichen Endtermin. In der Vorgabezeit ist ein dispositiver Freiraum enthalten, der dem teilautonomen Fertigungsbereich Entscheidungskompetenz bezüglich der Feinterminierung erlaubt. Auf der Basis des Fertigungsbereichsauftrags müssen nun die einzelnen Bearbeitungsschritte innerhalb eines teilautonomen Bereichs festgelegt werden. Ergebnis dieser Planung sind unter anderem Maschinenaufträge, die bestimmte Arbeitsgänge in der Fertigung starten. Um Maschinenaufträge erstellen zu können, ist der detaillierte Arbeitsplan erforderlich.

Die benutzenden Beziehungen zur Erstellung des Maschinenauftrags sind in Abbildung III.70 dargestellt.

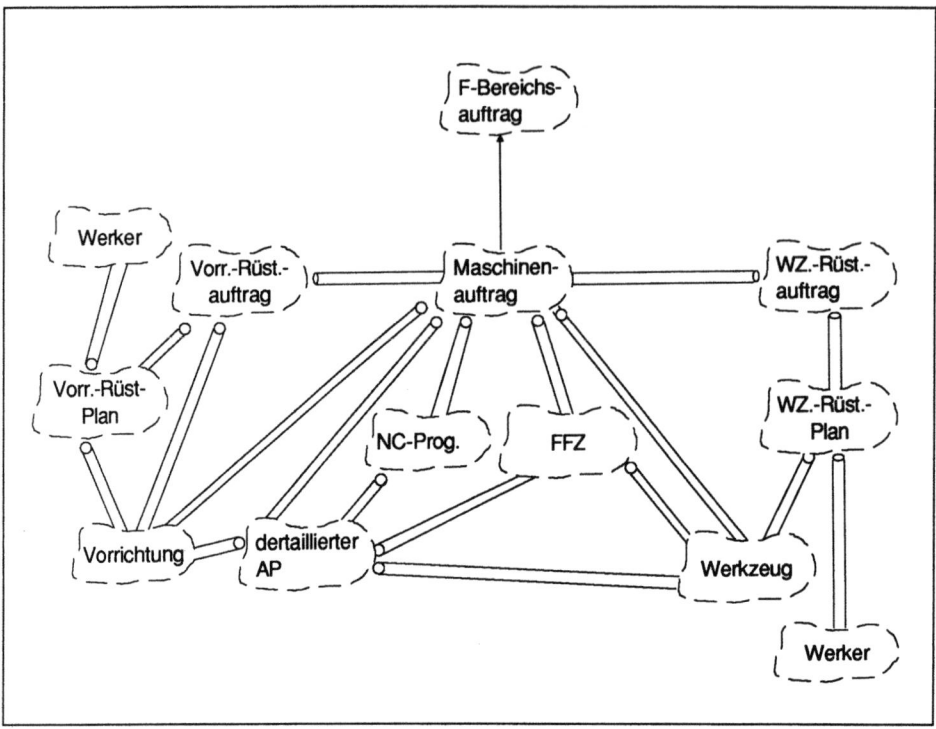

Abb. III.70: Benutzende Beziehungen bei der Erstellung des Maschinenauftrags

Die Fertigungsmaschine ergibt sich aus dem detaillierten Arbeitsplan. Werkzeuge und Vorrichtungen müssen anforderungsgerecht an der Maschine gerüstet werden. Die entsprechenden Arbeitsschritte enthält der Rüstplan. Werkzeuge und Vorrichtungen wurden in der Werkzeug- und Vorrichtungsverwaltung montiert und an das Zwischenlager des teilautonomen Bereichs geliefert. Bei Bearbeitungsbeginn im Fertigungsbereich ist davon auszugehen, daß sich die Objekte im Zwischenlager befinden.

Die Abläufe beschreibt die Vorgangskette in Abbildung III.71. Die Kapazitätsterminierung erfolgt nach Freigabe des Fertigungsbereichsauftrags. Im Fertigungsbereichsauftrag sind die für den teilautonomen Bereich verbindlichen Start- und Endtermine enthalten. Zunächst ermittelt der Leitstand den zum Auftrag passenden Arbeitsplan. Der Plan enthält detaillierte Beschreibungen zu den Arbeitsvorgängen mit den entsprechenden Verweisen auf Ressourcen. Diese Informationen dienen der Kapazitätsterminierung als Input-Daten. Letzter Schritt vor der Freigabe des Maschinenauftrags ist die Verfügbarkeitsprüfung aller an der Fertigung beteiligten Personen und Fertigungshilfsmittel.

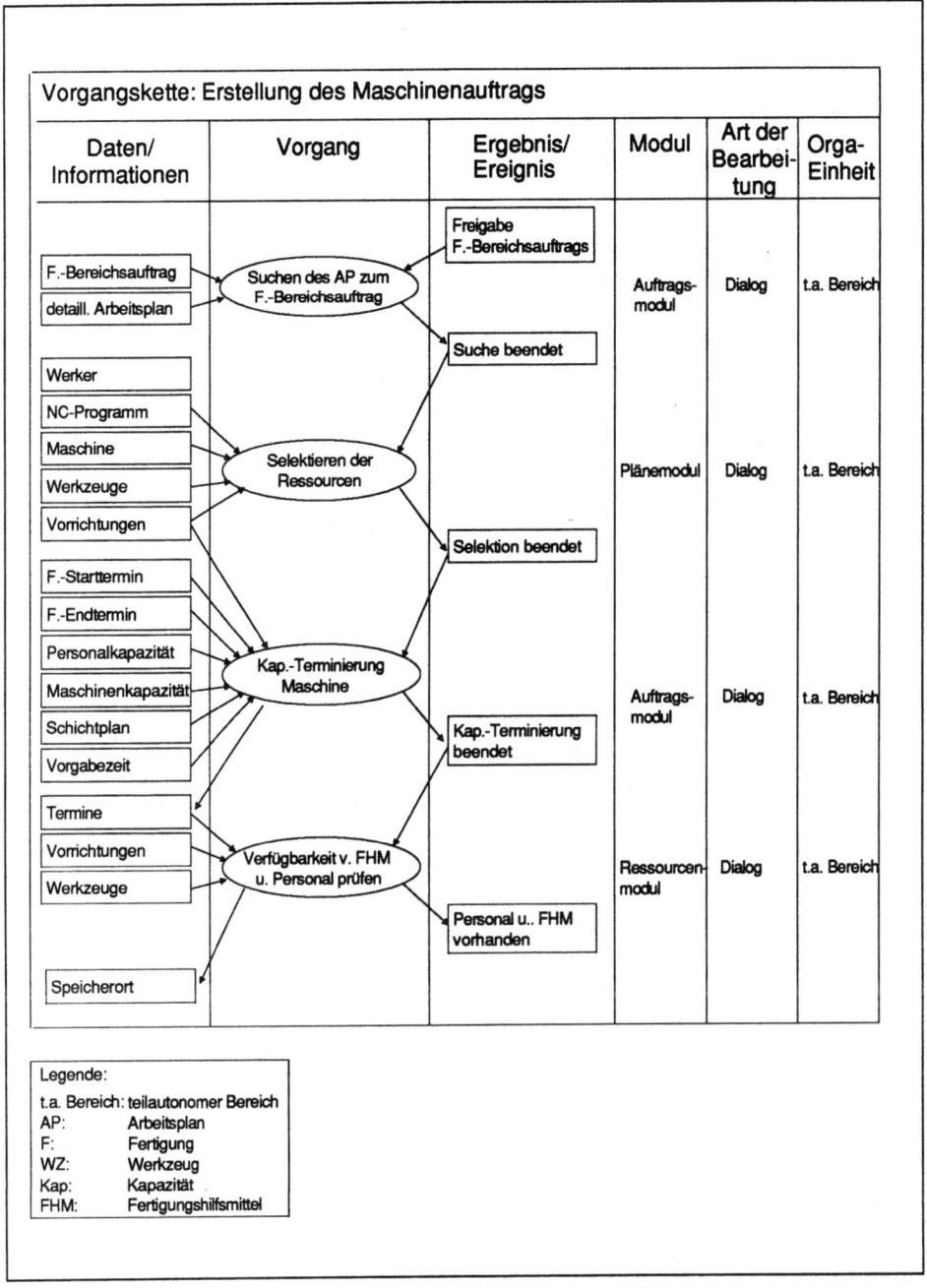

Abb. III.71: Vorgangskette zur Erstellung von Maschinen- und Rüstaufträgen

Die objektorientierten Zusammenhänge bei der Erstellung des Maschinenauftrags sind in Abbildung III.72 aufgezeigt.

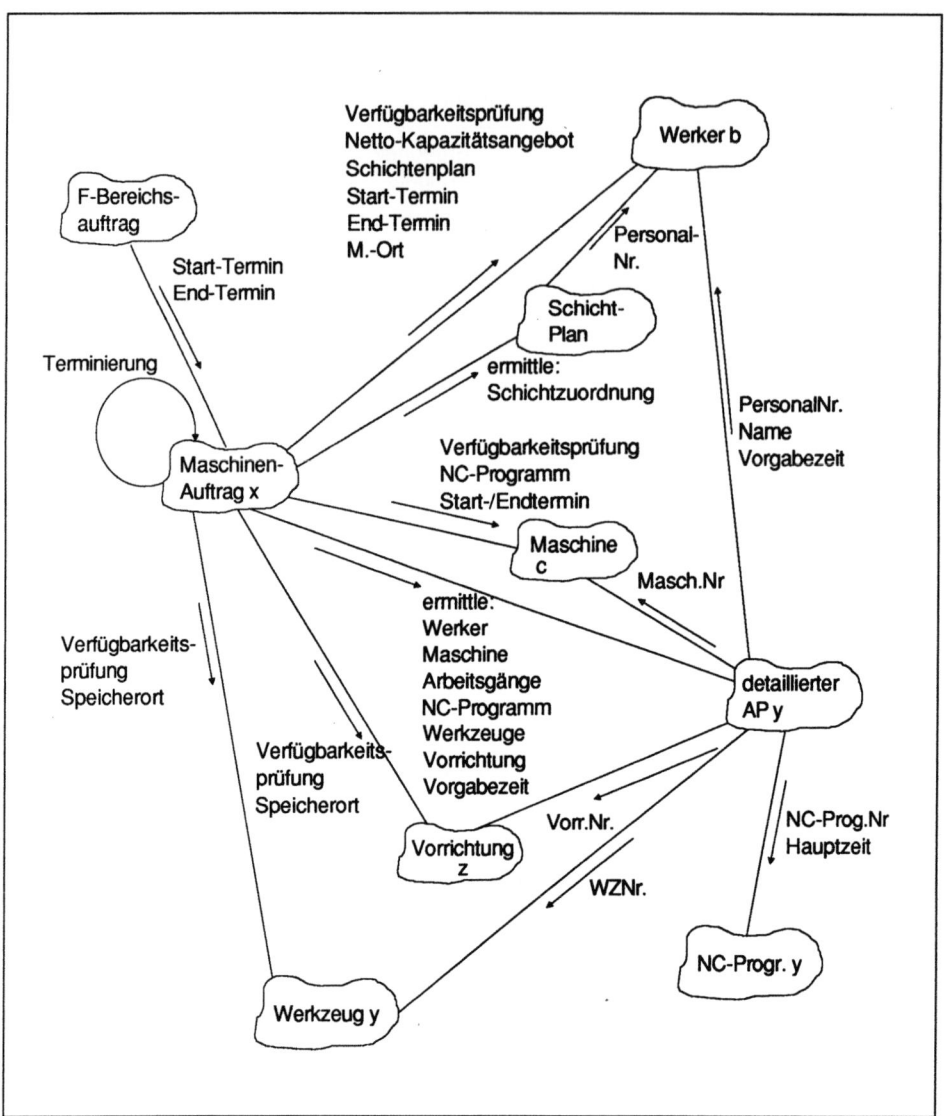

Abb. III.72: Objektdiagramm für Maschinenaufträge

Bei der Erstellung von Vorrichtungsmontageaufträgen wird in ähnlicher Weise verfahren. Die benutzenden Beziehungen zwischen den Objektklassen wurden bereits in Abbildung III.73 aufgezeigt. Die Vorgänge bei der Einplanung verlaufen analog zur Fertigungsbereichs- und Maschinenauftragserstellung und sind in Abbildung III.74 dargestellt.

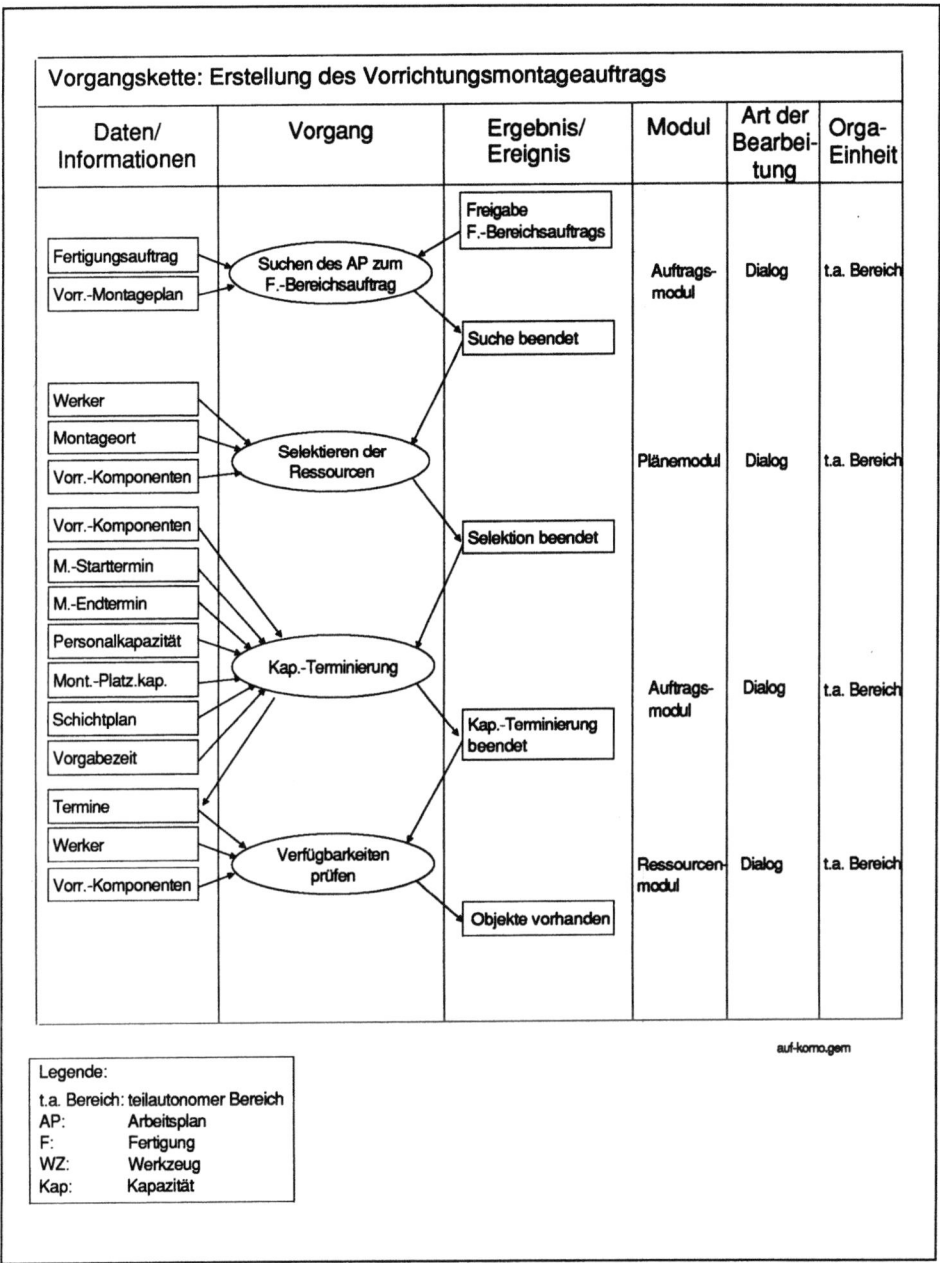

Abb. III.73: Vorgangskette zur Erstellung eines Vorrichtungsmontageauftrags

Auch der Nachrichtenaustausch zwischen den unterschiedlichen Objekten ist von der Struktur her mit dem der anderen beschriebenen Auftragsobjekte vergleichbar. Über den Vorrichtungsmontageauftrag lassen sich die einzelnen Vorrichtungskomponenten zu einer bestimmten Vorrichtung, der oder die in Frage kommenden Werker sowie der Montageort ermitteln. In Abbildung III.74 ist das Objektdiagramm für die Erstellung des Vorrichtungsmontageauftrags dargestellt.

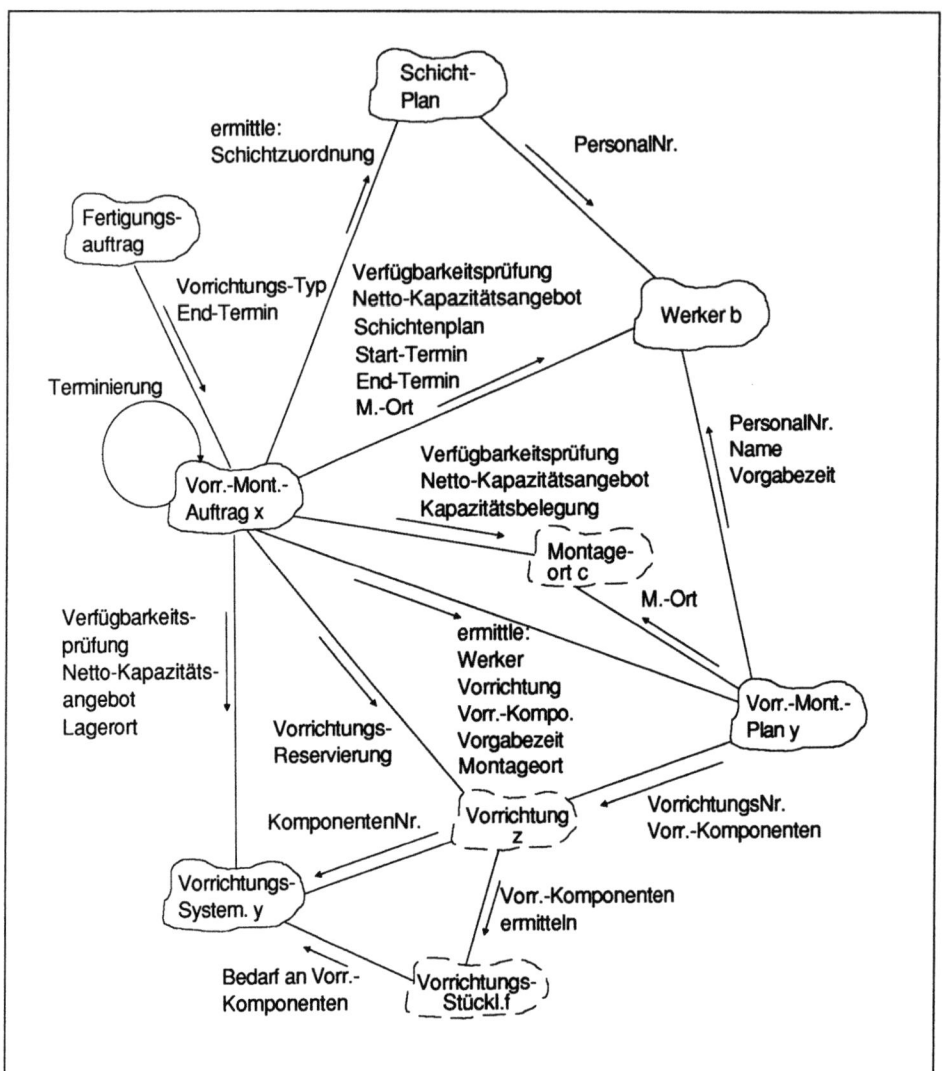

Abb. III.74: Objektdiagramm für die Erstellung des Vorrichtungsmontageauftrags

Mit den entsprechenden Informationen aus den Ressource-Objekten kann das Auftragsmodul eine Kapazitätsterminierung vornehmen. Zur Demonstration der Analogie bei der Erstellung von Aufträgen ist in Abbildung III.75 das Objektdiagramm für Werkzeugaufträge dargestellt.

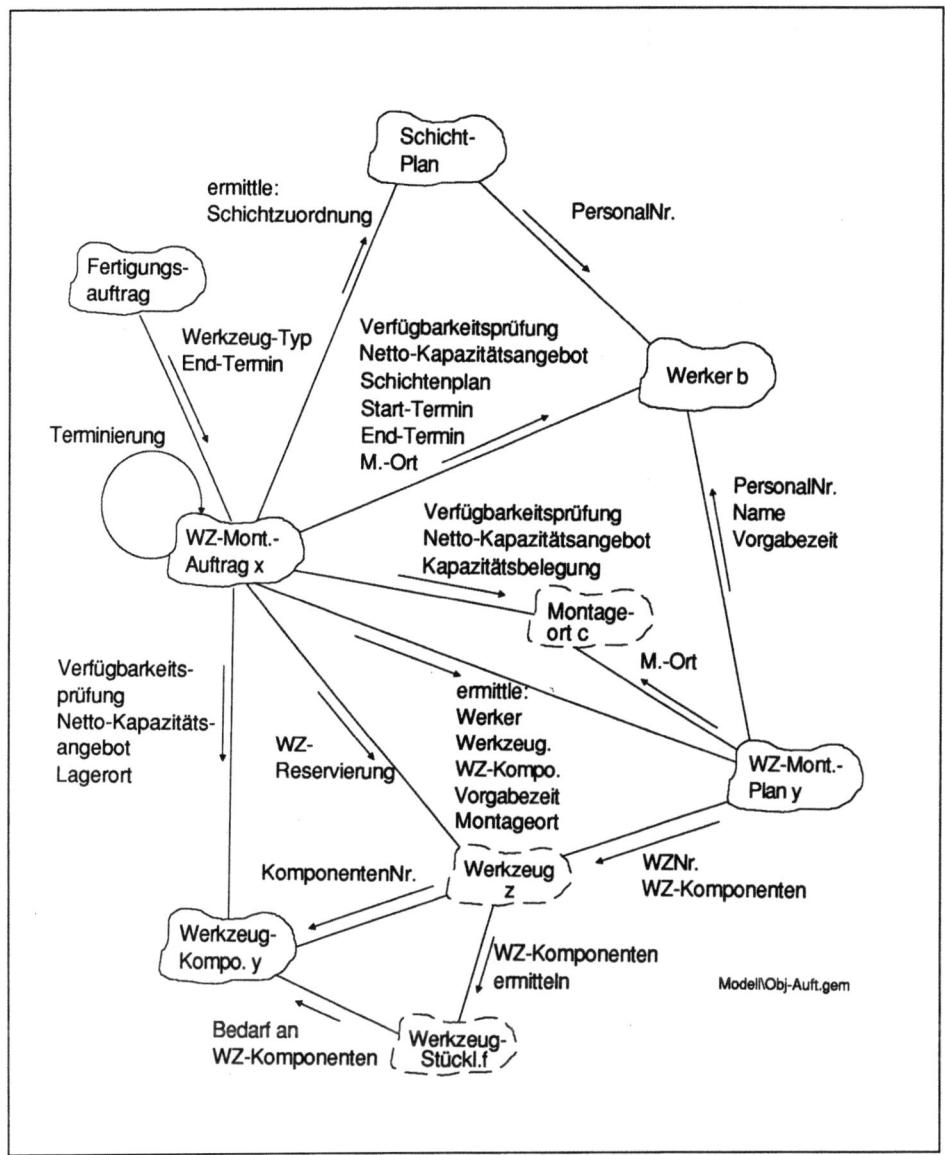

Abb. III.75 : Objektdiagramm für die Erstellung des Werkzeugmontageauftrags

Zusammenfassend bleibt festzuhalten, daß Aufträge bei der Kapazitätsterminierung immer auf Pläne zurückgreifen. Aus den unterschiedlichen Detaillierungsgraden der Pläne ergeben sich dementsprechend die unterschiedlichen Auftragsdaten.

Zusammenfassung

Bisherige Leitstandkonzepte unterstützen überwiegend die Termin- und Kapazitätsplanung von Fertigungsaufträgen. Bei diesen Systemen handelt es sich häufig um geschlossene Systeme, die nur sehr schwach ausgeprägte Schnittstellen zu den CAx-Komponenten besitzen. Vor allem unter dem Aspekt, die Fertigung flexibel zu automatisieren, bei gleichzeitiger Dezentralisierung von Entscheidungskompetenz müssen Leitstände eine wesentlich weitergefaßte Funktionalität aufweisen.

Somit war das Ziel der Arbeit nicht nur die Entwicklung eines Leitstandmodells unter spezifischer Berücksichtigung organisatorischer und fertigungstechnologischer Anforderungen von Einzel- und Kleinserienfertigern aufzuzeigen, sondern auch Funktionen der Materialwirtschaft, Arbeitsvorbereitung und Qualitätssicherung in den Leitstand zu integrieren. Diese Grundfunktionalität, die über die einfache Termin- und Kapazitätsplanung und Betriebsdatenerfassung hinausgeht erlaubt einen flexibleren Einsatz des Leitstands in der Fertigung. Der Leitstand ist eine Komponente innerhalb des Regelkreissystems der Produktion, die als zentrale Schnittstelle angesehen werden kann. So ist gewährleistet, daß alle in einem Fertigungsbereich anfallenden Informationen erfaßt und anderen DV-Komponenten in der Produktion anforderungsgerecht zur Verfügung gestellt werden können.

Aufgrund der Heterogenität des Problemcharakters, der Komplexität des Problemfelds, der Instabilität der Zustände von Ressourcen in der Fertigung sowie der Vielzahl bestehender Fertigungsstrukturen, wird die Notwendigkeit der Zerlegung des gesamten Planungs- und Steuerungsproblems in der Fertigung in Teilprobleme deutlich. Dies ist organisatorisch - wie in Teil I beschrieben - durch die Bildung dezentraler teilautonomer Bereiche möglich. Jeder Bereich stellt weitestgehend ein eigenes, in sich geschlossenes Problemfeld dar und hat dieses detailliert zu lösen. Die Bildung der teilautonomen Bereiche kann sich an fertigungstechnologischen oder teilespezifischen Kriterien ausrichten. Eine organisatorische Teilung des Gesamtproblems "Fertigung" nach fertigungstechnologischen Kriterien führt zum Ansatz, die Fertigungsmittel (unterschiedliche Typen von FFS, FFZ, oder BAZ) nach gleich anzuwendenden Planungs- und Steuerungsstrategien zu gruppieren. Eine organisatorische Gliederung nach teilespezifischen Kriterien führt zur Fertigungsinsel, bei der solche Maschinen zusammengestellt werden, die eine bestimmte Teilefamilie komplett bearbeiten. Die Bildung teilautonomer Bereiche berücksichtigt beide Kriterien und ist damit flexibler auf die gegebenen Problemsituationen heterogener Fertigungsstrukturen anzupassen.

Im Teil I wurde weiterhin aufgezeigt, wie der Leitstand in ein Regelkreissystem eingebunden werden kann, wobei aufgrund der funktionalen Erweiterung kaskadische Regelkreise, mit gestaffelten Funktionen auf unterschiedlichen Regelebenen unzureichend sind. Besser ist die Entwicklung eines horizontal und vertikal vermaschten, zeitdiskreten Mehrgrößen-Regelsystem, das dynamisch auf in der Werkstatt anfallende Störungen reagiert.

Berücksichtig man die bei der Dezentralisierung notwendige Verlagerung von Entscheidungskompetenz in die Werkstatt, dann ist die Implementierung von Regelkreisen in der Produktion unter dem Aspekt der Phasenstruktur des Planungsprozesses zu betrachten. Dabei wurde weiterhin explizit das Entscheidungsmodell von FRESE berücksichtigt.

Die in Teil I dargestellten Aspekte wurden bei der Entwicklung eines Leitstandkonzepts zur Planung und Steuerung teilautonomer Bereiche explizit berücksichtigt. In Teil II ist dementsprechend sowohl ein Leitstandkonzept für teilautonome Bereiche als auch für die Koordinationsebene beschrieben. Auf der Basis von Zielkriterien und Restriktionen werden Strategien entwickelt, die für die Planung und Steuerung teilautonomer Bereiche erforderlich sind. Diese Strukturierung eignet sich bei der Bildung von Modellen für mathematische oder heuristische Lösungsansätze.

Auf der Koordinationsebene werden auch die Montagebereiche berücksichtigt, die anforderungsgerecht mit Teilen aus der Fertigung zu versorgen sind. Dabei zeigt sich, daß der Funktionsumfang grundsätzlich sehr ähnlich ist. Unterschiede bestehen allerdings bei der Verarbeitung von Daten. Auf der Koordinationsebene werden überwiegend aggregierte Bereichsdaten benötigt, wogegen auf der Bereichsebene detaillierte Maschinen- und Auftragsdaten erforderlich sind. Damit ergeben sich zwar unterschiedliche Strategien, die allerdings ähnliche Algorithmen verwenden können. Dieses Ergebnis legt den Schluß nahe, daß ein Leitstandmodell für die Einzel- und Kleinserienfertigung sowohl Anforderungen der Koordinationsebene, als auch innerhalb eines teilautonomen Bereichs abdecken kann.

Der Wandel vom Verkäufermarkt zum Käufermarkt steht auch in dem Software-Markt bevor. Aufgrund vielschichtiger organisatorischer und fertigungstechnologischer Anforderungen ist es ausgesprochen schwierig Standardsoftware zu entwickeln, die einem breiten Spektrum von Anwendern gerecht wird. Aus diesem Grunde müssem sich die kundenspezifischen Anpassungen so einfach wie möglich gestalten. Durch den in Teil III beschriebenen modularen und objektorientierten Aufbau des Leitstandmodells läßt sich das Gesamtproblem der Planung und Steuerung der Fertigung in Teilprobleme zerlegen. Durch die Bildung von vier Moduln - Aufträge, Pläne/Listen, Ressourcen und Material - mit entsprechender Zuordnung von Funktionen und Daten ergibt sich zunächst eine logische

Trennung des Gesamtproblems. Zudem impliziert die Strukturierung von Klassen innerhalb eines Moduls die zunehmende Detailleriung eines Sachverhalts der realen Welt. Beim Einsatz von Software zur Entscheidungsunterstützung ist es notwendig, die reale Welt in einem Modell abzubilden, welches der maschinellen bzw. automatischen Verarbeitung durch den Computer möglichst gut zugänglich ist. Dies Grundidee wurde bei der Modellierung des Leitstands realisiert. Vor allem das Ressourcenmodul strukturiert über mehrere Ebenen Objekte der Fertigung.

Durch diesen Aufbau ergibt sich auch ein der Realistät entsprechender Informationsfluß im Leitstandsystem. In Kapitel 4 "Integration der Leitstandsmoduln" ist aufgezeigt, wie sich der Nachrichtenaustausch zwischen den Klassen einzelner Module darstellt. Dieser entspricht weitestgehend dem der Realität in der Fertigung.

Literaturverzeichnis

Ahlert, D.; Franz, K.-P.; Kaefer, W.: Grundlagen und Grundbegriffe der Betriebswirtschaftslehre, Düsseldorf 1982.

Ahlmann, H-J.: Fertigungsinseln - eine alternative Produktionsstruktur, in: Werkstatt und Betrieb, 113(1980)10, S. 641-648.

Arning, A.: Die wirtschaftliche Bewertung der Zentrenfertigung, Wiesbaden 1987.

Auch, M.: Das Projekt "Fertigungsinseln" nach zweijähriger Laufzeit - Stand, Ergebnisse, Ausblick - in: Ausschuß für wirtschaftliche Fertigung (AWF) (Hrsg.): Fertigungsinseln, AWF-Fachtagung, Bad Soden 1988, S. 315-336.

Auge, J.: Qualitätsregelkreise mit Einbindung indirekter Produktionsbereiche, in: Qualität und Zuverlässigkeit (QZ), 34(1989)12, S. 639-643.

Autorenkollektiv: Flexible Fertigung, in: VDI-Gemeinschaftsausschuß CIM, VDI-Gesellschaft Produktionstechnik (ADB) (Hrsg.): Rechnerintegrierte Konstruktion und Produktion, Band 4, Düsseldorf 1990.

Autorenkollektiv: Wirtschaftlicher und sozialverträglicher Betrieb von flexiblen Produktionssystemen, in: Eversheim, W. (Hrsg.): Wettbewerbsfaktor Produktionstechnik, Düsseldorf 1990.

AWF (Hrsg.): Flexible Fertigungsorganisation am Beispiel von Fertigungsinseln, in: Ausschuß für wirtschaftliche Fertigung (AWF), Eschborn 1984.

AWF (Hrsg.): Handbuch der Arbeitsvorbereitung, Teil 1, Berlin et al. 1968.

Baier, H.: Aufbau und Zertifizierung eines Qualitätssicherungssystems, in: Qualität und Zuverlässigkeit (QZ), 36(1991)6, S. 325-327.

Baitella, R.: Flexibles Produktionsmanagement: Grundlagen eines Expertensystems für die Produktionsdiagnose mit PPS-Daten, Zürich 1987.

Becker, J.: Objektorientierung - eine einheitliche Sichtweise für die Ablauf- und Aufbauorganisation sowie die Gestaltung von Informationssystemen, in: Jacob, H.; Becker, J.; Krcmar, H.: Integrierte Informationssysteme, Schriften zur Unternehmensführung (SzU), Band 44, Wiesbaden 1991, S. 135-151.

Beer, S.: Kybernetik und Management, Frankfurt 1962.

Behr, M. v.; Köhler, Ch.: Werkstattoffene CIM-Konzepte - Alternativen für CAD/CAM und Fertigungssteuerung, KfK-PFT, Karlsruhe 1990.

Beier H. H.: Von der Werkstattsteuerung zur Fertigungsleittechnik, in: ZwF, 81(1986)6, S. 281-296.

Bernecker, K.: Anleitung zur Qualitätsregelkarte und zur Fehlersammelkarte, DGQ Schrift Nr. 18-18, Frankfurt 1981.

Berr, U.; Papendieck, A. J.: Produktionsreihenfolgen und Losgrößen der Serienfertigung in einem Werkstattmodell, in: Werkstattstechnik, 60(1970)4, S. 191-200.

Beutler, K.: Auswertung von quantitativen Ähnlichkeitsmaßen bei der Suche nach wiederverwendbarer Software, in: Haas, W. J. (Hrsg.): Softwaretechnik in Automatisierung und Kommunikation - Wiederverwendbarkeit von Software, ITG-Fachberichte, Berlin et al. 1989, S. 1-18.

Bezdek, J. C.: Pattern Recognition with Fuzzy Objective Function Algorithms, New York 1981.

Bidlingmaier, J.; Schneider, D.: Ziele, Zielsysteme und Zielkonflikte, in: Grochla, E. (Hrsg.): Betriebswirtschaftslehre, Teil I, Stuttgart 1978, S. 54 - 58.

Biggerstaff, T. J.; Perlis, A. J.: Foreword to special issue of IEEE TOSE, in: IEEE Transactions on Software Engineering, (1984)20, S. 474-476.

Boetz, V.: Facetten der Peripherie, in: tz für Metallbearbeitung, 82(1989)9, S. 39-45.

Boetz, V.: Wiederverwendbar - Vorrichtungen aus standardisierten Teilen rationalisieren das Spannen von Werkstücken, in: Maschinenmarkt, 95(1989)1, S. 16 - 19.

Bonsiepen, L; Coy, W.: Szenen einer Krise - Ist Knowledge Engineering eine Antwort auf die Dauerkrise des Software Engineering?, in: KI, 4(1990)2, S. 5-11.

Booch, G.: Object-Oriented Design with Applications, Reading et al. 1991.

Booch, G.: Software components with ADA, Menlo Park et al., 1987.

Börnecke, G.: Geregelter Materialfluß in diskreten Prozessen durch Überwindung der losweisen Fertigung, in: Wildemann, H. (Hrsg): Fabrikplanung, Frankfurt 1989, S. 79-99.

Brankamp, K. Heinz, J. P.,; Kolb R.: Kapazitätswirtschaft, in: Geitner, U. W. (Hrsg.): CIM-Handbuch, 2. Auflage, Braunschweig 1991, S. 78-94.

Braun, U.: Ein Expertensystem zum Auffinden von Programmbausteinen, in: TR 05.373, IBM Laboratorium Böblingen, 1986.

Braun, W.: Wissensdarstellung mit Constraint-Netzen, in: Busch, R. (Hrsg.): Operations Research und wissensbasierte Systeme, Berlin et al., 1991, S. 241-261.

Brombacher, R.: Effizientes Informationsmanagement - die Herausforderung von Gegenwart und Zukunft, in: Jacob, H.; Becker, J.; Krcmar, H.: Integrierte Informationssysteme, Schriften zur Unternehmensführung (SzU), Band 44, Wiesbaden 1991, S. 111-134.

Brüninghaus, G.: Rechnerunterstützte Konstruktion von Baukastenvorrichtungen, Dissertation, RWTH Aachen 1979.

Buckley, J. J.; Siler, W.; Tucker, D.: A Fuzzy Expert System, in: Fuzzy Sets and Systems, 20 (1986), S. 1-16.

Büdenbender, W., Scheller, Th.: Flexible Fertigungssysteme in der Praxis - Untersuchung des Betriebsverhaltens, in: VDI-Z, 129(1987)10, S. 22-28.

Bühner, R.: Entwicklungslinien zukünftiger Fabrikorganisation jenseits von Taylor, in: VDI-Z, 128(1986)11, S. 535-539.

Bungard, W.; Wiendieck, G.: Zur Effizienz von Qualitätszirkeln, in: Bungard, W.; Wiendieck, G. (Hrsg.): Qualitätszirkel als Instrument zeitgemäßer Betriebsführung, Landsberg 1986, S. 281-305.

Burbridge, J.-L.: Production flow analysis, Journal of institution of production engineers, 42(1963)12, S. 742-752.

Burgard, E.; Nissing, T.: Dezentrale Produktionsplanung und -steuerung, in: CIM Management, 3(1987)1, S. 26-34.

Burkhard, M.: Beitrag zur Ermittlung ablauforientierter Fertigungsstrukturen in der Einzel- und Kleinserienfertigung, Dissertation, Universität Dortmund 1984.

Busch, R.: Operations-Research-Modelle und Expertensysteme als Wissensmodule intelligenter Decision-Support-Systeme, in: Busch, R. (Hrsg.): Operations Research und wissensbasierte Systeme, Berlin et al. 1991, S. 1-26.

Coad, P.; Yourdon, E.: Object-Oriented Analysis, Englewood Cliffs 1990.

Conway, R. W.: An Experimental Investigation of Priority Assignment in a Job Shop. The Rand Corporation, Memorandum RM 3789 PR, Santa Monica 1964.

Cziudaj, M.; Pfennig, V.: Arbeitsorganisation an NC-Maschinen. in: FIR-Mitteilungen Nr. 44, Aachen 1982.

Dangelmaier, W.; Kühnle, H.: PPS im Wandel, in: CIM-Praxis, o.Jg.(1990)2, S. 46-50.

Dangelmaier, W.; Kühnle, H.; Mussbach-Winter, U.: Einsatz von künstlicher Intelligenz bei der Produktionsplanung und -steuerung in: CIM Management, 6(1990)1, S. 4-8.

Dangelmaier, W.; Wiedenmann, H.: COMPASS - eine anwendungsgerechte Fertigungssteuerung, in: wt Werkstatttechnik, 81(1991)2, S. 111-114.

Deixler, A.: Zuverlässigkeitsplanung, in: Masing, W. (Hrsg.): Handbuch der Qualitätssicherung, München, Wien 1988, S. 361-382.

Diederich, H.: Allgemeine Betriebswirtschaftslehre, 6. Auflage, Stuttgart, Berlin, Köln 1989.

Diemer v., R.: Mitarbeiter-Motivation bei der Einführung neuer Q-Techniken, in: Qualität und Zuverlässigkeit (QZ), 36(1991)6, S. 328-329.

Dostal, W.: Personal für CIM, in: CIM-Management, 4(1988)1, S. 5.

Dubois, D.; Prade, H.: Systems of Linear Fuzzy-Constraints, in: Fuzzy-Sets and systems, 14(1980)3, S. 37-48.

Dyckhoff, H.: Bridges between Two Principal Model Formulations for Cutting Stock Processes, in: Fandal, G.; Gehring, H. (Hrsg.): Operations Research, Berlin et al. 1991, S. 377-385.

Dyckhoff, H.; Reese, J.: Production Theoretic Foundation of Cutting and Related Processes, in: Fandel, G.; Dyckhoff; H., Reese, J. (Hrsg.): Essays on Production Theory and Planning, Berlin et al. 1988, S. 151-180.

Eidenmüller, B: Die Produktion als Wettbewerbsfaktor: Herausforderung an das Produktionsmanagement, Zürich, Köln 1989.

Ellinger, Th.: Operations Research, Berlin et al. 1984.

Endres, A.: Einige Grundprobleme der Software-Wiederverwendung und deren Lösungsmöglichkeiten, in: Hass, W. J. (Hrsg.): Softwaretechnik in Automatisierung und Kommunikation - Wiederverwendbarkeit von Software, ITG-Fachberichte, Berlin et al. 1989, S. 1-18.

Endres, A.: Software-Wiederverwendung, in: Informatik-Spektrum, 10(1988)11, S. 85-95.

Eversheim, W.: Aufgaben und Bedeutung der Prüfplanung, Unterlagen zum Seminar: Prüfplanung, Grundlagen für eine wirkungsvolle Qualitätsprüfung, Aachen 1986.

Eversheim, W.: Organisation in der Produktionstechnik, Band 3, Arbeitsvorbereitung, 2. Auflage, Düsseldorf 1989.

Eversheim, W.: Organisation in der Produktionstechnik, Band 4, Fertigung und Montage, 2. Auflage, Düsseldorf 1989.

Eversheim, W.; Auge, J.: Planungshilfsmittel für die Qualitätssicherung, in: Industrieanzeiger, o.Jg.(1986)72.

Eversheim, W.; Auge, J.; Zeller, P.; Schulz, J.; Schilling, B.: Integrierte rechnergestützte Qualitätssicherung in einem mittelständischen Unternehmen, in: Qualität und Zuverlässigkeit (QZ), 33(1988)10, S. 549-553.

Eversheim, W.; Schmidt, H.: Werkzeugmaschinen in flexiblen Fertigungssystemen, in: Der Betriebsberater, o.Jg.(1988)7-8, S 10-16.

Eversheim, W.; Schmitz-Mertens, H.-J.; Wiegershaus, U.: Organisatorische Integration flexibler Fertigungssysteme in konventionelle Werkstattstrukturen, in: VDI-Z, 131(1989)8, S. 74-78.

Eversheim, W.; Zeller, P.; Kloten, B.: Integration der Prüfplanerstellung in CAD-Systeme. in: Qualität und Zuverlässigkeit (QZ), 36(1991)6, S. 291-296.

Eyer, E.; Kraemer, W.: Qualitätsmanagement: Erfolgreich durch Produktzirkel, in: CIM Management, 5(1989)4, S. 16-19.

Farhoodi, F: A knowledge-bases approach to dynamic job-shop scheduling, in Int. J. Computer Integrated Manufacturing, 3(1990)2, S. 84-95.

Ferstl, O. K.; Sinz, E. J.: Objektmodellierung betriebswirtschaftlicher Informationssysteme im Semantischen Objektmodell (SOM), in: Wirtschaftsinformatik, 32(1990)6, S. 566-581.

Ferstl, O. K.; Sinz, E. J.; Steckhan, H.: Terminplanungssystem für Flexible Fertigungssysteme (FFS), in: CIM Management, 5(1989)2, S. 22-28.

Föllinger, O.: Regelungstechnik, 3. Auflage, Berlin, Frankfurt 1980.

Förster, H.-U.: Integration von flexiblen Fertigungszellen in die PPS, Berlin et al. 1988.

Förster, H.-U.; Hirt, K.: Entwicklung von Anforderungsprofilen flexibel automatisierter Fertigungskonzepte an die Produktionsplanung und -steuerung. Schlußbericht zum Forschungsvorhaben der DFG, Nr. S 134, Aachen 1987.

Franken, R.: Objektorientierte Gestaltung von Planungsunterstützungssystemen für die Produktionsplanung, in: Wirtschaftsinformatik, 32(1990)3, S. 253-262.

Schmidt, G.; Sokolowsky, P., Dilger, W.: Ein integriertes System zur PPS-CAM-Kopplung, in: Information Management (IM), 6(1991)4, S. 18f.

Frenzel, B.; Schmidt, G.: IFPS: Ein Konzept zur intelligenten Fertigungsplanung und Steuerung von flexiblen Fertigungssystemen, in: Angewandte Informatik, (1987)11, S. 458-464.

Frese, E.: Grundlagen der Organisation, 4. Auflage, Wiesbaden 1988.

Frese, E.: Organisation und Koordination, in: Zeitschrift für Organisation (ZfO), 41(1972)12, S. 404-411.

Fricke, W.; Wollenberg, R.: Ermittlung von Zeiten, in: Geitner, U. W. (Hrsg.): CIM-Handbuch, 2. Auflage, Braunschweig 1991, S. 294-306.

Friedrich, L.; Zakrzewski, H.; Mushack, B.: System und Modell einer bestandsgeregelten Fertigungssteuerung, in: Scheer, A.-W.: Anwendungssoftware der 90er Jahre, AWF-IWi-Fachtagung für die Produktion, Saarbrücken 1991.

Gehring, H.: Simulation, in: Gal, T.: Grundlagen des Operations Research, Band 3, Heidelberg et al. 1987, S. 290-339.

Geiger, W.: Begriffe, in: Masing, W. (Hrsg.): Handbuch der Qualitätssicherung, München, Wien 1988, S. 33-49.

Geiger, W: Qualitätslehre. Einführung, Systematik, Terminologie, Braunschweig 1986.

Gerald, E.: Expertensysteme in der Produktion, in: Spang, St.; Kraemer, W. (Hrsg.): Expertensysteme, Wiesbaden 1991, S. 285-294.

Geyer-Schulz, A.: Unscharfe Mengen im Operations Research, Dissertation, Wirtschaftsuniversität Wien 1986.

Geyer-Schulz, A.: Unscharfe Mengen im Operations Research, Wien 1986, S. 45f.

Glaser, H.: Verfahren zur Fertigungssteuerung in alternativen PPS-Systemen - Eine kritische Analyse, in: Scheer, A.-W. (Hrsg.) unter Mitarbeit von Kraemer, W. und Zell, M.: Fertigungssteuerung - Expertenwissen für die Praxis, München, Wien 1991, S. 21-37.

Glaser, H.: EDV-gestützte PPS-Systeme und simultane Ansätze zur Produktionsplanung, in: Fandel, G.; Gehring, H. (Hrsg): Operations Research, Berlin et al. 1991, S. 421-435.

Göttker, A.: Untersuchung rechnergestützter Verfahren zur Teilefamilienbildung, Dissertation, Universität Dortmund 1990.

Granow, R.: Rationalisierungspotential Betriebsmanagement, in: ZwF, 84(1989)6, S. 316-320.

Grochla, E.: Materialwirtschaft, in: Grochla, E. (Hrsg.): Betriebswirtschaftslehre, Teil 1: Grundlagen, Stuttgart 1978, S. 97.

Groover, M. P.; Zimmer, E. F.: CAD/CAM: Computer Aided Design and Manufacturing, Prentice-Hall, Englewood Cliffs 1984.

Grossenbacher, J.-M.: Verteilung der EDV, 3. Auflage, Zürich 1985.

Gutenberg, E.: Grundlagen der Betriebswirtschaftslehre, Band 1, Die Produktion, 24. Auflage, Berlin et al. 1983.

Habich, M.: Handlungssynchronisation autonomer, dezentraler Dispositonszentren in flexiblen Fertigungsstrukturen, Dissertation, Ruhr-Universität Bochum 1990.

Habich, M.: Koordination autonomer Fertigungsinseln durch ein adaptiertes PPS-Konzept, in: ZwF, 84(1989)2, S. 74-77.

Hackstein, R.: Produktionsplanung und -steuerung (PPS). Ein Handbuch für die Betriebspraxis, 2. Auflage, Düsseldorf 1989.

Hackstein, R.; Büdenbender, W.: Flexible Fertigungssysteme als Bausteine einer zukunftsorientierten Fabrik. - Ergebnisse einer Untersuchung des Betriebsverhaltens - in: Bullinger, H.-J. (Hrsg.): Produktionsmanagement im Spannungsfeld zwischen Markt und Technologie, Forschungsbericht 3 der Hochschulgruppe Arbeits- und Betriebsorganisation HAB e.V., München 1990, S. 179-226.

Hammer, H.: Hierarchie im Rechnerverbund, in: FB/IE, o.J.(1986)5, S. 247-254.

Hansen, W.: Zertifizierung von Produkten und Dienstleistungen - Zertifizierung und Qualitätssicherungssysteme, DIN-Mitteilungen, 68(1989)4, S. 205-207.

Harmon, P.; King, D.: Expertensysteme in der Praxis, 3. Auflage, München 1989.

Hars, A.; Scheer, A.-W.: Entwicklungsstand von Leitständen, in: VDI-Z, 132(1990)3, S. 20-26.

Hars, A.; Scheer, A.-W.: Stand und Entwicklung von Leitständen, in: Scheer, A.-W. (Hrsg.): Veröffentlichungen des Instituts für Wirtschaftsinformatik, Heft 65, Saarbrücken 1989.

Hars, A.; Scheer, A.-W.: Stand und Entwicklungstendenzen von Leitständen, in: Scheer, A.-W. (Hrsg.) unter Mitarbeit von Kraemer, W. und Zell, M.: Fertigungssteuerung - Expertenwissen für die Praxis, München, Wien 1991, S. 247-268.

Hassepaß, A.: Grundtechniken der Wissensrepräsentation, Teil 1, in: Biethahn, J.; Hoppe, U. (Hrsg.): Entwicklung von Expertensystemen, Wiesbaden 1991, S. 33-63.

Hebbeler, M. B.; Klaas, K.-J.: Rechnergestützte Generierung von Arbeitsplänen, in: Geitner, U. W. (Hrsg.): CIM-Handbuch, 2. Auflage, Braunschweig 1991, S. 272-293.

Heiermann, K.: CIM als unternehmerische Entscheidung in einem mittelständischen Betrieb, in: Scheer, A.-W.(Hrsg.): CIM im Mittelstand, Fachtagung, Berlin et al. 1990, S. 19-64.

Heilmann, H.: Zum Verhältnis von Organisation und Informationsverarbeitung: Schnittstellen und -mengen, in: Handbuch der modernen Datenverarbeitung (HMD), 28(1991)158, S. 3-7.

Heinen, E.: Grundlagen betriebswirtschaftlicher Entscheidungen. Das Zielsystem der Unternehmung, 2. Auflage, Wiesbaden 1971.

Heinrich, L. J.; Lamprecht, M.: Fallstudie Zentralisierung/Dezentralisierung, in: Information Management (IM), 1(1986)1, S. 16-20.

Heinrich, L. J.; Roithmayr, F.: Die Bestimmung des optimalen Distributionsgrades von Informationssystemen - Ein Entscheidungsmodell und Fallstudie, in: Handbuch der modernen Datenverarbeitung (HMD), 22(1985)121, S. 29-45.

Heinz, K.; Göttker, A.: Vergleich rechnergestützter Verfahren zur Teilefamilienbildung, in: Bullinger, H.-J. (Hrsg.): Produktionsmanagement im Spannungsfeld zwischen Markt und Technologie, S. 363-388.

Hertel, U.: Object Oriented Realization of a CIM-System for Shop Floor and Production Monitoring and Short Term Scheduling, in: Faria, L.; Puymbroeck, W. van (Hrsg.), Computer Integrated Manufacturing, Berlin et al. 1990, S. 299-309.

Herterich, R.: Ein Lösungsansatz für das Datenmanagement, in: CIM Management, 9(1993)1, S. 25-28.

Herterich, R.: Application of the Interface Management System INMAS, in: Scheer, A.-W. (Hrsg.): Implementing CIM, Proceedings to ESPRIT-Workshop, Saarbrücken 1990, S. 243-261.

Herterich, R.; Heß, H.; Houy, C.; Klein, J.; Real CIM Data Structure, Deliverable 4.1.4 of CIDAM-Project 2527, Commission of the European Communities, Saarbrücken 1990.

Herterich, R.; Klein, J.: INMAS - Eine individuell konfigurierbare Schnittstelle, in: Information Management (IM), 5(1990)1, S. 16-26.

Herterich, R.; Zell, M.: Verteilte Produktionsplanungs- und -steuerungssysteme unter Einsatz von Mikrocomputern, Schlußbericht zum Forschungsvorhaben der DFG, Nr. Sche 185/3-3. Saarbrücken 1990.

Herzog, H.-H.: Neue Arbeitsformen und die "Verdörflichung" der Fabrik, in: Technische Rundschau, 78(1989)47, S. 23-27.

Heß, H.: Vergleich von Methoden zum objektorientierten Design von Softwaresystemen, in: Scheer, A.-W.: Veröffentlichungen des Instituts für Wirtschaftsinformatik, Heft 78, Saarbrücken 1991.

Heß, H.: INMAS - an integration tool for coupling CIM-components, in: Scheer, A.-W. (Hrsg.): Implementing CIM, Proceedings to ESPRIT-Workshop, Saarbrücken 1990, S. 236-242.

Hildebrand, K.: Klassifizierung von Software Tools, in: Wirtschaftsinformatik, 33(1991)1, S. 13-25.

Hildebrand, R.; Wedel, Th.; Mertens, P.: Zusammenarbeit mehrerer Expertensysteme mit einem großen PPS-Modularprogramm, in: Reuter, A. (Hrsg.): Informatik auf dem Weg zum Anwender, Informatik Fachberichte 258, GI-20. Jahrestagung, 2. Band, Bonn 1990, S. 36-46.

Hillier, F. S.; Lieberman, G. J.: Operations Research, 4. Auflage, München et al. 1986.

Hintz, G. W.; Zimmermann, H.-J.: A method to control Flexible Manufactoring Systems, in: European Journal of Operational Research, 41(1989), S. 321-334.

Hirt, K.: PPS beim Einsatz flexibler Fertigungssysteme, Berlin et al. 1990.

Hollier, R. H.: A Simulation Study of Sequenzing in Batch Produktion. in: Operational Research Quarterly, o.Jg.(1968)19.

Hölterhoff, K.; Oehmke, F.; Zeller, P.: Systematische Auswahl von CAQ-Systemen. Integriertes Produktions- und Qualitätsmanagement, 6. Qualitätsleiterforum, Berlin 1988, S. 609-638.

Hoof, M.: Analyse und Optimierung des Bohrprozesses, Dissertation, RWTH Aachen 1986.

Jackson, P.: Expertensysteme, Bonn et al. 1987.

Kamiske, G. F.: Qualität und Produktivität, in: ZwF, 85(1990)1, S. 5-7.

Kandel, A.: Fuzzy-Techniques in Pattern Recognition, New York 1982.

Kanet, J.: Expert systems in production scheduling, European Journal of Operational Research, 29(1987)51-59.

Keller, G.; Kern, S.: Das Fertigungsinselprinzip als Bestandteil von CIM, in: CIM Management, 6(1990)1, S. 44-49.

Keller, G.; Kirsch, J.; Nüttgens, M: Informationsmodellierung in der Fertigungssteuerung, in: Scheer, A.-W.: Veröffentlichungen des Instituts für Wirtschaftsinformatik, Heft 80, Saarbrücken 1991.

Kemmner, A.: Beitrag zur Entwicklung eines Verfahrens zur anwenderorientierten Dezentralisierung von Produktionsplanungs- und -steuerungsfunktionen, Dissertation, RWTH Aachen 1990.

Kern, W.: Ziele und Zielsysteme in Betriebswirtschaften II, in: WISU 1972, S. 360-365.

Kief, H.B.: NC-Handbuch, Michelstadt, Stockheim 1984.

Kilger, W.: Industriebetriebslehre, Band 1, Wiesbaden 1986.

Klaus, R.: Erfahrungen beim Einsatz mit Fertigungszellen, in: Werkstatt und Betrieb, 115(1982)9, S. 595-598.

Klippel, C.: Mobiler Roboter im Materialfluß eines flexiblen Transportsystems, iwb Forschungsberichte, Band 17, Berlin et al. 1988.

Kochendörfer, H.: Rechnergestützte, statistische Prozeßregelung, in: Qualität und Zuverlässigkeit (QZ), 31(1985)11, S. 473-476.

Köhl, E.: Datenverteilung - eine wesentliche Voraussetzung für robuste CIM-Systeme, in: CIM Management, 5(1989)6, S. 46-49.

Köhl, E.: Entwicklung und Erprobung eines Instrumentariums zur Gestaltung der Datenintegration bei CIM, Berlin et al. 1990.

Kölling, H.-D.: Prozeßoptimierung und Leistungssteigerung bei Schaftfräsen, Dissertation, RWTH Aachen 1986.

Kosiol, E.: Aufgabenanalyse, in: Grochla, E. (Hrsg.): Handwörterbuch der Organisation, 1. Auflage, Stuttgart 1969, Sp. 199-212.

Kraemer, W.: Ausgewählte Aspekte zum Stand der EDV-Unterstützung für das Kostenmanagement: Modellierung benutzerindividueller Auswertungssichten in einem Controlling-Leitstand, in: Scheer, A.-W. (Hrsg.): Veröffentlichungen des Instituts für Wirtschaftsinformatik, Heft 77, Saarbrücken 1991.

Krallmann, H.: Expertensysteme, in: Geitner, U. W. (Hrsg.): CIM-Handbuch, 2. Auflage, Braunschweig 1991, S. 110-124.

Krcmar, H.: Bedeutung und Ziele von Informationssystem-Architekturen, in: Wirtschaftsinformatik, 32(1990)5, S. 395-402

Kretzschmar, M; Mertens, P.: Verfahren zur Zentralisierungs-Dezentralisierungsentscheidung in der betrieblichen Datenverarbeitung, in: Informatik Spektrum, 4(1982)5, S. 1-20.

Kreutzer, W.: Grundkonzepte und Werkzeugsysteme objektorientierter Systementwicklung - Stand der Forschung und Anwendung -, in: Wirtschaftsinformatik, 32(1990)3, S 211-227.

Kruppke, H.: Problematik bei der organisatorischen und technischen Integration von Fertigungsleitständen in die Unternehmenspraxis, in:Scheer, A.-W. (Hrsg.) unter Mitarbeit von Kraemer, W. und Zell, M.: Fertigungssteuerung - Expertenwissen für die Praxis, München, Wien 1991, S. 269-291.

Kurbel, K.; Meynert, J.: Engpaßorientierte Auftragsterminierung und Kapazitätsdisposition, in: Kurbel, K.; Mertens, P.; Scheer, A.-W. (Hrsg.): Interaktive betriebswirtschaftliche Informations- und Steuerungssysteme, Berlin, New York 1989, S. 69-87.

Kurbel, K.; Meynert, J.: Flexibilität in der Fertigungssteuerung durch Einsatz eines elektronischen Leitstands, in: ZwF, 82(1988)12, S. 571-585.

Kurbel, K.; Meynert, J.: Materialwirtschaft, in: Geitner, U.-W.: CIM Handbuch, 2. Auflage, Braunschweig 1991.

Kusiak, A.: Application of operational research models and techniques in flexible manufactoring systems, in: European Journal of Operational Research, 24(1986), S. 336-345.

Lentes, H.-P.: Fertigungsinsel - Ein Weg zur Verbesserung der Industriearbeit - in: Ausschuß für wirtschaftliche Fertigung (AWF) (Hrsg.): Fertigungsinseln, AWF-Fachtagung, Bad Soden 1988, S. 9-68.

Lenz, M.; Schmid, H. A.; Wolf, P.: Sofware engineering with reusable design and code, in: IEEE Software 4, 1987, S. 34-42.

Lerner, F.: Geschichte der Qualitätssicherung, in: Masing, W. (Hrsg.): Handbuch der Qualitätssicherung, München, Wien 1988, S. 19-32.

Lietke, G.-H.: Fuzzy-Diskriminanzanalalyse und deren Anwendung bei Klassifikationsproblemen, Dissertation, TU Braunschweig, 1982.

Lorenz, W.: Entwicklung eines arbeitsstundenorientierten Warteschlangenmodells zur Prozeßbildung der Werkstattfertigung, Dissertation, Universität Hannover, Düsseldorf 1984.

Lutz, P.: Leitsysteme für die rechnerintegrierte Auftragsabwicklung, iwb Forschungsberichte, Band 17, Berlin et al. 1988.

Männel, W.: Anlagenwirtschaft, in: Grochla, E. (Hrsg.): Betriebswirtschaftslehre, Teil 1: Grundlagen, Stuttgart 1978, S. 92-96.

Manske, F.; Wobbe-Ohlenburg, W.: Fertigungssteuerung im Maschinenbau aus der Sicht von Unternehmensleitung und Werkstattpersonal, in: VDI-Z, 127(1985)12, S. 489-494.

Manske, F.; Wobbe-Ohlenburg, W.; Mickler, O.: Rechnergestützte Systeme der Fertigungssteuerung in der Kleinserienfertigung, in: Bericht KfK-PFT 90 Kernforschungszentrum Karlsruhe, Karlsruhe 1984.

Maßberg, W., Habich, M.: Dezentrale Planungs- und Steuerungsstrukturen als Konsequenz steigender Flexibilitätsanforderungen, in: Hackstein, R. (Hrsg.): Organisation und Personalführung beim Einsatz Neuer Technologien: Konzepte im Hinblick auf den europäischen Binnenmarkt, Köln 1989, S. 143-202.

Melchior, K.-W.; Kring, J. R.: Prüfplanung, in: Masing, W. (Hrsg.): Handbuch der Qualitätssicherung, München, Wien 1988, S. 485-493.

Mertens, P.: Divisionalisierung, in: Neue Betriebswirtschaft und Betriebliche Datenverarbeitung, 22(1969)1, S. 1-10.

Mertens, P.: Integrierte Informationsverarbeitung, Band 1, Administrations- und Dispositionssysteme, 8. Auflage, Wiesbaden 1991.

Mertens, P.: Wissensbasierte Systeme in der PPS - Eine Bestandsaufnahme, in: Information Management (IM), 3(1988)4, S. 14-22.

Mertens, P.; Griese, J.: Integrierte Informationsverarbeitung, Band 2, 6. Auflage, Wiesbaden 1991.

Mertens, P.; Helmer, J.; Rose, H.; Wedel, Th.: Ein Ansatz zu kooperierenden Expertensystemen bei der Produktionsplanung und -steuerung, in: Kurbel, K.; Mertens, P.; Scheer, A.-W. (Hrsg.): Interaktive betriebswirtschaftliche Informations- und Steuerungssysteme, Berlin, New York 1989, S. 13-40.

Mertens, P.; Hildebrand, J. N.; Kotschenreuther, W.: Verteiltes wissensbasiertes Problemlösen in Fertigungsbereichen, in: ZfB, 59(1989)8, S. 831-845.

Mertins, K.: Steuerung rechnergeführter Fertigungssysteme, München, Wien 1985.

Meyer, J.: Qualität als strategische Wettbewerbswaffe, Strategische Planung, Band 3, Heidelberg 1987.

Möring, H.: Fertigungsorganisation und Wirtschaftlichkeit einer Fertigungsinsel, in: Zeitschrift für betriebswirtschaftliche Forschung und Praxis, 37(1985)1, S. 83-101.

Nedeß, Ch.; Herrmann, B.: Entwicklung eines expertensystemgestützten merkmalbasierten Suchverfahrens am Beispiel der Dichtungsauswahl, in: Zahn, H. (Hrsg.): Organisationsstrategie und Produktion, Forschungsbericht 2 der Hochschulgruppe Arbeits- und Betriebsorganisation HAB e. V., München 1990, S. 309 - 347.

Nedeß, Ch.; Herrmann, B.: Entwicklung eines expertensystemgestützten merkmalbasierten Suchverfahrens am Beispiel der Dichtungsauswahl, in: Zahn, E. (Hrsg.): Organisationsstrategie und Produktion, Forschungsbericht 2 der Hochschulgruppe Arbeits- und Betriebsorganisation HAB e.V., München 1990, S. 309-347.

Niegel, H.: Allgemeine Betriebswirtschaftslehre I - Betrieb, Materialwirtschaft, Produktion und Absatz -, Heidelberg, Hamburg 1982.

Nissing, T.: Beitrag zur Entwicklung eines dezentralen Produktionsplanungs- und -steuerungssystems auf der Basis verteilter Datenbestände, Dissertation, RWTH Aachen 1982.

o.V.: ESPRIT Consortium AMICE (Hrsg.): Open System Architekture for CIM, in: Research Reports ESPRIT, Project 688, AMICE, Vol. 1, Berlin et al. 1989.

o. V.: Guidelines for an informatics architecture, in: Wirtschaftsinformatik, 32(1990)5, S. 429-438.

o.V.: Begriffe der Qualitätssicherung und Statistik, DIN 55350, Teil 11, Berlin 1987.

o.V.: DGQ, Begriffe im Bereich der Qualitätssicherung, Deutsche Gesellschaft für Qualität e.V. (DGQ) Schriftenreihe 11 - 04, 4. Auflage, Berlin 1987.

o.V.: DIN 4009, Qualitätsregelkarten, Berlin 1984.

o.V.: DIN 55350 Teil 11: Begriffe der Qualitätssicherung und Statistik, Grundbegriffe der Qualitätssicherung, Berlin 1987.

o.V.: DIN 820 Teil 1: Normarbeit, Grundsätze, Berlin 1988.

o.V.: DIN 19226, Regelungstechnik und Steuerungstechnik, Begriffe und Benennungen, Berlin, Köln 1968.

o.V.: Elektronische Datenverarbeitung bei der Produktionsplanung und -steuerung VI, Begriffszusammenhänge, Begriffsdefinitionen, VDI-Taschenbücher T 77, Düsseldorf, 1976.

o.V.: Fertigungsinseln, in: Ausschuß für wirtschaftliche Fertigung (AWF) (Hrsg.), Tagungsbände des AWF, Eschborn 1987, 1988, 1989.

o.V.: Leitfaden zur Auswahl und Anwendung der Normen zu Qualitätsmanagement, Elementen eines Qualitätssicherungssystems und zu Qualitätssicherungs-Nachweisstufen DIN-ISO 9000, Berlin 1987.

Oehmke, F.: Qualitätssicherungssysteme systematisch planen, in: Qualität und Zuverlässigkeit (QZ), 36(1991)2, S. 77-81.

Otto, H.-G.: Der Arbeitsplan als Datenträger für die Produktion, in: Industrial Engineering, 2(1972)1, S. 315??????.

Petersen, W.: Modellierung des Werkzeugwesens für ein integriertes Datenbanksystem, Berichte aus dem Institut für Fertigungstechnik und spanende Werkzeugmaschinen (IWF) Universität Hannover, Düsseldorf 1989.

Pietzrat, R.: Entwicklung integrierter fertigungstechnischer Anwendungen von Datenbanksystemen, Berichte aus dem Institut für Fertigungstechnik und spanende Werkzeugmaschinen (IWF) Universität Hannover, Düsseldorf 1988.

Pocsay, A.: Methoden- und Tooleinsatz bei der Erarbeitung von Konzeptionen für die integrierte Informationsverarbeitung, in: Jacob, H.; Becker, J.; Krcmar, H.: Integrierte Informationssysteme, Schriften zur Unternehmensführung (SzU), Band 44, Wiesbaden, 1991 S. 65-80.

Polzer, H.: Personalplanung mit unscharfen LP-Ansätzen auf der Grundlage der Fuzzy-Set Theorie, Dissertation, Universität Regensburg 1980.

Prieto-Diaz, P.; Freeman, P.: Classifying Software for Reusability, in: IEEE Software, o.J.(1987)4, S. 6-16.

Pun, W. W. J.; Windler, R. L.: A Design Method for Object-Oriented Programming, in: Proceedings of ECOOP '89, S. 225-240.

Puppe, F.: Einführung in Expertensysteme, Berlin et al. 1988.

Radermacher, K. J.: Ein Blick in die Zukunft - Planung und Expertensysteme, in: Jünemann, R. (Hrsg.): Planungs- und Betriebsführungssysteme für die Logistik, Köln 1990, S. 151-197.

Raman, N; Talbot, R. B.; Rachamadugu, R. V.: Simultaneous Scheduling of machines and material handling devices in automated manufacturing, in: Stecke, K. E.; Suri, R. (esd.): Proc. 2nd ORSA/TIMS Conf. on FMS, Elsevier, Amsterdam 1986, S. 455-465.

REFA (Hrsg.): Methodenlehre des Arbeitsstudiums, Teil 1: Grundlagen, München 1984.

REFA (Hrsg.): Methodenlehre des Arbeitsstudiums, Teil 2: Datenermittlung, München 1972.

REFA (Hrsg.): Planung und Gestaltung komplexer Produktionssysteme, München 1987.

Reles, T.: Rechnergestützte Auswahl von Prüfmerkmalen im Rahmen der Prüfplanung für die mechanische Fertigung, Dissertation, RWTH Aachen 1985.

Rieper, B.: Neuere Überlegungen zur Produktionsplanung und -steuerung in kleinen und mittleren Unternehmen, in: Betriebswirtschaftliche Forschung und Praxis, 34(1982)11, S. 427-441.

Rockart, J. F.; Bullen, C. V.; Leventer, J. S.: Centralization versus Decentralization of Information Systems, Massachusetts Institute of Technology: Working Paper, Boston 1977.

Rommelfanger, H.: Entscheiden bei Unschärfe, Berlin et al. 1988.

Rommerskirch, W.: Qualitätssicherung in der Produktplanungs- und -entwicklungsphase, in: Qualität und Zuverlässigkeit (QZ), 36(1991)1, S. 20-23.

Ruffing, Th.: Fertigungssteuerung bei Fertigungsinseln: Eine funktionale und datentechnische Informationsarchitektur, Köln 1991.

Rühle, W.: Datenkommunikation, in: Industrieanzeiger, 79/80 (1985), S. 30-34.

Sames, G.; Büdenbender, W.: Das morphologische Merkmalsschema - Ein praktisches Hilfsmittel zur Beschreibung der technischen Auftragsabwicklung, Forschungsinstitut für Rationalisierung, Sonderdruck 1/90, Aachen 1990.

Scheer, A.-W.: Anforderungen an neue PPS-Architekturen, in: Scheer, A.-W.: PPS-Software der 90er Jahre, AWF-IWi-Fachtagung für die Produktion, Saarbrücken 1992.

Scheer, A.-W.: Neue Architekturen für Anwendungssoftware, in: Scheer, A.-W.: Anwendungssoftware der 90er Jahre, AWF-IWi-Fachtagung für die Produktion, Saarbrücken 1991.

Scheer, A.-W.: Neue Architekturen für PPS-Systeme, in: Scheer, A.-W. (Hrsg.) unter Mitarbeit von Kraemer, W. und Zell, M.: Fertigungssteuerung - Expertenwissen für die Praxis, München, Wien 1991, S. 13-19.

Scheer, A.-W.: Architektur integrierter Informationssysteme, Berlin et al. 1991.

Scheer, A.-W.: CIM - Der computergesteuerte Industriebetrieb. 4. Auflage, Berlin et al. 1990.

Scheer, A.-W.: Konzept für ein betriebswirtschaftliches Informationsmodell, in: Zeitschrift für Betriebswirtschaft (ZfB), 60(1990)10, S. 1015-1030.

Scheer, A.-W.: Modellierung betriebswirtschaftlicher Informationssysteme (Teil 1: Logisches Informationsmodell), in: Scheer, A.-W (Hrsg.): Veröffentlichungen des Instituts für Wirtschaftsinformatik, Heft 67, Saarbrücken 1990.

Scheer, A.-W.: Vom Informationsmodell zum integrierten Informationssystem, in: Information Management (IM), 5(1990)2, S. 6-16.

Scheer, A.-W.: Wirtschaftsinformatik. Informationssysteme im Industriebetrieb, 3.Auflage, Berlin et al. 1990.

Scheer, A.-W.: CIM im Mittelstand - Herausforderung und Chance, in: Wildemann, H. (Hrsg.): Fabrikplanung, Frankfurt 1989, S. 169-180.

Scheer, A.-W.: Benutzergerechte Fertigungssteuerung, in: CIM Management, 5(1989)6, S. 72-78.

Scheer, A.-W.: Maßgeschneiderte Strategie zum Einführen der flexiblen Fertigung in mittelständische Unternehmen, in: Maschinenmarkt, 95(1989)27, S. 35-40.

Scheer, A.-W.: Y-CIM-Informations Management, in: CIM Management, 5(1989)5, S. 56-62.

Scheer, A.-W.; Herterich, R.; Zell, M.: Interaktive Fertigungssteuerung teilautonomer Bereiche, in: Kurbel, K.; Mertens, P.; Scheer, A.-W. (Hrsg): Interaktive betriebswirtschaftliche Informations- und Steuerungssysteme, Berlin et al. 1989, S. 41-68.

Scheer, A.-W.: CIM - eine Herausforderung für den Mittelstand, in: Scheer, A.-W. (Hrsg.): Computer Integrated Manufacturing, Berlin et al. 1988, S. 1-16.

Scheer, A.-W.: Entwurf eines Unternehmensdatenmodells, in: Information Management (IM), 3(1988)1, S. 14 - 23.

Scheer, A.-W.: Neue Konzepte durch organisatorische Dezentralisierung; Dezentrale Produktionsplanung und -steuerung, in: Computer Magazin, 17(1988)4, S. 42 - 45.

Scheer, A.-W.: Neue Architektur für EDV-Systeme zur Produktionsplanung und -steuerung, in: Scheer, A.-W. (Hrsg.): Veröffentlichungen des Instituts für Wirtschaftsinformatik, Heft 53, Saarbrücken 1986.

Scheibler, A.: Betriebswirtschaftliche Entscheidungen in Theorie und Praxis, Wiesbaden 1974.

Scheibler, A.: Zielsysteme und Zielstrategien der Unternehmensführung, Wiesbaden 1974.

Schlonski, A.; Schmidt, K.: TQM - eine strategische Unternehmensphilosophie, in: Qualität und Zuverlässigkeit (QZ), 35(1990)9, S. 489-452.

Schmidt, G.: Anwendungen wissensbasierter Systeme in der flexiblen Fertigung, in: CIM Management, 3(1987)1, S. 58-62.

Schmidt, G.: CAM: Algorithmen und Decision Support für die Fertigungssteuerung, Berlin et al. 1989.

Schmidt, G.; Frenzel, B.: Anforderungen an Leitstände für die flexible Fertigung, in: CIM Management, 6(1990)4, S. 33-37.

Scholz, B.: CIM-Schnittstellen, München 1988.

Schomburg, E.: Entwicklung eines betriebstypologischen Instrumentariums zur systematischen Ermittlung der Anforderungen an EDV-gestützte Produktionsplanungs- und -steuerungssysteme im Maschinenbau, Dissertation, RWTH Aachen 1980.

Schreuder, S.: Qualifikation als determinierende Größe für die Fabrik der Zukunft, in: VDI-Z, 131(1989)1, S. 17-20.

Schulze, L.: Transport und Lagerung in Computer Aided Manufacturing (CAM), in: Geitner, U. W. (Hrsg.): CIM Handbuch, 2. Auflage, Braunschweig 1991.

Schwall, E.: Flexible Software-Gestaltung für Werkstattsteuerungssysteme, in: VDI-Berichte Nr. 890, Düsseldorf 1991, S. 51-64.

Schwerdtner, H.: Qualitätssicherungsvereinbarungen - Meilensteine zur Wettbewerbssicherung durch Vertrauensbildung - Ein Beispiel aus der IC-Fertigung und -Verarbeitung, in: Qualität und Zuverlässigkeit (QZ), 36(1991)5, S. 267-269.

Seliger, G.: Montagetechnik, Schwerpunkt produktionstechnischer Unternehmensstrategie, in: CIM-Management 6(1990)4, S. 4-11.

Siebert, V.; Stein, H.: Der CIM-Leitstand, in: CIM Management, 5(1989)2, S. 29-33.

Simons, B.: Das Multimoment-Zeitmeßverfahren. Grundlagen und Anwendung, Köln 1987.

Smithson, M.: Fuzzy-Set Analysis for Behavioural and Social Siences, New York, Berlin, 1988.

Spur, G.; Mertins, K.; Süssenguth, W.: Integrierte Informationsmodellierung für offene CIM-Architekturen, in: CIM Management, 5(1989)2, S. 36-42.

Spur, G.; Mertins, K.; Süssenguth, W.: Wege zu einem unternehmensspezifischen Referenzmodell der rechnerintegrierten Fertigung, in: ZwF, 83(1988)10, S. 481-485.

Stotko, E.: CIM-OSA, in: CIM Management, 5(1989)1, S. 9-15.

Strack M.: Optimale Produktionssteuerung. Organisation, Wirtschaftlichkeit und Einführung konventioneller und EDV-gestützter Leitstände, Köln 1986.

Strack, M.: Elektronische Leitstände - Ein Thema für den Mittelstand?, in: Scheer, A.-W. (Hrsg.), CIM im Mittelstand, Berlin et al. 1989, S. 29-46.

Strack, M.: Vom konventionellen zum vollelektronischen Leitstand - die Werkstattsteuerung auf dem Weg zu CIM?, in: Scheer, A.-W. (Hrsg.): Leitstandskonzepte im Rahmen von PPS/CIM, Protokoll der ERFA-Tagung am 12.11.1987, S. 53-84.

Ströhlein, U.: Flexible Fertigungssysteme und deren Werkzeuglogistik, in: wt-Z. ind. Fertig., 76(2986)5, S. 28-31.

Swann, R. C. G.: Lieferanten-Audit als Element der vorbeugenden Qualitätssicherung, in: Qualität und Zuverlässigkeit (QZ), 36(1991)11, S. 631-634.

Szyperski, N.; Winand, U.: Entscheidungstheorie. Eine Einführung unter besonderer Berücksichtigung spieltheoretischer Konzepte, Stuttgart 1974.

Thome, R.: CASE - der Weg ist das Ziel, in: Wirtschaftsinformatik, 33(1991)1, S. 4-5.

Trott zu Solz v., C.: Grundtechniken der Wissensrepräsentation, Teil 2, in: Biethahn, J.; Hoppe, U. (Hrsg.): Entwicklung von Expertensystemen, Wiesbaden 1991, S. 65-94.

Tuffensammer, K.; Storr, A.; Lange, K.; Pritschow, G.; Warnecke, H.-J.: Flexibles Fertigungssystem. Beiträge zur Entwicklung des Produktionsprinzips, Sonderforschungsberichte, Weinheim 1988.

Tuffensammer, K.; Meerkamm, H.: Spannvorrichtungssysteme für das Bearbeiten von Werkstücken in flexiblen Fertigungssystemen, wt-Z. ind. Fertig., 65(1975)1, S. 1-7.

Turban, E.: Decision Support and Expert Systems, 2. Auflage, New York et al. 1990.

VDI (Hrsg.): Lexikon der Produktionsplanung und -steuerung - Begriffszusammenhänge und Begriffsdefinitionen - T77, Düsseldorf 1983.

Virnich, M.: Betriebsdatenerfassung in Konstruktion und Arbeitsvorbereitung, Berlin et al. 1988, S. 26.

Voß, A.; Voß, H.: Formalizing Local Constraint Propagation Methods, in: Christaller, Th. (Hrsg.): Künstliche Intelligenz, KIFS/87, Berlin et al. 1989.

Warnecke, H.-J.: Konzepte - am Beispiel flexibler Fertigungssysteme, in: Geitner, U. W. (Hrsg.): CIM Handbuch, 2. Auflage, Braunschweig 1991.

Warnecke, H.-J.: Gesetzmäßigkeiten in der Produktion, in: Wildemann, H. (Hrsg): Fabrikplanung, Frankfurt 1989, S. 102-117.

Warnecke, H.-J.; Steinhilper, R.; Schütz, W.: Flexibel automatisierte Teilefertigung in mittelständischen Unternehmen, VDI-Z, 124(1982)17, S. 611.

Wassermann, A. J.; Pircher, P. A.; Muller, R. J.: The Object-Oriented Structured Design Notation for Software Representation, in: Computer, 23(1990)3, S. 50-63.

Weck, M.: Werkzeugmaschinen, Band 3, Automatisierungs- und Steuerungstechnik, Düsseldorf 1983.

Wegner, P.: Concepts and Paradigms of Object-Oriented Programming, in: OOPS Messenger, 1(1990)1, S. 7-87.

Weidenhaupt, Th. M.: Grundlagen von Expertensystemen, in: Biethahn, J.; Hoppe, U. (Hrsg.): Entwicklung von Expertensystemen, Wiesbaden 1991, S. 11-31.

Wiegershaus, U.: Methoden zur Planung von FFS, in: Flexible Fertigungssysteme im Brennpunkt integrierter Produktionstechnik, Seminar des Laboratoriums für Werkzeugmaschinen und Betriebslehre (WZL), Februar 1990.

Wiendahl, H.-P.; Lüssenhop, Th.: Wirkungen von Prioritätsregeln - Eine kritische Betrachtung -, in: VDI-Z, 131(1989)1, S. 36-41.

Wiendahl, H.-P.: Belastungsorientierte Fertigungssteuerung, Wien 1987.

Wiendahl, H.-P.; Lorenz, W.: Simulation von Fertigungsabläufen, in: VDI-Z, 129(1987)12, S. 38-45.

Wiendahl, H.-P.; Springer, G.: Untersuchung des Betriebsverhaltens flexibler Fertigungssysteme, in: ZwF, 81(1986)2, S. 95-100.

Wild, J.: Grundlagen der Unternehmensplanung, 3. Auflage, Opladen 1981, S. 13.

Wildemann, H.: Fabrik in der Fabrik durch Fertigungssegmentierung, in: Wildemann, H. (Hrsg): Fabrikplanung, Frankfurt 1989, S. 15-77.

Wilfs-Brock, J. R.; Johnson, R. E.: Surveying current research in object-oriented Design, in: Communications of the ACM, 33(1990)9, S. 104-124.

Wirsing, M.: Algebraic Description of reusable software components, in: Proceedings of Compeuro '88, Com. Soc. Press of the IEEE 834 1988, S. 300-312.

Wöhe, G.: Einführung in die Allgemeine Betriebswirtschaftslehre, 17. Auflage, München 1990.

Wrba, R.: Simulation als Werkzeug in der Handhabungstechnik, iwb Forschungsberichte, Berlin et al. 1990.

Xu, Y.: Fuzzy-Diagnosesysteme und ihre Anwendung bei der Fehlerdiagnose und Betriebsüberwachung von Maschinenanlagen, Dissertation, RWTH Aachen 1988.

Zäpfel, G.: Produktionslogistik, in: ZfB, 61(1991)2, S. 209-235.

Zäpfel, G.: Strategisches Produktionsmanagement, Berlin, New York 1989.

Zäpfel, G.: Taktisches Produktions-Management, Berlin et al. 1989.

Zelewski, St.: Expertensysteme in CAP, in: Geitner, U. W. (Hrsg.): CIM-Handbuch, 2. Auflage, Braunschweig 1991, S. 307-321.

Zelewski, St.: PPS-Expertensysteme, in: Spang, St.; Kraemer, W. (Hrsg.): Expertensysteme, Wiesbaden 1991, S. 251-283.

Zelewski, St.: Schwierigkeiten im Umgang mit Künstlicher Intelligenz, in: Information Management, 6(1991)1, S. 6-16.

Zell, M.: Datenmanagement simulationsgestützer Entscheidungsprozesse am Beispiel der Fertigungssteuerung, in: Scheer, A.-W. (Hrsg.): Veröffentlichungen des Instituts für Wirtschaftsinformatik, Heft 72, Saarbrücken 1990.

Zell, M.; Scheer, A.-W.: Graphikunterstützte Simulation in der Fertigungssteuerung - Ein Ansatz zur strukturierten Informationsverarbeitung, in: Wirtschaftsinformatik, 32(1990)2, S. 168-175.

Zeppelin v., W.: Werkstattprogrammierung ist im Kommen, in: CIM Management, 5(1989)2, S. 34-35.

Zimmermann, H.-J.: Formulierung und Lösung schlecht-strukturierter Entscheidungsprobleme, in: Gal, T.: Grundlagen des Operations Research, Band 3, Heidelberg et al. 1987, S. 340-368.

Zimmermann, H.-J.: Fuzzy-Sets, Decision Making and Expert Systems, Boston et al. 1987.

Zimmermann, H.-J.: Fuzzy-Sets Theory and its Applications, 2. Edition, Boston et al. 1991.

Zimmermann, H.-J.: Operations Research - Methoden und Modelle, Braunschweig 1987.

Zimmermann, H.-J.: Wissensbasierte Ansätz in der Produktionssteuerung, in: Fandel, G.; Gehring, H. (Hrsg): Operations Research, Berlin et al. 1991, S. 437-450.

Zimmermann, W.: Operations Research, 3. Auflage, München et al. 1986.

Zimmermann, W.; Gerhardt, J.: Algorithmus zur maschinellen Bestimmung des optimalen Fertigungsablauf- und Maschinenbelegungsplanes, in: ZwF, 79(1984)7, S. 333-336.

Zink, K. J.: Qualitätszirkel, Total Quality Management: Die Neue Qualitäts-Philosophie?, in: Gablers Magazin, 2(1988)3, S. 28-29.

MIX
Papier aus verantwortungsvollen Quellen
Paper from responsible sources
FSC® C105338

If you have any concerns about our products,
you can contact us on
ProductSafety@springernature.com

In case Publisher is established outside the EU,
the EU authorized representative is:
**Springer Nature Customer Service Center GmbH
Europaplatz 3, 69115 Heidelberg, Germany**

Printed by Libri Plureos GmbH
in Hamburg, Germany